KB177392

사물의 가부장제

**알라딘 북펀드를 통해 이 책이 세상에 나오는데 도움을 주신
모든 분들께 감사드립니다.**

jinjoo, JionP, 가현정, 강진수, 강진아, 강혜구, 구예림, 권미화, 김경신, 김미연, 김서연,
김소연, 김수빈, 김윤경, 김재원, 김주리, 김지연, 김지은, 김지혜, 노가빈,
다큐앤드 뉴스 코아, 라수, 박가람, 박소현, 박연미, 박재연, 박지성, 박지아, 박혜수,
방지영, 배현숙, 서문홍, 석순편집위원회, 송윤호, 신동호, 아샬, 아이들의 어머니,
양돌규, 양숙희, 양유, 연, 예삐, 오채은, 유경은, 윤슬, 윤혜영, 이새롬, 이선영, 이은진,
이인경, 이주연, 이혜원, 이희연, 장종익, 정도영, 정민지, 정상준, 정원영, 조은별,
조한길, 존 골트가 누구지, 주하람, 지섭금호두뿌럭키, 최명신, 최영미, 최원재, 최유정,
최윤정, 최지명, 최진몽, 폴라리스, 한아름나래, 한현주, 황수현, 황재성

DAS PATRIARCHAT DER DINGE

세계는 왜 여성에게 맞지 않을까

사물의 가부장제

레베카 엔들러 지음 | 이기숙 옮김

그러나

DAS PATRIARCHAT DER DINGE : Warum die Welt Frauen nicht passt
by Rebekka Endler
© 2021 DuMont Buchverlag GmbH&Co.KG
Korean Translation ⓒ 2023 SOLBITKIL
All rights reserved. The Korean language edition is published by arrangement with
DuMont Buchverlag GmbH&Co.KG through MOMO Agency, Seoul.

사물의 가부장제

초판 1쇄 발행 2023년 9월 1일 **원작** DAS PATRIARCHAT DER DINGE
지은이 레베카 엔들러 **옮긴이** 이기숙 **발행인** 도영 **편집** 하서린, 김미숙
표지 디자인 씨오디 **내지 디자인** 손은실
발행처 그러나 등록 2016-000257 **주소** 서울시 마포구 동교로 142, 5층(서교동)
전화 02) 909-5517 **Fax** 0505) 300-9348 **이메일** anemone70@hanmail.net
ISBN 979-11-984242-0-4 03330

* 책값은 뒤표지에 있습니다.
* 파본은 구입처에서 교환해 드리며, 관련 법령에 따라 환불해 드립니다.

반다(Wanda)를 위해

차 례

❖ '역주'라고 표시하지 않은 것은 모두 저자 주이다. 이하 동일

들어가는 말

포용을 위하여

　　전에 폼페이에서 어느 나이 든 여자가 대걸레로 나를 마구 때리며 "매춘부"라고 욕한 적이 있었다. 내가 여자 화장실 앞에 길게 늘어선 줄에 서지 않고 남자 화장실에서 소변을 보았다는 이유에서였다. 지난 15년간 이 이야기를 종종 사람들에게 들려주었다. 내 부적절한 행동이 옛날에 어떤 대가를 치렀는지 말해주는 작은 일화였다. 최근까지 내가 내린 결론은 그 여자의 세계관이 구태의연하고 반동적이라는 것이었다. 물론 나라와 세대마다 고유의 문화가 있어서 그 차이가 큰 역할을 하는 건 분명하다. 나는 이 이야기를 여자들이 일상에서 얼마나 힘겨운 싸움을 하며 살아가는지 알 수 있는 사례가 아니라 서로의 뒤통수를 치는 예로 자주 이용했다. 문제의 핵심이 전혀 다른 곳에 있을 수 있다는 사실을 나는 혼자서는 깨닫지 못했다.

　　그러다 2년 전 '남녀 화장실 평등'에 관해 5분 분량의 라디오 방송을 하게 되었다. 그것은 내 아이디어가 아니라 외주로 받은 주제였다. 나는 화장실 디자인으로 박사 학위를 받고 여자 소변기를 직접 개발한 여성의 논문을 인터넷에서 찾아냈다. 킬(Kiel)에서 산업 디자인 전공 교수로 재직 중인 베티나 묄링이었다. 그녀는 내게 화장실의 역사와 우리의 일상을 지배하는 가부장적 불공평에 관해 많은 이야기를 들려주었다. 분량이 너무 많아 그 모든 걸 5분짜리 방송에 다 담을 수 없었다. 그래서 나는 특종감을 만났다는 느낌이 들 때마다 하던 일을 했다. 조사를 이어간 것이다. 일이 다 끝났을 때 나는 공중화장실과 가부장제의 관계를 다룬 내 이야기를 긴 분량의 방송을 담당하는 몇몇 편집국(라디오와 출판 매체)에 제안했다. 그리고 ── 거절당했다. 주제가 소변보기였던 터라 낱말을 이용한 말장난이 없지 않았다. 편집국 측에서는 주제가 시급히 다룰 만한 것이 아니라거나 소변기 이야기는 편집에 통과되는 데 불리하다고 했다. 그러나 가장 마음에 들었던 거절 사유는 주제가 정치적으로도 사회 전반적으로도 중요하지 않다는 것이었다. 내가 얼마나 형편없이 내 자료를 홍보했으면 그런 결과가 나왔을까!

혹시 나는 실수로 엉뚱한 상대를 만난 게 아닐까? 베티나 묄링은 지난 수십 년간 남자 의사 결정자들과 싸울 때 어떤 저항을 만났는지 들려주었다. 그들은 정치란 그런 애들 장난에 신경 쓰는 게 아니라 훨씬 더 중요한 일을 해야 하는 거라며 동등한 소변보기의 중요성을 잔잔한 미소로 무시했다. 풍차와 싸우는 느낌이라고 묄링은 말했다. 나도 지금 풍차를 상대로 싸우고 있는 걸까? 단지 내가 상대하는 남자 의사 결정자들이 정치가가 아니라 편집자라는 것만 다를 뿐?

그렇다.

이 책은 우리 사회를 장악한 뿌리 깊은 가부장적 사고와 그것이 우리 환경과 삶의 일상적 디자인에 미치는 영향을 파헤친 나의 탐험 여행을 기록한 책이다. 또한 이 책은 기존 구조와 사고와 디자인을 흔들기 시작한 사람들이 느끼는 분노와 그들이 가부장적 패권주의의 반발에 어떻게 대처하는지를 기록한 책이기도 하다.

가부장적 디자인의 역사는 다음과 같다. 남자는 만물의 척도다. 글자 그대로 모든 것의 기준이다. 이는 인구의 최소 50퍼센트에 해당하는 사람들에게 현실에서 불편함[I]을 초래한다는 뜻이다. 불편한 건 화장실 앞의 긴 줄만이 아니다. 누가 교통사고에서 살아남을까? 누가 질병을 이겨낼까? 무엇이 질병이고 무엇이 질병이 아닐까? 언어 표현은 왜 지금의 이 모습일까? 스포츠는 왜 여자가 하는지 남자가 하는지에 따라 그렇게 다를까? 도시는 누구를 위해 건설했을까? 모든 대로의 이름은 왜 남자 이름일까? 왜 내 청바지에는 쓸모없는 주머니가 있을까? 왜 인터넷은 이 모양일까?

연구를 하면서 나는 자본주의와 차별에 대해서도 함께 쓰지 않으면 가부장제에 관한 책도 쓸 수 없다는 것을 깨달았다. 이 주제에 관한 많은 이야기들은 언제나 권력 유지가 핵심이라는 것을 보여준다. 누가 권력을 가지고 있을까? 부자, 백인, 남자들이다. 대부분의 권력은 부유한 백인 시스남성[II]의 손에 있다.

I '불편함'(Unannehmlichkeit)이란 단어는 원래 '받아들일 수 없는'(unannehmbar-keit)을 함의하지만 역설적이게도 우리는 그런 불편함을 계속 감수하며 살아간다.

II [역주] 시스젠더(cisgender)는 트랜스젠더와 달리 태어날 때 지정된 성별과 자신의 심리적 성별 정체성이 일치하는 사람을 말한다. '시스'(cis)는 '같은 편, 이쪽

이 책을 쓰기 위해 다양한 세대의 다양한 여성들과 이야기를 나누었다. 대화 상대가 여자들뿐인 건 어쩌다 보니 그리되었지 처음부터 계획한 건 아니었다. 물론 내 인터뷰 요청이 남자들에게 괴상한 반응을 불러냈다[I]는 건 금방 알게 되었고 한마디로 나는 그런 남자들과 인터뷰하고 싶지 않았다. 나는 즐겁게 책을 쓰고 싶었고, 살면서 장애물을 만난 뒤 그것을 자신과 후대 사람들을 위해 극복하기로 결심한 과학자, 전문가, 개척자, 활동가, 여성들과 대화하고 싶었다. 그들의 이야기와 경험에서 자연스럽게 새로운 길이 탄생했다. 콘크리트 도로에서 떨어진 곳에 생겨난 그 길을 아마도 후세대는 더 수월하게 걸어갈 수 있을 것이다. 모든 이가 걸어갈 인생 산책길은 페미니즘의 무지개 끝에서 만나는 약속이다. 그렇지 않겠는가!

자, 본격적으로 진지하게 들어가보자. 나는 우리가 학문적 담론 바깥에서도 우리 자신의 진보적 거품을 걷어내고 이 메커니즘에 대한 논의를 시작한다면, 즉 이러한 것들에 세간의 관심을 끌어온다면, 우리 모두가 뭔가를 얻을 수 있다고 믿는다. 이 책에 적힌 사례들은 그 시작이 될 수 있을 것이다. 그것들은 광범위한 목록도 아니고 가부장적 설계의 백과사전은 더더욱 아니다. 이 책에 나오는 사물들보다는 내가 접해보지 못했거나 지면상의 이유로 생략한 사물들이 훨씬 더 많다.

편'이란 뜻의 접두사다. 시스젠더를 성별로 나누어 지칭할 때 시스남성(cis man), 시스여성(cis woman)이라고 말한다.

I 내 책의 전제가 완전히 말도 안 된다는 반응부터 "관심을 가져주셔서 감사합니다. 당신의 웹사이트를 둘러보았어요. 모델로 일하는 내 아들 링크를 걸어줄게요." 등의 반응이 전부였다.

글을 쓰던 중 어느 때인가 내 세무사가 왜 지금은 라디오 방송을 거의 하지 않느냐고 물었다. 가부장적 설계에 관한 책을 쓴다고 설명하자 그는 다음과 같은 반응을 보였다. "세상에, 나 지금 떨어야 하는 거예요?!"[I]

여성이 불편함을 드러내자마자 남자를 덮치는 불안감은 내 연구서 곳곳에 나와 있다. 2020년 5월 초 북독일방송의 탐사 프로그램 STRG_F는 #GenderDataGap이라는 비슷한 주제의 다큐멘터리를 유튜브에 공개했다. 자극을 준 것은 캐럴라인 크리아도 페레스의 『보이지 않는 여자들』이라는 책이었다. 책은 연구 개발 초기에 실시하는 과학적 조사가 대부분 남자들을 대상으로 한 데이터를 기초로 삼는다는 점을 문제 삼았다.[1] 역사적으로 성장해 현재까지 집요하게 계속되는 이런 데이터 불균형으로 인해 남자들의 데이터베이스 위에 선 세상, 즉 남자를 기준으로 예상하는 세상이 탄생했다. STRG_F의 다큐멘터리는 유튜브에 공개된 지 며칠 만에 부정적 평가보다 긍정적 평가를 두 배 이상 많이 받았다. 그리고 다큐멘터리 제작자들이 자신들한테서 뭔가를 빼앗으려 한다는 인상을 주려는 남자들로부터 분노에 찬 댓글을 수천 개나 받았다.

남자들의 특권은 우리가 사는 세상에서 그토록 집요하게 이어지는 만큼이나 역시 허술해 보인다. 그 증거는 어느 페미니즘 관련 프로그램이든지 거기에 달린 댓글을 보면 나와 있다. 내 연구와 집필 과정에 대해 이따금 함께 이야기를 나눈 오랜 친구(남사친)이자 나보다 나이 많은

I 물음표와 느낌표를 나란히 적은 이 기호는 감탄의문 부호로 OMG('맙소사')와 WTF('제기랄')을 압축해서 섞은 표현이다. 요새는 거의 사라졌지만, 이 책 여러 대목에서 그런 감정이 들었기 때문에 실용적인 문장 부호다.

한 동료는 이것이 "야수 같은" 책이 되지 않도록 주의하라고 했다. '야수 같은'은 '깐깐한'과 함께 성차별적 단어를 넣어두는 독극물 상자에 속하는 말이다. 이 낱말은 남성 작가가 쓴 책의 어투에 관해 조언하는 말로 사용된 적은 아직 한 번도 없었다. 그러나 이런 점을 제쳐두고라도 여기에서 드러나는 것이 하나 더 있다. 불공평을 깨닫고 그것을 기록하는 것은 아무 문제가 없다. 그러나 설사 분노가 느껴지더라도 제발 그런 부정적이고 여성답지 않은 감정은 표현하지 말라는 것이다. 그러지 않으면 "책을 진지하게 받아들이기가 힘들어"지기 때문이라는 것이다. "그곳에서 여자는 하이에나가 된다." 1799년 프리드리히 실러는『종의 노래』에서 이렇게 썼다. 위험한 무정부 상태에서 우리 여자들이 감정에 휘둘리면 대체 어디로 가겠느냐는 것이다. 그건 여성답지 않다. 아니 비인간적이다. 그렇다 야수 같다.

소라야 시멀리는『말하라! 여자의 분노의 힘』이라는 책에서 우리 사회는 여성의 분노를 병으로 치부하는 건 잘하지만 그걸 진지하게 받아들이고 거기에서 우리가 경험하고 싶어 하는 변화의 가능성을 보려고 하지는 않는다고 적었다.[2]

우리는 어릴 때부터 분노는 추악한 것이며, 우리 여자는 불공평한 상황에 처하면 도움을 요청하거나 슬퍼하는 건 괜찮아도 화를 내서는 안된다고 배운다. 앞뒤가 맞는다. 슬픔은 수동적이다. 슬퍼하는 여자는 희생자로서 괴로워하는 존재이니 기존 질서를 위협하지 않는다. 반면에 분노는 활성화할 가능성이 있다. 분노는 책을 쓰는 동기가 될 수 있다. 또는 미국의 여권 운동가이며 작가인 오드리 로드가 적었듯이 "분노가 커지면 '교정 수술'처럼 사회에 영향을 미칠 수 있다."[3] 비중격이 휘어져 더는 숨을 쉴 수 없으면 먼저 코를 부러뜨려야 상태가 호전된다.

그래서 나는 이 책을 쓰게 만든 분노를 삭제하지 않고 내 목적을 위한 도구로 사용했다. 그러나 동시에 허술한 남자들의 자아도 생각하면서 그들의 코를 조심스럽게 부러뜨리려 노력했다. 데이비드 그레이버가 『관료주의 : 규칙의 유토피아』에 적었듯이, 남자들은 그들의 관점 외에 다른 관점도 있다는 말만 들어도 습관적으로 마치 폭력을 당한 것처럼 반응하기 때문이다.[4]

이따금 모든 걸 파괴하고 싶다는 충동에도 불구하고 나는 페미니즘에 의한 사회 변화가 포용적이어야 한다고 굳게 믿는다. 즉, 모든 사람에게 더 나은 삶의 질을 제공해야 한다고 생각한다. 충돌했을 때 남자 운전자뿐만 아니라 여자 운전자도 최대한 보호할 수 있도록 자동차를 설계하면 남자를 포함해 모든 사람이 혜택을 본다. 피부색, 종교, 은행 잔고, 성적 지향과 무관하게 아내, 여자 친구, 어머니, 딸, 누이가 살아 있는 걸 좋아하지 않는 사람이 누가 있을까. 이런 생각을 끝까지 곰곰 이어가다 보면 자동으로 교차성 페미니즘(intersectional feminism)에 도달한다.

교차성 페미니즘은 미국의 민권 운동가이며 법학 교수인 킴벌리 크렌쇼가 30년도 훨씬 전에 고안한 개념으로, "다양한 형태의 불평등이 서로 결합해 서로를 악화시키는 것을 보여주는 렌즈 또는 프리즘이다. 모든 불평등이 동일한 방식으로 생산되는 건 아니다."[5] 가령 성차별, 가난, 피부색 등 다수의 차별 경험이 교차하는 지점에 있는 사람들에게 특별히 초점을 맞춰 권력의 중심이 정해지는 다양한 메커니즘의 관계를 연구하는 것이다. 예를 들어보자. 청소로 생계비를 벌며 노후 대책 없이 위태로운 상황에서 살아가는 이주 여성이 있다. 이 여성에게 청소일을 맡긴 여성이 매니저로서 파워 슈트를 입고 유리 천장을 뚫은들 그게 청소하는 여성에게 무슨 소용이 있을까? 그녀의 상황은 전혀 달라지지 않는다. 평등과 사회적 참여는 물이 위에서 아래로 흘러내리는 낙수 효과를 기대할 수 없다. 부자 감세를 통해 복지가 이루어지지 않는 것과 같다.

이 책은 페미니즘 이론서가 아니다. 그런 것이라면 이미 다른 사람들이 쓴 것들이 있다(그 책을 읽으시라!). 이 책은 삶과 실천과 일상을 다룬 연구서다.

성공적인 페미니즘은 백인이고 특권층이고 이성애자 시스여성인 나에게만 유용해서는 안 되고 차별과 억압의 모든 원인을 알아내 맞서 싸워야 한다. 다시 말해 성차별뿐만 아니라 피부색, 연령, 신체 상태, 성적 지향, 종교 등에 따른 차별도 없애려고 노력해야 한다.[I] 이 주제들을 여기에서 모두 다루지는 않는다. 그러기에는 책이 광범위하지 못하고 내 지식은 한정되어 있다. 하지만 걱정할 것 없다. 교차성 페미니즘을 더 깊게 이해하는 데 도움이 될 문헌들을 쉽게 찾을 수 있으니까!

얼마 전 내가 디자인에 관한 책을 쓴다고 하자 한 여성 예술가가 그럼 "필립 스탁이 디자인한 남근 모양의 착즙기" 같은 것을 다루느냐고 물었다. 나는 구글링을 한 뒤 "아니요"라고 대답했다. 책의 일부 대목에서는 남근 모양의 디자인을 거론하겠지만, 눈에 띄게 실용성이 떨어지는데도 요즘 유행하는 이 착즙기는 내가 정의한 가부장적 디자인에 해당하지 않

[I] 이런 생각 때문에 이 책에서는 성 인지적인 표기를 하되 별표(*) 대신 콜론(:)을 사용하기로 했다. 더 자세한 것은 장애인 차별을 다룬 9장을 참조할 것.

는다. 온라인 제품 사용 후기에서 알게 된 바로는 이것의 디자인이 모든 사용자에게 똑같이 비실용적이기 때문이다. 그 도구는 남자와 여자, 백인과 비백인, 젊은이와 늙은이를 차별하지 않는다. 그건 그저 기능이 불완전한 디자이너 착즙기에 불과하다. 기능이 형태를 따른 것이다. 결함이 많은 그 물건이 만약 여성의 디자인으로 탄생해 지금과 같은 숭배의 대상이 되지 못했다면 그건 가부장적 구조 때문일 수 있지만 물건 자체는 가부장적 디자인이 아니다.

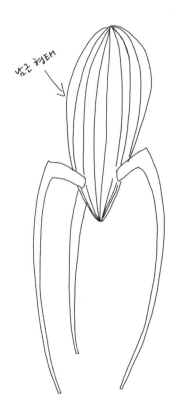

낯근 형태

비실용적인 착즙기이지만
가부장적 디자인은 아니다.

디자인은 아이디어에 제공된 형식이다. 인간이 만든 모든 것은 디자인되었다. 그것은 물질계의 사물들(예컨대 자동차, 섹스 토이, 드릴, 자전거, 옷)은 물론이고 사회적 디자인 같은 비물질적인 것(예컨대 공공장소, 도시 계획, 언어, 법률, 정치)도 포함한다. 아이디어가 형식을 갖추는 또 다른 영역, 그중에서 규모가 크고 계속 성장하는 영역은 인터넷, 소셜 미디어, 알고리즘, 커뮤니티 지침, 그리고 이 사이버스페이스에 속하는 그 외의 모든 것들이다.

이 책은 세상이 왜 지금과 같은 모습인지, 그 모습이 왜 많은 사람들[I]에게 적절하지 않은지를 이야기한다. 그리고 그것을 바꾸기 위해 무엇을 할 수 있는지를 논의한다. 이 책은 꽃무늬 원피스에 관한 이야기이자 축구화 이야기이고, 비디오 게임과 섹스와 종교에 관한 이야기이다. 한편으로는 여자를 억누르는 게 유일한 목적인 아이디어와 고안물들, 즉 전혀 의미 없는 성 인지적 디자인을 다룰 것이다. 다른 한편으로는 업적을 쌓는 것이든 아니면 단순히 살아남는 것이든 여성의 능력 발휘를 막는, 성 인지적이지 않은 디자인을 논의할 것이다. 그리고 우리 주변 거의 모든 사물의 기본 설계가 어떻게 가부장적 디자인으로 되어 있는지를 파헤칠 것이다.

태초의 이야기부터 시작하자.

I 시스남성을 제외한 모든 사람들.

1장
언어

태초에 말이 있었다. 1980년대나 1990년대 또는 2000년대에 어린 시절을 보낸 사람은 에나멜가죽 구두나 닌자 거북이 티셔츠를 입기 훨씬 전에 가장 먼저 말부터 배웠다. 각자의 '모국어' 말이다. 그게 나에겐 프랑스어였다. 어머니와 남동생을 제외하고는 프랑스어로 함께 대화할 사람이 없었기에, 학교에 들어간 뒤 나의 모국어는 독일에서 차츰 쓰임새가 월등히 많아진 독일어로 바뀌었다. 언어는 음절과 낱말의 배열 이상의 무엇이다. 언어에는 우리가 사회 집단으로서 일반적으로 공유하는 개념들이 코드처럼 프로그래밍되어 있다. 항상 눈에 보이거나 귀에 들리는 것은 아니지만 우리를 형성하는 개념들이다. 그중에서 나는 몇 가지 코드를 자세히 살펴보았다. 그 시작은 이분법이다.

말로 갈라진 피구 팀

여와 남[I]의 구분은 유럽 언어에서 흔하게 나타나는 현상이다. 그러나 서로 상반된 두 범주라는 개념은 생물학적으로 주어진 게 아니라 사회적으로 구성된 것이다. 젠더 정체성은 우리가 주류 사회에 설치해놓은 이 사회적 서랍 사이에도 존재하고 그 바깥에도 존재한다.

먼저 성(sex)과 젠더(gender)[II]를, 생물학[III]과 사회학을 구별해야 한다. 성과 젠더는 둘 다 가부장적 디자인에서 볼 수 있지만 언어에서 중요한 건 무엇보다 젠더다. 즉, 내가, 우리 이웃이, 교육자가, 패션 디자이너가, 여자와 남자라는 개념을 어떻게 이해하고 있느냐 하는 것이다. 어떤 특성이 어느 성별에 귀속되는가에 대한 사회적 구성 개념이 젠더다. 젠더가 구성 개념이라고 해서 존재하지 않는 것은 아니며 그 결과가 현실에 나타나지 않는 것도 아니다. 대부분 그 반대다. 우리의 사고가 만들어 낸 구성물은 간단히 철거할 수 있는 기념비 같은 석조 조형물보다 훨씬 견고하다.

언어와 세계가 어떻게 연결되어 작동하는지 보여주는 언어적 예를 들어보자. 약 100년 전에 부바 & 키키(Bouba & Kiki) 실험이라는 것이 나왔다. 대부분의 사람들은 (연구에 따라서는 최대 98퍼센트가) 자신이 속한 문화와 관계없이 두 임의의 도형을 부바와 키키라는 이름과 연결 지

I   순서가 이상하다고? 점차 늘어나는 변화는 문장 구조에서부터 시작된다!
II [역주] 성(sex)은 생물학적인 성을, 젠더(gender)는 사회학적인 성을 의미한다.
III 생물학에서도 이분법적 성 구분은 존재하지 않는다는 것에 대해 의견이 일치한다.

누가 부바이고 누가 키키일까?

었다.[I] 몇몇 실험에서 참가자들은 부바와 키키에 '편안하다'거나 '재미있다'와 같은 일정한 속성을 할당했는데 이것도 놀라울 정도로 일치했다.

　이것이 여자와 남자와 무슨 관계가 있을까? 부바 & 키키 실험에서와 비슷하게 무엇이 여성적이고 무엇이 남성적인지에 대한 생각도 완전히 자의적이다. 그런데도 여자 또는 남자와 관련한 특성을 두뇌 속 어느 서랍에 분류해 넣어야 하는지에 대해서는 커다란 사회적 합의가 존재한다. 부바 & 키키 실험에서는 도형 명명이 아무런 파급 효과를 낳지 않았다. 부바나 키키 어느 누구도 관리직에 지원하지 않았고 그 이름을 딴

I　〔대다수 사람들은 왼쪽의 날카로운 도형을 키키라고 부르고 오른쪽의 부드러운 곡선 도형에는 부바라는 이름을 붙였다. – 역주〕 이런 효과가 나타난 이유에 대해서는 많은 추측이 나왔는데, 이름을 말할 때의 입 모양 때문일 수도 있고 글자와 도형의 겉모습 간의 연상 작용에 따른 것일 수도 있다. 이 효과는 글자를 읽지 못하는 취학 전 아동에게서도 관찰되었다.

정류장 명칭도 없었다. 이와 달리 젠더 특성의 언어적 귀속은 우리의 상호 관계에 영향을 미친다.

내가 좋아하는 인터뷰 팟캐스트 중 하나인 《더 라스트 보헤미안스》(The Last Bohemians)의 어느 회차에서 알리 가디너가 페미니스트 영화 제작자인 비비언 딕을 인터뷰했다. 딕이 젊은 시절이던 1970년대 후반에 아일랜드에서 뉴욕으로 이주한 이야기가 나왔을 때 가디너가 감탄하며 딕에게 말했다. "배짱이 있으니 그렇게 하셨죠."[I] 흠….

나는 흥미진진하고 색다른 삶을 살기 위한 기본 장비에 음낭이 속한다고 생각하지 않는다. 그러나 이 연상 작용을 연마하는 것이 왜 가부장제에 유리한지는 잘 알고 있다. 실제로 이건 문화의 문제다. 누가 대단히 용감하다는 걸 표현하기 위해 많은 언어에서 고환을 지칭하는 단어를 사용한다.[II] 예를 들어 독일어에서는 'Eier in der Hose haben'(바지 속에 알이 있다)로, 프랑스어에서는 'avoir des couilles'(고환이 달렸다)로 표현한다. 1932년에 어니스트 헤밍웨이는 그의 유명 소설 『오후의 죽음』에서 투우사의 용감성을 묘사하기 위해 고환을 뜻하는 말 'cojones'를 처음으로 사용했다.[6] 투우는 스페인과 동일시되므로 용감한 스페인 고환이라는 말이니 기발하긴 하다. 남자의 생식기는 서구 문화에서 이보다 훨씬

I   [원문은 "It takes *balls* to do that."이다. 'ball'은 속어로 고환을 뜻한다. – 역주] 비비언 딕은 이 관용구에 반응하지 않았다.

II 고환이 있는 부위에 빗대어 '용기'를 표현하는 낱말은 특히 유럽 언어에 많다. 나는 이런 관용구를 프랑스어, 스페인어, 포르투갈어, 영어, 폴란드어, 러시아어에서 발견했다. 베트남에서는 근본적으로 성과 연관된 은유를 훨씬 적게 사용한다.

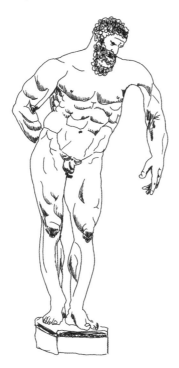

고결한 신체 특성을 지닌
헤라클레스

오래 전부터 의협심과 용감성의 원천으로 통했다. 16세기 영국에서는 음낭에 정자만이 아니라 남자를 남자로 만드는 특성도 들어 있지 않은지를 놓고 철학적으로 논의했다. 육체적인 강인함과 남성적인 미덕이 편리하게 작은 주머니에 싸여 페니스 아래 두 다리 사이에 달려 있지 않느냐는 것이다. 흥미롭게도 고대 그리스인들은 고환의 크기가 당사자의 용기를 가리키는 지표인지에 대해 의견이 갈렸던 것 같다. 용기를 뜻하는 말로 가장 많이 사용된 '안드리아'(andria)라는 단어는 남자를 의미하는 '아네르'(anēr)에서 파생되었다. 또한 고대 그리스 희극에는 정력을 상징하는 거대한 고환이 있는 인물과, 허약함을 상징하는 고환이 없는 인물이 등장한다. 다른 한편으론 지나치게 큰 고환이 원인일 수 있는 불량한 남성성의 발현에 대해서도 고민했던 것으로 보인다. 예를 들면 자제력 부족과 음탕하고 위험한 행동거지가 그런 것들이다. 이런 까닭에 그리스 미술에서는 많은 영웅들의 고환이 작은 육두구 크기(4~6센티미터)로 묘사되어 있다. 페니스 크기에 대해서도 같은 관점에서 말할 수 있다. 영웅이 고결할수록 그의 생식기는 작다. "고환은 용감함을 뜻한다"라는 도식은 너무 자극적이어서 그런 표현을 쓰다 보면 자칫 실수하기 쉽다. 그러나 독일어에는 이런 일정한 특성의 젠더 귀속이 넘쳐난다. 다른 추악한 예를 들어보자. 2020년 2월 초, 자유민주당(FDP) 소속의 토마스 케머리히가 독일대안당(AfD)이 던진 몰표 덕분에 튀링겐 주 총리로 선출되는 정변이 일어났다. 다음날 자유민주당 연방 대표 크리스티안 린드너는 케머리히가 (AfD에게) '당했다'(übermannt)고 말했다.[I] 그랬기에 잘못이라는 걸 분명히 알았을 텐데도 케머리히가 '정신을 차리지 못하고'(이건 내 표현이다) 선거 결과를 받아들였다는 것이다.

I [역주] übermannt werden은 '제압당하다, 압도되다'라는 뜻이다. 첫째로 전쟁터에서 우세한 병력의 적에게 밀려 정복됐을 때, 둘째로 항거 불능의 강렬한 감정, 상태, 힘에 굴복했을 때 쓰는 말이다. 또한 여성에 대한 성폭행을 에둘러 표현하기도 한다. 2020년 2월 5일 실시된 튀링겐주 총리 선거에서 좌파당 소속의 보도 라멜로가 사민당 및 녹색당과의 연정협약 체결로 총리직이 유지될 것이란 전망이 우세했다. 그는 1차와 2차 투표에서 대안당 후보와 경합을 벌였으나 승부가 나지 않아 3차 투표까지 간 상황에서 그때까지 후보로 나서지 않았던 자민당의 케머리히가 등판해 1표 차로 라멜로를 이겼다. 이는 대안당이 좌파당, 사민당, 녹색당 연정 출신의 총리 당선을 막고 정치판을 흔들기 위해 전략적으로 소수당인 자민당의 케머리히에게 몰표를 던진 결과였다. 자민당 연방 대표 린드너는 튀링

이 모든 사태는 어느덧 역사가 되었고 케머리히는 자신이 어떤 종류의 사람인지 충분히 증명했다. 그렇다 해도 'übermannen'(위버마넨)이라는 동사에 대해 잠시 생각해보는 것도 의미 있을 것이다. '제압당하다, 압도되다, 굴복하다'를 뜻하는 'übermannt werden'(위버만트 베르덴)은 감정을 드러내거나 인정할 때 쓰는 몇 안 되는 남성적 표현법 중 하나다. 남자에겐 다른 선택지가 거의 없다. 이런 맥락에서 소위 나약함은 일종의 군사적 패배인 것처럼 연출된다.

고대 로마인들은 주기적으로 아스테릭스와 오벨릭스[I]에게 제압되었다. 불가항력(마법의 물약을 먹고 생긴 초자연적인 힘)이 남자를 덮쳐 그를 완전히 무력하게 만들었다. 'übermannt werden'이 수동태로 쓰인 것도 이 때문이다. 나는 어떤 단어들이 가장 흔하게 'übermannt'와 조합을 이루어 사용되었는지 조사했다. 가나다순으로 적으면 갈망, 감격, 감정, 격노, 고통, 공포, 기쁨, 노스탤지어, 눈물, 동정심, 봄의 느낌, 분노, 수면, 수치심, 슬픔, 열광, 절망, 정서, 정열, 충동, 쾌락, 피로, 행복감, 향수, 황홀, 흥분 등이다. 'übermannt werden'이라는 말은 통제력 상실을 표현

겐주 총리에 당선된 케머리히가 극우 세력인 대안당의 술책에 속수무책으로 '당했다'(übermannt werden)고 말함으로써 그간 자민당이 당당히 내세웠던 자기 책임론과 실패를 긍정하는 문화를 부정하고 선거 결과의 책임을 오직 대안당 탓으로 돌렸을 뿐 아니라, 여성에 대한 성폭행을 함의하는 이 표현으로 여성 혐오적인 서사를 악용해 자신들의 실책을 가리려 했다는 비난을 받았다.

I [역주] 프랑스 만화 〈아스테릭스〉의 등장인물들. 르네 고시니가 글을 쓰고 알베르 우데르조가 그림을 그렸다. 프랑스인의 조상인 골족(갈리아인)의 전사 아스테릭스와 그의 친구 오벨릭스가 로마 제국에 맞서 펼치는 모험을 그렸다. 또 한 명의 등장인물인 파노라믹스는 마법의 물약을 만드는 사제이다.

하는, 남자들의 용인된 어법이라고 할 수 있다. 그것은 외부로부터 가해진, 말하자면 전쟁으로 야기된 것이기 때문이다.

여자가 남자들 기준으로 뭔가를 성취하면서도 여성 특유의 미덕[I]을 소홀히 하지 않으면 그 여자는 흔히 '진정한 파워 우먼'으로 칭송받는다. 남자는 그런 파워 우먼을 받침대 위에 올려놓고[II] 외친다. "여기를 봐라. 하려고만 들면 여자도 힘과 권력을 휘두를 수 있다." 남자들이 볼 때 파워 우먼은 직장과 가정에 짓눌려 산다고 느끼며 징징대는 모든 여자들의 모범이다. 그들은 말한다. "파워 우먼은 안 그래. 이런 여성은 능력을 발휘하면서 다음과 같이 말하지. '모든 게 최고야!'"

이게 얼마나 노골적으로 가부장적이고 우스꽝스러운지는 인생에서 뭔가를 성취한 남자를 '진정한 파워 맨'으로 불러보면 알 수 있다. 카이 플라우메는 방송 진행자이고 광고와 패션의 아이콘이며 한 가정의 아버지이다. '진정한 파워맨'이다!

한 가정의 아버지 이야기가 나왔으니 말인데… 그럼 그 많은 한 가정의 어머니는 대체 바깥에서 무슨 일을 할까? 아, 깜박했군. 여자는 어차피 가정을 돌보고 돌봄 노동은 여자의 본성에 새겨져 있다는 것을. 극도로 이기적인 놈처럼 굴지 않으려고 본능을 억누르는 남자들과는 다르다는 것을. 그러니까 한 가정의 어머니라는 건 뭐 그리 대단한 속성이 아

I 가사와 가족 돌봄을 말한다. 이런 것에 신경 쓰지 못하지만 성취를 이룬 여자는 파워 우먼보다 커리어 우먼, 또는 여성 할당제 덕분에 자리를 얻은 여자 (Quotenfrau)로 보는 경향이 있다.

II 파워 우먼이라는 개념에 대해 고민해본 여성이라면 과연 누가 자신을 이런 생각 없는 명칭으로 부르겠는가?!

닌 것이다.

이런 예는 얼마든지 더 길게 늘어놓을 수 있지만, 솔직히 말해 그렇게 한다고 특별히 유익하거나 재미있을 것 같지는 않다. 통찰력은 지식의 양을 늘린다고 생기는 것이 아니라 우리가 쓰는 말이 무엇을 표현하고 무엇을 야기하는지 확실하게 알아야 생기는 것이다.

그래도 예를 하나 더 들겠다. 내가 6학년이던 1996년의 일이다. 어느 선생님이 피구를 지도했다. 남학생과 여학생의 대결이었는데 선생님은 그걸 다음과 같이 표현했다. '훌륭한과 멍청한'(herrlich vs. dämlich)[I] 이 맞붙는다고. 대부분의 남자애들은 코미디언 마리오 바르트가 구사했을 법한 선생님의 유머를 무척 재미있어했지만 우리 여자애들은 부끄러운 마음에 땅바닥만 내려다보며 마음속으로 피할 길 없는 패배를 준비했다. 공에 맞는 것도 문제였지만 열심히 노력하는 우리를 '멍청한'이라고 부르는 건 더 큰 굴욕이었다. 사춘기를 앞두고 있던 나의 자아는 처음으로 목구멍에서 맥박이 뛰는 것을 똑똑히 느꼈다. 그 정도로 분노가 치밀었다! 남자는 훌륭하고 여자는 멍청하다니, 언어가 이토록 천박하고 비열할 수 있는가?!

I   [역주] herrlich와 dämlich의 어원은 '군주, 주인, 지배자, 신사'를 뜻하는 Herr와 '귀부인, 숙녀'를 뜻하는 Dame와 원래 무관했다. herrlich를 파생시킨 옛 독일어 형용사는 '늙은'과 '위엄 있는'을 뜻하는 hehr였으나 세월이 흐르면서 Herr의 영향을 받아 '우두머리 같은, 고압적인, 지배하려 드는'의 뜻을 거쳐 지금은 '훌륭한, 멋있는, 남자다운' 등을 뜻한다. dämlich는 '어지럽다, 비틀거리다'를 의미하는 저지 독일어 dämelen에서 파생된 후 '정신이 온전하지 못한'을 뜻하다가 지금은 '멍청한'의 의미를 가진 모욕적인 낱말이 되었다.

어원을 따져보면 이건 당연히 허튼소리다. 그렇지만 얼굴 한가운데를 후려치는 공보다 말이 더 오래 아프게 할 수 있다는 느낌은 지금도 남아 있다.

스파이들이	Die Spione
포근한 밤에	machten sich auf den
험한 길을	beschwerlichen Weg
떠났다.	durch die laue Nacht.

그중 몇몇 여자들은   Einigen Frauen

너무 더워   wurde dabei zu warm,

트렌치코트를   und sie zogen

벗었다.   ihren Trenchcoat aus.

걸림돌 치우기

"총칭적 남성형[I]이 아닌 모든 것은 보기 흉하고 독서의 흐름을 방해한다." 이렇게 주장하는 남자들이 여전히 많다. 이런 남자들조차 위 예문에서 둘째 문장을 읽을 때는 머릿속에 박혀 있는 이미지를 수정하기 위해 뇌가 첫 문장으로 돌아간다는 걸 알아야 한다.[II]

언어에 등장하지 않는 사람은 의식에도 나타나지 않는다. 사람들이 자주 인용하는 소크라테스가 한 말이다. 약 2,400년이 지난 현재 우리는 그의 말이 맞는다는 것과 그때 이후 별로 달라진 게 없다는 것을 확인한다. 그렇다고 모든 여자들이 지금까지 자신의 투명 인간 같은 처지에 만족했다는 뜻은 아니다. 마를리스 크레머[III]가 나타났다. OG가 미국 래퍼

I [역주] 총칭적 남성형(Generisches Maskulinum): 어떤 사람의 성별이 알려져 있지 않거나 성별이 중요하지 않을 때, 또는 남성과 여성을 뭉뚱그려 지칭할 때 전통적으로 남성 명사나 남성 대명사를 사용하는 어법. 예를 들어 독일어에서 남녀 학생을 총칭할 때 여성 명사 Schülerin이 아니라 남성 명사 Schüler를 사용한다.

II [역주] 위 독일어 예문에서 스파이는 총칭적 남성형인 'Spion'으로 적혀 있다.(Spione는 Spion의 복수형) 따라서 둘째 문장에서 느닷없이 튀어나오는 '여자들'(Frauen) 때문에 남자 스파이만 생각하고 있던 사람은 기존에 고착된 이미지를 수정해야 한다.

III 이 대목에서는 마를리스 크레머가 페미니즘 정신으로 참여한 성 인지적인 언어 사용 운동을 다룬다. 나는 그녀가 이슬람에 대해 잘못된 생각을 일반화해 말했다는 것을 알고 있다. 이미 말했듯이 나는 어떤 형태의 차별도 용인하지 않는 교차성 페미니즘을 믿기 때문에 이런 면에서 그녀를 문제적인 인물이라고 생각한다. 그럼에도 나는 성 인지적 언어 사용에 대한 그녀의 참여 활동을 이 책에서 언급하기로 했다. 그녀의 '상향식'(bottom-up) 참여가 요즘 우리가 하는 투쟁의

아이스-T의 앨범인 오리지널 갱스터(Original Ganster)의 약자라면, 크레머는 OF, 즉 오리지널 페미니스트(Original Feminist)를 대변하는 여성이다. 그렇다고 크레머가 초기의 페미니즘 사상가 중 한 명이라는 뜻은 아니다. 1937년 독일 자를란트 주의 일링겐에서 태어난 크레머의 인생행로를 보면, 그녀가 급진적으로 변한 건 페미니즘 아이콘들의 글이나 가르침을 읽고 받아들여서가 아니라 본인의 인생사를 통해 스스로 그렇게 되었다는 것을 알 수 있다. 아버지가 대학을 다니지 못하게 막아서 그녀는 판매원 교육을 받았다. 30대 중반에 남편과 사별하고 혼자 네 아이를 키웠다. 크레머는 페미니즘이 건설되던 수많은 공사장을 직접 몸으로 겪었다. 표도 안 나는 무보수 돌봄 노동, 불평등한 교육 기회, 불안정한 상태에서 영위하는 삶, 의사 결정자들에게 자신은 투명 인간이라는 느낌. 그러다 어느 시점이 되면서 그녀는 저항하기로 결심했다. 시작은 1990년이었다. 그녀는 새로 발급받은 여권의 (남성) 소지자(Inhaber[I])가 되기를 거부했다. 여권의 주인은 자신이 아니라고, 즉 마를리스 크레머가 아니라고 주장했다. 그녀는 여권에 서명하지 않았다. 독일연방 상원의회가 유럽연합 재판 결과를 받아들여 이제부터 신분증엔 남성 소지자(Inhaber)와 여성 소지자(Inhaberin)가 있다고 결정하기까지 많은 이들의 서명을 모아야 했고 6년이라는 세월이 흘러야 했다. 처음 일군 작은 성공이었지만

길잡이가 되었기 때문이다. 〔'상향식 참여'란 세부적이고 미시적인 것에서 출발해 문제 해결을 도모하는 방식을 말한다. - 역주〕

I [역주] 독일어에서는 흔히 남성 명사 끝에 접미사 -in을 붙여 여성 명사를 만든다. 예를 들어 Inhaber는 남성형이고 Inhaberin은 여성형이다.

크레머는 여기에 만족하지 않았다. 솔직하게 말해보자. 이제 공식적으로 신분증의 여성 소지자가 되었다고 해서 그것만으로 크레머 부인의 인생이 나아지는 건 아니다. 1990년대에는 더더욱 그렇지 못했다. 당시는 성평등 언어에 관한 논의가 겨우 시작되던 때였고 의미 있는 큰 변화가 나타난 건 그로부터 30년이 지난 뒤였다.

소크라테스가 쓰고 크레머 부인이 느낀 것을 오늘날 연구가 증명하고 있다. 여성은 언급되지 않으면 자동으로 의식 속에 등장하지 않는다. 끊임없이 (남성) 고객(Kunde)이라는 단어를 말하거나 듣는 사람은 여성 고객(Kundin)도 존재한다는 사실을 잠재의식에서 배척한다. 그로써 여성 고객은 평균적인 남성 고객과는 다른 욕구와 선호와 바람을 가지고 있을 수 있다는 사실도 역시 눈에 보이지 않게 된다.

"기술자(Mechaniker)는 많은 도구를 다룰 줄 알아야 한다. 따라서 손톱이 길면 안 된다."

2002년에 수행된 연구에서 참여자들은 위의 두 문장을 독일어와 프랑스어로 읽었다. 그리고 두 번째 문장을 이해하는 데 시간이 얼마나 걸리는지 측정했다. 영어와 달리 독일어와 프랑스어에는 문법적인 성이 있다. 기술자를 뜻하는 'Mechaniker'는 총칭적 남성형인 동시에 고정 관념에 따라 남성이 연상되는 직업명이다. 여기에서 이 개념이 남성과 여성 모두에게 적용될 수 있다는 것은 '손톱이 길면'이라는 표현을 읽을 때 비로소 확실해진다. 연구 참여자들이 두 번째 문장을 이해하는 데 걸린 시간은, 대조군이 마찬가지로 총칭적 남성형이 쓰인 문장을 읽되 그것이 '콜센터 직원'(Callcenter-Mitarbeiter)이나 '미용 전문가'(Kosmetiker)처럼 여성을 함축하고 주로 여성의 직업 분야와 관련되었을 때보다 더 길었다.[7]

총칭적 남성형이 지독하게 부정확하고 따라서 비실용적이라는 사실 외에도, 언어는 우리의 머릿속에서 의식의 방아쇠로도 작동한다. 사람들에게 다음번 연방 의회 선거에 적합한 '여성 정치가(Politikerin)'와 남성 정치가(Politiker)'가 누구일지 질문하면, 단순히 총칭적 남성형인 '정치가'(Politiker)에 대해 물어볼 때보다 여성을 훨씬 많이 머릿속에 떠올린다. 유명 '여성 작가(Schriftstellerin)와 남성 작가(Schriftsteller)'를 말해보라는 질문에서도 당연히 총칭적 남성형(Schriftsteller)으로 물었을 때보다 즉시 더 많은 여성을 기억의 밑바닥에서 끌어올렸다.[8]

　　2020년 10월 12일 이후 나를 포함한 4,200만 명의 독일 여성들이 입법부가 없는 위험 지대에서 법률의 보호를 받지 못하며 살고 있다는 생각이 든다. 그날 연방 내무부(CDU/CSU)는 법무부(SPD)가 제출한 구조조정 및 도산법 법안을 헌법상의 우려로 중단시켰다. '여성 최고경영자'(Geschäftsführerin), '여성 소비자'(Verbraucherin), '여성 채무자'(Schuldnerin)라는 표현이 들어 있었기 때문이다. 법안은 평소와 달리 총칭적 남성형이 아니라 총칭적 여성형으로 작성되었는데 이것이 연정 파트너인 CDU/CSU의 마음에 들지 않았던 것이다. 연방 내무부 대변인은 "여성 개념만을 사용하여" 작성한 법안은 법적으로 여성에게만 적용될 수 있다고 말했다. 재미있군! 그렇다면 모든 법률은 남성에게만 적용되어야 하는 것 아닌가? 연방 내무부의 시각은 달랐다. 대변인에 따르면, "총칭적 남성형은 남성과 여성에게 공인된" 형태다. 반면에 총칭적 여성형을 "여성과 남성의 지칭에 사용하는 것은 지금까지 언어학적으로 공인되지 않았다." 간단히 말해, 지금까지 늘 그렇게 해왔으므로 앞으로도 그래야 한다는 것이 그들의 논리다! 내무부의 높으신 나리들은 자신들의 논리가 총칭적 남성형을 반대하는 데에도 문제없이 이용될 수 있다는 걸 알지 못했다. 이미 30년도 훨씬 전에 여성 언어학자 루이제 푸슈가 이 개념을 똑같은 방식으로 기술하지 않았다면 내무부 인사들의 생각은 세간의 관심을 끌었을 것이다.[9] 푸슈는 독일어에 나타나는 이러한 성별 부조리를 '총칭적 남성형'이라고 부른 최초의 여성인데 이 문제를 다음의 예를 들어 설명했다. "99명의 여자 가수(Sängerinnen)와 1명의 남자 가수(Sänger)를 합하면 100명의 남자 가수(Sänger)가 생긴다. 〔그러나 99개의 배(Birne)와 1개의 사과(Apfel)를 합하면 100개의 사과가 아니라 기껏해야 100개의 과일(Früchte)이 생긴다![I]〕 99명의 여자는 없어졌다. 찾을 수가 없다. 남자들의 서랍 속으로 사라졌다." 플렌스부르크 유럽대학교의 유럽법 교수인 아나 카타리나 망골트가 썼듯이, 독일의 법률 용어도 돌에 새긴 규정이 아니라 끝없이 변화하는 것이다.[10]

이런 변화에 조금이라도 힘을 실어주려는 것이 연방 법무부 장관 크리스티네 람프레히트의 의도였을 것이다. 그녀는 짓궂은 법률 초안[II]을 상정함으로써 언어적 불균형에 사람들의 관심을 끌어모으는 데 성공했다.

I [역주] 여자 가수 Sängerin의 복수형은 Sängerinnen이고 남자 가수 Sänger의 복수형은 Sänger이다. 그러나 여자 가수와 남자 가수가 섞인 복수형은 여성이 수적으로 우세해도 총칭적 남성형을 사용해 Sänger가 된다. 한편 Birne는 여성 명사이고 Apfel은 남성 명사다. 두 과일이 섞인 복수형은 Birne가 다수여도 앞의 예처럼 남성 명사인 Apfel의 복수형으로 표현하지 않고 상위 개념인 과일의 복수형 Früchte로 표시한다.

II 트로이 목마와도 같은 이 법안의 이름은 '구조조정 및 도산법의 진전에 관한 기초 원안'(SanInsFoG)이다. 이 법안이 대단한 젠더 혁명처럼 들린다고 말하는 사람은 없다.

《뉴욕 타임스》도 이 문제를 거론하며 "성별 규범이 뿌리 깊이 박혀 있는 독일에서 언어 관습이 어떻게 양성평등에 장애가 될 수 있는지" 이 대목에서 드러난다고 보도했다.[11]

작가 넬레 폴라체크도 독일의 뿌리 깊은 성별 규범에 반대한다. 다만 해결책을 성 인지적 어법에서 찾는 것이 아니라 그것을 초월한 언어 변화에서 보고 있다. 그녀가 자신을 (여성 작가를 뜻하는) 'Autorin'보다 총칭적 남성형인 'Autor'로 일컫는 것도 이 때문이다. 지금까지의 논의가 생식기 집착이란 걸 나도 인정한다. 여성을 포함시키는 접미사 ':in'을 붙여 특별 대접을 받을 때 여성이라는 성으로 환원되는 느낌을 나도 안다. "성 인지적 어법은 성차별의 퇴치를 목표로 하는 성차별적인 실천이다." 폴라체크는 이렇게 《타게스슈피겔》에 썼다. ':in'[I]을 덧붙일 때마다 우리는 우리를 다른 성과 구별해주는 '여성적'이라는 형용사를 추가하는 것이다.[12] 여성을 가시화하면 초점은 여성의 평등이 아니라 다름에 놓인다. 나도 이 모든 걸 안다. 다만 현재 더 나은 해법을 모른다는 것이다. 폴라체크가 예로 든 영어에는 문법적인 성이 없다. 배우를 뜻하는 the actor는 중립적이다. 여성 형태 the actress의 존재를 통해 중립성이 비로소 남성으로 바뀐다. 개혁이 필요할 수도 있지만 독일어에는 각각 남성, 여성, 중성을 의미하는 정관사 der, die, das[II]가 지금까지도 존재한다. 대체 왜 그럴

I   [역주] 직업을 표시하는 성 인지적 표기법의 한 종류이다. 예를 들어 남교사 혹은 총칭적 남성형을 뜻하는 Lehrer의 끝에 콜론(:)과 in을 붙여 Lehrer:in으로 표시함으로써 남성, 여성, 논바이너리를 모두 망라하는 표기법이다.('논바이너리'는 127쪽 참조)

II   der, die, das는 명사 앞에 붙어서 명사의 성을 표시하는 정관사이다. der는 남

까?! 이유를 묻지 않는 사람은 아마도 영원히….

현실에 존재하는 구조적 불균형을 언어로 가려버리는 현상이 존재하는 한, 나는 계속 여성 형태를 고집하겠다. 그것이 폴라체크의 말마따나 매번 '질!'[I]의 외침과 다름없다고 해도 말이다. 이 책에서도 일관되게 성 인지적 언어를 사용해 더욱 정확하게 표현할 생각이다. 그렇지 않은 어법은 혼란을 유발한다고 믿는다. 우리가 일상에서 사용하는 성 인지적 어법이 무의식적으로 우리의 인식을 결정하기 때문이다.

2020년 코로나가 창궐하던 여름에 나는 라디오에서 어느 특파원과 방송 진행자가 나누는 대화를 들었다. 아이들을 다시 학교로 보내는 게 (2020년 8월 기준) 안전하냐는 얘기였다. 대화에서 학생과 교사를 지칭하는 단어는 성 인지적으로 사용했지만 의료인, 정치가, 연구자는 그렇지 않았다. 이건 혹시 사회적 지위와 관련이 있을까?! 공적인 직업 명칭에서 여성과 남성에 대한 균형 잡힌 언어 표현을 하느냐 여부야말로 아이가 미래에 자신이 해당 분야의 직업을 가질 수 있다고 믿는지 여부를 결정하는 기준이다.

성, die는 여성, das는 중성을 나타낸다.

I 모든 여자에게 외음부와 질이 있는 것이 아니므로 엄밀히 따지면 이 말도 맞지 않는다.

마태오와 마틸다

장기간 수행된 젠더 실험 중에서 언어와 인식의 힘을 간결하게 보여주는 불후의 고전이 있다. 이른바 '과학자 그리기 실험'(Draw-a-Scientist-Test)이다. 지난 50여 년간 주로 영어권 국가의 5~12세 아동들에게 과학자를 그리라는 과제를 냈다. 그 50년 동안 대다수 아동들은 실험실 가운을 입고 있는 남자를 그렸다. 반면에 책, 시험관, 안경 같은 전형적인 '액세서리'는 여성 과학자를 그린 그림에 자주 등장했다. 과학의 맥락에서 여자를 드러내려면 이런 소품이 필요하다는 듯이 말이다.[I] 1966~1977년에 실시된 초창기 실험에서는 5,000개의 그림 중에서 28개만 여성 과학자를 묘사했는데 그 28개가 모두 여아들이 그린 그림이었다. 과학자라는 개념에서 여자를 상상한 아동의 비율이 1퍼센트도 안 된 것이다. 여아들만 놓고 보면 1.2퍼센트가 여성 과학자를 떠올렸다. 이 수치는 세월이 흐르면서 계속 증가했는데 변화를 이끈 건 여아들이었다. 1985년에는 여아들 그림의 33퍼센트가 여성 과학자를 묘사했고 2016년에는 58퍼센트로 늘어났다. 여아들이 처음으로 남성 과학자보다 여성 과학자를 더 많이 그린 것이다. (이에 반해 남아들은 지금도 10명 중 9명이 남성 과학자를 그린다.)[13] 하지만 긍정적인 변화에 열광하기에는 아직 이르다. 함정이 있다. 여아들은 나이가 많을수록 여성 과학자를 덜 그린다. 젊은 여성들이 인생에서 환멸을 느끼고, 과학자로 성공할 수 있다는, 6세까지 가졌던

I   여아의 그림이 남아의 그림보다 일반적으로 세부적인 것을 더 많이 묘사해서일 수도 있다.

확신(이 나이에서는 70퍼센트의 여아가 여성 과학자를 그렸다)을 잃어버리기라도 한 걸까? 16세에 이르러서는 25퍼센트의 여아들만이 여성 과학자를 그렸다. 비록 단순하기는 해도 이 실험은 세월의 변화에 따라 사회에 만연한 역할 이해와 고정 관념을 잘 보여준다. 실제로 최근 여성 과학자의 수는 전 세계적으로 늘어났지만 아동들의 그림에서 나타난 것과 동일한 증가율을 보이지는 않았으며 그것도 전문 분야마다 달랐다. 예를 들어 2015년 공학 분야에서 여성 과학자의 비율은 전 세계적으로 28.4퍼센트에 불과했다.[14]

여성 과학자에 대해 말하는 방식을 통해서도 우리는 그들을 보이지 않는 존재로 만든다. 다윈의 진화론, 뉴턴의 법칙, 아인슈타인의 상대성 이론, 멘델의 법칙, 슈뢰딩거의 고양이의 공통점은 무엇일까? 모두 해당 이론을 발견한 과학자의 이름, 정확히 말하면 성을 달고 있다는 점이다. 반면에 퀴리의 방사성 원소, 마이트너의 핵분열, 괴페르트 마이어의 원자핵, 프랭클린의 DNA 이중 나선 구조 같은 명칭은 없다.

마지막 두 여성의 이름은 나도 최근까지 몰랐다. 인터넷에서 검색한 뒤에야 그들이 획기적인 사실을 발견했다는 걸 알게 되었다. 로절린드 프랭클린은 DNA의 이중 나선 구조를 처음 발견하고 그것을 사진으로 촬영했다. 1952년에 유전자 연구는 아직 걸음마 단계에 있었기 때문에 이는 엄청난 사건이었다. 당시 과학자들은 DNA의 존재는 발견했으나 그것이 어떻게 생겼는지는 정확히 알지 못했다. 이 의문에 대한 답을 찾으면서 모든 생명체의 구성 요소와 구성 원리를 해독할 수 있게 되었다. 그런데도 로절린드 프랭클린은 전문가들 외에는 그 이름은 고사하고 존재 자체도 아는 사람이 별로 없다.

우리는 남성 과학자들의 이름을 더 많이 알고 있기도 하지만, 적잖은 이름이 정식으로 상표가 되기도 한다. 과학자의 이미지와 성취를 떠올리는 데는 성(姓) 하나로도 충분하다. 이미지 이야기가 나온 김에 말해보자. 혀를 내밀고 있는 아인슈타인, 앤디 워홀이 빛나는 색채로 묘사해 아이콘으로 만든 그 아인슈타인을 모르는 사람이 있을까? 반면에 여성 물리학자를 빛나는 색채로 묘사한 그림은 적어도 내 머리엔 떠오르지 않는다.[I] 이건 우연이 아니다! 미국 연구에 따르면, 우리가 3인칭으로 공적인 인물에 대해 말할 때 남자를 성으로만 지칭하는 경우가 여자를 성으로 지칭하는 경우의 두 배이며, 여자는 성과 이름 모두 사용해 지칭하는 경우가 많다고 한다.[15] 2016년 미국 선거전에서 트럼프와 힐러리 클린턴의 대결이 그랬다.[II]

독일의 정치 보도에서도 여성과 남성에 대한 지칭 방식의 차이가 확인된다. 독문학자 미리암 슈크는 인터넷에서 무작위로 추출한 20억 개 이상의 독일어 문장을 토대로 2014년 무렵 유명도가 비슷했던 두 정치가 앙겔라 메르켈과 게르하르트 슈뢰더에 대한 서로 다른 지칭 방식을 조

I 마리 커리(Marie Curry)라는 이름의 커리소시지 가게를 본 적은 있다. 이것도 대중문화에 속하긴 속한다. 그러나 소시지 판매를 위한 말장난과 수백만 달러의 예술품은 서로 노는 물이 다르다. [마리 커리(Marie Curry)는 여성 과학자 마리 퀴리(Marie Curie)와 철자가 비슷하다. 역주]

II 이 경우엔 힐러리 클린턴이 남편의 후계자라는 이미지와 거리를 두고 본인의 여성적인 면을 부각하려는 목적으로 선거 운동 때 자발적으로 자신의 이름을 덧붙여 썼다고 보아야 한다. 그러나 연구는 힐러리 클린턴을 계산에서 제외한 뒤에도 동일한 결론에 도달했다.

사했다.[I] 분석 대상은 두 정치가가 함께 언급된 문장이었다. 그 결과 성만 사용해 '슈뢰더'라고 부른 경우가 역시 성만 사용해 '메르켈'이라고 부른 경우보다 훨씬 많았다. 반면에 성 앞에 정관사를 넣은 '그 메르켈'(die Merkel)이나 '메르켈 씨'(Frau Merkel)는 '그 슈뢰더'(der Schröder)나 '슈뢰더 씨'(Herr Schröder)보다 자주 등장했다.[16] 그러나 내가 해본 몇 개의 무작위 시험에 따르면 적어도 독일 유력 매체의 보도에서는 성 중립적인 명명이 확립된 것처럼 보였다. 처음에 한 번 성과 이름으로 지칭하고 그 후부터는 성으로만 부른 것이다.

정치 이외의 분야에서도 여자 배우나 여자 가수를 특별한 디바(오페라에서 주역을 맡은 여가수)처럼 뛰어나면서 독보적인 인물로 보이게 하려는 케케묵은 전통이 있다. 그 여성을 해당 분야의 1인자로 표현하고 여기에 걸맞게 정관사를 붙여 'die Dietrich', 'die Huppert', 'die Callas'로 부르는 식이다. 글자 그대로 유일무이하다는 뜻이다. 이런 비대칭은 여성을 공개적으로는 여전히 변칙적인 존재로 표시해야 한다는 것을 시사한다. 말하자면 여자는 언제나 성별을 드러내야 하는 존재이고 남자는 그냥 인간이라는 사고방식이다. 이게 문제가 되는 이유는 단순히 성으로만 불리는 사람이 더 중요하고 유명하다고 인식되기 때문이다.

여자가 화제의 중심에 서면 오해의 여지가 없도록 그 사람이 원래 있던 자리를 분명하게 밝히기도 한다. 프랑크푸르트 대학병원 바이러스연구소 소장인 잔드라 치제크는 2020년 가을부터 북독일방송(NDR)의

I 독일어 문장 자료집의 이름은 'COW 코퍼스(Korpus) 14'이다. 온라인 기사, 논평, 보도 자료 등에서 무작위로 뽑은 문장들이 들어 있다.

《코로나바이러스 업데이트》라는 팟캐스트에서 COVID-19에 관한 정보를 제공하고 있다. 《슈피겔》 인터뷰에서 치제크는 "할당제 혜택을 본 여성"(Quotenfrau) 혹은 "드로스텐 자리를 꿰차고 앉은 여성"[I]이라고 표현되었다. '드로스텐'은 말할 것도 없이 바이러스 학자들 사이에서 '대중적 스타'(매체에서 쓴 표현이다!)로 떠오른 크리스티안 드로스텐을 가리킨다. 여자는 곧잘 남자와 관련되어 정의되곤 한다. 「새로운 리조[II]의 인기가 하늘을 찌른다」는 2020년 4월 스위스 일간지 《노이에 취르허 차이퉁》에서 마이 티 응우옌 킴을 다룬 기사의 제목이다. 응우옌 킴은 《마이랩》(maiLab)이라는 이름의 유튜브 채널에서 과학을 누구나 알기 쉽게 설명해주고 있다. 그녀는 엘리트 대학인 MIT와 하버드를 졸업하고 박사 학위를 받은 화학자이며 여러 번 상까지 받은 과학 저널리스트이다. 늘 하던 대로 우리는 이렇게 특별한 성공을 거둔 여성의 비교 상대로 아무 남자나 떠올리곤 한다.

유명도에 대해 생각해보면 그것이 가시성이나 높은 사회적 지위와 결부되어 있으며, 유명하면 보상을 받을 확률도 높아진다는 것이 밝혀졌

I 알고 보니 이건 《빌트》지의 제목을 인용한 것이었다. 이 맥락에서 "할당제 혜택을 본 여성"이라는 표현은 분명히 폄하하는 발언이고 이런 부정적인 이미지는 양성평등에 문제로 작용한다. 인터뷰를 이런 반동적인 발언으로 시작한 사람은 두 명의 여기자였다.(잘난 사람을 끌어내리는 '게 바구니' 사고방식인가?!) 이런 사실들에 대해 나는 몇 페이지이고 글을 쓸 수 있다! 이에 대해 잔드라 치제크는 그런 문제들 때문에 "여자들이 계속 그 같은 상황(세상의 여론)을 피하게 된다"고 말했다. 과연 누가 그녀 탓을 할 수 있을까?!

II [역주] 리조는 독일의 인기 남성 유튜버다. 주로 오락 콘텐츠를 다루지만 집권 여당을 비판한 영상으로 2020년에 독일 기자상인 나넨상을 받았다.

다.[I] 진정한 의미에서 이름을 얻는 것이다. 결국 가진 자가 더 갖는 법이다. 더 정확히 말하면, 남들이 아는 사람, 알아봐주는 사람이 인정을 받는다.

이 현상을 사도 마태오의 이름을 따서 '마태오 효과'라고 한다. 학계에도 적용되는 현상이다. 잘 알려진 인물의 논문이 그렇지 못한 사람의 논문보다 유명 출판물에 실릴 가능성이 높다. 성경 시대 이래로(어쩌면 그 이전에도 다르지 않았을 테지만) 어디에서나 마찬가지이다.

"무릇 있는 자는 받아 풍족하게 되고 없는 '여자'는 그 있는 것까지 빼앗기리라."

마태오 복음 13장 12절에 적힌 구절이다. 문장 후반부에 나오는 '여자'는 우리가 현실을 조금이나마 직시할 수 있도록 내가 고쳐 넣은 말이다. 마태오 효과가 묘사하는 '성공의 원칙'에 따른다면 그 반대 효과도 있기 때문이다. 마틸다 효과다.

미국의 여권 운동가 마틸다 조슬린 게이지는 이미 19세기 중반에 여성들이 과학에서 남긴 업적을 남자 동료들이 가로챘다고 탄식했다. 그녀의 이름을 따서 부르는 마틸다 효과는 마태오 효과와 동일한 피드백 효과를 기술한다. 다만 앞에 마이너스 부호가 붙는다. 통계적으로 증명할 수 있는 이론인 마틸다 효과는 여자들의 연구가 왜 오늘날까지 당연히 누려야 할 가시성이 차단되고 인정을 받지 못하는지 분명하게 보여준다. 여자의 성공은 여전히 남자의 성공으로 귀속되는 경우가 많다.[17]

성공에 대해 말해보자. 세계적인 베스트셀러인 성경은 분명히 중요한

I 인정을 받는 것 외에 많은 돈을 버는 것도 의미한다.

성공이라고 일컬을 수 있다. 그런데 성경을 쓴 사람은 정말 남자들뿐이었을까? 혹시 마태오 복음에 마틸다 효과가 있는 건 아닐까? 마틸다 효과를 발견하고 명명한 마거릿 로시터는 프리스킬라라는 여성에 대해 보고한다. 성경 연구가 밝혀냈다고 주장하는 바에 따르면 프리스킬라는 신약 성경의 일부를 썼다고 한다. 인터넷에 나와 있는 정보들이 빈약하고 불명확해 나는 성경학자이며 신약 성경에서 여성의 역할을 연구한 전문가인 안드레아 타슐 에르버와 이야기를 나누며 프리스킬라에 대해 질문했다.

　　몇몇 대목에서 프리스킬라라는 이름으로 나오는 프리스카는 신약 성경에 여러 번 등장해요. 그녀는 기독교가 탄생하던 1세기에 중요한 인물이었어요. 오늘날 우리가 알고 있는 '저자' 개념이 고대에는 존재하지 않았어요. 성경 텍스트는 부분적으로 여러 세대에 걸쳐 집단의 작업으로 탄생했어요. 우리는 여자들이 초기 기독교에서 중요한 역할을 했다는 걸 알고 있어요. 집단적으로 많은 사람이 참여하는 일일수록 여자도 참여해 그것의 탄생에 기여할 가능성이 높아지지요. 아이디어 제공자였거나 전승된 것을 기록 혹은 수정하는 사람이었을 수도 있어요. 복음서의 명칭으로 쓰인 마르코, 마태오, 루카, 요한은 전통적인 이름인데, 오랫동안 성경 내용을 작업했던 집단의 이름으로 보는 게 타당해요. 즉, 이야기를 기록한 특정 남자들의 이름이 아니라는 얘기지요. 프리스카가 이 집필 작업에 참여했는지에 대해서는 오늘날 아무도 확실하게 말할 수 없어요. 물론 현재 서신서와 복음서에 대해서는 당연히 다음과 같은 질문을 던질 수 있어요. 왜 그것들에는 전부 남자 이름을 붙였는가? 왜 모두 남자들이 썼다고 암암리에 가정하고 여성 저자는 과학적으로 증명해야 하는가? 이게 과연 가능한가? 무엇을 여자가 썼고 무엇을 남자가 썼는지 과학적으로 확인하는 건 불가능한데, 텍스트에서 어떤 기준을 근거로 그걸 주장할 수 있을까? 성경 연구에 '여성의 목소리'라는 용어가 있어요. 연구자들은 성경 텍스트에 어떤 관점이 드러나 있는지 암시하는 단서를 유심히 살펴요. 텍스트가 여성에게 유리하다면 그건 여성 저자들이 썼을 가능성이 커요. 예를 들어 임신이나 출산과 관계가 있는 텍스트는 모두 믿을 만한 여성적 전통을 바탕으로 썼을 가능성이 있어요. 반대로 '남성의 목소리'는 남자들의 입장을 대변해요. 예컨대 바오로의 이름으로 전해지고 있는 서신서에 여자들은 침묵해야 한다는 구절이 있어요.[I] 이 대목은 남자가 썼을 가능성이 있어요.

프리스킬라 혹은 프리스카가 마틸다 효과를 대변하는 성경의 사례인지 오늘날까지 아무도 모른다는 사실이 특히나 문제의 핵심을 잘 드러낸다. 어쨌든 성경은 마틸다 효과를 보여주는 이름 없는 사례들로 가득하다. 눈에 보이지 않는 고대의 여성들을 눈에 보이게 하는 것이 지금 시대의 여성들을 눈에 띄게 하는 것보다 훨씬 어렵다.

그러나 지금 확실하게 말할 수 있는 것이 있다. 마태오 효과를 발견하고 거기에 이름을 붙인 사회학자가 그 연구를 진행하면서 마틸다 효과를 유발했다는 점이다. 그는 출판물의 대부분을 발표할 때 그때까지 무명이

I [역주] "여자들은 교회 안에서 잠자코 있어야 합니다. 그들에게는 말하는 것이 허락되어 있지 않습니다." (고린도 전서 14:34)

었던 젊은 여성 공동연구원 해리엇 저커먼의 연구와 발견의 도움을 받았으면서도 그녀의 이름을 언급하지 않았다. 나는 마태오와 마틸다 간에 존재하는 젠더 관계의 양면성을 이보다 더 여실히 보여주는 예는 없다고 생각한다. 마태오 효과의 실질적인 발견자는 그녀의 성별 때문에 그때까지 알려지지 않았던 마틸다 효과의 희생양이 된 것이다.[I]

이 같은 현상이 문제가 될 때면 거의 언제나 다음과 같은 말로 이야기를 시작하곤 한다. "이러이러한 효과를 보여주는 가장 유명한 사례는 XY다." 그러나 마틸다 효과는 그 본질상 알려지는 사례가 없거나 알려지더라도 매우 제한적이다. 여기에서 나는 수많은 이야기들 가운데 우리가 모르는 사례들을 대표하는 한 가지 이야기를 소개하며 이야기를 마무리하고자 한다. 이 장 서두에서 언급한 로절린드 프랭클린 이야기이다.

생화학자이며 방사선 전문가였던 로절린드 프랭클린은 32세에 세계 최초로 DNA의 이중 나선 구조를 사진으로 촬영했다. 그러나 이 여성 동료의 연구를 토대로 DNA를 처음 공개하고 그 대가로 명성을 얻은 사람, 즉 국제적으로 인정받아 노벨상까지 탄 사람은 그녀의 남자 동료 세 명이었다. 프랭클린 자신은 노벨상 시상식을 보지도 못했고, 그녀의 연구 덕분에 가능해진 DNA의 발견 사실도 알지 못했다. 37세에 난소암으로 사망했기 때문이다. 아마도 다년간 실험실에서 방사선에 노출되면서 생긴 질병일 듯하다.

[I] 저커먼은 잘 회복되었다. 그녀의 연구를 훔친 로버트 머튼은 훗날 남편이 되었고 저커먼 자신은 컬럼비아 대학교에서 사회학 교수 자리를 얻었다.

언어의 가부장제는 우리가 비방하고 모욕하고 방해하는 방식이며, 검열하고 책망하고 특정한 환경에 대한 접근을 규제하는 방식이고, 지위를 주고받는 방식이다. 따라서 다음 장으로 들어가기 전에 이야기해둘 것이 있다. 앞에서 살펴본 연구의 귀결로서 나는 이 책을 쓰기 위해 인터뷰한 모든 여성들을 (우리가 인터뷰에서 서로 존칭을 사용했는지 혹은 편하게 말을 놓았는지, 내가 어떤 자격으로 그들과 대담을 나누었는지 무관하게) 처음에 한 번만 성과 이름을 제시하고 이후부터는 성만 제시했다. 존경할 만한 자를 존경하라.[1]

I 이 구절도 바오로가 로마 신자들에게 보낸 편지인 신약 성경의 「로마서」에 나온다. 어쩌면 프리스킬라나 보이지 않는 다른 여성이 썼을 수 있다.

2장

공공장소는
누구의 것인가

공공장소에서 누가 더 자리를 많이 차지하느냐의 문제에서는 도시의 식물과 사람이 크게 다르지 않아 보인다. 독일의 일간지 《타게스차이퉁》에 매우 재미있는 칼럼이 실렸다. 도시에 심은 대부분의 나무가 수나무라는 것이다.[18] 수나무? 그렇다. 많은 수종을 차지하는 이른바 암수딴그루 나무[I]에는 암나무와 수나무가 있는데 특히 수나무가 훨씬 많다고 한다. 암수의 비율이 예를 들어 거리의 조각상이나 기념물 또는 도로 이름의 남녀 비율과 대략 동일한지는 확실히 말할 수 없다. 그러나 수나무가 우세한 데에는 이유가 있다. 암나무는 꽃과 열매를 생산하고, 그것이 땅에 떨어져 냄새를 풍기며, 비싼 자동차의 앞유리를 더럽히고, 도로 청소에 귀찮은 일을 만들어낸다. 반면에 수나무는 언

I   포플러, 버드나무, 은행나무, 이팝나무 등

뜻 보기에 관리하기가 쉽다.[I] 수나무의 유전적 임무는 그저 꽃가루를 생산하고 수정을 위해 그것을 세상에 내보내는 데 있다.

그런데 잠깐… 꽃가루라고? 꽃가루는 알레르기를 유발하지 않는가? 그렇다! 암나무의 '부산물'에 신경 쓰는 게 귀찮아 시작한 일 때문에 나를 포함해 우리 중 상당수가 알레르기성 비염이라는 훨씬 비싼 대가를 치르고 있다. 게다가 수나무는 암나무와 달리 공기 속의 유해 물질을 잘 흡수하지 못한다. 유해 물질 흡수는 나무가 선물하는 시각적 효과 및 그늘과 더불어 우리가 도시를 녹화하는 사실상 중요한 이유 중 하나다. 세계 어디에서나 그렇듯 남성성의 과잉은 겉보기보다 좀 더 복잡한 문제를 일으킨다. 도시를 녹화할 때 균형 잡힌 성비에 주의를 기울인다면 해로운 남성성은 존재하지 않을 것이다. 왜냐하면 암꽃 식물이 꽃가루를 받아들여 '해롭지 않게' 만들기 때문이다. 더 정확히 말하면 꽃가루를 열매로 바꿔놓는 생산적인 일을 하기 때문이다. 이런 비유가 어느 정도나 사람에게 적용될 수 있는지는 잘 모르겠다.[II] 그러나 식물이나 사람이나 똑같이 해결책은 가까운 데서 찾아야 한다. 바로 여성 할당제다.

우리가 공공장소를 대하는 방식은 언어를 구사하는 방식과 비슷하다. 어렸을 때부터 우리는 자연스럽게 말하는 법을 배운다. 그와 동시에 또 당연하게 우리가 움직이고 이동하는 공간을 탐색한다. 그 자연스러움은

I '나무'를 '직원'으로 바꿔 써도 의미 있는 문장이 나온다.

II '아이를 낳으면' 여성이 불리해지는 세상에 우리가 살고 있고, '가임기'의 거의 모든 여성이 아이를 갖고 싶은 욕구가 있는지 여부와 전혀 무관하게 '생식 임무'의 압박을 느끼고 있기 때문이다.

우리들 대부분이 타고나는 것이다. 사물은 '존재'하고 어떤 식으로든 이름으로 '불린다'. 공간은 언어와 마찬가지로 사회적 구성물이다. 그 구성물에서 우리는 성별, 피부색, 사회 계층 같은 특성을 읽어내고 더 나아가면 영구화하기도 한다. 건축학 교수인 레슬리 와이즈먼은 무려 30년 전에 『디자인에 의한 차별』이라는 책에서 이런 특성들이 우리가 공공장소를 인식하는 방식을 결정한다고 말했다.[19] 그러니까 공원이나 주택이 아름답고 안전하고 실용적이라고 인식하는지 아닌지는 개인적인 취향의 문제이기도 하지만, 근본적으로 우리가 '누구'이고 '얼마나 많은' 사회적 권력을 가지고 있는지와도 관련되는 문제이다.

지배하는 모서리

나는 다세대 주택들이 들어선 도심의 작은 동네에 살고 있다. 새 건물과 오래된 건물이 섞여 있는 전형적인 쾰른의 주거 지역이다. 모든 새 건물에는 주차장 출입구가 따로 있지만 주차장이나 건물 안뜰의 주차면 수는 주택 수보다 훨씬 적다. 대략적으로 추산하면 내가 사는 동네에서는 총 주택의 약 5퍼센트가 자동차를 도로가 아닌 곳에 주차할 수 있다. 95퍼센트는 그렇게 하지 못하지만 개의치 않는다. 많은 이들이 나처럼 자동차가 없기 때문이다. 그런데 얼마 전까지 내가 가지고 있던 것 혹은 밀고 다녔던 것은 유모차였다. 그래서 나는 교차로 같은 데서 연석 모서리가 사람을 얼마나 아찔하게 만드는지 잘 알고 있다. 내가 가지고 있던 '유행에 조금 뒤떨어진' 1970년대 복고 모델을 밀고 다닐 때는 모든 연석과 교차로와 도로 횡단이 장애물이었다. 잠자는 아이의 머리가 걷잡을 수 없이 흔들리지 않게 하려면 정신을 바짝 차리고 장애물을 넘어야 했다. 왜? 독일의 대부분 지역과 세계 곳곳에서는 자동차를 위해 연석의 턱을 낮추기는 해도 보행자를 위해서는 그렇게 하지 않기 때문이다. 연석의 턱을 낮추면 혜택을 보는 사람들이 많다. 유모차 외에도 바퀴 달린 성인용 보행기를 밀거나 휠체어를 타고 다니는 사람, 보행 약자나 시각 장애인, 스쿠터나 자전거를 타고 인도를 다니는 아이들이 그 터무니없는 장애물 코스에 불편을 겪어온 탓이다. 이들의 공통점은 무엇일까? 대부분 일반적인 의사 결정자가 아니라는 것이다.

연석 모서리는 대표적인 사례이자 자동차 중심의 우리 도시들이 드러내는 수많은 징후 중 하나일 뿐이다. 자동차에 뭔가 이익이 될 때만 연석턱을 낮추는 곳이 많다. 독일에서 전체 차량의 62퍼센트는 남자 명의로 등록되어 있다. 더욱이 남자들의 하루 평균 자동차 운행 거리(29킬로미터)는 여자들의 평균 운행 거리(14킬로미터)의 두 배다.[20] 역할 분담의 측면에서 몇 가지 사항이 달라지기는 했지만, 남자와 여자가 공공장소에서 언제 어떻게 이동하는가의 문제는 역사적으로 생겨났으며 그 시초는 이성애자들이 이룬 핵가족의 이원성으로 거슬러 올라간다. 현재 우리는 독일에서 이른바 경제 기적의 시대인 1950~1960년대에 탄생한 도시 구조 안에서 움직이며 살아간다. 남자는 단독 부양자다. 아침이면 집에서 나와 공공장소에서 이동하고, 돈을 벌고, 돈을 어떻게 지출할지를 결정한다. 남자의 복지, 도로 교통과 일상에서 그의 빠르고 편리한 전진, 이런 것들이 모든 구조를 만들 때의 중심이 된다. 그러는 동안 경제 기적 시대의 전통적인 여성들은 가사를 담당하고 자식을 돌본다. 이건 여자가 대부분의 시간을 집 안에서 보낸다는 뜻이다. 가정주부도 예컨대 장을 보려면 한 번쯤 문밖으로 나가야 한다는 사실은 중요하지 않았다. 공공장소에서 여자의 복지는 경제적으로 아무 이득이 없었기 때문이다. 사회학자 마리 길로는 날마다 탈것을 이용해 움직이는 이런 '소소한' 이동들이 직장에 다니는 요즘 엄마들에게 어떤 영향을 미치는지 조사했다. 그 결과 여성의 이동은 정신적으로나 육체적으로나 고된 노동으로 보아야 하며 그 힘든 노동이 우리의 건강에 갖가지 위험을 초래할 수 있다는 결론에 도달했다.[21] 따라서 해결책으로는 예를 들어 다음과 같은 것을 들 수 있다. 자동차 없는 도심을 만들고 널찍한 인도를 조성하면 유모차와 성인용 보행기 등이 서로를 경쟁자로 느낄 필요가 없어진다. 공원과 녹지 공간을 늘리고 겨울과 밤에도 가로등을 켜서 붐비게 하고, 앉아서 쉴 곳과 친구를 만날 곳을 마련하고, 무엇보다 용변을 볼 수 있는 곳이 더 늘어나야 한다. 물론 이 모든 것에는 돈이 많이 들어간다. 가부장제와 자본주의가 또 다시 악수를 나누며 서로의 목표에 합의한다. 그 목표는 남성 이익의 극대화다.

오늘날 이런 건 시대에 맞지도 않고 기업에 이익이 되지도 않는다. 쾰른 시내가 극단적인 사례다. 다차선의 대형 고속도로 나들목이 자동차 운전자들을 위해 사방으로 도로를 연결한다. 반면에 도심의 대다수 도로는 자동차가 없던 시절에 생긴 것들이다. 제2차 세계대전 후까지 남아 있던 도로는 자동차 교통을 위해 개편되었다. 그 결과 지금 모든 도로는 일방통행로로 이루어진 미로가 되어 자전거 이용자들이 연달아 임사 체험을 하고 있다. 그렇다고 걷는 게 만만한가 하면 그렇지도 않다. 공간이 무척 협소한 데다 대부분 자동차들이 막고 있어서다. 유모차, 휠체어, 성

인용 보행기, 이 모든 것들은 자동차의 지배에 순종해야 한다.

이 상황은 우연히 그렇게 된 것이 아니라 정치적인 결정이었다.

스페인의 도시 폰테베드라를 보자. 이곳은 20년 전부터 대부분 지역에서 자동차가 다니지 않는다. 보행자들이 비유적으로도 현실적으로도 우선권을 가지면 — 폰테베드라에서는 보행자에게 우선 통행권이 있다 — 시내가 활기를 띠는 것은 물론이고 사람들이 한가롭게 거니는 시간이 많아져 더 많은 돈을 지출하게 된다는 것을 보여준다. 그와 동시에 시내가 자동차에서 해방되면 소비자들이 시 외곽의 대형 슈퍼마켓이나 쇼핑몰로 나가는 것도 막을 수 있다.[22]

우리의 주변 환경은 오래 전에 조성된 구조를 반영할 뿐만 아니라 그 구조를 매번 새롭게 만들고 영구화하기도 한다. 이렇게 하는 이유는 우리가 건축물을 영원을 위해 만들어진 것으로 이해하기 때문이다.[I] 비교적 최근 일이지만, 공공장소의 디자인이 우리의 복지에 중요한 역할을 하고 '외부'를 변수로 보는 것이 유용하다는 작은 집단적 인식이 생겨났다. 이 변수는 시스남성 위주의 디자인에서 탈피하고 있지만 매우 느리게 움직인다. 여성 건축가, 여성 건축기사, 여성 도시계획가가 지난 수십 년간 꾸준히 증가하고는 있으나 독일을 포함한 많은 나라에서 아직도 수적으로 열세에 있어서다. 게다가 의사 결정자들은 여전히 남성 일색인 경우가 많다.

공공장소를 특정 시민들에게 '우호적'으로 또는 '적대적'으로 디자인

I 고대 건축물을 찾아가 그걸 바라보면 자신이 언젠가 죽는다는 것을 잊고 뭔가 위안을 얻는다.

하는 방법에는 여러 가지가 있다. 이를 '방어적 건축'이라고 하는데 벤치 중간에 칸막이를 설치해 눕거나 잠을 잘 수 없게 하고, 울타리를 치거나 징이나 못을 박아 대피소와 잠자는 공간으로 이용하지 못하게 하는 방법이 있다. 이런 장치를 함으로써 사람들의 눈에 가난과 노숙이 보이지 않게 하려는 것이다. 그렇게 하는 이유로 흔히 노숙자들의 존재에서 불안을 느끼는 여성들의 안도감을 회복시켜야 한다는 점을 내세운다. 대체 여기에서 어떤 여성들을 보호해야 한다는 걸까? 이런 장치로 특히 큰 타격을 입는 사람은 우리 사회에서 가장 위태로운 집단에 속해 있고 그 불안정한 상황 때문에 온갖 형태의 폭력에 가장 자주 노출되어 있는 이른바 여성 노숙자들[I]이다. 이들을 공적인 공간에서 밀어내는 것은 잠재적인 조력자의 시야에서 밀어내는 것이다.

지배는 공간과 밀접한 연관이 있다. 좁은 인도에서 걷다가 맞은편에서 다른 사람이 올 때 우리가 어떻게 반응하는지 생각해보자. 누가 비켜야 할까? 대부분의 사람은 이 문제에 대해 고민하지 않는다. 많은 남자들이 인도를 의식적으로 지배하는 건 아니다. 그러나 나를 피해 가야 한다는 걸 깨닫고는 당혹스러워하는 그들을 보면 기분이 좋다. 또 다른 예는 당연히 대중교통 수단에서의 쩍벌남이다. 버스와 전차에서 다리를 벌리고 앉는 것은 (대다수 비병리학적인 사례에서는) 음경과 고환의 상태 또는 남자의 엉치와 어깨의 관계와 무관하다.[II] 그것 역시 공공장소에서 지

I   … 그리고 시스남성 이외의 모든 사람들이다.

II   남자는 다리를 벌리고 앉지 않으면 어깨와 넓은 등이 너무 무거워 몸이 앞으로 쏠려 쓰러질 수 있다는 주장도 있다. 이 말이 사실이 아닌 게 안타까워지려 한

배권을 갖기 위한 남자들의 학습된 행동이다.

누가 어디에서 소변을 보는가?

21세의 네덜란드 여대생 헤르테 피닝은 2015년 3월 친구들과 시내에 나갔다. 새벽 3시쯤 집으로 돌아가려는데 소변이 마려웠다. 식당 주인은 이미 화장실을 청소했다며 그녀를 밖으로 내보냈다. 그러나 방광이 꽉 찬 상태로 자전거를 타고 집까지 꼬박 3킬로미터를 달린다는 건 불가능해 보였다. 그녀와 친구들은 근처에서 팽이 모양의 화장실인 플라스크룰(Plaskrul : 암스테르담 중심가에 있는 독특한 남성용 공중 소변기)을 발견했다. 친구들은 피닝이 그곳에서 소변을 보아야 할지 말아야 할지를 놓고 우스갯소리를 주고받았다. 그러는 동안 그녀는 눈에 띄지 않는 구석진 곳을 발견하고는 바지를 내리고 쭈그리고 앉아 소변을 보았다. 그 순간 친구들은 경찰관들이 오는 것을 보았으나 이미 때는 늦었고 피닝은 노상 방뇨하는 '현장에서 붙잡혔다.'[1] 그날 밤 피닝은 이 사건이 몇 년 뒤까지 그녀를 괴롭히고 나아가 자신을 '남녀 화장실 평등' 운동의 간판스

다. 왜냐하면 전차에서 남자들의 다리를 억지로 오므리게 해서 그들이 줄줄이 앞으로 고꾸라지는 모습을 상상하면 환상적이니까!

[1] 피닝이 들려준 얘기에 따르면 두 명의 남자 경찰관은 그녀를 훈방했을 가능성이 있었다고 한다. 화를 내기는커녕 외려 재미있어했다는 것이다. 그러나 함께 있던 여자 경찰관은 피닝의 노상 방뇨에 가장 크게 불쾌해하며 여자라면 "그런 짓"은 하지 않는 거라고 훈계한 뒤 피닝에게 범칙금 통지서를 발부했다.

타로 만들 거라고는 꿈에도 생각하지 못했다. 다음 날 아침 잠에서 깨었을 때 피닝은 가장 먼저 범칙금 통지서를 받은 일이 떠올랐다. 그녀는 노트북을 켜고 야간에 이용할 수 있는 공중화장실이 있는지 찾아보았다. 그리고 범칙금 140유로와 수수료 9유로를 내는 대신 이의를 제기하기로 했다. 2015년 당시 암스테르담 시내에는 35개의 플라스크룰 남성용 소변기와 두 군데의 양변기 화장실이 있었다. 그중 피닝이 밤중에 서 있던 곳에서 가장 가까운 양변기 화장실은 1.5킬로미터 이상 떨어진 곳에 있었다. 네덜란드 전역의 상황도 크게 다르지 않아 보였다. 같은 해에 네덜란드에는 야간에도 이용할 수 있는 공중화장실이 565개 있었는데 그중 204개가 남성용 소변기였다.

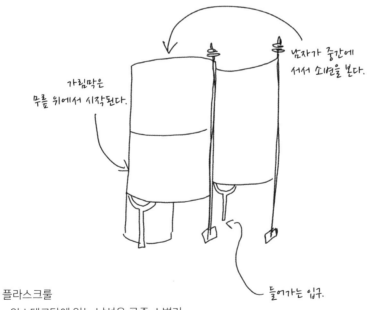

가림막은
무릎 위에서 시작된다.

남자가 중간에
서서 소변을 본다.

들어가는 입구.

플라스크룰
– 암스테르담에 있는 남성용 공중 소변기

노상 방뇨가 현장에서 발각되고 1년 6개월이 흐른 뒤 피닝은 이 사건과 관련해 소환장을 받았다. 판사는 고작 20여 분 심리를 진행하고 판결을 내렸다. 피닝과 그 친구들이 목격한 소변기의 한 종류인 플라스크롤은 판사가 판단하기에 방광이 가득 찬 사람이 이용하기에 적정 거리 안에 있었다고 말했다. 비교 가능한 범위 안에 여자 화장실이 단 한 곳도 없었다는 사실은 중요하지 않았다. 나아가 판사는 자신의 직업에 종사하는 동안 노상 방뇨를 하다 붙잡힌 여성을 한 번도 본 적이 없기 때문에 공공장소에 더 많은 여자 화장실을 설치할 필요성이 없다는 결론을 내렸다. 이에 비해 남자들은 더 자주 노상 방뇨로 유죄 판결을 받는데 이는 "공공장소에서 남성용 소변기에 대한 수요의 증가"를 보여준다고 했다. 계속해서 판사는, "불편하기는 하겠으나 여자도 남성용 소변기를 함께 이용해야" 한다고 주장했다. 이 말은 남자들이 화장실에 가지 않고 아무 데서나 소변을 보는 것은 우리가 그들의 편리를 위해 충분히 설비를 해주지 않은 탓이라는 뜻이다. 노상 방뇨는 기반 시설의 변화를 위한 것이고 그때마다 분사되는 소변 줄기는 그만큼 소변기가 부족하다는 표지라는 얘기다. 그러나 남자들과 정확히 똑같은 행동을 했던 여성은 주어진 기반 시설에 순응해야 한다는 역할 기대 때문에 좌절했다.

현재 많은 여성들이 분노를 느끼는 이 견해에는 오랜 전통이 있다. 우리 여자들은 여자라는 성별에 요구되는 것에 맞추기 위해 신체 기능에 대한 완전한 통제력을 가지고 있어야 한다는, 역시 오래된 사고방식이 그것이다. 여자는 가려워도 긁지 말아야 한다. 지루해도 하품하지 말아야 한다. 방귀가 나오려 해도 참아야 하고 방광이 터지려 해도 소변을 보면 안 된다. 품위 있는 여성은 자신을 억제할 줄 안다. 그런 억제를 통해 생긴 힘은 비록 자기 통제력에 지나지 않지만 어쨌든 그것은 여성의 영역이다. 신체의 자연스런 욕구(방귀부터 성적 욕구까지)를 따르는 행동에는 지금도 남자보다 여자에게 훨씬 많은 금기가 붙어 있다. 남자는 '그럴 수밖에 없는'[I] 존재들이라고 우리가 사회화되었기 때문이다.

네덜란드에서 일어난 사건은 판결이 나기도 전에 언론의 큰 관심을 끌었고 기자들 십여 명이 법원 앞에서 피닝을 기다렸다. 오래잖아 수천 명의 사람들이 피닝과 연대했다. 여자들은 남성용 소변기를 이용해보려고 안간힘을 쓰는 여성을 사진으로 찍고 거기에 '오줌 누는 여자'를 뜻하는 해시태그 #zeikwijf[II]를 붙여 포스팅했다. 그러다 소셜 미디어 지침을 여러 번 위반해 사진이 삭제되기도 했다. 이 사건에서 판사는 여자가 맞닥뜨리는 현실 경험에 대해 전혀 알지 못했다. 여성 생식기가 있는 사람으로서 남성용 소변기를 이용하려고 시도한 사람이라면 첫째, 남들이 있는 데서 몸을 노출하지 않고, 둘째, 자신의 몸에 오줌을 묻히지 않고 소변을 보는 게 불가능하다는 걸 안다. 위에서 언급한 플라스크룰 화장실에는 나선형으로 생긴 작은 미로 한가운데에 소변을 받는 깔때기가 있지만, 음경에서 나오는 소변 줄기가 아니면 그 깔때기에 들어갈 수가 없다. 뒤쪽을 가려주는 가림막이 있어서 그나마 낫기는 해도 무릎 높이에서부터 가려주기 때문에 소변을 보려고 쪼그려 앉으면 엉덩이가 사방에서 보인다. 시위는 많은 네덜란드 여성들에게 돌러 미나(Dolle Minas, 분

I 말할 필요도 없겠지만 그래도 한마디 덧붙인다. 남자의 요의가 여자의 요의보다 더 절박하다는 걸 증명하는 연구는 없다.

II '소변보는 여자'와 '징징대는 여자'의 뜻을 합친 네덜란드어 언어유희.

노한 미나)의 활동을 상기시켰다. 1960년대 말에 결성된 페미니스트 단체인 돌러 미나는 일련의 사회적 목표를 설정했는데 그중 하나가 여성을 위해 더 많은 공중화장실을 설치하라는 것이었다. 활동가들은 이미 당시에 플라스크룰에서 소변을 보려고 시도하는 자신의 모습을 사진으로 찍었으며 소변기의 불공평한 분배로 인한 폐해를 고발했다. 돌러 미나와 피닝의 항의 사이에는 45년의 세월이 있지만 크게 달라진 건 없었다.

하수관 건설은 18세기 유럽의 대도시들에서 콜레라 확산[I]과 지독한 악취 때문에 반드시 실행하지 않으면 안 되는 일급 프로젝트였다. 그런데도 그 필요성에 대해 가장 먼저 의사 결정자들을 납득시켜야 했다. 예를 들어 밤에 더 많은 길거리에 불을 밝힐 수 있는 까닭에 모든 이에게 유익한 게 눈에 보이는 가스관 확충과 달리, 돈이 많이 드는 지하 하수관 확충은 지상에서는 눈에 보이지 않았다. 이 개량 사업이 눈에 띄도록 하기 위해, 그리고 대부분 주거용 건물에는 아직 세대마다 별도의 화장실이 없었기에, 처음으로 '현대적인' 공중화장실이 탄생했다. 그런데 그게 다름 아닌 남자 화장실이었다. 그렇게 비싼 첨단 시설이 어울릴 정도로 공적인 일상에서 중요한 역할을 하는 사람이 남자 말고 누가 있겠는가? 물론 공공장소에는 여자들도 당연히 있었다. 그러나 하루의 대부분을 맑은 바깥 공기를 마시며 보내는 여자는 하녀, 시장터 여자, 보모, 즉 낮은 계층의 여자들이었다. 그들의 복지와 건강과 안전은 도시 계획가들의 의제에 포함되어 있지 않았다. 유력 남성의 아내와 딸들로 말하자면

I   배설물에 오염된 지하수로 인해 발생했다.

A에서 B까지 가는 시간보다 더 오랜 시간을 공개적인 곳에서 머무는 건 예법에 맞지 않았다. 공개적인 곳이란 단순히 길거리만을 말하는 게 아니라 자신의 집 바깥의 모든 곳을 의미했다. 이런 이유에서 공중화장실 접근이라는 문제는 (인권 문제와 함께) 공공장소가 누구의 것이냐는 근본적인 질문이기도 하다.[I]

19세기에 산업화가 진행되면서 여자들이 가진 노동력의 잠재력이 확인되고 공장에서 여성 노동자들을 필요로 하게 되자 상황이 달라졌다. 그 전까지 여성들의 일터는 집, 궁정, 시장으로 제한되어 있었다. 반면에 공장은 남녀 노동자들이 무척 오랜 시간을 같은 곳에서 서 있는 장소였다. 그때 갑자기 현장의 노동 시간을 최적화할 필요성이 대두했다. 다시 말해 충분한 화장실을 설치하는 것은 물론이고 화장실까지 가는 동선도 가능한 한 짧게 할 필요가 있었다. 미국에서는 포드 자동차 공장 같은 대기업에서 특별히 여자들을 위해 디자인한 소변기를 설치했는데 여

I 신분이 높은 여자는 여러 겹의 천으로 만든 페티코트를 입은 채 소변을 보는 것이 여간 힘들지 않았다. 그 노고를 덜어주기 위해 당시 희한한 발명품들이 탄생했다. 예수회 소속의 루이 부르달루라는 설교사는 루이 14세의 궁정에서 매우 오랜 시간 설교를 하는 것으로 유명했다. 그곳에 모인 여자들이 한마디도 놓치지 않고 설교를 들을 수 있게 하려고 그는 배 모양의 소스 그릇처럼 생긴 휴대용 도기 소변기를 발명했다. 치마 속으로 넣어 사용한 그 발명품의 이름은 부르달루였다. 주로 아이들을 대상으로 사용하는 '룰루하다'(Lulu machen)라는 표현은 여기에서 나왔다. 또한 '소변을 보다'를 뜻하는 schiffen이라는 동사도 이때 탄생했을 가능성이 크다. 나무로 만든 작은 배(Schiff) 모양의 소변기는 더 값이 싼 대안이었으며 역시 겹겹의 의복 속으로 밀어 넣을 수 있었다. (이 각주 내용은 오스트리아 그문덴에 있는 화장실 박물관 측에서 제공했다. 큐레이터 알프레트 친호벨은 배뇨에 관한 최고의 일화들을 알고 있다.)

자 노동자들도 기꺼이 사용했다. 그러나 이런 문화 변화가 산업 이외의 분야에서는 미국에서도 유럽에서도 일어나지 못하면서 여성용 소변기는 거의 사라지고 말았다. 말레이시아나 태국 같은 일부 아시아 국가에서는 상황이 다르다. 이곳에는 사람의 왕래가 빈번한 장소에 현대식 여성 소변기가 설치되어 있다. 여자들이 빠르고 쉽게 소변을 볼 수 있다면 과연 누가 가장 많은 혜택을 보느냐의 문제(포드 사의 여성용 소변기의 경우는 회사 대표인 헨리 포드)를 제쳐둔다면 평등은 문화의 문제이기도 하다. 그리고 문화 변화에는 많은 세월이 소요된다.

이 문제에 관해 전문 지식을 가지고 책을 쓸 수 있는 여성이 베티나 묄링이다.[23] 이 책의 서문에서도 언급한 묄링은 공중화장실의 역사를 연구해 박사 학위를 받고 킬에서 산업 디자인 전공 교수로 재직하고 있다.[I] 그녀의 말에 따르면 화장실이란 주제는 지긋지긋해서 이젠 그만두고 차라리 새로운 직업을 찾아보고 싶은 시절까지 있었지만 그래도 디자이너로서 한 번도 망각한 적이 없는 중요한 문제였다. 사회생활 초기에 이상주의적인 젊은 여성이었던 묄링은 자신이 전통적인 문제를 인식했을 뿐만 아니라 산업 디자이너로서 그 해결책까지 제시할 수 있다고 믿었다. 예를 들면 여성용 소변기 같은 것들이다.

우선 여성에게 제공되는 소변기의 수가 얼마나 되느냐의 문제가 있다. 무엇이 공평한 걸까? 여자와 남자에게 동일한 면적의 화장실을 제공하면 공평할까? 20제곱미터의 남자 화장실에 2개의 양변기와 6개의 남자

I 묄링은 지난 30년간 아무런 변화가 없는 것을 보고 좌절했다. 나 역시 아무도 이 주제에 대해 광범위한 보고를 하지 않는 현실에 좌절을 느꼈다.

소변기가 들어간다면, 같은 면적의 여자 화장실에는 아마 4개의 양변기밖에 놓을 자리가 없을 것이다. 8:4로 남자 쪽에 월등히 많다. 왜 곳곳에 남녀 공용 화장실을 설치하지 않는 걸까? 화장실 앞에 줄을 서야 한다면 모두 서는 게 맞는다. 그렇게 하면 자신이 남자에도 여자에도 속하지 않는다고 느끼는 모든 이들을 위해서도 문제가 해결된다. 남녀 공용 화장실의 개념이 우리가 토론할 필요가 있는 문제이지만, 그 토론은 중요한 측면을 간과하고 있다. 만일 페니스가 있는 사람을 위한 소변기를 없앤다면, 그건 공공장소에서 제 몫을 훌륭히 해내는 유일한 디자인을 없애고 그것을 결함이 있는 디자인으로 대체하는 것이라고 묄링은 말한다. 왜냐하면 양변기가 가장 보편적인 형태의 변기이기는 해도 자기 집이 아닌 외부에서 양변기를 흔쾌히 또는 생각만큼 자주 사용하는 사람은 드물기 때문이다. 어떤 이는 엉덩이를 대기 전에 변기와 부속품을 꼼꼼히 소독하기도 하지만 대부분은 모든 종류의 피부 접촉을 피하고 도기 변기 위로 엉덩이를 들고 볼일을 본다. 그런가 하면 변기 시트를 두 발로 딛고 잔뜩 웅크리고 앉아 소변을 보는 사람도 있다. 물론 노인과 장애인을 위한 양변기는 예외이다(또한 그들은 공공장소에서 화장실을 이용할 때 더 많은 손잡이와 고정 장치의 도움을 받을 수 있다). 그러나 이 모든 문제는 더 나은 디자인을 통해 해결할 수 있을 거라는 게 묄링의 학창 시절 생각이었다.

그리하여 묄링은 여성용 소변기를 디자인하고, '작은 구석'을 졸업 작품으로 제출해 유명 디자인상을 받았으며, 한동안 매체에 "여자들이 소변보는 방식을 혁명적으로 바꾸려는 여성"으로 소개되었다. 강연자로 초대받아 강단에서 '작은 구석'을 소개하고, 여러 도시와 지방 자치 단체에서 공평하고 포괄적인 화장실 풍경[1]을 구축할 때 조언도 했지만, 그녀가

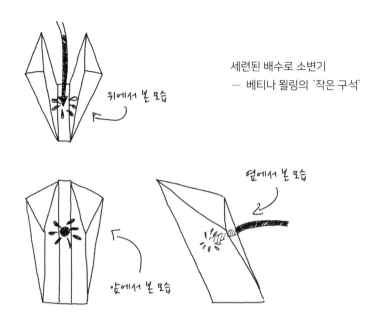

세련된 배수로 소변기
— 베티나 묄링의 '작은 구석'

위에서 본 모습

옆에서 본 모습

앞에서 본 모습

디자인한 소변기를 구입하거나 생산하거나 설치한 사례는 한 건도 없었다. 자신의 디자인이 관심을 끌고 상도 받았기에 묄링으로서는 무척 실망스러운 시간이 시작되었다. '작은 구석'을 디자인해 해결하려 했던 문제는 거의 달라진 것 없이 그대로 지속되었다. 다시 말해 디자인을 통한 해결책은 고민할 수 있는 자극제가 되었을 뿐이다. 행동은 정치가들이 해야 한다. 몇 년 전 베를린 시당국이 대대적으로 모든 공중화장실을 개선하고 변기를 교체하고 몇백 개를 추가로 설치하겠다고 나섰을 때 비로소

I '화장실 풍경'이라는 말을 쓰게 되어 죄송하지만 한편으로 생각하면⋯ 지평선에 이르기까지 각종 화장실, 남자 화장실, 남자 소변기, 홈통 모양의 소변기가 아무렇게나 널려 있는 언덕 풍경이 그래도 아무것도 없는 것보다 낫다.

밀링은 그녀의 전문 지식에 힘입어 디자인 부문에서 자문 위원으로 참여했다. 얼마 후 공개 입찰이 진행되었다. 밀링은 조사를 하던 중 페니스가 있는 사람과 없는 사람의 요구를 모두 만족시키는 이탈리아 디자인의 소변기를 발견했다. 이론적으로 남녀 화장실에 모두 설치할 수 있는 것이었다. 그녀는 막판에 이 소변기를 건축가들의 입찰에 옵션으로 포함시켰다. 그러나 2017년에 벌어진 일은, 밀링의 말에 따르면, 실제로 열렸어야 마땅한 토론과는 거리가 멀어도 한참 멀었다. 남녀 공용 소변기의 설치에 관해 근거 없는 낭설들이 돌아다녔고 일부 매체를 통해 관련 뉴스가 삽시간에 퍼져 나갔다고 밀링은 회상한다. "CDU 정치가들은 자신들의 아내가 그 남녀 공용 소변기의 설치를 두고 완전히 미친 짓이라고 했다면서 인터넷에서 의견을 표시했어요." 그러더니 이것이 남녀로 구분된 화장실의 종말을 의미하며 따라서 모든 이가 사용할 수 있는 남녀 공용 화장실만 존재할 거라는 소문까지 돌았다. 이 주제가 짧은 기간 동안 잘못된 정보를 토대로 뜨겁게 논의되었지만, 그만큼 또 "여자 화장실에 남녀 공용 소변기를 설치하자"는 제안도 순식간에 논의의 장에서 사라졌다. 이후 베를린 시는 100개 이상의 새로운 무장애(無障礙) 양변기 화장실을 2022년까지 시에 설치하겠다는 개선 사업을 발표했다. 이로써 베를린은 곧 350개가 넘는 공중화장실을 보유하게 된다. 화장실 이용료는 50센트다. 페니스 전용 소변기도 사람 왕래가 잦은 곳에 추가로 설치할 예정이지만 이용료는 없다. 평등? 아직 갈 길이 멀다. 문화 변화에는 국가가 필요하고 문화가 필요하다. 여성용 소변기를 이용하지 않으려는 저항이 무척 크기 때문이다.

엘리사 오타녜스는 2016년 사회 디자인 석사 과정을 이수하기 위해

멕시코의 몬테레이에서 네덜란드로 왔다. 도착 첫날부터 그녀의 눈길을 끈 것은 암스테르담 중심가에 있는 수많은 남자 소변기였다. 사회학까지 공부하는 디자인 학도인 그녀가 흥미롭게 생각한 것은 소변기가 있다는 사실이 아니라 그런 소변기가 남자들만을 위해 존재한다는 점이었다. 30년 전의 묄링이 그랬듯이 이건 오타네스에게도 자신의 방식으로 문제를 해결할 충분한 이유가 되었다. 그녀의 졸업 작품은 '옐로 스폿(Yellow Spot)'이라는 이름의 현대적인 이동식 소변기였다. 여성의 용변을 위해 개발한 것으로, 걸터앉아 볼일을 볼 수 있는 깔때기와 소변통으로 구성되어 있고, 가림막으로 쓰는 밝은 노란색 화물차용 덮개가 샤워 박스처럼 소변기 주변에 둘러쳐져 있다. 이 디자인은 의도적으로 공사장을 떠올리게 한다. 밝은 노란색은 소변기의 불공평한 분배라는 문제에 관심을 갖게 한다. 그와 동시에 소변기의 임시적 성격은 장기적인 대답을 주기보다는 질문을 던지고자 한다. 그래서 옐로 스폿은 (오타네스가 그것을 들고 암스테르담 거리를 산책할 때면) 화제를 불러일으켰고, 이동식 기념물이 되었으며, 의사 결정자들을 향한 외침 "나는 고발한다"가 되었다. 세계 많은 곳에서 불평등은 단순히 벌금의 문제가 아니라 생존 문제이기 때문이다. 전 세계적으로 성인 여성과 여자 청소년은 각각 3명 중 1명꼴로 일상에서 안전한 화장실을 이용할 수가 없다.[24] 이런 명백한 문제는 제쳐두고라도 용변을 볼 안전한 장소를 찾다 보면 성폭력에 취약해질 수 있다. 인도는 세계 다른 나라와 비교할 때 상황이 특히 심각하다. 2016년 조사에 따르면, 화장실이 없는 여자들은 화장실이 있는 여자들보다 두 배 더 많이 자신의 파트너가 아닌 사람에 의한 성폭력에 희생된다.[25] 비영리 단체인 워터에이드(WaterAid)의 추산에 따르면, 전 세계적으로 화장실이 없는 성인 여성과 여자 청소년들이 매년 970억 시간 이상을 용변 장소를 찾는 데 보낸다.[26] 이는 전 세계 모든 사람들이 2019년 꼬박 한 해 동안 넷플릭스 시청에 사용한 시간(510억 시간)의 거의 두 배다. 바꿔 말하면 나는 밤에 침대에 편안히 누워 1시간 동안 미국 드라마《길모어 걸스》를 보는데 어떤 성인 여성이나 여자 청소년은 용변 장소를 찾느라 1시간 50분을 헤맨다는 뜻이다.

소변과 대변을 해결해야 한다는 평범한 욕구가 하루에도 몇 번씩 되풀이되는 끊임없는 고민거리로 머리에 남아 있으면 이는 전 세계 어디서나 여성들의 이동성에 영향을 미친다. 물론 그 고민의 범위는 다양하다. 요실금이 있는 데다가 양변기에서 몸을 일으키는 게 힘든 노부인, 몇 미터마다 방광이 터질 것 같은 느낌이 들어 온라인으로 이동 경로를 짜고 비상시에는 술집에서 받는 화장실 이용료까지 감수하는 임산부, 화장실에 갈 때마다 현실의 위험에 내몰리는 성인 여성과 여자 청소년 등.

여자 화장실도 남자 화장실도 편안하지 않지만 어쨌든 화장실을 이용해야 하는 사람들이 있다. 공중화장실에 대해 이야기할 때는 당연히 이들에 대해서도 말해야 한다. 그리고 공중화장실의 접근 용이성에 의존하고 있는 사람들에 대해서도 말해야 한다. 이는 당연한 일인데도 현실은 아직 따라가주지 못하고 있다.

공평한 소변보기는 인권의 문제다. 이로써 우리는 다시 헤르테 피닝과 논란 많았던 법원의 판결로 돌아간다. 피닝은 암스테르담 시장 펨케 할세마에게 편지를 보냈다. 그녀는 직접 답장을 받지는 못했지만 매체와 여성 활동가 단체들이 관심을 기울이면서 정치인들에게 더 큰 압력을 가할 수 있었으며 마침내 성과를 내기에 이르렀다. 네덜란드에 전부터 존재했으나 그때까지 아무도 '공공의 것'이라고 인식하지 않았던 화장실들이 점차 대중에게 개방된 것이다. 덕분에 이제 소변이 급할 때는 경찰서와 소방서에 들어가 해결할 수 있게 되었다. 그뿐만 아니라 양변기도 차츰 전국적으로 더 많이 설치되었다. 그러나 사건이 진행되는 동안 활동가가 된 피닝에게 이 주제는 여전히 해결되지 않은 문제였다. 그녀가 볼 때는 모든 사람이 성별과 피부색과 종교와 신체 조건에 관계없이 안전하게 소변을 볼 수 있는 장소를 찾을 수 있을 때, 그때가 바로 문제가 해결되는 시점이다.

소비의 신전

공공장소 중에는 일차적으로 여성을 위해 발명되고 디자인된 곳이 있다. 여자들이 여성 특유의 '결점'을 가지고 있어도 환영받는 장소다. 화장실이나 주차 공간이 부족하지도 않고, 연석 모서리도 없고, 자동차가 다니지 않아 어린아이를 특별히 보호할 필요가 없고, 갑작스럽게 날씨가 변하지도 않는다. 그곳엔 여자들이 휴식을 취하고, 친구를 만나고, 커피를 마시고, 사람들을 관찰할 수 있는 공간이 있다. 식수대도 어느덧 기본 설비에 속한다. 다름 아닌 소비의 신전이다.

'신전'은 과장된 명칭이 아니다. 1909년 런던에서 셀프리지 백화점이 개점했을 때 첫 주에 약 100만 명의 방문객이 옥스퍼드 거리로 몰려들었다. 그중 많은 이들이 엘리베이터와 옥상 정원 같은 명물을 구경하려고 특별히 백화점으로 순례를 온 관광객들이었다. 20세기 초에 이는 전혀 이례적인 현상이 아니었다. 심지어 대도시 이외의 곳에서는 19세기 중반부터 점점 많은 고전적인 백화점들이 시내 중심가에서 문을 열고 쇼핑을 오락으로 만들었다. 말하자면 쇼핑의 경험 세계를 창조한 것이다. 초창기에 백화점에는 찻집, 파우더 룸이 딸린 화장실, 미용실이 있었고, 패션쇼와 정기적인 연극 공연도 열렸다. 이른바 엘리베이터 음악[I]도 처음에는 라이브로 들려주었다. 소규모 악단과 밴드가 듣기 편한 음악을 각각 다른 층에서 연주했는데 단지 상품 구매를 자극하기 위해서만이 아니라 새로운 생활 양식을 전해주려는 목적도 있었다.[II] 새로운 생활 양식을 누리려면 치맛자락에 매달려 칭얼거리는 아이들이 있어서는 안 되었다. 기업가들은 금세 이 점까지 간파했다. 그 결과 1890년대에 벌써 많은 백화점에 이케아의 스몰란드 같은 시설이 생겼다. 백화점에 머무는 동안 아이를 무료로 맡길 수 있는 놀이 공간이었다! 여성이 자녀를 유치원에 보낼 수 있는 기회를 얻은 것은 스스로 돈을 벌기 위해서만이 아니라 돈을 쓰기 위해서이기도 했다. 그것을 가능케 한 것이 자본주의다! 그러니 일부 여자들이 쇼핑 중독에 빠지고, 백화점을 피난처로만 여기는 게 아니라 소비를 통한 자아 발견의 장소로 생각한 것도 놀랍지 않다. 아내가 보석과 모피 코트를 구입하느라 쌓인 빚을 남편이 갚아주기를 거부하는 사례가 늘었으며, 남편이 아내의 어떤 소비재 빚을 갚아야 하는지 단박

I   [역주] 백화점, 식당, 대기실 등에서 유무선으로 내보내는 배경 음악 또는 휴식 음악. 1936년 뉴욕의 엘리베이터에서 사람들의 고소 공포증을 덜어주고 안심시키기 위해 처음 연주되었다.

II   이 모든 게 소비자의 행복감을 높이기는 했어도 그 행복감이 즉시 현금으로 바뀌는 게 아니었던 터라 그 소소하지만 세심한 특별 서비스는 차츰 자취를 감추었다.

에 결정해야 하는 사건들이 법정으로 밀려들었다.

하늘을 찌를 듯한 고층 건물과 사무실 건물이 자본주의의 남성적인 대성당이라면, 백화점은 여성적인 대성당이다. 최소한 방문객 수를 보면 그런 결론이 나온다. 뉴욕이든 파리든 런던이든 베를린이든, 백화점은 시민층 여성이 동행인 없이 갈 수 있는 최초의 공공장소 중 하나였다. 쇼핑은 여자가 하루를 보내는 괜찮은 방법일 뿐만 아니라 가정주부의 일상에서 잠시 놓여나는 시간이었다. 옆에 남자의 존재가 없이 돈을 쓰는 것은 '독립 선언'이 되었다. 또한 백화점은 취업을 하고 싶거나 해야 했던 젊은 여성들에게 인기 많은 고용주였다. 비숙련 인력이 돈을 벌 수 있는 곳은 그리 많지 않았기 때문이다. 산업 혁명과 기계에 의한 직물 및 옷본 제작으로 탄생한 패션 산업도 백화점에서 의류를 판매하게 되면서 많은 여성이 일하고 밥벌이를 하는 분야가 되었다.

미국의 농촌에는 이런 장소가 없었기 때문에 그곳에서는 1950년대에 일종의 소비의 평행 우주가 발달했다. 바로 쇼핑몰이었다. 미국 드라마 《베터 콜 사울》(Better Call Saul)을 본 사람이라면 지미가 새로운 여성 고객을 끌어들이려고 화려한 운동복을 입고 합류한 운동복 차림의 노인들이 누구인지 궁금했을 것이다. 그들은 '몰 워커'(mall walker)다. 쇼핑몰에서 빠른 걸음으로 걸으며 더 건강해지려는 건강한 노인들이다. 바깥은 너무 덥거나 길이 평탄하지 않거나 차가 너무 많이 다녀 그들에겐 선택의 여지가 없다. 그래서 쇼핑몰 또한 이곳에서 일차적으로 여성과, 자녀가 있는 가정을 위해 만들어진 장소다.

처음 탄생했을 당시 백화점과 쇼핑몰이 여성의 공공 생활 참여를 위한 공간을 제공했다는 생각은 멋지다. 그러나 이건 동전의 일면에 지나지 않는다. 여성 운동의 시작은 백화점과 마찬가지로 산업화에 따른 결과였다. 그 둘은 나란히 탄생했다. 백화점은 여성을 해방한 게 아니라 그들의 욕망에 호소하여 내면에 있는 소비자를 일깨웠을 뿐이다. 백화점에서 상품에 현혹된 사람이 누구인지 들여다보면, 상류 사회의 여성들 외에 기껏해야 당시 성장하던 중산층이 큰 관심을 보였다는 걸 알 수 있다. 여성은 우선 소비를 통해 해방될 수 있는 능력이 있어야 했다!

오늘날에는 대형 백화점 체인들이 많이 사라졌거나 위기를 겪고 있다. 켐니츠의 고고학 박물관은 과거의 백화점 건물에 자리하고 있으며, 노이스에서는 2000년대 초부터 옛날 백화점 건물에서 연극이 공연되고 있다. 조금쯤 낭만적이 되고 싶다면, 백화점은 고객이자 직원인 여성의 독립운동에서 제 역할을 다했다고 말할 수 있다. 이제는 구매력과 '무관하게' 사회 참여를 지원하는 프로젝트를 위해 그때 점령했던 자리를 되돌려줄 시간이다. 결국 서로 다른 사회경제적 배경을 가진 각양각색의 사람들이 그곳에서 자신의 자리를 찾아갈수록 공공장소는 그만큼 더 포용적이고 여성주의적으로 변할 것이다.

그들이 우리를 위해 기념비를 세웠다

"현재 일어나고 있는 기념물 훼손 광풍 때문에 기념물이라는 개념 전체가 의문시되고 있지 않나 생각한다. 조각상이 공격당하면서 특히 위대한 남성을 기념하는 특정한 형식의 기억의 정치마저 매장되고 있다."[27] 역사학자 게지네 크뤼거는 비스마르크를 비롯한 역사적 인물의 동상을 둘러싸고 2020년 여름 독일에서 벌어진 사건에 대해 논평했다. 독일의 공공장소에서 "블랙 라이브스 매터"(Black Lives Matter)[I]를 외치는 항의 시위가 쏟아져 나오면서 우리 자신의 기억 및 기념물 문화에 대해 때늦은 논의가 시작된 것이다. 한편에서는 비스마르크 동상에 물감을 뿌리고 도로명과 지하철역 이름을 문제 삼는다. 다른 한편에서는 신문 문예란의 논객들이 역사의 발자취를 찾아보았다고 주장하면서 모든 게 지금 이대로 문제가 없으니 아무것도 바꿀 필요가 없다고 말한다. 이 모든 상황이 왠지 새롭지는 않지만 우리의 공공장소에 대한 '현황 파악'이 임박했다는 느낌이 든다. 크뤼거의 말을 들어보자. "무엇을 없앨 수 있는지 또는 없애야 하는지를 결정할 테지만 우리는 그때 발견하는 것을 새롭게 기술할 것이다."

공적인 공간에서 최소한 여성의 자리가 새롭게 정의되는 곳, 가부장제의 기준인 권력, 지위, 성취, 가시성을 들여다보는 돋보기 같은 역할을 하는 곳, 그런 곳이 있다. 바로 함부르크에 있는 작은 묘지다.

I   [역주] "흑인의 목숨은 소중하다."라는 의미로, 2012년 미국의 조지 짐머만이라는 히스패닉계 성인 남성이 트레이번 마틴이라는 미국 흑인 청소년을 살해했으나 무죄 판결을 받은 사건으로 인해 2013년 소셜 미디어에 '#BlackLivesMatter'를 사용하면서 시작된 흑인 민권 운동. 이후 2020년 5월 25일 미국 미네소타 미니애폴리스에서 백인 경찰의 과잉 진압으로 비무장 상태의 흑인 남성 조지 플로이드가 사망한 사건으로 격화됐다.

아래에 나오는 내용은 이른바 '여성의 정원'이라는 곳에서 기록한 글이다. 여성의 정원은 올스도르프 공원묘지 뒤편에 있는 역사적인 작은 묘역이다. 솔직히 말해 사람들이 이곳에 오는 건 몇 시간씩 광활한 공원[I] 안에서 어슬렁거리거나 어느 곳을 찾아가야 할지 정확히 알고 있을 때뿐이다. 표지판은 목적지가 바로 앞에 있을 때에야 나타나 길을 알려주기 때문이다. '여자는 공동묘지에서조차 성희롱으로부터 안전하지 않군.' 나는 이런 생각이 들었다. 묘지 안으로 들어가기 직전에 무덤들 사이에서 미니밴에 탄 3명의 남자들이 수작을 걸어온 것이다. 사실이다. 내 녹음기에 녹음이 되어 있다.

여성의 정원은 무척 작고 고요하다. 새들은 공원묘지의 다른 구역에서보다 더 크고 정답게 지저귀고, 벌과 호박벌은 더 아름다운 선율로 윙윙거리고, 꽃들은 향기로운 내음을 풍긴다. 작은 분수대를 보니 곧 공중화장실을 찾아야 할 듯한 느낌이 든다. 공원은 평행 우주로 들어가는 문 같다. 그곳은 여자들이 받아 마땅한 인정을 받는 세계다. 또한 성취라는 것이 새롭게, 다시 말해 여성의 관점으로 정의되는 세계다. 예를 들어 베르타 카이저[II]는 길거리 구호를 한 간호사였고 여성 노숙자와 성매매업 종사 여성들을 위한 구호 단체의 설립자였다. 샬로테 루즈몽[III]은 의료 기술 분야의 조수였는데 여가 시간에 동화를 외워 자신이 일하는 병원에서 환자들의 하루를 즐겁게 해주었다. 이들은 여성의 정원에서 그 업적

I   올스도르프는 세계 최대의 공원묘지다.

II   1868년 6월 24일 출생, 1964년 12월 21일 사망.

III 1901년 1월 22일 출생, 1987년 2월 11일 사망.

의 일부를 읽을 수 있는 수십 명의 함부르크 여성 중에서 내가 무작위로 뽑아본 사람들이다. 사무직 회사원, 간호사, 정교사, 지역 여성 정치가 등, 비록 생존 시에는 관심이나 인정을 받지 못했을지라도 각자 나름의 방식으로 대중의 담론을 조금씩 바꿔놓은 여성들이다.

그늘진 정원 벤치에 앉아 이 글을 쓰고 있는데 노부부가 옆을 지나간다. 일부러 이곳을 찾아왔는지 아니면 우연히 오게 되었는지는 알 수 없다. 그러나 여자가 느긋하게 이곳저곳을 거닐다 멈춰 서서 명판을 읽는 동안 남자는 벌써 정원 반대편 끝으로 가는 지름길로 접어들었다…. 여기엔 그의 흥미를 끌 만한 게 없었던 거다. 남자는 아내가 읽고 있는 게 묘비명이 아니라 슈퍼마켓 진열대에 놓인 여성 위생용품의 제품 설명서라고 느끼는 듯했다. 저런 유형의 남자라면 관심을 두고 싶어 하지 않는 물건이다.

공공장소에서 여성이 받는 인정은 여성들이 관심을 갖는 주제다. 월경, 기저귀 갈기, 셀룰라이트, 폐경과 마찬가지로 말이다. 그 노부부(Senior:innen)[I]를 관찰하는 건 비극인 동시에 희극이다. 이 연극은 남편이 정원을 가로질러 반대편 출구로 가서 아내에게 "이제 그만 좀 와!"라고 투덜거리자 아내가 페미니즘 교육 휴가를 즐기다 말고 남편에게 가서 둘이 다시 가부장제를 향해 나란히 뒤뚱거리며 걸어가는 것으로 끝이 났다.

그새 또 다른 남녀 한 쌍이 정원으로 들어왔다. 나이는 둘 다 서른 언

I   이 늙은 남자가 콜론을 사용한 성 인지적 표기법에서 자신이 일부를 담당하고 있다는 사실에 화를 낼 것을 상상하니 얼마나 만족스러운지.

저리다. 그들은 정원을 거닐다가 페이지를 넘겨보라는 듯 펼쳐놓은 책 모양의 명판과 묘비에 적힌 글을 함께 읽는다. 내가 화장실에 가려고 소지품을 챙겨 떠날 때도 그들은 여전히 거기에 있다.

출구에서 10대 여자아이 두 명과 함께 온 마흔 중반의 여자와 마주쳤다. 딸들인 모양이다. 그들은 '기억의 나선' 앞에 서 있다. 각기 다른 돌을 수평으로, 그리고 이름이 말해주듯이, 나선형으로 배열한 조형물이다. 이렇게 하지 않으면 망각되었을 여성들을 위한 작은 기념물이다. 살면서 역사적으로 뚜렷한 자취를 남기지 않은 모든 여자들을 대표해 이여성들을 기억하는 곳이다. 공산주의자이며 나치 저항 운동가였던 마리 프리스, '흑마술'을 한다고 고발당하고 1583년에 마녀로 몰려 화형당한 알베케 블레켄, 화가 되르테 헬름, 함부르크 보육학교 설립자인 마르가레테 뮌히, 그리고 1981년 폭력적인 남편[I]과 헤어진 뒤 그의 총에 맞아 사망한 크리스텔 클라인 등이 있다.

정원에서 아무 의미도 찾지 못했던 그 노부부 남편을 제외하면 계획은 순조롭게 진행되는 것 같다. 이곳은 기억 문화의 역사가 새로 쓰이는 장소다. 여자들이 공적 공간에서 중심에 자리를 잡는 곳이고, 이런 장소가 세계의 다른 곳에 얼마나 부족한지 눈앞에서 인상적으로 보여주는 곳이다.

20여 년 전에 여성의 정원을 고안한 사람은 함부르크의 여성 역사학자 리타 바케다. 이곳은 모계 사회의 공적인 공간이고, 먼 미래가 아니라

I "이 남자는 5년 뒤 모범적인 행실을 이유로 조기 석방되었으나 새로 사귄 여자친구까지 살해하고 스스로 목숨을 끊었다."

과거에 '만일 이러이러했다면' 하고 상상하며 경험할 수 있는 공간이다. 바케는 말하자면 역사를 새로 쓰는 중이다. 하지만 과거에 일어난 일을 바꾸는 게 아니라 기억할 가치가 있는 부분으로 초점을 옮긴다. 여성의 정원을 산책한 뒤 나는 바케를 만나러 그녀 소유의 정원으로 갔다. 그곳에는 그녀가 기르던 늙은 개만 묻혀 있었다. 바케는 내게 가장 먼저 여성의 정원에서 어떤 특정 부류의 남자들을 만나지 않았느냐고 물었다.

> 거기에서 불쾌한 남자들과 마주칠 때가 있어요. 우리는 그들의 말이나 행동에 절대로 반응하지 않아요. 안 그러면 실랑이만 벌어지거든요. 그 남자들은 도메니카가 그곳에 묻혀 있다는 걸 알아요.

이 시점까지 내가 도메니카에 대해 들어본 적이 없다는 걸 고백한다. 도메니카 니호프는 1945년 8월 나의 고향인 쾰른에서 태어나 17세에 함부르크로 이주했고, 1970~1980년대에 상징적인 사진과 함부르크 홍등가 상파울리의 낭만화 덕분에 사창가의 거물급 여성이 되었다. 그녀는 오랫동안 독일에서 가장 유명한 매춘부 중 한 명이었다. 그러나 유명 인사의 지위에 올라 예술가들의 뮤즈[I]가 되고, 유명 디자이너 카를 라거펠트, 미술가 외르크 이멘도르프, 대중가수 우도 린덴베르크 같은 사람들이 그녀와 기꺼이 사진을 찍으면서 후과가 따랐다. 경제적인 면과 개인적

I 예술가의 뮤즈 형성에 도사린 가부장제는 7장에서 자세히 다루겠다. 여기서는 다만 여자가 뮤즈로 사는 삶은 거의 예외 없이 비극으로 끝나는 것 같다는 점만 언급하겠다.

인 면에서. 대중적인 명성을 얻고 토크쇼에도 초대받은 도메니카는 그 기회를 이용해 마음속에 품고 있던 문제에 세간의 주의를 환기할 수 있기를 바랐다. 바로 여성에 대한 폭력 문제였다. 하지만 매체는 그녀에게서 다른 것을 원했다. 페미니즘 활동이 아니라 성 추문 이야기를 듣고 싶어 했다. 그게 독이 되었다. 공인이 되어 성공할수록 그녀는 원래 직업에 종사하기가 불가능해졌다. 헤르베르트 가에 있는 그녀의 업장 창문 앞에는 고객이 아니라 볼링 클럽 회원들이 모여들었다. 구경꾼들은 그녀의 동료들에게도 골칫거리가 되었다. 그렇게 해서는 돈을 벌기 힘들었다. 오랫동안 성 노동의 합법화를 위해 싸워온 도메니카가 갈수록 힘겨워한 것은 그녀의 직업의 약점과 낙인찍기였다. 그녀는 매춘을 그만두기로 하고 사회 복지 사업에 전념했다. 자신처럼 성매매를 그만두려 하거나 마약 문제가 있는 젊은 여성들을 상대로 자문 활동을 했다. 하지만 이 일도 도메니카를 괴롭혔다. 어떤 이들은 그녀와 그녀의 처신에 배신감을 느꼈고, 어떤 이들은 그녀가 사회복지사로 일하며 드러낸 전문성 결여를 물고 늘어졌다. 그 후 몇 년간 홍등가 술집을 빌려 장사를 하다가 알코올 의존증이 생겼다. 상속받은 집이 있는 아이펠 지방으로 이사했으나 고립감을 느꼈고 다시 상파울리로 거처를 옮겨 공공 주택에서 살다가 2009년 초 만성 기관지염으로 63세에 사망했다. 이런 여성들도 바케가 조성한 여성의 정원에서 한 자리를 차지하고 있다.

이렇게 하지 않았다면 도메니카는 극빈자 묘지에 들어갔을 거예요. 돈이 한 푼도 없었거든요. 관음증을 가진 남자들이 그녀의 무덤을 찾아와 집요하게 공격했어요. 우리의 석공이 기부한 도메니카의

고된 일을 했다.

비석 위에는 돌에 새긴 아칸서스 잎이 붙어 있어요. '고된 일을 해냈다'를 상징하는 표지예요. 우리는 그녀의 무덤에도 아칸서스를 한 그루 심었어요. 지금은 사망해서 더는 오지 않는 한 남자가 전에 항상 그 무덤에서 맥주를 마시고 빈 깡통을 놓아두었어요. 올 때마다 그는 아칸서스를 잘라버렸어요. 매번 그랬어요. 우리와 달리 아칸서스가 어울리지 않는다고 생각한 모양이에요. 그래서 우리는 정원에 아칸서스를 키우며 포기나누기로 매번 새로 심었어요.

바케가 웃었다. 여성의 정원에서 주인 노릇을 하는 사람들은 그런 여성들이다. 누가 눈엣가시로 여기든, 몇 주에 한 번씩 도메니카 니호프의 무덤에 아칸서스를 새로 심어야 하든, 상관하지 않는다. 세상이 그런 거다. 남자는 죽었고 아칸서스는 남았다. 비록 사회에서는 자신의 자리를 찾는 게 쉽지 않았을지라도 여기에서는 어떤 여성이든 자신의 자리가 있다. 바케에겐 이 점이 중요했다.[I]

> 우리는 가부장적인 사회에 살고 있어요. 그래서 남자들은 전통적으로 남자들이 하는 일만을 가치 있게 여기고 성취로 인정하지요.

이곳에서 가부장적인 능력주의 사회의 기준은 용도 폐기되었다. 바케는 기념비를 세우고 약력을 기록하기 전에 조사를 많이 해야 한다. 오래전에 사회의 그늘진 곳에서 살았던 사람들, 특히 함부르크의 레몬 파는 소녀[II]같은 여자들은 그리 많은 자취를 남기지 않았기 때문에 바케가 공

I 독일에는 실제로 성 노동자를 위한 기념물이 있다. 1993년부터 콘스탄츠의 보덴 호수 위에 도발적으로 우뚝 솟아 있는 임페리아(Imperia) 상이다. 한 손에는 벌거벗은 작은 교황의 모형을, 다른 손에는 작은 왕의 모형을 들고 있다. 콘스탄츠 공의회(1414~1418)가 열리는 동안 1만여 명의 성직자들이 교황 선출을 위해 머물렀을 때 그곳은 (추정컨대) 700명의 매춘부가 모인 윤락업소로 변했다. 물론 임페리아는 프랑스 작가 오노레 드 발자크(1799~1850)가 『미녀 엥페리아』(La Belle Imperia)에서 만들어낸 가상의 인물이다. 역사 속의 임페리아는 실제로 정치 권력을 가진 고급 매춘부였는데 콘스탄츠 공의회가 열리고 100년 후에 살았던 여성이다. 콘스탄츠의 임페리아 상은 독특한 기념물이지만 힘 있는 여성이 섹스로 남성을 지배한다는 남성적인 서사를 따르고 있다.

II 본명은 헨리에테 뮐러(1841~1916). 함부르크의 '기인'으로 과장되게 부풀려진 여성으로 생전에는 아웃사이더였다.

공 기록물 보관소와 문서 기록실에서 찾아내 세상의 빛을 보게 할 수 있는 것은 전혀 없거나 있어도 미미한 수준이다. 그런 상황에서 여성의 자취를 발견한다는 것은 쉽지 않은 일이다. 어쩌다 기록물에서 여성의 흔적을 발견하면 바케는 실낱같은 희망을 품고 해당 여성이 과거에 올스도르프 묘지에 묻힌 적이 있는지 묘지 관리소에 문의해야 한다. 레몬 파는 소녀의 경우엔 바케의 예상이 맞아떨어졌다. 소녀는 말년을 정신 병원에서 보냈기에 그녀를 위한 묘비는 없었을 거라고 바케는 생각했다. 묘비 비용을 낼 사람이 없었기 때문이다. 극빈자 묘지, 또는 요즘 말하는 저소득층 묘지는 다른 묘지들보다 법적인 사용 기간이 짧다. 마치 가난한 이들의 시신은 더 빨리 부패하기라도 하는 것처럼 말이다. 여기에서도 핵심 문제는 동일하다. 어떤 이들은 기념비가 세워지고, 거리와 광장을 그들 이름을 따서 부르고, 그 모습이 흉상과 회화에 영원히 남는데 왜 어떤 이들은 우리에게 잊히는가 하는 점이다.

여성 전용 묘지를 만들겠다는 계획은 타당할 뿐만 아니라 필연이었다. 그 무렵 바케는 우연히 이본 메베스의 무덤이 파묘될 거라는 소식을 들었다. 교사로서 나치 정권에 개인적으로 저항한 메베스는 1945년에 라벤스브뤼크 집단수용소에서 발진티푸스로 사망했다. 그녀의 묘비가 파쇄되어 도로 포장석으로 가공될 거라는 이야기를 들었을 때 바케는 결심이 섰다. 새로운 기억의 문화를 가능케 하는 장기적인 해결책이 있어야 했다. 바케는 이런 장소에 대해 처음부터 구체적인 계획이 서 있었다.

조건은 다음과 같았어요. 묘지의 옛날 구역에 조성해야 한다는 것이었죠. 그곳이 최근에 조성된 묘역보다 더 아름답거든요. 다음으로는 버스 정류장에서 가까워야 한다는 것이었어요. 버스 정류장에서 여성의 정원까지 가는 길이 여자가 해 질 녘에 걷고 싶지 않은 길이어서는 곤란하니까요.

이 부분에서 여성의 정원의 이념적인 측면이 실천의 실제적인 측면과 섞인다. 여성의 정원은 죽은 이들의 묘지이기도 하지만 산 사람의 정원이기도 하기 때문이다. 산 사람들은 이곳이 안전하다고 느껴야 한다. 세속의 묘지를 유지하기 위해선 돈이 필요하므로 여성의 정원은 조합을 통해 재원을 마련한다. 여성 조합원들은 생전에 자신의 묫자리를 구입해 역사적인 묘비와 기념비 관리의 후원자가 될 수 있다. 여성 조합원이 사망하면 이곳 정원에 묻히고, 잔디에 박혀 커다란 물결 모양을 이루는 비석에 이름이 새겨진다. 그뿐만 아니라 어떤 여성이든지 알루미늄 기념판에 일생의 약력이 적혀 추모의 대상이 된다.

우리가 살고 있는 사회에서는 갈수록 많은 여성들이 이름도 없이 땅에 묻히고 있어요. 그런 여성의 수가 남성의 수보다 많습니다. 그건 여성이 자신의 인생을 중요하게 여기지 않은 탓도 일부 있지만 남은 가족에 대한 때 이른 배려 때문이기도 해요. 자식에게 묘지 관리에 따르는 수고로움을 끼치지 않으려는 것이죠. 하지만 많은 자식들이 부모를 추모할 수 있는 장소를 원하고 있어요.

여성의 정원은 고인과 그를 추모하는 이들만이 아니라 우연히 들른 '뜨내기손님'도 자유롭게 들어갈 수 있는 일종의 페미니즘적인 야외 박물관이다. 그러나 페미니즘 관련 전시나 라디오 방송이나 책이 일부 시민들에게 행사한다고 생각되는 위압적인 영향력이 이곳에서는 느껴지지 않는다. 역사학자 바케는 묘지 담장 바깥에서도 그런 효과가 지속되기를 원한다. 그녀는 인명을 따서 부르는 함부르크의 모든 도로와 광장을 조사해 데이터베이스를 만들었다. 눈을 크게 뜨고 공공장소를 돌아다니다가 여성 이름을 딴 지명이 얼마나 적은지 알게 되더라도 그 수를 구체적으로 접하면 기가 막힌다. 함부르크에 있는 약 8,000개의 도로와 광장 중 인명이 들어간 곳은 3,000개 미만이다. 그중 2,500개 이상이 남성 이름을 따서 부르는 반면 여성 이름을 따온 경우는 고작 400여 개에 불과하다. 독일의 다른 도시들도 동서남북을 막론하고 상황은 비슷해 보인다. 공공장소에서 기억되는 여성들은 소수에 머물러 있다. 몇 년 전부터 독일 전역에 걸쳐 이런 불평등을 해소하려는 의사 표시와 결정과 운동이 일어나고 있다. 여하튼 바케와 동료들의 헌신 덕분에 운동은 더욱 활발해지고 있다! 지난 5년간 이곳 함부르크에서는 시 역사상 처음으로 신설 도로들이 남성보다 여성의 이름을 더 많이 따서 명명되었다. 신설 도로와 광장은 특히 도심에서는 그 수가 대단히 한정되어 있기 때문에 바케는 여성의 존재를 한층 더 부각할 수 있는 뭔가 실용적인 방안을 생각했다. 공공장소에서 기존 도로나 광장에 이름이 붙여진 인물의 여자 가족 구성원을 면밀히 조사한 뒤 여성 이름을 추가해 적을 것을 제안한 것이다. 그에 따라 함부르크의 피네베르크 지역에 있는 쇼펜하우어 가는 현재 철학자 아르투어 쇼펜하우어와 그의 어머니이며 작가인 요하나 쇼펜하우어의 이름을 따서 부르고 있다. 함부르크의 라흘슈테트에 있는 헤르셸 가도 천문학자 남매인 빌헬름 헤르셸과 여동생 카롤리네 헤르셸을 함께 기린다. 도로 표지판 밑에 달린 작은 팻말에 추가로 표시된 이름이 명료하게 보인다.

시도는 훌륭하지만, 공간과 공적인 기억의 재해석이 일정한 사회 환경 안에서 벌어진다면 나는 그걸 옥에 티라고 생각한다. 명 피아니스트이며 작곡가였던 클라라 슈만은 남편 로베르트 슈만과 동일하게 인정받을 자격이 있었는가? 그렇다. 마찬가지로 그런 명예를 누릴 자격이 있었으나 세계적으로 유명한 남편이나 아버지나 아들이나 형제가 없었던 여자들도 있었는가? 그렇다!

이미 공적으로 크게 인정받는 남자들에게 둘러싸인 환경에서 사는 여자는 무명 집안의 여자에 비해 어느 정도 환경의 특수성에서 비롯되는 경쟁 우위를 가지고 있다. 결국 가부장제의 위력을 그나마 건드려볼 수 있는 건 벨벳 장갑을 낀 여자들뿐이다.

반면에 독일의 개발 지역에서 여성의 이름이 차지하는 비율은 이미 상당한 수준에 이르렀다. 함부르크의 새로운 중심지인 알토나에서도 2016년에 12개의 새로운 도로와 3개의 광장에 이름을 붙였다. 대부분 여성의 이름으로 명명되었는데 그중 한 곳의 이름이 도메니카 니호프 골목[I]이다. 힘든 과제를 완수한 것이다.

I 이곳이 주요 도로가 아니라 작은 골목인 건 우연이 아니다. 남자와 여자는 도로 명명의 수량만이 아니라 질에서도 차이가 난다. 크고 중요한 도로에는 남자 이름을 붙이는 반면 골목이나 작은 공원길에는 (주로) 여자 이름을 붙인다. 위에서 언급한 개발 지역에서도 큰 도로에는 남자 이름이 붙어 있다. 개발 지역이 거주지로 변모하기 전부터 이미 큰 도로가 존재했기 때문이다.

저는 기본법을 토대로 활동하고 있습니다. 다른 이들은 기본법의 토대 위에서 활동하지 않아요. 저는 기본법 3조 2항[I]이 궁극적으로 현실이 되기를 바랍니다. 공공장소는 이런 활동을 시작하기에 가장 유용한 곳이에요. 이렇게 하면 우리의 활동이 곧장 사람들의 관심을 끌기 때문이에요.

위험한 낯선 사람

(사전 고지 : 이 대목은 아동 유괴, 성폭력과 가정 폭력, 살인 사건을 다룬다.)

내가 어린아이였던, 더 구체적으로 말하면 소녀였던 1990년대에 나는 인생에서 무엇이든 가능하다는 의식을 가지고 성장했다. 단, 낯선 남자에게 유괴되어 살해당하지 않는다면 말이다. 낯선 사람의 위험성… 모르는 사람에 대한 두려움, 또는 구석마다 덤불마다 나쁜 것이 숨어 있을 수 있다는 생각은 내가 받은 교육을 떠받치고 있던 어두운 기둥이었다. 경찰관이던 아버지가 직업상 '나쁜' 사람들을 다른 집 부모보다 더 많이 상대한 것도, 우리 집에서 매일 저녁 벨기에 TV 방송[II]을 볼 수 있었던 것도 이런 생각을 하는 데 한몫했다.

I   기본법 3조 2항: "남자와 여자는 동등한 권리를 가진다. 국가는 남녀 동등권의 실제적 실현을 증진하고 기존 불이익의 제거를 위해 노력한다."

II 그 방송이 유일하게 프랑스어로 뉴스를 내보냈다. 우리는 위성 안테나를 달지 않고도 시청할 수 있었다.

1990년대 중반 벨기에에는 수년간 매체의 헤드라인을 장식한 주제가 있었다. 마르크 뒤트루와 공범들이 여자아이를 납치해 집에 가두어놓고 성폭행하고 살해한 사건이었다. 피해자 멜리사 루소와 쥘리 르쥔은 당시 8세로 나보다 두 살 어렸다. 역시 뒤트루에게 납치되어 성폭행당하고 공범들에게 살해된 에페 람브레크스와 앙 마르샬은 각각 19세와 17세였다. 또 다른 두 명의 소녀는 1995년 8월 뒤트루가 체포된 뒤 무사히 구조되었는데 그중 한 명은 80일 이상을 뒤트루의 지하 감옥에 갇혀 지냈다.

뒤트루와 공범들이 벌인 사건은 믿을 수 없을 만큼 잔인하고 암울하고 그 심각한 부실 수사 때문에 매번 새롭게 여론을 들끓게 한 사건이었다. 수사에 관여한 이들은 사회 최고위층에까지 포진해 있었고 국가 기관마다 관련되지 않은 사람이 없었다. 그러니 벨기에에서 이 문제가 수년간 뉴스를 지배한 것도 놀랍지 않다. 벨기에 전역이, 그리고 작은 우리 집도 지금 돌이켜 보면 충격과 트라우마라는 말로밖에는 표현할 수 없는 상태에 빠져 있었다. 그때 열 살이었던 나는 소아 성애자들의 관심에서 벗어나려면 몇 년을 집에 들어앉아 보내야 할지 생각했다.[I] 바깥, 다시 말해 공공장소는 갑자기 더는 '나의' 공간이 아니었다. 여자 친구들과 동네를 거닐고, 숲속의 옛날 벙커를 탐색하고, 공동묘지에서 숨바꼭질을 하자고 약속하는 것, 이 모든 게 갑자기 위험한 일이 되었다. 나무마다 모퉁이마다 그 뒤에는 나쁜 남자나 나쁜 여자[II]가 나를 납치하기 위해

I 다행히 그때 나는 여성을 상대로 저지르는 살해와 폭력에 대해 아무것도 몰랐다!

II 어렸을 때 나는 뒤트루 사건의 전말을 자세히 알아보았다. 뒤트루의 아내도 여아 납치에 중요한 역할을 했기 때문에, 나는 그때 이미 남자와 여자가 모두 유괴

하얀색 미니밴을 타고 와서 숨어 있을 수 있었기 때문이다. 위험을 계산하는 일종의 내면의 운영 프로그램이 항상 잠재의식 안에서 실행되면서 모든 상황을 새롭게 판단했다. 내가 매일 다니는 등굣길은 약 3.5킬로미터였는데 그중 절반은 숲을 지나서 가야 했다. 자전거를 타고 그곳을 지나가는 건 이제 나로서는 불가능했다. 그래서 버스를 타고 다녔다. 아침에 일찍 일어나 미어터지는 버스 안에서 사람들에게 짓눌려 거의 초주검이 되는 한이 있더라도 말이다. 그리고 우리 집에서 가장 가까운 버스 정류장에서는 절대로 버스를 타거나 내리지 않았다. 다 허물어져가는 이상한 건물 몇 개를 지나 어두운 고속도로 다리 밑을 지나야 했기 때문이다.

공간 다음으로 낯선 사람의 위험이 감지되는 두 번째 중요한 차원은 시간이다. 날이 어두워지기 시작하면 나는 밤이 범죄의 온상이라도 되는 듯이 밖에 나가기가 싫었다. 아이가 범죄에 노출되면 여하튼 그 아이도 자신의 운명에 공동 책임이 있다. 매체도 나의 부모님도 동일한 생각을 가지고 있었던 것 같다. 밖에서 나는 안전하지 않았다. 나도 그렇게 느꼈다. 이 주제가 매체와 대중의 관심에서 다시 사라지고, 사춘기에 이르러 내 활동 반경을 넓히고 싶은 욕구를 그 무엇도 막을 수 없게 될 때까지, 아동 유괴의 가능성은 약 2년 동안 다모클레스의 칼[I]처럼 내 머리

사건과 연관될 수 있다는 것, 따라서 여자에 대해서도 경계를 늦추면 안 된다는 것을 확실히 알게 되었다.

I [역주] 기원전 4세기경 시라쿠사의 왕 디오니시우스 1세가 자신의 권력과 부를 부러워하는 신하 다모클레스를 잠시 왕좌에 앉힌 뒤 그 위의 천장에 말총 한 올에 매달려 있는 칼을 가리키며 권력자의 운명은 언제 떨어질지 모르는 칼 밑에 있는 것처럼 위태로운 것임을 알려주었다는 데서 유래한 표현. 이 일화는 키케

위에 매달려 있었다.

1970년대에 발달심리학자 로저 하트는 버몬트 주의 작은 마을에서 3~12세의 아동 86명을 2년 반 넘게 관찰했다. 그는 아이들을 따라 덤불을 누비고, 숲을 돌아다니고, '위험한 곳'이 어디인지 알려달라고 했다. 그런 다음 아이마다 돌아다닌 곳을 기록한 일종의 이동 지도를 작성했다.[I] 지도에는 아이가 어른의 감독 없이 움직인 구역이 나와 있었다. 하트는 4~5세의 아동도 상당한 이동 반경을 가지고 있으며, 친구들과 하루에 몇 시간씩 어른의 감독 없이 자연을 누볐다는 걸 확인했다. 부모들과의 대화에서는 단 한 번도 아동 유괴의 위험에 관한 이야기가 나오지 않았다. 1970년대에는 아동 유괴라는 것이 생기지도 않았을 거라는 생각마저 들게 했다.

30년 후 하트는 다시 마을을 방문해 아이들을 관찰했다. 옛날에 그가 처음 관찰했던 아동들의 자녀도 일부 있었다. 그가 확인한 바에 따르면, 마을에 아무것도 변한 것이 없는데도, 다시 말해 새로운 위험 요소가 생기지 않았는데도, 당시 2000년 초의 아이들은 부모 때와 대략적으로라도 비슷한 자유로운 놀이 공간을 누리지 못했다. 나이가 비교적 어린 아이들은 자기 집 정원에 매여 있었고 그보다 나이가 많으면 자신이 사는 동네에서 활동했으며, 자연에서 노는 아이들은 거의 없다시피 했다. 활동 제한의 이유로 부모들은 불안감을 꼽았다. 비이성적이라는 것을 알면

로의 『투스쿨룸 대화』에 기록되어 전해진다.

I 요즘에는 고양이를 기르는 사람들이 실시간 위치 추적기를 이용해 손쉽게 할 수 있는 일이지만, 당시에는 상당히 품이 많이 드는 일이었다.

서도 떨쳐낼 수 없는 불안감이었다.[28]

뒤트루 사건이 보여주듯이 미니밴을 타고 오는 낯선 나쁜 남자는 실제로 존재한다. 그런 남자는 세계 어느 나라에나 있다. 그러나 해당 사건을 보도하는 방식은 잠재적인 위험 요인에 대처하는 우리 뇌의 적응력과 결합해 사건 발생 빈도의 측면에서 우리의 인식을 왜곡한다. 사실 그런 일은 지극히 드물게 일어난다. 팟캐스트 《프리코노믹스 라디오》(Freako-nomics Radio) 운영자 중 한 명인 스티븐 더브너는 다음과 같이 썼다. "대부분의 사람들은 위험을 올바로 판단하는 데 대단히 서툴다. 우리는 전혀 일어날 법하지 않은 극적인 사건이 (비록 똑같이 파괴적이더라도) 평범하고 지루한 사건보다 일어날 가능성이 더 높다고 생각한다."[29] 그 이유는 휴리스틱[I]에 있다. 인간의 뇌가 그렇게 프로그래밍되어 있는 것이다. 휴리스틱은 말하자면 뇌라고 불리는 큰 장롱 속에 정보를 저장하는 작은 기억의 서랍을 만드는 신경학적인 지름길이다. 이 서랍 안에 들어간 정보는 서랍 안에 분류되지 않고 회색 덩어리로 느슨히 떠다니는 정보보다 더 쉽고 빠르게 불러낼 수 있다. 그런데 요즘은 극단적으로 심각하고, 희귀하고, 완전히 예측 불가능하고, 삶을 바꿔놓을 수 있는 정보를 아주 큰 서랍에 분류해 넣는 것이 진화론적으로 볼 때 유의미한 것 같다. 위험 판단은 휴리스틱을 통해, 즉 기존 정보의 검색을 통해 이루어지므로 뇌는 정보가 담긴 그 어마어마하게 큰 서랍을 빈번히 열어보게 되고, 그

I   [역주] 휴리스틱(heuristics) : 특정 상황이나 사건에 대해 논리적으로 분석하거나 사실에 따라 판단하기보다는 제한된 정보와 경험적 지식과 직관에 의존해 판단하는 경향.

결과 위험을 엄청나게 과대평가하게 된다. 여기에 더해 우리는 항상 있을 법하지 않은 극적인 것에 초점을 맞추는 형태로 미디어를 소비하는 까닭에 이 효과는 더 증대된다.

2002년 미국에서 실시한 조사에 따르면, 한 해 전 18세 미만의 아동 79만 7,500명이 미국에서 실종 신고가 되었다. 매일 거의 2,000명에 달하는 아이들이 사라진 것이다. 사라진 아동의 대다수는 가출한 아이들이었다. 유괴 사건은 대부분 가족 내 납치였다. 즉, 부모 중 한 명이 배우자에게서 자녀를 빼앗아 양육권 합의를 위반하는 것인데 위의 조사에서는 20만 3,900건이었다. 5만 8,200건은 가족 구성원이 아닌 사람(예를 들면 가족의 친구)에 의한 납치였고, 115건은 "몸값을 뜯어내거나, 아이를 데리고 있거나 또는 죽일 목적으로 밤에 차로 납치해 억류하는"[30] 유괴 사건이었다.

독일의 통계를 보면 낯선 사람에 의한 아동 납치의 위험이 얼마나 작은지 금세 알 수 있다(비록 많은 부모들은 곳곳에서 위험을 감지하겠지만 말이다). 2017년 한 해 동안 실종 신고된 8,259명의 아동 중에서 8,080명(98퍼센트)이 다시 발견되었다. 즉, 무사히 집으로 돌아온 것이다. 독일에서 실종 상태로 남아 있는 가장 큰 아동 집단은 미성년 난민이다. 이들은 예를 들어 머물던 숙소를 떠난 탓에 시스템에서 찾아낼 수 없는 아이들이다.[31]

머릿속에서 과도하게 큰 서랍 안에 분류되어 있는 건 납치라는 현상만이 아니다. 성폭력 피해자가 될 위험성도 잘못된 서랍 속으로 들어갔다. 낯선 사람은 위험하다는 생각 때문에 말이다. 세계 어디에서나 그렇듯이 독일에서도 아이에게 가장 큰 위험은 주변 환경에서 발생한다. 아동 학대자의 30퍼센트가 가장 가까운 친족, 다시 말해 아이의 가족 구성원이다. 드러나지 않은 사례의 추정치는 몇 배나 더 많을 것이다. 연구에 따르면 친지에 의한 성폭력은 15~20건 중 한 건만 신고가 들어오기 때문이다.[32] 가해자가 실제로 낯선 사람인 경우는 아동 성폭력 사건에서 약 20퍼센트에 불과하다. 여기에는 사건의 대부분을 차지하는 성기 노출 행위도 포함된다.

독일에서 아동 살해와 같은 극단적 사건의 통계를 보면 사태는 더 명확해진다. 독일의 범죄 통계에 따르면 일주일에 평균 2건의 '아동 살해 기수[I]' 사건이 보고되고 있는데, 대부분의 경우 아이는 가정 내 학대와 방치로 사망한다. 아이에게는 어머니와 아버지 또는 양육권자가 단연코 가장 위험한 인물이다.[33]

아이에게 해당되는 건 여자에게도 해당된다. 음람보 응쿠카[II]는 유엔 가족연구 보고서의 서문에 다음과 같이 적었다. "파트너 사이에 만연한 충격적인 폭력 행위는 통계적으로 볼 때 집이 여성에게 가장 위험한 장소 중 하나라는 걸 의미한다."[34] 연구에 따르면 성폭행을 당한 여성의 77퍼센트가 가해자를 개인적으로 알고 있으며, 가해자는 대부분 파트너이거나 남편이다. 독일에서 결혼 생활 중에 일어나는 성폭행을 강간에 포함시킨 건 정치가들이 상당히 오랜 세월 힘들게 싸워 이루어낸 1997년의 법

I [역주] 기수(旣遂) : 어떠한 행위가 일정한 범죄의 구성 요건을 갖추어 범죄가 완전히 성립하는 일.

II [역주] 음람보 응쿠카(Nlambo-Ngcuka) : 남아프리카 공화국의 여성 정치가이며 전 유엔 여성기구 총재.

률 개정 덕분이다. 그 전까지 아내는 성적 자기 결정권이 없었기 때문에 남편의 강간은 처벌받지 않았다.

독일 내 통계를 보면 2015년부터 가정 폭력이 증가하고 있다. 2019년 통계에서 여성은 거의 사흘에 한 명씩 파트너나 전 파트너의 폭력으로 사망했고, 45분에 한 명씩 파트너로부터 부상이나 공격을 당했다.[35] 코로나 팬데믹이 시작되자 상황은 계속 악화되었다. 유엔은 이를 '그림자 팬데믹'이라고 부른다. 사회적인 고립 속에서 여성과 아동에게 가장 큰 위협이 될 수 있는 사람은 여성의 파트너다. 집에 앉아 지내는 게 스트레스가 되는 상황에서 매일 24시간 같은 사람의 얼굴을 본다는 건 더 큰 스트레스다. 여기에 재정적인 불확실성, 좁은 아파트, 파트너 관계에서의 문제까지 더해지면 가족 구성원에 대한 폭력은 일부 남자들이 의존하는 분출구가 된다. 이는 여성과 아동들에게도 치명적인 결과로 끝날 수 있다. 2020년 봄에 외출 제한 조치가 시행되는 동안 여자와 아동의 상황을 조사한 첫 번째 연구[I]에 따르면, 조사 대상 여성의 3.1퍼센트가 파트너와 신체적 충돌을 경험했고 1.5퍼센트는 부상을 입었다. 3.6퍼센트는 파트너로부터 성관계를 강요당했다. 여성의 3.8퍼센트는 파트너에게 위협을 받았고, 2.2퍼센트는 파트너의 허락 없이는 집 밖으로 나갈 수 없었다. 여성의 4.6퍼센트는 파트너에 의해 사회적 접촉이 통제되었다. 아이들이라고 해서 상황이 더 나은 건 아니었다! 아동의 6.5퍼센트는 록다운 기간 동안 신체 폭력(뺨 맞기, 밀치기 등)을 경험했고 1.6퍼센트는 부상을 입었

I   2020년 4월 22일부터 5월 8일까지 독일에 사는 여성 3,800명을 대상으로 실시한 대표적인 온라인 조사.

다. 조사를 실시한 여성 연구자들은 자녀가 없는 가정보다 자녀가 있는 가정에서 갈등과 폭력 가능성이 훨씬 높다고 강조했다.[136]

그러나 우리는 아동과 여성에게 가장 큰 위험은 그들 주변에서 나온다는 현실을 직시하는 대신, '나쁜 것'을 밖으로 옮겨놓고 사회에서 극단적인 사건이 발생할 가능성을 집단적으로 부풀린다. 물어보고 싶다. 우리는 왜 그러는 걸까? 누가 이익을 보는 걸까?

내 불안감은 너무 어린 나이에 나쁜 뉴스들을 보았던 아이에게 생긴 우연의 산물이 아니다. 나의 불안감은 사회적으로 학습된 것이고 사회가 원했던 바로 그것이다. 옛날에도 그랬고, 지금도 그러하며, 앞으로도 우리는 이걸 다음 세대에게 그대로 전할 것이다. 내 딸은 세 살 때『코니는 낯선 사람을 따라가지 않아요』라는 책을 생일 선물로 받았다.[II] 아이가 혼자 있다가 낯선 남자를 만나고 그 남자는 뭔가를 제안한다. 아이는 모든 낯선 남자는 나쁜 사람일 수 있다는, 익히 들어온 가르침을 떠올리고 남자의 제안을 거절한다. 엄마와 아이가 다시 만나 눈물을 흘리다가 다행히 아무 일도 없었다며 기뻐한다. 독일에는 이런 식으로 늘 같은 표현과 내용이 나오는 책들이 수백 권까지는 아니어도 수십 권이 있다. 이에 대해 루이제 슈트로트만은 일간지《타게스차이퉁》에 다음과 같은 적절한 논평을 냈다. "'낯선 사람을 따라가지 마라'라는 말은 '짧은 치마를

I   자녀를 폭행한 사람이 어머니인지 아버지인지는 조사하지 않았다. 아동에 대한 성적 학대 여부도 조사 대상이 아니었다.

II   나는 코니가 싫다! 코니의 존재와 인생 목표는 완벽하게 행동하는 법을 배우는 것이다.

입지 마라'라는 말과 비슷하다. 이건 잠재적 피해자에게 주는 행동 지침이다. 잠재적 피해자의 행동과 그에게 폭력이 일어날 가능성 간의 연관성을 조성하는 것이다."[37] 나는 모든 장르의 청소년 공포 영화들, 예컨대 〈나이트메어〉, 〈13일의 금요일〉, 〈핼러윈〉, 〈스크림〉, 〈나는 네가 지난여름에 한 일을 알고 있다〉 등도 여기에 포함된다고 생각한다. 이런 건 동일한 두려움을 이용한 게임이다. 다만 나이 든 관객들을 위해 재탕하고 그에 따라 더 흥건한 피와 잔인한 폭력으로 장식했을 뿐이다.

나는 낯선 사람은 위험하다는 발상이 말도 안 되게 상상력이 부족한 공포 소설을 팔고 싶어 하는 아동서 작가와 출판사의 전략이라고 생각하지 않는다. 도리어 그런 책을 쓴 작가들은 선의를 가지고 있으며, 곳곳에 위험이 도사리고 있다고 그들 자신도 믿고 있다고 생각한다. 또한 나는 밖에서 들어와 행패를 부리는 사악한 유령의 서사가 이 학습된 두려움을 부추긴다는 사실을 영화 제작자들도 알고 있지만 그럼에도 이런 것을 만드는 데에는 즐거움을 주는 오락거리 이상의 의도는 없다고 생각한다.

낯선 사람의 위험성이란 건 결국 가부장제의 문제다. 세라 마셜이 팟캐스트 《페미니스트 프레젠트》에서 말했듯이 우리는 이 현상을 가부장적인 도구로 바라보아야 한다. 즉 공공장소의 통제권과 해석의 권한을 유지하고 확장하기 위한 권력자의 도구 중 하나인 것이다.[38] 아버지, 남편, 형제, 삼촌, 경찰관 ── 이들은 우리를 보호하는 선한 사람들이다. 그들의 권력은 유지되어야 하지 의문시되어서는 안 된다. 악을 외부화하는 것이다. 이렇게 하면 이중으로 편리하다. 사악한 낯선 남자에 대한 커다란 두려움보다 더 훌륭한 통제책은 없으니까!

3장
"분홍색을 입혀라,
크기를 줄여라"

　　　　　　　　　　나는 미국 드라마《길모어 걸스》를 좋아한다. 정
말 좋아한다. 그들이 나타난 건 내가 어른이 된다는 것에 힘들어하며 우
울해하고 있을 때였다. 다른 많은 사람들처럼 나도 로리가 가지고 있던
것을 갖고 싶었다. 포근한 집과 뭐든지 함께 대화를 나눌 수 있는 어머니
말이다. 15년이 지난 지금도 나는 여전히《길모어 걸스》를 시청한다. 그
러나 나의 뇌는 이따금 긴장을 풀면서도 어느 특정 장면이나 대화에 걸
려 휘청거린다. 그러면 내 안에 있는 목소리가 소리친다. 왜애애애애?! 예
를 들면 다음과 같은 거다. 로리가 대학에 지원하면서 봉사 활동 증명서
를 더 많이 제출해야 한다는 걸 알았을 때 그녀는 주택 건축 프로젝트
에 참여하겠다고 신청한다. 첫 주말 근무를 하러 건축 현장에 가기 전,
어머니 로렐라이는 깃털과 반짝이를 붙여 전혀 알아볼 수 없게 된 작은
분홍색 망치를 선물한다. 아무짝에도 쓸모없고 심지어 위험하기까지 한
망치다. 분홍색 깃털이 수없이 많이 달려서 정확한 망치질이 불가능하

기 때문이다. 어머니와 딸은 손 기술이 필요한 많은 분야에서는 의욕을 보이지 않고 늘 아무것도 할 줄 모른다며 엄살을 피운다. 남자들(루크, 딘, 제스)을 끌어들여 공짜로 해결하기 위해서다. 그것도 전략이라면 이 해할 수 있다. 그러나 어머니 로렐라이가 딸에게 일부러 전혀 쓸모없는 것, 건축 현장에서 일할 때 외려 방해가 되는 것을 선물했다는 사실, 그리고 그 이유가 "소녀답고 샤방샤방"하기 때문이라는 사실에 나는 분노했다. 분홍색 깃털이 달린 작은 반짝이 망치는 이 세상 어디에서나 볼 수 있는 전형적인 사례다.

깜짝 달걀

여성을 공략하는 열쇠는 아직도 변함없이 이것인 것 같다. "분홍색을 입혀라, 크기를 줄여라."(Pink it, shrink it.) '오리지널'[I]보다 크기가 작고 색이 감미로운 모든 것은 의심할 나위 없이 여성을 대상으로 한다.

영화배우 올리비아 콜먼은 2003년 BBC 코미디 프로그램 《주위를 둘러봐》에서 1980년대의 과학 및 혁신 기술 프로그램의 진행자 역할을 연기했다. 사람들이 TV 시청자들에게 자신의 발명품을 소개하는 포맷의 방송이었다. 어느 회차에서 첫 '여성용 PC'인 페티코트 5가 소개되었다. 은은한 분홍색 몸체에 키보드는 손톱이 길어도 문제없이 사용할 수 있을 만큼 글자판이 유난히 크고, 반지 걸이와 넣고 뺄 수 있는 화장 거울

I　언제나 남자를 표준으로 삼아 생산되는 물건.

이 장착되어 있는 등, 여자에게 컴퓨터에 대한 관심을 불러일으키는 게 목적이라면 전부 대단히 훌륭한 아이디어였다.[39]

델(Dell) 사 개발자들이 이 방송을 보고는 이게 풍자라는 걸 눈치채지 못하고 '바로 이거야!'라고 생각했다(이상은 내 짐작이다). 여기에서 탄생한 게 마케팅 쿠데타 '델라'(Della)인데 2009년에 극적으로 폭망했다(이건 사실이다). 신기술에 대해서는 무지하지만 신기술로부터 칼로리 계산법 정도는 도움을 받을 수 있을 거라 생각하는 여자들을 위한 웹사이트였다. 이런 목적에도 어울리고 핸드백에도 들어가는 케이스 딸린 파스텔 톤의 미니 노트북도 여성용으로 출시했다. 여성은 이 웹사이트에서 일상생활에 필요한 아주 간단한 소프트웨어를 내려받아 갖춰놓을 수 있었다. 예를 들면 달력, 요리법을 저장하고 교환하는 프로그램, 체중 감량을 쉽게 해주는 운동 계획표 같은 것들이다. 영화를 보면 흔히 여자들은 잠옷을 입고 머리엔 헤어 롤러를 달고 여럿이서 머리빗을 마이크 삼아 노래 부르다가 남아도는 힘을 베개 던지기 놀이에 쏟는다. 만일 델 사의 행보가 여자를 영화를 통해서만 아는 중년 남자 컴퓨터광의 여성 혐오적 발상처럼 보인다면, 그건 실제로 그런 발상을 했기 때문일 가능성이 높다. 다르게 표현하자. 내가 여기에서 하고 있는 델라 '개발자들'에 대한 추정이 아마도 그 개발자들이 머릿속에서 하고 있는 여성 고객에 대한 추정보다 현실에 더 가까울 것이다. 델라는 경쾌한 파스텔 톤의 디자인 외에 두 가지에 초점을 맞추었다. 첫째는 가사와 돌봄 노동의 조직이고 둘째는 건강과 아름다움이다.

여자들이 이해하고 사용할 수 있으려면 기존 기술을 단순화해야 한다는 생각[I]은 너무 터무니없었다. 그 결과 델 사는 거센 비판을 받고 출시 3주 만에 자사 제품을 철회했으며 수많은 비판자들에게 사과했다(분홍색을 사용한 것에 대해서도 사과했다). 여성을 위해 특별히 뭔가를 시장에 내놓고 싶은 욕심은 우연히 생긴 게 아니었다. 2009년에 모든 기술 제품의 45퍼센트는 여성이 구매했고, 기술 제품 구매 결정의 65퍼센트는 여성의 영향을 받았다.[40] 갈수록 여자들이 더 많은 돈과 구매력을 가지고 있기 때문에 이런 상황은 몇 년 전부터 심화되고 있다. 그러므로 우리 여성들이 정말로 무엇을 원하는지 들여다보고 그것을 매력적으로 만들 필요가 있다. 이렇게 하지 않고 흔히들 그렇듯이 거꾸로 상품부터 만든 뒤 여성에게 무조건 순응하라고 하면 일만 사정없이 꼬일 뿐이다.

연구와 개발과 디자인이 실패했거나 완전히 불필요한 곳에서는 젠더 마케팅이 등장한다. 예를 들면 여성의 손이 요구하는 조건에 맞춰 디자인했다고 주장하는 '그녀를 위한' 볼펜이 있다. 젠더 마케팅은 이런 쓸데없는 제품에 자본주의의 방망이를 휘둘러 분홍색 반짝이를 붙인다. 그 결과 젠더의 특성을 고려하지 않은 제품은 은연중에 남성적이고 '평범한' 것으로 자리 잡게 되고, 이는 다시 여성을 특별한 경우로 연출하게 한다. 또 다른 예로는 '깜짝 달걀'[I] 마케팅이 있다. 30년이 넘는 세월 동안 깜짝 달걀은 평범한 한 가지 종류만 존재했다. 그러다 2012년에 제과업체 페레로 사가 제품 라인을 늘리면서 여아용으로 분홍색 깜짝 달걀

I 예를 들면 일반 컴퓨터의 소프트웨어에서 오래 전부터 표준에 속하는 기능을 빼버리는 것을 말한다.

I [역주] 깜짝 달걀: 달걀 모양의 플라스틱 포장 속에 초콜릿과 아이를 위한 장난감이 들어 있는 제품. 상품명은 '킨더 조이'이다.

을 추가하기로 했다. 그 결과 '고전적인 깜짝 달걀'은, 웹사이트에도 적혀 있듯이, 자동으로 남아용 깜짝 달걀이 되었다. 그건 말도 안 되는 소리라고 생각하는 사람이 있다면 세 살짜리 여아에게 기존의 평범한 달걀은 남녀 모든 아이를 위한 것이라고 설득해보기 바란다. 그 여아가 유치원을 다니며 갖게 된 분홍색에 대한 강한 기호를 드러낸다면 설득은 가망이 없다. 나 자신이 경험해서 하는 말이다.

물론 이 주제는 서두에서 언급한 "분홍색을 입혀라, 크기를 줄여라"라는 여성 공략법보다 조금 더 복잡하며, 마케팅과 소비와 역할 기대의 상호 작용에 대해 가사 노동보다 더 많은 걸 이야기해주는 건 별로 없다.

약간의 가사 노동…

젠더 마케팅이 시작된 건 전업주부가 가부장적인 가정 안에서 새로운 목표 고객군으로 설정되고, 가사 노동이 비록 무급이기는 해도 중산층 여성이 할 수 있는 전문적 활동이 되면서부터였다. 과거에 경제 능력이 되는 남자는 아내와 집안의 식솔들을 집에 있게 했다. 자신의 '더 나은 반쪽'에게는 신분에 맞게 자선 단체에서 활동하는 것만 허락했다. 즉, 경제 활동이 아니라 자선 활동을 하라는 것이었다.[I] 여자 입장에서도 이는 썩 괜찮은 일이었다. 어차피 대부분의 여자들은 밖에 나가 손을 더럽

I 돈을 버는 것이 아니었기에, 즉 여자의 재정적 의존성이 흔들리지 않았기에 편리했다.

히는 일을 하는 건 여자답지 못하다는 믿음을 가지고 자랐다. 이런 상황은 19세기 중반에 여권 운동의 첫 물결이 들이닥치면서 서서히 달라졌다. 처음에는 여성의 기본적인 참정권과 민법상의 권리를 주장했다. 즉, 독일에서 1918년이 되어서야 법에 명시된 여성의 선거권, 경제 활동을 할 수 있는 권리, 그리고 초·중등 교육은 물론이고 여성의 대학 진학도 가능하게 한 교육 기본권이 그 핵심이었다. 1920년대에 유럽에서 파시즘이 등장하고 사회가 완전히 남성 위주로 돌아가면서[41] 여권 운동은 침체되었다. 독일에서 나치가 권력을 잡자 독일 여성들은 고분고분하고 남편을 공경하며 돌보고 아이를 낳아주는 아내와 가정주부의 역할을 주입받았다. 이후 나치는 자신들이 일으킨 제2차 세계대전에서 패했지만, 친밀하고 가부장적이고 사회생물학적인 부모-자식으로 구성된 가족 모델은 전쟁이 끝난 뒤에도 유일하게 수용할 수 있는 가족 형태로 인식되었다. 적어도 자본주의와 가부장제의 렌즈를 통해 볼 때 여자는 전업주부로 살고 남자가 돈을 벌어 오는 외벌이 가정 모델이 훌륭하게 작동했기 때문일 것이다. 1950년대의 경제 기적은 서독 주민들에게 두둑한 돈지갑, 윤기가 자르르 흐르는 아이들, '깨끗할 뿐만 아니라 티 없이 순수한 세탁물'을 가능하게 했다. 무엇을 더 바라겠는가? 그러나 일부 여성들은 더 많은 것을 원했다. 1960년대에 서구 사회에서 일어난 학생 운동과 함께 두 번째 여권 운동의 물결이 밀려왔다. 그러나 모든 변화는 오랜 시간 악전고투를 거치며 느리게 진행되었다. 반면에 동독에서, 즉 사회주의 체제에서 여성이 경제 활동을 하는 것은 정상이었다. 아니, 필수였다. 그럼 가사는? 가사도 여성이 책임졌다. 물론 완벽을 추구하거나 헌신적으로 하지는 않았을 것이다. 그러나 베이비붐 세대 이후부터 절반쯤 가부장적인 가정이 주류를 이루었던 서독에서는 엄마는 집에 있고 아빠는 돈을 번다는 개념이 오늘날에도 곳곳에서 완전히 사라지지 않았다.

일부 여성들은 가사 노동을 전문화하고 거기에서 일종의 여성학을 발전시키는 일에 착수했다. 미국의 여성 작가 캐서린 비처는 한편으로는 여아와 남아의 동등한 교육 기회를 옹호했지만, 다른 한편으로는 여성의 역할을 궁극적으로 가정에서 일하는 돌봄 노동자와 가사 관리인으로만 한정해 생각했다. 나는 이런 역할에도 어느 정도 권한은 있을 거라는 걸 머리로는 이해하지만(레몬으로 레모네이드를 만드는 식) 정서적으로는 그렇지 못하다. 비처가 쓴 『미국 여성의 가정』이 출간되고 120년이 흐른 뒤 내가 성장한 집안이 비처의 인생 설계에 따라 생활했던 가정이기 때문이다.

나는 전업주부인 어머니와 경찰관인 아버지의 맏이로 태어났다. 어렸을 적에는 한 살 어린 남동생과 어머니와 함께 집에 있었다. 아버지는 근무를 하지 않을 때는 지하실에 내려가 있었다. 창문이 없는 공간이었는데 아이들의 소음이 안 들리는 곳에서 공부하기 위해 아버지는 그곳을 자신의 공부방으로 개조했다. 아버지는 승진을 위해 노력하기로 어머니와 뜻을 모았기 때문에 뭔가를 더 공부해야 했다.[I] 나는 학교에 들어가기 전에 동생과 함께 — 내 경우엔 겨우 몇 달이었지만 — 유치원을 다녔다.

I 페미니즘 건축과 관련된 책을 읽으면서 나는 처음으로 이런 게 얼마나 일반적이고 또한 불공평한지 알게 되었다. 밖에서 일하는 남편은 집에서도 아이들의 소음을 차단해주는 자기만의 공간을 갖지만, 가정주부에게는 편하게 쉴 수 있는 별도의 장소가 없다.

그때까지 우리는 날마다 아침부터 저녁까지 함께 붙어 지냈다.

나와 비슷하게 전업주부 어머니를 둔 가정에서 어린 날을 보낸 스웨덴의 제품 디자이너 카린 에른베르예르의 테드[I] 강연[42]을 들은 적이 있다. 그때 나는 처음으로 내가 얼마나 오랜 시간을 어머니가 가정용품과 주방 기기를 작동시키고 사용하는 모습을 보며 자랐는지를 떠올렸다. 세탁, 다림질, 요리, 청소 —— 이 모든 게 전기 제품이나 전자 제품의 조작을 필요로 한다. 그 기계들은 사용할 때 복잡한 지식이 필요 없게끔 설계되었다. 그러나 예술사를 가르치는 어느 남자 교수를 빨래방에서 만났을 때 나는 세탁기에 빨래를 넣고 돌리는 게 겉보기와 달리 그렇게 직관적이지 않다는 걸 알게 되었다. 그 교수가 쩔쩔매며 어쩔 줄 몰라 하던 모습은 세탁기의 올바른 작동이 전동 드릴의 사용과 마찬가지로 전문 지식을 필요로 한다는 징표일 수 있다.

우리는 주로 사용하는 사람이 누구인지에 따라 여성의 기기와 남성의 기기를 구분한다. 그리고 이 이분법을 바탕으로 기기 사용에 필요한 능숙함의 정도를 각기 다르게 상정한다. 이렇게 되면 남자가 개발했다는 이유로 한때 '진짜' 기술로 통했던 기기는 기술에 서투른 여자들 손에 들어가는 순간 그 '진짜'라는 특성을 잃어버린다. 재봉틀과 전화기가 그런 경우다. 어떤 가정주부가 다리미나 믹서나 진공청소기를 일상적으로 사용한다고 해서 자신을 신기술에 해박하다고 말하겠는가?

I [역주] 테드(TED: Technology, Entertainment, Design): 미국의 비영리 재단에서 운영하는 강연회. 기술, 오락, 디자인 등과 관련된 강연회를 개최한다.

나의 어머니가 대표적인 사례다. 어머니는 늘 자신이 기술에 특별한 소질이 있다고 생각했다. 하지만 그건 어머니가 복잡한 재봉틀을 잘 다룰 줄 알거나 식구 중에서 유일하게 전자레인지와 오븐이 결합된 기기의 모든 기능을 쓸 줄 알아서가 아니었다. 어머니가 그렇게 생각한 이유는 정기적으로 전동 연마기와 드릴을 사용했기 때문이다. 아버지는 손재주가 전혀 없는 대신 지적인 활동에 집중해야 하고 어머니는 식구들이 지정한 기술자라는 것이 부모님이 내린 결론이었다. 망치질이든 톱질이든 연마든, 그런 일은 항상 어머니가 나서서 했다. 어머니는 여자라는 장애물을 뛰어넘어 남자의 영역을 제것으로 만들었다. 이건 부모님이 나와 동생에게 늘 강조하고 친구들 앞에서도 내세웠던 사실이었다. 왜냐하면 어머니의 입장에서 그건 당연한 게 아니라, 평소 가지고 있던 대단히 보수적인 성별 개념과의 명백한 단절이었기 때문이다.

독일 가정에 단계적으로 전기가 들어온 지 약 100년이 지났다. 전력을 경제적으로 수익성이 나는 양을 판매하고 싶은 이유도 있었지만, 그와 동시에 신기술 열광이 멈출 줄을 몰랐기에, 수많은 새로운 기기들이 발명되어 주부에게 없어서는 안 될 제품으로 광고되었다.[1] 편리한 상호 작용이었다. 그뿐만이 아니었다. 전기와 그것으로 작동되는 기계들은 여성에 대한 억압에 맞선 싸움에서 든든한 동맹군이 되었다. 이로써 여성은 "일의 노예가 아니라 가사의 주인"이 된다고 가정경제학자이며 『주부 소

---

[1] 기술 열광과 머잖아 완전 자동화된 장밋빛 미래가 열릴 거라는 행복한 믿음은 요즘 TV 시리즈 《블랙 미러》의 영향 같다. 아마 그 영향일 것이다.

비자 공략』의 저자인 크리스틴 프레더릭이 1929년에 적었다. 그녀는 가정주부를 위한 시장을 개척하고 주부 맞춤형 마케팅을 개발한 초창기 개혁가의 한 명이었다. 프레더릭은 여성을 억압하거나 최소한 자유로운 자기 계발을 방해한 것은 가정의 고된 육체노동이라는, 충분히 비판의 여지가 있는 견해를 가지고 있었다.[1] 그뿐만 아니라 그녀는 주부를 위해서라는 미명하에 발명되고 마치 그게 페미니즘의 업적이라도 되는 양 광고되는 모든 신기술에 열광했다. 정말 —— 그럴까? 혹시 그 기기들은, 전업주부이건 직장에 다니건, 여성이 오늘날까지도 가정에서 해야 하는 일에 대한 기대치만 높이지 않았을까?

진공청소기

진공청소기를 예로 들어보자. 1920년대 초에 발명된 진공청소기는 서구 세계에 깜짝 놀랄 만한 양탄자 돌풍을 몰고 왔다. 갑자기 곳곳에 양탄자가 깔렸다. 털이 긴 양탄자, 양모 양탄자, 수제 양탄자 등이 거실과 침실에 들어왔다. 계단과 창턱에도 놓였다. 화장실에는 필요하지 않건만 그 역겨운 소형 러그 형태로 자리를 잡았다. 푹신한 바닥재가 깔리면서 자연스럽게 주부가 진공청소기를 이용해 양탄자를 쾌적한 상태로 유지할 거라는 기대감도 생겼다. 전에는 빗자루와 대걸레로 했던 바닥 청소

I 나는 가사 육체노동 자체보다 자본주의와 가부장제가 더 큰 역할을 했다고 주장하겠다.

가 이젠 갑자기 주부가 매일같이 현대적 기술을 이용해야만 적절히 수행할 수 있는 일이 되었다. 솔직히 말하자. 대부분의 집에서 주거 공간의 80퍼센트에 양탄자를 깔지 않게 된 오늘날에도 인테리어 유행은 관리하기 쉬운 바닥재 개발에 굳이 신경 쓰지 않는다. 목재 마루?! 합판 마루?! 타일?! 이 모든 게 간단한 시멘트나 석재 바닥보다 오물과 먼지에 더 민감하게 반응하는 바닥재들이다. 그보다 더 옛날로 거슬러 올라가면 일반적인 바닥은 주로 사람이 밟고 다녀서 단단하게 다져진 오물과 먼지로만 이루어져 있었다. 낡아서 아주 허름한 우리 집 복도 바닥도 우중충하긴 하지만 매일 진공청소기를 돌려 청소할 필요가 없어서 내가 감사히 여기는 축복이다.

세탁기도 마찬가지다. 물론 과거에 손빨래는 하루 대부분의 시간을 요하는 중노동이었지만 그 대신 세탁량은 확실히 많지 않았고 의복에 대한 청결 요구도 훨씬 까다롭지 않았다. 이후 다림질이 추가되었다. 수도와 욕조가 있는 욕실은 어른이건 아이이건 매일 샤워하는 것이 자연스러운 위생 기준으로 자리 잡도록 만들었다. 그런데 영유아를 목욕시키고 몸을 닦아준 사람은 누구였을까? 당연히 엄마다. 주부에게 거는 기대와 나란히 전반적으로 엄마에 대한 기대도 높아졌다. 가족당 평균 자녀 수는 계속 감소했지만 그 대신 젖먹이들이 갑자기 살균 젖병에 든 분유를 먹기 시작했다. 아이들이 취미 생활을 하면 자동차를 이용해 활동 장소로 데려다주어야 했다. 양육은 그저 아이가 목숨을 부지한 채 커가도록 내버려두는 게 아니었다. 아이를 뒷받침해주는 것도 양육이었다. 화덕도 20세기 중반까지 엄청나게 도약하며 발전했다. 전에는 웬만큼 먹을 만한 것을 간단히 준비했다면, 이젠 요리법과 향신료와 다양한 변형 방법을 이용한 요리 기술이 나오고 있다.

여기에 어울리는 것이 기회 있을 때마다 늘 케이크와 파이를 만들려고 꽃무늬 앞치마를 두르는 주부와 엄마의 정형화된 이미지이다. 머랭을 얹어 층층이 쌓아올린 비스킷 파이보다 더 큰 사랑의 증거가 있을까?! 베이킹은 신분의 상징이 되었다. 19세기 중반에 (아직 전기로 작동하는 것은 아닌) 핸드 믹서가 발명되면서 달걀흰자의 휘핑이 엄청나게 쉬워지자, 달걀흰자와 노른자를 분리할 필요가 있는 음식의 요리법의 인기가 하늘을 찔렀다. 예를 들면 비스킷, 머랭, 카다이프 케이크 같은 것들인데, 베이킹의 각 단계를 설명한 요리법이 몇 페이지에 걸쳐 적혀 있거나 해당 단계를 거쳐 요리하는 데 몇 시간씩 걸리는 경우도 드물지 않다. 신기술이 나오면 기대감과 비용이 늘어날 뿐이다. 여기에 더해 주방 기기와 레인지의 청소도 잊지 말아야 한다.

이 모든 게 과연 의미 있고 건강에 유익한지 여부와는 별개로, 가사의 전문화와 그에 대한 책임이 전적으로 단 한 사람(여성)에게 이전되는 상황은 완전히 새로운 일거리의 탄생으로 이어졌다. 그건 등골이 휘는 노동에 지나지 않았다. 그와 동시에 분명한 건 하루 8~10시간씩 생업에 종사하는 사람은 집안일을 해줄 사람이 필요하다는 사실이다. 이 생각은 1970년 페미니즘 운동가 주디 브래디 사이퍼스에게 영감을 주었다. 그녀는 '평등을 위한 여성 파업'이라는 집회에서 어느덧 그녀의 상징이 된 에세이 『나는 왜 아내가 필요한가』를 처음 낭독했으며, 날마다 여성이 무보수로 일하면서도 티도 나지 않는 집안일에 어떤 것들이 있는지를 열거했다. 가사는 시시포스의 노동이다. 쓸데없는 일을 매일 똑같이 반복한다. 그러나 지금과 같은 탈산업화 시대의 새로운 요구 조건하에서라면 시시포스는 분명히 마약에 손을 댔을 테고 그것도 혼자만 그렇게 하지 않았을 것이다.[I]

여성이 자기 자신에게 거는 기대와, 남편과 사회로부터 받는 기대에 얼마나 크게 시달렸는지는 공공연한 비밀이었다. 그러나 직장에서의 돈벌이와 무급 가사 및 돌봄 노동 간의 불균형이 문제일 수 있다는 걸 생각하는 대신, 주부라는 기계가 원활하게 돌아갈 수 있도록 기름을 치는 방법을 모색했다. 1950년대에 미국의 제약 산업이 이른바 주간 진정제를 발명하고, 해당 약품을 여성 잡지에서 광고하며 가정주부를 대상으로 판매한 건 우연이 아니다. 그 목적은 늘 같았다. "주부와 어머니로 사는 삶이 얼마나 고된지 우리는 알고 있습니다. 여기 이것으로 당신의 신경을 잠재우십시오. 조금쯤 견디기 쉬워질 겁니다."

I 얼마 전 나는 독일 공영 라디오 방송국 '도이칠란트 라디오'의 청취자 서비스로부터 분노에 찬 이메일을 전달받았다. 한 여성 청취자가 내가 라디오에서 한 발언을 듣고 단단히 화가 난 것이다. 그 발언은 다음과 같다. "저는 절대로 가정주부라는 덫에 걸리고 싶지 않았어요." 내용인즉슨, 아이가 있는 우리 부부가 50대 50으로 가사 분담을 하는 현재 상태에 관한 것이었다. 나는 아이가 태어난 직후 남편이 전일제 임시직을 제안받았을 때 나를 덮쳤던 극심한 공포에 대해 이야기했다. 남편은 나와 함께 상의한 끝에 그 자리를 수락했다. 나는 갑자기 반년 동안 가정주부이자 엄마가 되었다. 덫에 걸린 것이다. 그 여성 청취자는 내가 주관적으로 느껴 표현한 '가정주부라는 덫'이라는 말이 무례하다고 보았다. 그녀 자신은 이런 여성의 삶을 '크나큰 명예'로 느끼기 때문이었다. 그녀로서는 대단한 일이다. 다만 다른 사람이 그걸 다르게 느낀다는 사실에 발끈한다면 그 명예는 얼마나 성마른 것인가?

독일에서는 절망에 빠진 여성들이 1953년부터 공식적으로 강장제 병에 손을 뻗었다. 프라우엔골트(Frauengold)라는 이름의 원기 회복제가 어디서나 자유롭게 구매할 수 있게 되면서 큰 인기를 끌었다. 마음을 진정시키고 기분을 좋게 하지만 알코올이 주성분이라 암을 유발하고 신장을 손상시킬 수 있었다. 프라우엔골트가 나오기 전에는 비공식적으로 고농도의 향수가 강장제 역할을 했다. 그 때문에 오드콜로뉴 중독이라는 말까지 은밀하게 나돌았다. 19세기에 여성이 도수가 높은 술을 전통적인 방법으로 소비하는 건 적절한 행동이 아니었기 때문이다. 그러나 머잖아 미국만이 아니라 유럽에서도 화학적으로 생산된 진정제가 유행했다. '세기의 수면제'라는 콘테르간(Contergan)은 하루의 모든 걱정과 짐을 부작용 없는 밤잠과 맞바꿔준다고 약속했다. 1957년부터 1961년까지 어느 약국에서나 처방전 없이 살 수 있었던 이 수면제는 특히 여성과 노인과 아이들에게 권장되었다. 이 기간 동안 독일에서만 4,000명이 넘는 기형아가 태어났는데 무엇보다 팔이 없는 것이 이른바 콘테르간 아동의 특징이다. 1961년에 일요 신문 《벨트 암 존탁》과 시사 주간지 《슈피겔》이 콘테르간 스캔들을 폭로한 뒤 유럽에서는 의약품 허가 규정이 강화되는 한편 일상의 스트레스에 시달리는 사람들을 진정시켜준다는 약물에 대한 사회의 열광도 시들해졌다.[I] 그리고 다행히 우리는 1950년대 미국 제약 회사들의 탐욕적인 이윤 추구에서 비롯된 아편 유사제의 유행도 겪지 않았다.

과거에도 있었고 현재도 존재하는 것이 술이다. 1980년대에 갈수록

I   독일의 의약품 생산 결과에 대해 더 많은 내용은 9장을 참고할 것.

많은 여자들이 알코올에 중독된다는 사실이 알려지자 일각에서는 2세대 페미니즘에 그 책임을 돌렸다. 그렇다. 본인이 페미니스트임을 공개적으로 밝힌 초창기 여성 운동가 중 한 명인 작가 마르그리트 뒤라스는 자기 작품의 여자 주인공들이 예측 불가능하고 악마적인 인상을 풍기게 하려고 술을 마시게 했다. 그녀의 전기 작가에 따르면 뒤라스 자신도 죽을 만큼 술을 마시는 걸 즐겼다고 한다. 그건 궁극적인 해방의 행위였다. 오늘날까지도 해방된 여성일수록 술을 많이 마신다는 속설이 있다. 온갖 요구 조건(가사와 가족의 요구는 물론이고 직장에서 경력을 쌓기 위한 조건)에 맞춰야 한다는 압박이 술로 스트레스를 풀게 하는 것일 수 있고, 전부터 존재해왔던 문제들이 여성 해방과 함께 개인의 음울한 골방에서 공개적인 장소로 나온 것일 수도 있다. 젊고 부유한 여자가 코가 삐뚤어지게 마시지 않고 다만 취할 듯 말 듯 마시는 한, 그녀는 자유롭고 독립적이며, 여자 친구들과 모여 즐거운 시간을 보내는 것이다. 바로 이런 이유에서 주류 회사들도 여성을 자사 제품을 구매할 비교적 새로운 소비자 집단으로 인식했다. 분홍색 병에 든 달달한 음료는 밤에 여자들끼리 모여 놀 때 유쾌하게 취할 수 있게 한다. 분홍색으로 마셔라!

돌피아 전동 드릴 & 메가 허리케인 믹서

우리 사회에서 기술이 가정관리 이외의 영역에서 얼마나 남성의 기술로 인식되고 있는지는 공학을 보면 알 수 있다. 기술은 여성성을 함의하는 섬유 디자인을 제외하면 전통적으로 남성이 지배하는 영역이다. 섬유 디자인에서 기술과 공학 지식의 숙달은 기계공학이나 그 밖의 기술 분야와 상당히 비슷하지만 우리는 그것을 기술이라고 부르지 않는다. 섬유나 관련 재료가 일단 부드럽고 우리가 기술에 대해 가지고 있는 남성적인 이미지와 맞지 않기 때문이다.

에른베르예르는 위험을 상징해야 하는 남성적 코드[I]의 기계들이 어둡고 칙칙한 검정과 초록색으로 디자인되었을 뿐만 아니라, 흔히 버튼과 고정 나사에도 시그널 컬러[II]가 사용되고 있음을 지적한다. 여성적 코드의 기기는 대개 밝고 매끈하며, 각진 모서리도 적고 옵션도 많지 않아 말하자면 사전 지식 없이도 사용할 수 있다. 남성적인 기계는 '전동 공구'이고 여성적인 기계는 '보조 기기'다. 이런 구분은 독일어에서 쉽게 알아볼 수 있다. 독일에서는 '전동 공구'(Elektrowerkzeug)와 '주방 보조 기구'(Haushaltshilfen)라는 말을 사용한다. 전자가 남성과, 후자가 여성과 연결된다는 것은 누구나 단박에 알 수 있다. 이것이 디자인 다음으로 마케팅에서 중요한 차원이기 때문이다. 남성적 코드의 기계를 '조작'하는 것은 권력 행사와 다름없지만, 여성적 코드의 가전 기기를 '사용'하는 것은 단순히 보조적인 기능을 하는 것일 따름이다. 남자는 구멍을 뚫고 톱질과 망치질을 함으로써 뭔가를 '창조'하는 반면, 여자는 기술의 지원을 받아 가사를 '처리'한다. 음식 준비가 벽에 나사를 고정하는 것보다 더 많

I 여기에서 '코드'라는 말은 디자인과 마케팅의 결합 개념으로 사용했다.

II [역주] 시그널 컬러(signal color) : 행동을 지시하거나 특정 감정을 표현하거나 정보를 정확하게 전달하는 신호 색.

은 창의성과 손재주를 필요로 한다고 쉽게 주장할 수 있지만, 나사 고정은 남자가 손 기술을 발휘하는 활동으로 이해되고 있는 반면, 점심이나 저녁 식사는 누가 화덕 앞에서 국자를 들고 요리하든지 상관없는 일상적인 일이라고 이해되고 있다.[I]

일상의 기계에서 이런 코드화가 얼마나 암암리에 일어나고 있는지 보여주기 위해 에른베르예르는 2004년에 핸드 블렌더와 전동 드릴을 디자인했다. 두 기계의 기능은 시장에서 흔히 보는 제품과 동일했다. 그러나 에른베르예르는 각각 기존과는 다른 성을 떠올리도록 디자인했다. 그녀가 디자인한 드릴은 흰색과 하늘색이 섞여 있고 매끈하다. 돌고래 모양을 본떠 만들었기 때문에 각진 곳이나 모서리가 없다. 표면엔 경쾌한 서체로 '돌피아'(Dolphia)라는 제품명이 새겨져 있다. 반면에 핸드 블렌더(메가 허리케인 믹서)는 눈에 띄지 않게 지하실 공구 창고에서 연마기와 해머 드릴과 체인 톱 옆에 놓여 있을 법한 디자인이다. 무광의 짙은 녹색에 무게가 나가고 전원 단추는 권총 방아쇠처럼 생겼다. 단추의 진홍색은 위험 신호를 보냄으로써 알아서 주의하라고 말하고 싶어 하는 것 같다. 핸드 블렌더에는 각종 날과 부속품이 딸려 있어서 드릴의 비트처럼 필요에 따라 바꿔 끼울 수 있다. 에른베르예르는 자신이 디자인한 두 제품에 대해 논평하지 않았다. 그 대신 그것을 본 사람들의 반응과 연상

I 고급 요리를 의미하는 오트 퀴진(haute cuisine)은 당연히 예외다. 고급 맞춤복을 뜻하는 오트 쿠튀르(haute couture)에 비견되는 오트 퀴진은 오랜 세월 순수하게 남자들의 영역이었다. 뭔가를 천재와 동일한 수준으로 경영한다면 그 사람은 결코 여성이 아니기 때문이다.

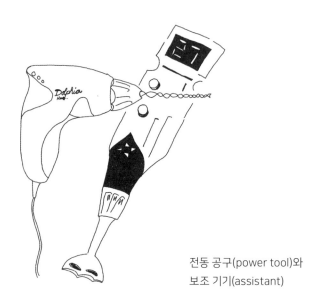

전동 공구(power tool)와
보조 기기(assistant)

내용을 수집했다. 드릴은 '약함'이라는 꼬리표가 붙으면서 여성용 드릴로
인식된 반면, 핸드 블렌더는 '전문가용'이고 '강력'하고 '튼튼'하다는 표식
이 달렸다. 물론 핸드 블렌더에 '남성'이라는 젠더 속성을 붙이지는 않았
다. 이 간단하고 직관적인 디자인 실험은 세계가 남성을 기준으로 삼는다
는 걸 강력하게 보여준다. 명백하게 남성의 기준에 따라 만든 제품까지도
'전문적'이라고 인식할 정도로 말이다. 결국엔 기계에 대해서도 다음과
같은 말을 할 수 있다. 남성적인 것이 기준이고 여성적인 것은 기준으로
부터의 이탈이라고. 따라서 디자인에서 남성성을 빼앗긴 전동 드릴은 자
동으로 여성스러운 것이 되지만, 여성성이 빠진 핸드 블렌더는 남성의
것으로 읽히거나 해석되는 게 아니라 전문가용으로 인식된다. '전문적'을
'고전적'이라는 말로 바꾸면 앞에 나왔던 깜짝 달걀 현상과 다시 마주하
게 된다. 표준은 암암리에 남성적인 것으로 해석되고 파스텔 색의 특별

한 물건은 여성적인 것으로 인식된다.

또 하나 생각할 측면은 우리가 제품에 부여하는 가치다. 안타깝게도 이건 짐작한 그대로다. 우리는 단순하고 값이 저렴해 보이는 여성적 코드의 제품보다 남성적 코드의 제품을 더 고품질로 인식한다.[I] 이런 가치의 차이는 건축 자재 상점, 생활용품점, 장난감 가게의 다양한 제품에 한정되지 않고 의복, 각종 용품, 여성의 노동, 보수, 재능, 나아가 여성의 삶에 부여하는 가치에도 해당된다.

마케팅 스턴트[II]를 위해 소녀와 성인 여성을 특별 취급하면 역효과가 난다. 그렇게 하면 우리 여성들이 (다른) 많은 곳에서 시급히 필요로 하는 것, 즉 우리의 편리를 위해 만들어진 것들이 웃음거리가 되기 때문이다. 동시에 이런 지옥의 마케팅은 사회학에서 '타자화'라고 부르는 것을 야기한다. 인위적으로 구별을 강조함으로써 타자성이 만들어지고, 이는 다시 자아상과 성 역할에도 영향을 준다. 여성이 자기가 바라는 것을 요구할 수 있는 대상과 영역은 얼마든지 있다. 다만 이것을 첫째로는 제대로 조사해 디자인해야 하고, 둘째로는 특별 요구가 아니라 그저 '다른' 요구로 이해해야 한다.[III] 우리는 예외적인 집단이 아니라 견고하게 세계 인구의 절반을 차지하는 사람들이기 때문이다.

I 품질은 열악한데도(5장에 그런 사례들이 나온다) 값은 더 비싼 제품도 일부 있다. '그녀를 위한' 볼펜이 대표적이다.

II [역주] 마케팅 스턴트(marketing stunt): 제품에 대한 관심을 끌기 위한 요란한 이벤트성 광고.

III 그리고 이미 존재하는 젠더적 요구로 이해해선 안 된다.

4장
기술, 욕망, 인터넷

생전에 '세계 최고의 미인'으로 홍보될 만큼 아름다웠고[I], 영화사상 처음으로 여성 오르가슴을 연기해 교황을 격분케 하고 나치를 자극한 여성이 전쟁에 중요한 기술을 발명했다. 이는 오늘날 와이파이부터 블루투스를 거쳐 위성 항법 장치(GPS)에 이르기까지 모든 이동 통신 기술의 바탕이 되었다. 그녀는 헤디 라마르이다. 그녀가 1942년 친구이며 작곡가인 조지 앤타일과 공동으로 발명한 기술은 무선 통신이 전파 방해 없이 안전하게 실행될 수 있도록 어뢰와 그 제어 장치의 주파수를 동시에 바꿔주는 통신 시스템이었다. 라마르와 앤타일이 연구에 뛰어든 이유는 단순히 재미 때문이 아니라 독일의 나치 정권에 맞선 싸움을 지원하기 위해서였다. 자신들이 발명한 기술이 쓸모가 있고 유익하

I 디즈니의 백설 공주 모델이 될 만큼 아름다웠고 실제로 기록으로 남아 있는 것을 보아도 동화 나라 속의 최고 미인이었다.

게 사용되면서 이들은 그 기술을 미군에 무상으로 제공하려 했지만 거절당했다. 라마르는 차라리 "키스를 무기로 전쟁 채권"이나 팔라는 말을 들었다.[I] 여자, 뮤즈, 영화 스타, 섹스 아이콘… 남자들의 판타지를 위해 스크린에 나오는 여성이 기술 분야에서 무슨 기여를 할 수 있겠는가?!

약 45년 뒤인 1988년, 페미니즘 연구자 신시아 코번은 『지배 기계』라는 책에 다음과 같이 적었다. "요즈음 기술이 프랑켄슈타인의 괴물처럼 통제를 벗어났다는 말들을 한다. 틀렸다. 통제를 벗어난 건 기술이 아니라 자본주의와 남자들이다."[43] 지금도 기술 산업은 여전히 대다수가 남자들의 영역이고 경제를 일으키는 원동력은 남자들의 혁신이다. 그러나 사실 여자들은 옛날부터 기술 분야에서 핵심 역할을 해왔다. 다만 그들의 성과가 오랫동안 드러나지 않았고, 사소한 것으로 치부되었고, 은폐되었을 뿐이다. 여성이 이룩한 혁신이 시장에서 기회를 얻기 위해 극복해야 하는 말도 안 되는 장애물을 한번 살펴보자. 그리고 여성이 하는 대로 내버려둘 때 기술과 인터넷이 어떻게 전혀 다른 방식으로 작동할 수 있는지를 알아보자.

에이다와 프로그래밍

세계 최초의 소프트웨어는 19세기 초에 나온 직조기 속에 있었다. 크

I   라마르가 발명한 기술은 결국 전쟁에서 사용되긴 했으나 그건 라마르와 앤타일의 특허권이 만료된 뒤인 1962년 쿠바 미사일 위기 때였다.

랭크를 돌려 작동시키는 손풍금이나 작은 뮤직 박스를 통해 우리가 알고 있듯이, 구멍과 돌기로 구성된 그 시스템이 바로 초기의 자동 직조기에서 직물에 무늬를 넣기 위해 발명된 기술이다. 섬유 산업, 정확히 말해 자카르 직조기[I]는 어떤 면에서는 컴퓨터 과학의 어머니이다. 데이터를 막대한 양의 천공 카드에 저장하는 그 편리한 2진법이 없었다면 컴퓨터도 없었을 것이기 때문이다.

20년 뒤 영국 수학자 찰스 배비지는 해석 기관(analytical engine)이라고 하는 계산 기계를 고안했는데 이것도 천공 카드로 작동할 수 있었을 것이다. '~할 수 있었을 것'이라고 말하는 이유는 배비지 생전엔 그 기계가 만들어지지 못했기 때문이다. 문제는 해당 기술이 너무 전위적이라 배비지와 동료들이 기계 제작에 필요한 자금(환산하면 거의 400만 유로)을 모으지 못한 데 있었다. 배비지의 동료이며 수학자인 에이다 러브레이스가 그의 해석 기관을 연구한 뒤 이 고안품은 오늘날 컴퓨터의 전신으로 알려져 있다. 러브레이스는 해석 기관에서 배비지가 확인한 것보다 더 큰 응용 가능성을 보았다. 그녀는 배비지의 권유를 받고 해석 기관 설명서에 자신의 주석을 덧붙였는데 이것이 사상 최초의 알고리즘으로 알려져 있다. 설명서는 그녀의 '주석'이 붙으면서 당초 분량의 세 배로 늘어났다. 러브레이스는 해석 기관이 갖가지 계산 기능뿐만 아니라 분석, 작곡, 텍스트 쓰기까지 할 수 있는 가능성을 보았다. 200년이 지난 현재 우리의 컴퓨터가 일상적으로 처리하는 작업들이다. 러브레이스가 해석 기관을 연구하며 고안한 것, 즉 천공 카드에 저장한 지식은 오늘날 세계 최

I   1804년에 직조기를 발명한 조제프 마리 자카르의 이름을 따서 이렇게 부른다.

초의 프로그래밍 언어로 간주되고 있다. 해석 기관은 하드웨어이고 천공 카드에는 소프트웨어가 담겨 있다. 만일 러브레이스에게 세 자녀와 남편이 없었고 36세에 목숨을 앗아간 암에 걸리지 않았다면 그녀가 또 어떤 선구적인 업적을 남겼을지 누가 알겠는가.[1]

설계도와 프로그래밍 설명서는 오랫동안 잊혔다. 100여 년 뒤인 1940년대에 등장한 초창기 컴퓨터는 실제로 할 수 있는 일이 해석 기관이 했을 법한 것보다 적었다. 컴퓨터가 할 수 있고 해야 마땅한 것의 많은 부분을 이미 러브레이스가 예견하고 고안했었다는 사실도 이때 비로소 알게 되었다.

그러나 처음 수십 년 동안 '컴퓨터'는 기계라기보다 작업 설명에 불과했고 그 작업은 대부분 여자들이 처리했다. 이들의 노동력이 남자보다 훨씬 저렴했기 때문이다. 게다가 남자들은 제2차 세계대전 동안 전쟁터를 비롯한 다른 곳에 투입되었다. 전쟁터에 동원된 남자들은 인간 계산기가 계산한 결과에 따라 대포를 목표물에 조준했다. 포탄의 탄도를 정확히 계산하고 인간에 의한 실수가 나오지 않게 하기 위해 미국에서 에니악(ENIAC)[2]이 발명되었는데 6명의 여성 수학자[3]가 극비리에 프로그

---

[1] 러브레이스는 수학 분야에서 이례적인 현상이었다. 그녀의 교육을 체계적으로 주도한 사람은 한 부모로 자식을 키우고 마찬가지로 자연 과학에 열광했던 어머니였다. 남편이자 낭만주의의 유명 시인이었던 러브레이스의 아버지 바이런에게 복수하기 위해서였을 수도 있다.

[2] 에니악(ENIAC: Electronic Numerical Integrator And Computer): 전기 수치 적분기 및 계산기.

[3] 캐슬린 앤토넬리, 진 제닝스 바틱, 프랜시스 스나이더 홀버턴, 매를린 웨스코프

래밍했다. 이들의 임무가 수학적인 프로그래밍이 아니라 기계의 관리 감독인 양 대중에게는 '냉장고 숙녀'로 알려졌던 여성들이다.[I] 프로젝트의 명성에 누를 끼치지 않고 후원자인 두 명의 남성 프로그램 관리자의 위신을 손상시키지 않으려고 여성 수학자들의 역할을 대외적으로 일부러 축소시키고 심지어 위장까지 했다. 이 여성들이 임무를 마쳤을 때 제2차 세계대전은 끝났지만 그들이 이룬 성과는 오늘날 모든 현대 컴퓨터의 초석으로 꼽힌다.

미 항공우주국 나사(NASA)도 1960년대에 세계적(또는 우주적) 사건의 정점인 달 착륙을 향해 나아갈 때 주로 여성 수학자들을 인간 계산기로 투입했다. 그 당시 10년간 미국에서는 우주 비행에 대한 낙관론 속에 본격적인 프로그래밍의 개척 시대가 열리면서 관심이 있는 사람이면 성별이나 피부색에 관계없이 누구나 일자리를 얻을 수 있었다. 물론 모두가 똑같이 보수가 좋은 직장을 찾아낸 건 아니었다.[II] 나사는 직원들에게 승진 기회를 주었으나 책임자급의 직책에 앉기 위한 적성 검사는 주로 백인 남성만 받을 수 있었다. 1969년에 여성 컴퓨터 과학자 그레이스 호퍼가 프로그래밍 언어를 발명해 컴퓨터 과학의 올해의 인물상(Man of the Year Award)[III]을 받았을 때 비로소 여성은 방정식을 풀고 천공 카드에 구

멜처, 프랜시스 빌러스 스펜스, 루스 리히터만 티텔바움.

I 이들이 하는 일은 보조 업무로 간주되었다. 그 때문에 남자들이 개발 업무를 하며 받은 보수의 3분의 1만 받았다.

II 영화(책으로도 나온) 〈히든 피겨스〉(Hidden Figures)는 나사에서 컴퓨터 대신 계산 업무를 했던 세 명의 흑인 여성 수학자에 관한 이야기이다.

III 여성이 '올해의 남성'(Man of the Year)이라니, 대체 무슨 말인가? 더 웃기는 건

멍을 뚫는 것 이상으로 많은 일을 할 수 있다는 인식이 싹텄다. 같은 해에 마거릿 해밀턴은 아폴로 11호를 위한 컴퓨터 제어 코드를 프로그래밍해 첫 유인 달 탐사선을 가능케 하고 닐 암스트롱으로 하여금 달에 첫발을 내딛는 전설적인 임무를 수행케 했다.

그러나 이와 동시에 컴퓨터 과학에서 이뤄낸 성공은 여성들에게 약점으로 작용했다. 프로그래밍이 중요한 업무가 될수록 여자들이 해당 분야에서 추방된 것이다. 프로그래밍이 발놀림이 필요한 일일 때 여자들은 환영받는 노동력이었으나 갑자기 뛰어난 기량이 필요한 영역으로 바뀌자 남성이 여성을 몰아냈다.[1] 1980년대 초에 미국 대학에서 컴퓨터 과학을 공부한 학생 중 여자가 3분의 1을 넘었다. 이후 수년간 남자보다 여자가 컴퓨터 과학 쪽으로 비교적 많이 진출하다가 1984년부터 여성 수가 급감했다. 현재도 미국의 컴퓨터 전공 졸업생의 비율은 상당히 큰 차이를 나타낸다(여자 18퍼센트, 남자 82퍼센트). 유럽에서도 최근 컴퓨터를 전공하는 여학생의 수가 줄고 있다. 특히 MINT 분야[II]를 공부한 여성의 비율이 전부터 유럽 평균을 밑도는 독일이 심각하다.[III] 지금도 독일에서 컴퓨터 과

이상이 1969년에 처음 수여되었다는 사실이다. 즉, 그 전에 이상을 남자가 받은 적이 없다는 말이다.

I 수상한 경력이 있는 레스토랑이나 고급 맞춤복을 제작하는 오트 쿠튀르에서도 동일한 원칙이 지배한다.

II MINT 분야: 수학(Mathematik), 컴퓨터 과학(Informatik), 자연 과학(Naturwissen-schaft), 공학(Technik)을 총칭하는 개념.

III 독일에서 MINT를 택한 여자 신입생 수는 1978년(20.5퍼센트)에서 1994년(12.1퍼센트)까지 16년간 거의 절반으로 줄었다.

학을 이수한 여자 졸업생의 비율은 20.8퍼센트에 불과하다. 컴퓨터 전공 박사 학위자의 경우는 더 암울하다. 2019년 독일에서 여성이 쓴 박사 학위 논문의 비율은 16.4퍼센트였다.[44] 여성 컴퓨터 전공자의 수가 급감한 주요 원인 중 하나는 '개인용 컴퓨터'의 출현일 수 있다. 갈수록 많은 가정에서 PC를 구입했다. 그러나 PC는 주로 성인 남성과 남자 청소년들을 광고 대상으로 삼았다. 일례로 1984년에 출시된 코모도어(Commodore) SX-64 광고를 유튜브에서 보면 정장이나 평상복을 입은 남자들만 컴퓨터 앞에 앉아 있고 여자들은 저녁 식사를 준비하고 조깅이나 수영을 한다. 그들 중 새로운 PC 근처에라도 가볼 생각을 하는 여자는 한 명도 없다.[45] 1990년대에 연구자들이 어느 유명 대학의 컴퓨터 전공자들을 수년간 추적하고 그 부모들을 대상으로 설문 조사까지 한 적이 있었는데, 학생들의 가족은 실제로 딸이 지속적으로 관심을 보였는데도 딸보다는 아들을 위해 컴퓨터를 구입하는 경우가 훨씬 많았다.[46] 이런 것이 사회에 영향을 미친다. 위에서 말한 컴퓨터 광고는 자기실현적 예언이 되었다. 남학생은 어렸을 때 열심히 자기 방에서 컴퓨터 게임을 하고 대학에 들어가 여학생보다 월등히 앞서 나간다. 그 결과 좋은 성적을 받고 성취감도 더 많이 얻는다. 반면에 여학생은 어린 시절의 경험을 그대로 이어받아 학업 중에도 만회하기 힘든 극복 불가능한 경쟁상의 불리함을 안고 생활하다가 결국엔 만회할 시도조차 하지 않는다. 대중문화에 등장하는 컴퓨터 광의 모습은 주로 차고 같은 데서 세계 지배를 꿈꾸며 뭔가를 만드는 창백한 얼굴의 남자아이로 국한되어 있다. 그의 천재성이 조만간 부와 여자들을 안겨줄 것이므로 그런 대중문화 속 이미지는 컴퓨터를 전공하는 남자 이성애자에게 매력적인 전망을 제시할 것이다. 하지만 이런 묘사가 프로그래밍을 하는 여성에게는 어떤 매력이 있을까? 백인을 제외한 모든 사람에게는 어떤 매력이 있을까? 이런 대중적 매력이 부족한 결과 오랜 세월을 지나 현재까지도 IT 분야에서 자신의 미래를 찾는 여성이나 유색인[I]의 수가 백인 시스남성보다 훨씬 적다.

여성의 진입을 용이하게 하고 사회적으로 습득한 심리적 압박을 없애기 위해 조금쯤 외양을 단장하는 것이 사실 도움이 되기도 한다. 캘리포니아 대학교 버클리 캠퍼스는 2014년 컴퓨터 과학 입문 과정의 이름을 '기호 프로그래밍 개론'(Introduction to Symbolic Programming)에서 '컴퓨터 조작의 아름다움과 즐거움'(Beauty and the Joy of Computing)으로 바꾸고 여학생을 50퍼센트 넘게 강의실에 유치했다. 이로써 사상 처음으로 남학생보다 많은 수의 여학생이 입문 강좌를 들었다. 그러나 전보다 많은 여학생이 컴퓨터 과학을 배우기 시작한다고 해도 직장에서의 전망을 보면 그리 밝지 않다. 2019년 전 세계적으로 실시된 조사에 따르면, 35세 미만의 컴퓨터 전공자들 중에서 여자가 관리직으로 승진하지 못할 가능성은 같은 능력을 가진 남자보다 3.5배 높았다.[47] 기술사 교수인 마힉스는 "프로그램화된 불평등"이란 말을 썼는데, IT 분야 구조에 의도적으로 프로그래밍되어 뿌리 깊이 박혀 있는 불평등을 말한다.[48] 몇몇 입문 강좌 명칭을 저런 식으로 여자들에게 덜 벅찬 느낌이 드는 것으로 바꾸는 것으로는 충분하지 않다. 여자로서 경쟁자를 이기기 위해 공학적

I [역주] '유색인'에 해당하는 원어는 BIPoC다. BIPoC(Black, Indigenous and People of Color)는 흑인, 원주민, 유색 인종을 뜻하는 영어의 머리글자를 따서 만든 단어이다.

기술을 익히는 것으로도 충분하지 않다. 이건 뿌리 깊은 가부장제에서 치르는 골리앗과의 싸움이다.

이런 프로그래밍 가운데 몇 가지 사례를 들여다보자.

애플리케이션과 게임기

2014년 여름, 애플은 떠들썩하게 홍보하며 개최한 어느 행사에서 헬스키트(HealthKit)라는 새로운 앱을 발표했다. 수석 개발자 크레이그 페더리기는 "모든 중요한 신체 기능을 모니터링할 수 있는" 것을 만들었다고 자랑했다. 성장, 체중, 혈당 수치, 혈중 알코올 농도에 이르기까지 많은 것을 앱으로 추적하고 데이터로 변환해 사용자가 자신의 몸을 더 잘 이해하고 건강도 개선할 수 있게 된다고 했다. 다만 별 쓸모도 없는 기능을 그렇게 많이 장착하고도 사용자의 50퍼센트에게 중요한 기본적인 신체 기능을 잊고 안 넣은 건 멍청한 일이었다. 바로 월경 주기였다. 여자들은 수백 년 전부터 자신의 월경에 관한 정보를 수집했다. 그건 여러 가지 이유에서 중요했다. 한편으로는 가임기를 확인할 수 있고(아이를 원하는가와 무관하게 그건 중요한 정보다), 다른 한편으로는 생리통에 방해받거나 달마다 바지 엉덩이 쪽에 묻은 핏자국에 놀라지 않고도 일정이나 활동 계획을 잘 짤 수 있다. 중요한 건강 관련 수치는 모조리 수집한다는 앱이 왜 하필 월경을 빼놓았을까? 답은 간단하다. 그냥 잊어버린 것이다. 프로그램 개발자도, 헬스키트의 콘셉트에 관한 자문에 응한 의사들도, 자궁과 난소가 있는 12세부터 50대까지의 대다수 여성이 월경을 한다는 사실을 미처 생각하지 못한 것 같다. 이렇게 된 건 악의적이어서가 아니라 단순한 실수다. 시스여성이 시스남성과 근본적으로 다른 점 한 가지를 간과한 것이다. 이듬해에 앱을 업데이트하면서 오류는 수정되었다. 그러나 2014년 당시 애플에서 기술과 개발을 담당한 직원의 80퍼센트가 남자였다는 걸 생각하면 그런 '실수'가 일어났다는 게 놀랍지는 않다. 남자는 남자를 위해 연구하고 남자를 위해 디자인한다. 그렇게 해서 나온 결과가 무엇인지를 헬스키트가 보여준다.

앱이 나오기 전에는 서양의 백인 남성 이성애자로 표준화된 프로그램 개발자들의 얼굴이 비디오 게임에 등장했다. 컴퓨터와 게임기에 힘입어 비디오 게임이 가정으로 들어오기 전에는 디지털 아케이드 게임이 유행했다. 이게 무엇인지 모르는 사람은 핀볼 기계와 게임기가 만나 아이를 낳았다고 상상하면 된다. 1970년대에 이 두 가지를 연결하며 진화의 고리 역할을 한 것이 아케이드 게임이기 때문이다. 이 게임은 보드게임처럼 온 가족이 즐기는 놀이였으나 디지털이라는 게 달랐다.[1] 초창기 컴퓨터 게임인 디지털 틱택토(Tic-Tac-Toe, 1959)나 퐁(Pong, 1972)에는 젠더코딩이 없었지만 얼마 후 하드웨어에서는 성별을 구분했다. 남자아이와 여자아이 간의 고르지 않은 컴퓨터 실력과 더불어 1980~1990년대에는 게임 산업도 성장했으며, 게임기와 컴퓨터가 어떤 식으로든 하나로 합쳐질 거라는 인식이 생겼다. 컴퓨터가 남자들 손에 들어갔으니 컴퓨터 게

---

[1] 언제나 한 사람만 게임할 수 있다. 광고를 보면 나머지 사람들은 주위에 둘러서서 응원한다.

임도 자연히 남자 고객을 위해 개발되었다. 물론 예외도 있었다. 엄청난 성공을 거둔 1982년의 미즈 팩맨(Ms. Pac-Man)은 여자를 위해 개발되어 여자들이 즐기는 게임이라고 늘 강조하곤 했다. 이게 주목할 만한 예외라는 사실 자체가 규칙이 어떠했는지를 짐작하게 한다. 그 결과 이 책의 몇몇 대목에서 언급한 닭이 먼저냐 알이 먼저냐의 문제가 발생했다. 마케팅 부서에서는 수년간 젠더 마케팅을 펼친 뒤 1980년대 말에 대대적인 설문 조사를 실시했는데, 컴퓨터 게임은 실제로 여자보다 남자가 더 많이 구매했다는 걸 확인했다. 그들은 남성을 주력 고객으로 삼았던 자신들이 옳았음을 느끼고 이후 30년 넘게 계속 남성 게임자만을 위해 제품을 디자인했다. 처음에는 남자들이 만든 게임이었던 것이 나중에는 남자들을 '위한' 게임이 되었다. 이런 자체 선택[I]의 메커니즘이 극단으로 치달은 결과 유치원 아이들까지 게이머는 지하실에서 많은 시간을 보내는 창백한 젊은 남자라는 정형화된 이미지로 인식한다.[49]

언뜻 젠더 중립적으로 보이는 '테트리스'도 휴대용 게임기인 '게임보이'용으로 만들어졌다. 이 이름도 결코 아무렇게나 지은 게 아니다. '게임걸'이라고 했으면 아무도 관심을 두지 않았을 거라는 게 닌텐도 측의 계산이었다.[II] 게임을 하고 싶은 여자아이들은 어쨌든 '게임보이'로 게임을

I [역주] 자체 선택(Self Selection) : 표본 추출의 한 형태. 자기 선택이라고도 한다. 여론 조사 등에서 표본으로 조사되는 사람들을 무작위 또는 체계적인 표본 추출 방법으로 선택하지 않고 그들 스스로 표본에 들어가기로 결정하는 것을 말한다. 무작위 선택과 비교하면 자체 선택 참여자는 자신의 필요성과 과거 경험에 따라 참여를 결정하기 때문에 조사 결과의 대표성을 훼손할 수 있다.

II 같은 시기에 필립스에서 출시한 분홍색 게임기가 실패했기 때문에 닌텐도의 결

하지만, 반대로 남자아이들이 '게임걸'을 가지고 게임을 할 가능성은 적다. 왜냐하면 여자들은 어차피 자신을 위해 만들어지지 않은 물건을 사용하는 데 익숙하기 때문이다. 게임 오버, 상황 끝이다. 거의 끝난 거나 다름없다. 그러다 1997년에 그게 전형적인 비디오 게임이라는 것을 단번에 알아볼 수는 없지만 바로 그 때문에 모든 이에게 인기를 얻은 게임이 알을 까고 세상에 나왔다. 다마고치였다. 이 게임은 오늘날 엄마가 된 내게 아무 매력도 주지 못한다. 근본적으로 무보수 돌봄 노동에 관한 비디오 게임이기 때문이다. 가상의 병아리를 24시간 내내 돌보며 먹이를 주고 키우고 놀아주어야지 그러지 않으면 병아리는 죽어버린다. 그런데도 하필 돌봄 노동에 관한 게임이 여성 소비자를 공략하려고 애썼다는 사실은 이제 놀랍지도 않다.

1990년대 말과 2000년대 초에 '둠'(Doom), '모탈 컴뱃'(Mortal Combat), '콜 오브 듀티'(Call of Duty) 같은 초창기 에고 슈터[I] 게임이 성공을 거둔 뒤 도덕적 공황 상태가 터져 나왔다. 조지아 공대 인터랙티브 프로그래밍 교수인 이언 보고스트의 말을 빌리면, 이는 개발자들에겐 최고의 무료 마케팅 도구가 되었다. 이 게임을 통해 경험할 수 있는 위험과 일탈의

정은 옳았을 수 있다. 필립스의 게임기가 분홍색이었던 건 그게 목표 고객군인 7~12세 소녀들의 취향에 맞아서가 아니라(아이들은 마케팅 연구에서 분홍색을 거부했다) 구매 시 부모들의 기대를 만족시켜야 하며, 부모들은 딸들을 위해 분홍색을 살 것이라고 생각했기 때문이다.

I   [역주] 에고 슈터(Ego-Shooter): 게임을 하는 사람이 게임 속 주인공에 되어 다양한 무기로 적을 죽이거나 쏘는 3D 비디오 게임.

짜릿함이 특히 젊은 남자들을 사로잡았기 때문이다. 보고스트 교수에 따르면, 에고 슈터 게임에 관한 논의가 일반 대중 사이에서 지나치게 큰 관심을 모은 까닭에 '캔디 크러쉬'(Candy Crush)나 '비주얼드'(Bejeweled) 또는 그 외에 비슷하게 '무해한' 게임들은 대단한 인기를 끌었는데도, 더욱이 남자도 여자도 모두 하는 게임이었는데도, 더는 전형적인 비디오 게임으로 인식되지 못했다.[50] 1970년대의 아케이드 게임과 비슷하게 온 가족을 위해 만들어지고 실제로 남녀 모두가 이용하는 '동물의 숲'(Animal Crossing)은 요즘엔 분명히 게임으로 불릴 것이다. 그뿐만 아니라 어느덧 여성 게이머나, 매디 마이어스 같은 여성 게임 저널리스트들로부터 게임 산업의 가부장적이고 구태의연한 구조에 대해 공개적인 항의가 나오고 있다. 게임 산업의 여성 혐오는 유명 게이머들 사이에서만 공공연하게 이루어지는 것이 아니라 게임 문화와 프로그래밍 세계의 일부다.[51] 몇몇 게임 회사들은 #미투 운동의 흐름 속에서 이제 자사의 성차별 문제를 직시해야 한다. 유비소프트(Ubisoft)는 현재 그룹을 재편 중이다. 경영진에 이르기까지 조직적인 성차별이 만연해 있기 때문이다. 이는 게임에도 영향을 미쳤다. 예를 들어 개발자들은 여자 주인공만 등장하는 게임을 만들려 했으나 경영진은 다음과 같은 이유를 들어 금지했다. "남자가 있어야 해요. 안 그러면 안 팔립니다!"[I]

성평등의 문제에서 서서히 뭔가 변화가 일어나고 있다. 최근의 예로는

I 2018년 유비소프트의 프랜차이즈인 '어쌔신 크리드'(Assasin's Creed)에서 일어난 일이다.

폴란드 개발사 시디 프로젝트 레드(CD Project RED)가 만들고 폴란드 정부로부터 지원을 받은 '사이버펑크(cyberpunk) 2077'이 있다.[1] 이 게임에서 플레이어는 자신의 캐릭터를 정할 때 남자와 여자 중에서 고를 수 없다. 주인공 브이(V)가 처음에는 성 중립적이고 이후 체형과 피부색과 음색을 원하는 대로 정의할 수 있기 때문이다. 브이가 페니스를 가지고 있는 것으로 플레이어가 결정하면 포경 수술을 한 경우와 자연 그대로의 상태까지 구분해 정할 수 있다. 플레이어 캐릭터의 성적 지향도 당연히 플레이어가 정할 수 있다. 이런 세세한 부분에 관한 한 비디오 게임의 세계는 정말 미래파적인 디자인의 전망대로 무척이나 전위적인 것 같다.

유두와 커뮤니티

소셜 미디어에 관한 모든 것이 아직은 상대적으로 낯설게 느껴지던 2008년 12월, 미국 팰로앨토에 있는, 설립된 지 4년 된 페이스북 본사 건물 앞에 아기를 동반한 여성들이 몰려왔다. 포르노라는 이유로 삭제된 자신들의 사진에 대한 검열에 항의하기 위해서였다. 다른 사람들이 보았다면 지극히 자연스러운 행동이라고 판단했을 것을 페이스북에서는 자사 정책에 따라 포르노라고 판단했다. 문제의 사진은 아기에게 젖을 먹이는, 즉 수유하는 여성을 찍은 것이었다.

I 이 게임이 정부 지원금을 받은 건 게임의 포용성 덕분이 아니라 경제적인 요인으로 설명해야 한다.

유두를 둘러싼 논쟁에 대해 대부분은 한 번쯤 들어보았을 것이다. 가슴 노출을 허용하라는 뜻의 #FreeTheNipple 같은 해시태그들은 2012년부터 소셜 미디어에서 (백인[I]) 페미니즘 문화의 일부다. 페이스북과 인스타그램은 우리가 여자의 몸과 남자의 몸을 얼마나 다르게 평가하는지, 무엇이 포르노로 통용되고 무엇이 그렇지 않은지, 누가 무엇을 어느 정도나 드러내도 괜찮은지를 날마다 보여준다. 알몸의 남자 상체는 —— 아무 문제가 없다. 알몸의 여자 상체는 —— 금기를 깨는 것이라 검열과 삭제의 대상이다.[II] 아무런 기능이 없는 남자의 유두는 공분을 일으키는 대상이 아니다. 오히려 남자가 공원에서 농구를 할 때 셔츠를 벗지 않으면 내숭 떠는 것으로 여겨진다. 반면에 어쨌든 젖먹이에게 젖을 주는 부분인 여자의 유두 노출은 서구의 일반 대중에게는, 따라서 소셜 미디어의 의사 결정자의 인식에는 부적절하다.

커뮤니티 가이드라인은 늘 주관적이며 해당 커뮤니티를 만든 이들의 편견과 선호를 포함해 그들의 세계관을 반영한다. 그 지침은 "정치적으로는 자유주의적이고 인종적으로는 단일한[III] 미국의 실리콘 밸리에서 볼

I 여기서 '백인'이 중요한 이유는 알몸 상체를 드러내려는 욕구 자체가 서구 사회에서 백인 여성에게 더 일반적으로 부여되는 특권에서 비롯되기 때문이다.

II 베를린의 여성 타투이스트 옌 토닉의 인스타그램 계정에서 여성 고객들의 사진이 삭제되었다. 인스타그램 측에서는 "성적으로 자극받은 가슴"을 보여주는 사진을 올렸다고 토닉을 비난했다. 그 사진들은 "성적인 행위" 금지에 해당한다고 했다. 사진에서는 상반신에 문신한 여성들이 손으로 가슴을 가리고 있었다. 따라서 눈에 보이는 것은 성적인 자극이 아니라 유두 노출 금지 지침을 지키려는 노력이었다. 악순환이다.

III '백인'을 복잡하게 표현한 완곡 어법.

수 있는 교양 있는 경제 엘리트라는 특유의 배타성을 가진 사회경제적 맥락 속에서 개발되었기 때문이다."⁵² 모든 소셜 미디어 분야에서 여성의 것이라고 해석된 몸을 — 피부든 유두든 또는 몸무게든 해시태그든 — 특히나 면밀하게 조사하고 평가하고 가장 많이 삭제하는 이유 또한 해당 업계에 여성과 유색인과 트랜스젠더와 논바이너리ᴵ가 거의 없고 암묵적이든 명시적이든 남성에 의한 성차별이 존재하기 때문이다.ᴵᴵ

호주의 여성 코미디언 셀레스트 바버는 세계 최고의 인스타그램 계정을 가지고 있다. 유명 인사들의 사진과 비디오를 평범한 조건하에서 재현하는 그녀는 어떤 의미에서는 우리 한 명 한 명을 대신하는 사람이라고 할 수 있다. 그러나 2020년 10월 모델 캔디스 스와네포엘의 사진을 재현했을 때 730만 명에 달하는 바버의 인스타그램 팔로워들은 그녀의 재현 사진을 공유할 수 없었다. "나체나 성행위와 관련해 커뮤니티 가이드라인에 위배"된다는 이유에서였다. 사진에서 바버는 스와네포엘과 똑같이 벗었거나 덜 벗었다.ᴵᴵᴵ 유일하게 알아볼 수 있는 차이는 스와네포엘의 모델 몸매와 바버의 일반인 몸매였다. 인스타그램은 몸과 관련해 문제가 있다. 정확히 말하면 적어도 세 가지 문제를 안고 있다. 그건 인스타그램의 인공지능(AI)이 검열을 학습하는 방법(이게 어떻게 작동하는지는 뒤

Ⅰ [역주] 논바이너리(non-binary): 남성과 여성으로 나뉘는 기존의 이분법적 성별 구분에서 벗어난 성 정체성이나 성별.

Ⅱ 그다음으로 꼼꼼히 조사하고 많이 삭제하는 내용은 폭행, 피 흘림, 부상이다.

Ⅲ 자세히 보면 바버는 스와네포엘과 달리 몸에 끈을 둘렀다.

에 가서 다루겠다)에서 드러난다. 첫째는 뚱뚱한 사람, 즉 표준 몸매가 아닌 사람들을 검열하고, 둘째는 흑인과 유색인의 몸을 검열하며, 셋째는 여성의 몸을 검열한다. 모델이자 여성 활동가인 놈 니컬러스 윌리엄스도 2020년 6월 본인의 나체 사진을 플랫폼에 게재했을 때 이를 직접 경험했다. 사진상으로는 검열에 걸릴 만한 게 없는데도 그녀의 나체 사진은 매번 삭제되었다. 니컬러스 윌리엄스는 흑인이고 뚱뚱하다. 만일 그녀가 백인이고 말랐다면 그 사진은 알고리즘에 따라 주목을 끌지 못했을 확률이 높다. 이는 유명인의 사례일 뿐이다. 유명인이 아닌 수많은 일반인의 몸은 매시간 검열되고 있다. 이를 계기로 인스타그램 대표 애덤 모세리도 알고리즘의 편향 문제가 존재하며 여기에 조치를 취할 필요가 있다는 점을 공개적으로 시인하기에 이르렀다.[53]

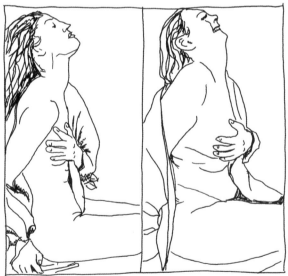

celestebarber

인스타그램에선
알몸이라고 해서
다 같은 알몸은 아니다.

수유하는 엄마의 사진이 올라온 페이스북의 경우엔 갈수록 온라인 항의가 확대되면서 언론과 TV도 관심을 갖고 보도했으며 공개적인 압력도 늘어났다. 이와 함께 페이스북은 기하급수적으로 성장했다. 다른 사용자들이 신고한 이미지들도 헤아릴 수 없을 정도로 넘쳐났다. 수유하는 엄마를 검열한 페이스북은 포르노가 아닌 것을 검열한 것일까? 전 세계 20억 명 사용자들의 입장에서는 디지털 환경에서 용인할 수 있는 것과 용인할 수 없는 것에 대한 담론이 이런 식으로 변화하는 것일까? 다르게 말해보자. 페이스북은 콘텐츠 관리[1]를 통해 전 세계적으로 아날로그 대중을 위해 사실을 만들어내는 것일까?

유두 논쟁은 소셜 미디어의 규칙을 만드는 결정권자들의 사고방식에 견고한 가부장적 구조가 얼마나 크게 투영되어 있는지를 보여주는 수많은 사례 중 하나일 뿐이다. 지난 몇 년간 이 문제가 변화해온 과정을 들여다보자. 팟캐스트 《라디오랩》(Radiolab)은 한 회차에서 커뮤니티 가이드라인을 다루면서[54] 가슴과 관련한 규칙의 발전을 빠르게 훑었다. 여성들의 시위 후 페이스북은 커뮤니티 가이드라인을 업데이트하고 자사의 나체 개념을 새로 정의했다. 남성의 것이든 여성의 것이든 당연히 생식기도 여기에 해당되었다. 여성의 젖가슴도 유두 혹은 유륜의 일부가 보일 경우엔 나체에 포함되었다. 그러나 그 부분이 브래지어나 젖먹이에 의해 가려져 있으면 젖가슴은 알몸이 아니었고 따라서 검열 대상에 속하지 않았다. 다만 이 정의는 아기 수유라는 맥락이 아니라 눈에 보이는 가슴

---

[1] 사용자가 자신이 인터넷에 올린 내용을 커뮤니티 규칙에 따라 검사하는 것.

의 비율에 근거하고 있다. 이 말은 결국 유륜과 유두가 보이지 않는 한, 여성의 젖가슴을 빠는 성인은 아무 문제가 없다는 뜻이다. 하지만 이는 '모유 수유 포르노'가 되어 음란물에 속한다. 자, 그럼 다시 말해보자. 사진에서 수유의 대상이 될 수 있는 사람은 남자든 여자든 독자적으로 걸을 수 없어 보이는 사람, 그러니까 18개월 이하의 아기뿐이다. 그런데 이것도 완전히 자의적이다. 누구에게 얼마나 오랫동안 수유해야 하는지에 대한 논쟁은 복잡한 말벌집이라 여기에서 필요 이상으로 건드리고 싶지 않다. 다만 확실한 건 페이스북 커뮤니티의 가이드라인은 사회의 대다수를 위해 기능하는 것과는 여전히 동떨어져 있다는 사실이다.

여기에서 새로운 문제가 발생했다. 사회의 대다수가 누구인지를 누가 결정하는가? 가장 먼저 국가와 문화권을 넘어 보편타당성을 가진 규칙을 찾아야 한다. 말하자면 온라인 콘텐츠를 위한 '세계 인권 선언' 같은 것 말이다. 이 문제를 놓고 고민하는 사람들이 모두 미국의 백인 특권층이라면 과연 보편타당성이란 것이 이룩될 수 있을까? 예를 들어 동물에게 수유하는, 가령 새끼 염소에게 젖을 주는 사람의 사진은 어떨까? 2012년 아기 염소에게 젖을 물린 젊은 여성의 사진이 삭제된 뒤 이 논쟁이 벌어졌다. 가뭄이 계속되는 나라에서 그 행위는 가축을 살리는 생존 방책이다. 즉, 문화적 실천이다. 페이스북은 의사 결정자들에게 익숙하지 않고 그들의 시각에서 페티시(성적 흥분을 일으키는 것)로 해석된다는 이유만으로 뭔가를 검열해도 되는 것일까? 페이스북은 검열하기로 결정을 내렸으며, '인간의 아기'만 사진에서 수유의 대상이 될 수 있다는 취지로 자사 규칙을 구체화했다. 그게 다른 곳에서는 생존에 중요하든 중요하지 않든 관계 없이 동물 수유 사진은 금지했다. 2013년에는 수유 사진 규칙이 또 한 번 달라졌다. 인간의 아기는 이제 구태여 젖가슴에만 달라붙어 있을 필요가 없이 엄마 배 위에도 누워 있을 수 있게 되었다. 그뿐만 아니라 사진에 한쪽 유두나 유륜이 보여도 괜찮았다. 2014년부터는 수유하는 상황이라는 걸 알아볼 수만 있다면 유두와 유륜이 보여도 상관없었다. 좋다. 그런데 수유에 집착하는 이유가 뭘까? 새끼 염소가 달라붙어 있는 남성의 가슴은 어떨까? 왜 여성의 가슴은 특정 기능을 수행해야만 허용이 되는 걸까? 수유는 당연히 정상적인 것이라 검열해서는 안 된다. 그런데 그건 모든 가슴에 해당되지 않을까? 이 광경이 일부 남성들에게 성적 흥분을 일으킨 탓에 아주 먼 옛날 그들이 여성의 젖가슴을 페티시로 삼기로 결정한 것을 두고 우리보고 뭘 어쩌란 말인가?[1] 수유의 맥락을 규칙에서 벗어난 예외로 설정하는 이런 소셜 미디어 가이드라인은 견디기 힘든 어머니 숭배 함양에 앞으로도 계속 기여하지 않을

---

[1] 가슴 연구에서는 연구자들이 의견의 일치를 보지 못했다. 남성 이성애자들이 가슴에서 성적 흥분을 느끼는 건 큰 가슴이 생식력과 연관되어 있고 가능한 한 많은 자손을 낳고 싶어 하는 것이 남자의 본성이기 때문에 유전적으로 프로그래밍되어 있는 것일까? 아니면 서구 세계에서 극단적으로 함양된 문화적인 현상일까?(젖가슴을 놓고 요란을 떨지 않는 문화도 많다.) 그것은 천성인가 교육에 의한 것인가? 각각의 가설이 참임을 증명하는 연구들이 많다. 또 다른 가설에 따르면 여자가 아기에게 모유를 수유하면 포옹 호르몬 혹은 사랑의 호르몬이라는 옥시토신을 분비하는데 남자가 그 호르몬의 일부를 원한다는 것이다. 연구자들은 이 호르몬이 수유할 때만이 아니라 가슴에 기분 좋은 행동이 가해질 때도 분비된다는 걸 밝혀냈다. 따라서 남자로서는 여자가 그를 더 좋아할 수 있도록 여자의 가슴에 특별한 관심을 쏟는 것이 이익이 될 수 있다.

까? 당신의 벌거벗은 젖가슴은 그것의 존재 이유인 궁극적인 임무를 수행할 때만, 즉 젖을 줄 때만 공적으로 용인된다. 그게 아니라면 브래지어로 가려야 한다.

섹스의 추동력

사회적 규범과 가치는 소셜 미디어 이용법뿐만 아니라 누가 어떻게 어디에서 혼자 성적 절정에 이를 수 있는지에 대해서도 프로그래밍되어 있다.

성적 절정을 사업 목표로 삼은 기업이 로라 디카를로다. 2019년 회사 창립자이며 최고 경영자인 로라 해덕은 혁신적인 자사 발명품을 많은 대중 앞에서 소개할 기회를 얻었다. 적어도 한동안은 그런 줄 알았다. 가부장적 구조가 그녀를 막아서기 전까지는. 여기에 대해서는 뒤에 가서 이야기하겠다. 아무튼 해덕의 발명품은 대중에 공개될 만반의 준비가 되어 있었기에 젊은 여성 엔지니어들로 구성된 연구진과 해덕에게는 흥미진진한 해였다. 그 작은 로봇 발명품의 이름은 오제(Osé)다. 프랑스어로 '과감하다'를 의미한다. 외음부와 질이 있는 사람에게 이중으로 오르가슴을 유발하기 위해 고안된 기구다. 오제는 사용자의 신체 구조에 맞춰 클리토리스와 지 스폿(G spot)을 동시에 자극하는 식으로 작동하는데 사람의 움직임에, 더 정확히 말하면 여성 사용자의 움직임에 반응한다. 이로써 오제는 두 사람이 섹스할 때 (적어도 도구 없이는) 얻을 수 없는 것을 '성취'해주는 셈이다. 오제에 숨어 있는 혁신적인 기술 그리고 두 지점에서 동시에 유발되는 오르가슴이 한 지점에서 유발되는 오르가슴보다 두 배로 좋다는 생각에 해덕의 연구진은 세계에서 가장 유명한 기술 및 혁신상 중 하나인 CES(Consumer Electronics Show, 소비자 가전 전시회) 상에 응모했다. 이전 수상작들은 비디오 리코더(1970), 캠코더(1981), 테트리스(1988) 같은 기념비적 발명품들이었다. CES 상을 받는다는 건 기업의 입장에서 전문가 집단에 알려지는 데 그치지 않고 광범위한 보도에 힘입어 더 많은 대중에게 자신을 소개할 수 있는 새로운 기회를 얻는다는 걸 의미한다. 광고 예산이 한정되어 있는 스타트업 기업이라면 통상 가능하지 않은 일이다.

제품을 출품하고 몇 주가 지난 뒤 해덕은 CES 상을 수여하는 CTA (Consumer Technology Association, 미국 소비자 기술 협회)로부터 로봇 오제가 수상작으로 선정되었다는 이메일을 받았다. 엔지니어들로 구성된 심사위원단(이들의 남녀 성비는 공개되지 않았다)은 오제에 적용된 기술을 조사하고 특허를 면밀히 검토했다. 그 결과 로라 디카를로 연구진이 정말 바퀴를 새로 발명했다고, 다시 말해 혁신적인 기술 덕분에 이중의 오르가슴을 가능케 했다고 평가했다. 연구진의 기쁨은 이루 말할 수 없었으나 오래가지 못했다. 일주일 만에 상을 박탈한 것이다. 해덕이 받은 이메일에는 오제가 CTA의 지침을 위반했다고 적혀 있었다. "부도덕하고 외설적이거나 불경한" 제품은 "CTA의 이미지에 어울리지 않기" 때문이며, 따라서 제품을 다시 적절히 검토한 결과 오제에 실격 판정을 내렸다고 했다. 또한 "당초 상을 수여했을 때는 해당 제품의 성격을 이해하지 못했다"[55]고 말했다. 심사위원단이 처음에 기술을 평가했을 때 오제가 어떤 목적으로 발명되었는지를 몰랐다는 게 의아할 뿐이다. 더욱이 홍보 문구의 첫 문장을 보면 "오제는 클리토리스와 지 스폿에서 이중으로 오르가슴을 일으키는 로봇이다"라고 적혀 있는데도 말이다.

이 문제를 논의해보겠다. 심사위원단이 오제의 실제 목적을 모르는 상태에서 제품의 혁신 기술이 매력적이고 상을 받을 만하다고 판단했다고 가정하자. 이 말은 해덕과 연구진이 전문적이고 객관적인 기술의 측면에서, 즉 노하우의 측면에서 상을 받아 마땅했다는 뜻이다. 따라서 상을 박탈한 이유는 혁신 기술의 목표가 된 여성의 오르가슴은 수상 '자격'이 없다고 보았기 때문이다. 계속해서 CTA가 전시회에 출품할 수 있는 사람과 수상 자격이 있는 참가자에 대해 결정권을 가진 민간 부분 조직으로서, 섹스와 어떤 식으로든 관련이 있는 기술은 원칙적으로 허용하지 않기로 결정했다고 가정하자. 그 이유로는 추잡한 이미지에 대한 두려움, 종교적 문제, 또는 단순히 점잖은 참가자들을 화나게 할 수 있다는 우려 등이 있을 수 있다. 이는 기술 산업의 역사를 오판한 것이기는 하지만 공식적으로는 문제 될 게 없다. 50여 년 전 비디오카세트의 발명으로 포르노를 각자의 집에서 소비하게 된 후부터 섹스는 (특히 포르노 산업은) 혁신의 중요한 원동력이기 때문이다. 여하튼 CTA를 섹스 금지 구역으로 대접해주자. 그런데 처음에 제품을 평가했을 때 왜 이 문제에 생각이 미치지 못했는지 여전히 의문이 남는다. 답은 다음과 같다. 이건 섹스와는, 적어도 섹스 자체와는, 무관하기 때문이다. 이는 오제가 명시적으로 여성의 쾌락을 위해, 정확히 말하면 페니스가 없는 사람을 위해 디자인되었다는 사실과 관련이 있다. 불과 한 해 전인 2018년에 CES에서는 '하모니'라는 이름의 섹스 로봇이 소개되었다. 하모니는 부드러운 백색 실리콘 피부 안에 인간 크기의 골격이 들어 있는 로봇이다. 다양한 긴 머리 가

발, 완전히 세척 가능한 입과 생식기 부위, '순종적'이거나 '수줍음을 타는' 특성으로 프로그래밍할 수 있는 성격을 갖추고 있다. 게다가 원하면 '사랑해'라는 말을 할 줄도 안다. 오제와 결정적으로 다른 점은 목표 고객군이 돈 많은 남자들이라는 데에 있다. 하모니는 당시 CTA의 지침과 완벽하게 조화를 이루었다. 상세한 제품 소개를 담은 비디오들이 아직도 주최 측의 웹사이트에 남아 있다.

여성의 쾌락이 얼마나 지배적인 (남성의) 도덕에 위배되고 금기시되고 따라서 검열의 대상이 되는지는 특히 여성이 여성용 제품을 개발하고 디자인하는 연구 분야에서 사례를 찾아볼 수 있다. 친구 사이인 두 여성이 설립한 데임(Dame)도 그중 하나다. 로라 디카를로처럼 데임은 여성의 쾌락 충족을 위한 기구를 디자인하고 판매하는 회사다. 판매를 촉진하기 위해 데임은 2018년 말 뉴욕시 대중교통에서 대대적인 광고 캠페인을 벌일 계획을 세웠다. 그러나 광고 대행사가 섹스 토이 캠페인을 기획한 뒤 — 데임의 제품은 실물과 똑같은 페니스 모형의 딜도가 아니라 스페인 화가 후안 미로 스타일로 만든 파스텔 색상의 추상적인 형태의 기구였다 — 뉴욕 교통국(MTA)은 제품이 놀랍게도 당국의 지침을 어겼다는 것을 알고 데임과의 계약 이행을 거부했다. 이 경우에도 다음과 같은 주장이 나올 수 있다. 대중교통에서 정말 섹스 광고를 해도 문제가 없을까? 아이들이 볼 수 있는데도? 그렇다. 적어도 남성의 성 기능 강화제나 발기 부전 치료제 광고라면 괜찮다. 왜냐하면 데임 사의 광고 캠페인이 무산되었던 그 시기에 남성 건강 전문 업체인 힘스(Hims)와 로만(Roman)이 지하철에서 발기 부전 치료제 광고를 시작했기 때문이다. 그것도 데임 사의 광고보다 훨씬 노골적인 은유를 사용한 캠페인이었다. 이에 대해 뉴욕 교통국은 다음과 같은 공식 해명을 내놓았다. 발기 부전을 겪는 남성은 건강에 문제가 있는 것이고 목표 고객군에 호소하는 광고 언어도 '성 건강'의 범주에 들어간다고.

반면에 여성의 오르가슴은 사치스럽고 선택적인 사안이므로 여성의 성 건강이 아니라 쾌락과 관련이 있고 따라서 '성적 쾌락'의 범주에 속한

뉴욕 지하철에 걸린 광고

남자의 쾌락은 허용되지만
여자의 쾌락은 금기다.

다고 말했다. 뉴욕 교통국은 '성 건강'이라면 아무 문제가 없지만 '성적 쾌락'은 곤란하다는 입장이다. 섹스 기구로 자위할 때 오르가슴을 경험하는 여성이 건강의 측면에서 유리하다는 연구 결과에 대해 뉴욕 교통국은 분명히 알지 못했다.[56] 데임은 뉴욕 교통국을 상대로 소송을 걸었는데 재판은 아직 진행 중이다.

로라 해덕과 연구진도 주최 측에 항의하며 오제가 기술 분야에서 차지하는 자리를 지키기 위해 싸웠다. 상을 박탈당한 뒤 해덕과 연구진은 2019년 1월 CTA에 보낸 공개서한에서 그간의 사연을 알렸다. 오래지 않아 《뉴욕 타임스》를 비롯한 많은 매체에서 오제와 개발자들에 관한 보도를 쏟아냈다. 결국 CTA는 여론의 압력에 굴복했으며 CTA 이사는 2월에 전화로 해덕에게 사과하고 박탈했던 상을 돌려주었다. CTA는 앞으로 "모든 이를 위해 더 포용적이고 개방적으로 활동"하는 데 힘쓰겠다고 말했다. 그게 구체적으로 무엇을 뜻하는지는 시간이 지나봐야 알 것이다. 여하튼 오제는 '건강 & 웰니스(wellness)' 제품 범주에 포함되었는데 이게 과연 유익한가에 대해서는 논란이 분분하다. 그러나 해덕은 실리적인 관점에서 보고 있다. 아무 데도 들어가지 않는 것보다 차라리 그 범주에 들어가는 것이 낫다는 판단이다.

오제를 둘러싼 이야기와 여성의 쾌락 충족을 위한 기술이 얼마나 복잡한지는 그에 관한 후일담이 알려준다. 오제는 2020년에 출시되었다. 이 기구가 가격이 적당한지 그리고 그 혁신 기술과 관련해 벌어진 소동에 걸맞은 제품인지에 대해서는 의견이 엇갈린다. 로라 디카를로는 한편으로 새로운 영역을 개척했다. 혁신적인 연구는 지속적으로 발전해가는 과정에 있기 때문에 어떤 기술이 공개됐을 때 이미 연구가 종결됐거나 완벽한 경우는 드물다.[I] 그런데 여성 개발자들은 바로 이 논리를 내세웠다. 한편으로는 이해가 간다. "우리가 뭔가를 발명했습니다. 대단히 훌륭한 제품입니다만, 많은 시간과 돈을 들여 연구를 계속하면 미래에는 더 나은 결과가 나올 것입니다"라고 말하는 것은 아직 설득력 있는 판매 전략이 아니다. 일부 사용자들은 지난 100년간 감각적인 떨림을 선물해준 바이브레이터에 비해 그 기구가 너무 복잡하고 너무 투박하고 너무 낯설다고 평가한다. 소변보는 것과 마찬가지로 자위도 연마해야 하는, 즉 반복 연습해서 습관으로 만들어야 하는 것이다. 옳고 그름은 존재하지 않는다. 다만 효과가 있느냐 없느냐만 있을 뿐이다.

미래로 돌아가라(Back to the Future)

기계는 사실에 기반해 거의 오류 없는 아웃풋을 낸다는 것이 우리가 이해하는 기계의 속성 중 하나다. 기술에 대한 이런 원초적인 신뢰가 초창기 디지털 지도와 내비게이션 시스템에서 일어난 수많은 사고의 원인일 수 있다. 사람들이 자동차를 몰다가 다리에서 추락하거나 호수로 돌진했다. 이유는 단순했다. 내비게이션이 그렇게 알려주었기 때문이다. 얼굴 인식에 투입되는 알고리즘에서도 우리는 기계의 초인간적 특성에 대한 믿음을 경험한다. 오류는 당연히 있을 수 없다고 보는 것이다. 하지만 이는 헛소리다. 모든 프로그램은 훈련받은 만큼만 우수하다.《뉴욕 타임

I   최초의 PC가 지금도 여전히 최첨단 컴퓨터라고 상상해보라.

스》는 미국의 많은 경찰서에서 사용하는 소프트웨어가 주로 백인 남성 얼굴이 저장된 이미지 데이터베이스를 활용해 훈련받았다는 것을 증명했다. 그러니 해당 소프트웨어가 그 부문에서 최고 적중률을 보이는 건 당연했다. 다시 말해 백인 남성 얼굴을 서로 비교해 확실하게 맞는 짝을 골라낸 것이다. 반면에 남자나 백인이 아닌 사람의 얼굴 인식 결과는 상당히 좋지 않았다.[I] 독일에도 얼굴 인식 소프트웨어로 작동하는 경찰의 파일럿 프로그램이 적어도 한 개 있었다. 베를린 쥐트크로이츠 역에 설치되어 있었지만 상당히 많은 오작동을 일으킨 데다 여러 가지 개인정보보호법과 관련된 어려움까지 겹쳤다. 전반적으로 이건 큰 문제다. 비록 속도는 느리더라도 우리는 전보다 확실하게 성차별과 인종 차별주의에 대한 감수성을 키우고 있다(아직 갈 길이 멀다). 그러나 인간적인 또는 인간이 만든 그 '~주의'가 프로그램에 내장되어 있는데도 우리는 기술의 초인간성을 가정한 나머지 그런 사실을 좀처럼 이해하려 들지 않는다. 이런 생각은 하루빨리 바뀌어야 한다. 최악의 경우 이런 편견이 무고한 사람의 인생을 망칠 수 있기 때문이다. 독일 연방 정부도 알고리즘에 담긴 차별 가능성을 인식하고 연구를 의뢰했다. 그 결과 근무 환경, 부동산 시장, 상업, 검색 엔진의 광고, 금융업계, 의학, 교통, 국가 사회보장제도와 그 감독, 교육, 치안, 교정 시설에서 특히 차별이 일어난다는 것이 밝혀졌다.[57] 그렇다면 나는 인터넷에 접속하지 않고 집에서 소파에 앉아 책을

I 정상을 비정상으로 탐지하는 '오탐'(false positive)이 많다는 것을 의미한다. 이는 미국 교정 시설에서 이미 높은 비율을 차지하고 있는 유색인들이 억울하게 기소되는 결과로 이어질 수 있다.

읽을 때만 안전한 셈이다.

소셜 미디어의 신체 검열 사례가 보여주듯이, 알고리즘은 현재 우리 일상의 보이지 않는 일부분이다. 알고리즘의 사용 사례는 얼굴 인식 분야를 넘어선다. 예를 들어 언어 도우미도 그 한 분야다. 세계 거의 어디에서나 언어 도우미에는 여성의 목소리가 투입된다. 도우미는 말대꾸 한 번 하는 법 없이 명령을 수행하고 임무를 완수한다. 언어 도우미를 꾸짖고 모욕할 수도 있다. 그래도 도우미는 사용자가 자신과 소통할 때의 말투에 개의치 않고 결과를 제공한다. 조지아 공대의 로봇 공학자 아이아나 하워드는 여기에 문제가 있다고 본다. 사람들이 인간 조수를, 특히 여자 조수를 비슷한 방식으로 다루기 시작했기 때문이라는 것이다. 따라서 하워드는 개발자들이 언어 도우미를 중립적으로 만들 것을 요구한다. 이 목적을 이루려면 훨씬 더 많은 수의 다양한 사람들이 로봇을 만들어야 한다고 그녀는 말한다.[58]

검색어를 완성하고 결과까지 필터링하는 AI도 더욱 중립적이 되어야한다. 워싱턴 대학 연구자들은 페이스북과 마이크로소프트의 소프트웨어를 훈련시키는데 사용된 사진 데이터베이스가 쇼핑과 요리 등의 활동을 남자보다 여자와 더 많이 연관시킨다는 걸 보여주었다. 이렇게 훈련받은 알고리즘은 이 편견을 1대 1로만 재생산하지 않고 심지어 강화했다. 이미지를 재현할 때 기존의 불평등을 더 심화하는 것이다.[59] 2020년 유럽과 미국의 공동 연구진은 미국 정치가들의 사진이 구글과 마이크로소프트와 아마존의 이미지 인식 AI에 의해 캡처된 뒤 그 사진에 어떤 속성이 부여됐는지를 조사해 발표했다. 여성 정치가의 사진에는 남성 정치가의 사진보다 외모 태그가 3배 더 많이 붙어 있었다. 나아가 AI는 여성 정치가보다 남성 정치가를 훨씬 자주 정치가로 인식했다.[60] "그렇게 되면 여성에겐 사회적 지위와 관련해 관련된 이미지가 거의 생기지 않습니다. 여성은 예뻐 보이기 위해 존재하고 남자는 회사 대표라는 식이죠." 쾰른 에 있는 라이프니츠 사회과학연구소 GESIS 소속으로 연구에 참여했던 카르스텐 슈베머가 말했다. 예를 들어 AI를 훈련시키는데 사용되는 입말 이나 글말의 문장 모음, 즉 코퍼스 데이터베이스는 수집하기 어렵고 대개 매우 비싸다. 이런 이유에서 엔론 코퍼스(Enron Corpus)가 현재까지 가 장 많이 사용된 텍스트 모음 중 하나다. 엔론 코퍼스는 미국 에너지 기업 엔론의 직원 약 158명 전원이 2001년까지 서로 주고받은 60만 통의 이메 일로 구성되어 있다. 이메일들은 엔론이 부패 스캔들에 연루되어 파산했 을 때 수사 당국에 의해 공개되었다. 엔론 직원들은 전부 텍사스 오스틴 출신이었고 대부분 백인 남성에 중산층 또는 상류층 사람들이었다. 그중 일부는 부도덕하고 부패했는데 이는 이메일이 공개된 원인이었다. 코퍼스 는 인간에 대한 편견으로 가득 차 있었다. 편견은 AI에까지 적용되었다. 프로그래머들이 말하는 대로 "쓰레기가 입력되면 쓰레기가 출력된다."

AI와 알고리즘이 사물과 사람 위에 있지 않고 그 한가운데에 있다는 걸 이해하는 게 왜 그토록 어려울까? 이는 나를 포함해 대다수 사람들 이 AI가 무엇이고 알고리즘이 무엇인지, 이것들이 어떻게 탄생하고 성장 하는지 정확히 알지 못한다는 말로 설명할 수 있다. 나는 당연히 이 의 문에 답을 할 수 있는 사람이 아니라서 해당 분야 전문가이며 정보과학 과 사회과학의 접점에서 연구하는 미디어 정보과학자 라우라 라우크비 츠에게 문의했다.

알고리즘은 원래 문제 해결을 위한 일련의 지침이에요. 초기 여성 프로그래머들 중 가장 유명한 그레이스 호퍼[I]는 알고리즘을 요리법에 비유했어요. 요리법도 알고리즘이에요. 마지막에 맛있는 음식이 만들어져 나오기 위해 거쳐야 하는 분명한 단계들이 있거든요. 이걸 기술적인 측면에서 말해보면 프로그래머는 다음과 같은 것을 결정해야 해요. "마지막에 특정한 결과를 얻으려면 내 프로그램은 어떤 단계들을 수행해야 할까?" AI도 크게 나누어 생각하면 여러 개 알고리즘의 모음이에요. AI의 창시자 앨런 튜링[II]은 다음과 같은 질문을 했어요. "기계는 사고할 수 있을까?" 그러곤 이내 이 질문을 폐기했어요. '사고'란 것을 정의하기가 어렵기 때문이지요. 대신 다음과 같이 물었어요. "기계는 사고를 모방할 수 있을까?" AI의 목표는 인간 지능을 모방하는 것이에요. 이 목표에 도달하기 위해 알고리즘을 사용해요. 물론 지도에서 A에서 B로 가는 길을 알려주는 알고리즘보다 조금 복잡하긴 해요. 길을 알려주는 알고리즘의 경우엔 비교적 확실하게 말해주죠. Z에서 벗어나려면 X와 Y가 일어나야 한다고 말이에요. 반면 AI에서는 이런 단계들을 정의하지 않고 목표만 정해줘

I 1969년에 최초로 '올해의 컴퓨터 과학자 상'을 수상한 그레이스 호퍼를 말한다.

II 앨런 튜링은 제2차 세계대전 때 독일 암호 기계의 코드를 해독하는 데 기여했으며 튜링 테스트, 즉 컴퓨터에 인간 정도의 지능이 있는지를 판별하는 유명한 기준 중 하나를 만들었다. 동성애로 인한 사회적 비난과 치료 후유증으로 우울증에 빠진 튜링은 독사과를 먹고 자살했다. 독사과에 생각이 미친 것은 백설 공주와 일곱 난쟁이 영화를 본 뒤였다. 영화에는 헤디 라마르가 백설 공주로 나왔는데 당시 튜링은 그녀가 컴퓨터 과학 분야의 동료라는 것을 알지 못했던 것 같다.

요. 인풋은 내가 가진 데이터 집합이에요. 사진, 텍스트, 오디오, 비디오, 숫자 같은 것들이지요. 내가 제공한 인풋에서 이러이러한 것이 아웃풋으로 나와야 한다고 말하면서 내가 아웃풋을 정해줘요. AI는 알고리즘을 사용하고 조작해서 어떻게 인풋이 아웃풋이 되어 나오는지 스스로 알아내야 해요.

내게는 아이 키우는 일처럼 들리는 설명이다. 인풋을 넣은 뒤 거기에서 저절로 나오는 것이 내가 부모로서 아웃풋에 대해 가지고 있는 생각과 일치하기를 바라며 그 과정을 지켜본다. 그러나 라우크비츠는 내 생각에 동의하지 않았다.

아주 중요한 차이가 있어요. 아이에게는 자기만의 고유한 동기가 있어요. 아주 어렸을 때에도 자기만의 일정이 있고 감정이 있어요. 특히 아이는 사물을 이해하려고 '왜? 어째서?'라고 질문을 해요. 이게 비판적 사고예요. 아이는 비판적으로 사고하는 법을 배워요. 알고리즘은 그걸 못해요. 단지 다음과 같이 물어보죠. '나는 이걸 어떻게 재현할 수 있을까?' 알고리즘은 아무것도 이해하지 못해요. 그냥 모방할 뿐이죠.

라우크비츠에 따르면 AI를 SF와 대중문화를 통해 접한 우리 같은 문외한들은 그것을 실제보다 대단하게 생각한다. 뭐든지 할 수 있고 모든 것을 알고 있는 AI, 오류가 없는 인간처럼, 마치 초인처럼 기능하는 AI는 없다. 현재 우리가 이용하는 대부분의 AI는 정확히 하나의 과세를 해결할 줄 안다. 사진 속 얼굴 인식하기, 새로운 노래 제안하기, 동식물 인식하기, 언어 인식하기, 경로 찾기 등. AI가 해결하는 과제는 그것이 활용하는 데이터, 즉 인풋에 따라 달라진다. 페이스북과 그곳의 유두 정책을 다룬 장에서 나왔던 예를 상기해보면, 페이스북 AI는 부가 정보가 담긴 사진 데이터 집합을 이용해 훈련받는 것처럼 보인다. 사진이 올라오면 그것이 커뮤니티 기준을 위반하는지 아닌지가 기록된다. 우리가 다룬 사례에서는 젖가슴이 바람직한 방식으로 표시되지 않았을 때다. 이 결정을 내리는 것은 페이스북 커뮤니티 관리자들이다. 이들은 사진을 삭제하거나 그대로 둔다. 페이스북 AI가 어떻게 작동하는지는 페이스북만 알기 때문에 그 블랙박스 안에서 무슨 일이 일어나는지는 추측만 할 수 있다. 어쩌면 다음과 같은 일이 일어날 수도 있다. AI는 수백만 개의 사용자 사진과 커뮤니티 관리부에서 제공하는 사진 관련 정보를 이용해 무엇이 페이스북에서 허용되고 무엇이 허용되지 않는지를 배운다. AI가 훌륭히 작동한다면 여성의 가슴 사진이 올라왔는지를 살피고 그것이 페이스북에서 허용되는지 아닌지를 판단한다. 그러나 한편으로는 사진의 조명 상태, 원근법 또는 색상을 토대로 결정을 내릴 수도 있다. AI의 내부를 들여다볼 수 없으니 우리로서는 알 길이 없다. 개발자들 역시 모를 때가 많다. AI가 인간의 결정 방식을 충분히 훌륭하게 모방한다면 회사는 그걸로 만족한다. 증오 댓글도 같은 과정을 거친다. 여기에서 인풋은 사용자의 댓글 그리고 그것이 증오 발언으로 표시되어 삭제되었는지에 대한 메타 정보다. AI는 패턴을 인식하고 페이스북에서 적용되는 증오 발언에 대한 규칙을 추론한 뒤 이를 인간의 도움 없이 독자적으로 적용한다.

엄밀히 따지면 여기에서는 알고리즘을 두 개 층위에서 사용합니다. 먼저 페이스북 커뮤니티 관리자들이 "만일 x와 y라면, z다"라는 규칙을 정해요. 이 규칙도 알고리즘이죠. 이 데이터들이 기계로 전달돼요. 그러면 기계는 이 데이터 집합으로부터 그게 뭔지도 모르면서 원래의 규칙을 도출하려고 노력해요. 그러니까 원래 인간이 정해놓은 것과 이후 기계가 다시 해석해야 하는 것 사이에는 항상 틈새가 있는 것이죠. 뒤집어 말하면 이는 AI가 규칙을 정말 100퍼센트 이해했는지 아니면 99퍼센트만 이해했는지 인간이 알 수 없다는 뜻이기도 해요. AI에서 구체적으로 무슨 일이 벌어지는지는 완전히 불투명해요. 게다가 당연한 일이겠지만, 페이스북과 유튜브는 자신의 알고리즘을 공개하지 않아요. 특허 응용 소프트웨어, 즉 기업이 소유하고 있고 공개되지 않은 응용 소프트웨어의 작동 원리를 알고 싶으면 자신의 인풋과 아웃풋을 바탕으로 직접 소프트웨어 모델을 개발한 뒤 페이스북의 당초 모델에서 무슨 일이 일어났는지를 해석해봐야 해요. 그래야 최소한 그 작동 원리에 접근할 수 있어요.

다시 한 번 그레이스 호퍼의 요리법 비유로 돌아가자. 우리에겐 요리법이 없다. 우리에게 있는 것은 재료 목록과 완성된 과자의 부스러기 약간뿐이다. 이제 과자를 어떻게 만들었는지 알아내야 한다. 우리는 어떤 재료가 얼마나 들어갔는지, 그것을 어떤 순서로 섞었는지 모른다. 몇 도에서 얼마 동안 구웠는지는 더 모른다. 그러니 남은 것은 추측뿐이다. 예를 들어 초창기에 시리(Siri)가 온라인으로 비아그라를 구입하고 근방에서 성매매업 종사자를 찾아내는 건 문제없이 해냈으면서 낙태 수술을 하는 병원이 어디 있느냐는 질문에는 왜 속수무책이었는지 우리는 짐작만 할 수 있다.

데이터 편향은 큰 문제다. 편향 문제가 갈수록 심화되는 데에는 이유가 있다. 라우크비츠에 따르면 첫째, 오래된 데이터, 즉 과거에 수집되어 케케묵은 편견이 내재된 데이터들이 우리가 미래에 내릴 결정의 토대로 쓰이기 때문이다. 원래 정치와 시민 사회는 과거를 돌아보고 현재와 미래를 더 낫게 만들려고 노력해야 마땅하다. AI의 문제는 인간의 행동을 똑같이 모방하려 한다는 점이다. 다시 말해 과거를 현재에 재현한다는 것이다. 미래로 돌아가라. 둘째, 기계 학습[I]은 통계적 방법을 사용한다. 매번 지배적인 패턴을 인식하는 것이 학습 목표이기 때문이다. 하찮은 사례는 관심을 끌지 못한다. 여기서 우리는 또 편향과 마주한다. 주변적인 사례가 아니라 '정상'에 초점을 맞춘 편향이다. 많이 들어본 소리 같지 않은가?!

이 분야에서는 거의 모든 인간이 문외한이다. 여기서 무엇을 비판해야 하는지 우리가 개인으로서 그리고 사회로서 대체 어떻게 알 수 있단 말인가?

AI가 무엇을 하는지 모든 개인이 이해하기를 기대하는 건 말도 안 되는 요구라고 생각해요. 오히려 그 반대예요. AI를 개발하는 인간이 AI의 이용으로 사회가 어떻게 변하고 거기에서 나오는 결과가 인

I [역주] 기계 학습(machine learning): 인공 지능(AI)의 연구 분야 중 하나. 인간의 학습 능력과 같은 기능을 컴퓨터에서 실현하고자 하는 기술 및 기법.

간에게 어떤 영향을 주는지 이해할 것을 사회는 기대할 수 있어요. 얼굴 인식이든 신용도든 추천이든 마찬가지예요. 현재 진행되고 있는 발전은 지금 우리가 시민 사회로서 미리 해야 했거나 아니면 적어도 발전과 나란히 해야 마땅한 성찰과는 멀어지고 있어요.

개발자와 기업에 책임을 지우고 부정적인 결과에 영향을 받는 사람을 보호하는 것이 사실은 정치의 역할이다. 기술 기업은 정치보다 몇 년을 앞서 나가고 있고 정치는 뒤처져 미래 지향 기업을 따라잡는 데 큰 어려움이 있다.[I] AI를 이용할 때도 규칙을 세울 때도 그렇다. 이제는 이 문제를 인식하고 AI는 중립적이라는 생각에서 탈피하는 데 초점을 맞춰야 한다.

물론 이 분야의 강력한 자기 선택 메커니즘은 문제를 줄이기보다 키우고 있다. 그렇다고 지금 소프트웨어와 AI 산업을 다양화하면[II] 문제가 해결된다고 주장하는 것은 잘못된 접근법이라고 라우크비츠는 말한다. 물론 컴퓨터 과학은 다양해져야 하지만 그러기 위해서는 문화적 맥락도 달라져야 한다. 라우크비츠에 따르면 시작했다가 겁을 먹고 이내 그만두는 사람이 많다고 한다. 남아 있는 사람은 아마도 문화에 적응한 사람들

I 정보 회사 케임브리지 애널리티카의 정보 유출과 관련해 2016년과 2018~2020년에 미 하원과 상원에서 열린 마크 저커버그 청문회와, 러시아의 미 선거 운동 개입이 대표적인 사례다.

II 여성, 성 소수자, 유색인, 장애인을 더 많이 고용하자는 뜻.[LGBTQI(Lesbian, Gay, Bisexual, Transgender, Queer, Intersex): 레즈비언, 게이, 양성애자, 트랜스젠더, 퀴어(성 정체성에 의문을 품은 사람), 간성-역주]

일 것이다. 즉, 그들은 변화의 주체가 아니다.[I] 현재 문제 해결의 책임은 문제를 일으킨 사람이 져야 한다. 그러지 않으면 우리는 가장 힘이 없는 사람에게 책임을 전가하는 동시에 문제 유발자들의 짐을 덜어주게 된다. 과감한 변화를 이끌어내려면 지금 이 분야에 몸담고 있는 모든 사람들이 사회 문제에 등을 돌리고 자신의 이익을 위해서만 행동하기보다는 그 문제를 똑바로 직시하는 게 절대적으로 필요하다. 라우크비츠의 말마따나 현재 가장 큰 위험은 모든 것이 앞으로도 지금처럼 계속되는 것이고, 사회적 불평등과 부당함이 AI를 통해 계속 고착되는 것이기 때문이다. 그럴 때마다 언제나 AI를 통한 결정은 객관적인 토대 위에서 내려진다는 논리가 따라붙는다. 권력의 차이에 존재하는 부당함은 그 원인이 AI의 이면에 있다. 더 근본적인 해결책은 디지털 혁명일 것이다.

하지만 우리의 자본주의 시스템에서 그건 가능하지 않아요. 우리에겐 근본적으로 새로운 시작이 필요해요. 그러려면 우선 다음과 같은 질문부터 던져야 합니다. "AI가 정말로 필요한 곳은 어디인가?" "AI가 도움이 되는 곳은 어디인가?" "AI는 무엇을 위해 어떤 기여를 할 수 있는가?" "이를 위해 우리에겐 어떤 데이터가 필요한가?" "그 데이터에 어떻게 접근할 수 있는가?" '훌륭하게' 모아들인 데이터에도 편견은 여전히 존재할 거예요. 그다음에는 이 결정이 투

I 뒤에 가서 언급하겠지만, 셰릴 샌드버그식(式)의 '린 인'(Lean in) 정보과학자들을 말한다. 즉, 편안한 동화(同和)를 주장하는 셰릴 샌드버그식 페미니즘 추종자들이다.

명해지고 비판이 가능하도록 만드는 방법을 찾아야 합니다. 알고리즘이 내린 결정이 분명히 잘못되었을 때 누구나 적극적으로 참여할 수 있게 말이죠.

과자가 맛이 없어서 비판을 할 때 그게 어떻게 만들어졌는지 굳이 알 필요는 없다. 과자를 직접 만드는 방법을 알 필요는 더더욱 없다. 우리에게 필요한 것은 과자의 민주화, 더 정확히 말하면 인공 지능 AI의 민주화다. 그게 이루어진다면 AI는 공정한 사람이 이용할 경우 확실히 대중에게 유익한 도구가 된다고 라우크비츠는 말한다. 예를 들면 탈세를 적발하고, 돈세탁을 잡아내고, 질병을 진단하고, 의약품의 작용 구조를 알아내는 일 등등을 할 수 있다.

유토피아적인 미래가 되면 우리는 임금 노동과 돌봄 노동을 포함한 다양한 형태의 노동을 줄일 수 있어요. 자신을 위해, 사회를 위해, 연구를 위해, 아무튼 그게 무엇이든 간에 더 많은 시간을 가지기 위해 특정한 일을 AI에 맡기는 것이죠.

신시아 코번의 비유를 빌려 말한다면, 시민 사회가 스스로 프랑켄슈타인 박사가 될수록 괴물은 쓸모 있는 뭔가가 될 수 있다. 인간적인 의미에서가 아니라 사람에게 유용하다는 의미에서.

5장
해 봐

국제 우주 정거장 ISS(International Space Station)
는 내가 보기에 전 세계에서, 아니 전 우주에서 가장 멋진 일터 중 한 곳
이다! 현재까지 19개국의 우주 비행사들이 20년 이상 평화롭게 함께 떠
다니며 연구하고 수리한다. '생쥐 방송'에서는 아이들에게 무중력 상태에
서 어떻게 스파게티 볼로네즈를 요리하는지 보여준다.

그러나 세부적인 내용을 살펴보면 그곳 체류가 모든 이에게 똑같이 편
안하지는 않다. ISS도 가부장적 디자인의 안식처이기 때문이다. 2019년
사진에서 우주 비행사 제시카 메이어와 루카 파르미타노는 함께 뭔가를
하고 있다. 파르미타노는 파란색 받침대 밑에 발을 걸고 있다. 무중력 상
태에서 안정이 필요할 때 사용하기 위해 정거장 곳곳에 부착한 장치다.
파르미타노보다 머리 크기만큼 키가 작은 메이어는 그렇게 할 수 없다.
받침대 밑에 발을 걸면 작은 원형 창문이 보이지 않아서다. 그렇게 한다
고 생명이 위협받는 것은 아니지만 불편하고 공정하지 않다.

1998년부터 ISS에 탑승한 240명의 우주 비행사 중에서 여성은 고작 34명이다.[I] 우주 비행을 하는 여성의 수는 최근 몇 년간 증가했다. 메이어와 여자 동료 크리스티나 코크는 2019년 10월 여성 우주인만의 첫 '우주 산책'[II]에 나섰다. 그럼에도 ISS의 기반 시설은 20년이 넘는 세월 동안 거의 변하지 않았다. 여성 우주인들은 전과 다름없이 그들을 위해 조성되지 않은 여건에서 일해야 한다. 그곳은 그들보다 키가 크고 체중이 무거운 남자 동료들을 위한 곳이다.

이들은 공적을 쌓은 명망 있는 여성 우주인으로서 언젠가는 다시 지구로 귀환한다. 토크쇼에 초대받아 영웅 대접을 받는다. 그러나 사만타 크리스토포레티[III]의 경우처럼 뒷맛이 씁쓸한 영웅 대접을 받는 경우도 있다. 2020년 5월 크리스토포레티는 토크쇼《쾰너 트레프》에서 너무 큰 우주 장갑에 대해 이야기한 뒤 우주 체류를 위해 딸을 혼자 남겨두어야 했던 일에 대해 해명해야 했다. 그리고 바이올리니스트 앙드레 류로부터 그곳을 떠나온 지금 누가 우주 정거장을 청소하느냐는 농담을 듣고 참아야 했다.[61]

이제는 이 우주 일화를 긍정적으로 해석해보자. 우리 여성은 거의 누구나 조금쯤 ISS에 있는 우주 비행사나 마찬가지다. 적어도 우리를 위해 만들어지지 않은 일터의 불편함을 그 여성들과 공유한다.

I 2020년 5월 기준.

II 우주 정거장 외부의 복잡한 수리 작업은 우주에서만 '우주 산책'이라고 표현한다.

III 199일 16시간 동안 우주여행을 하여, 유럽인으로서 가장 긴 우주 체류 기록을 세웠다.

내 사무실로 들어와

2018년 신시아 닉슨이 뉴욕 주지사 후보 경선에 나가 앤드루 쿠오모와 맞붙었을 때 그녀의 참모들은 지역 방송인 WCBS TV에 한 가지 요구 조건을 내걸었다. 두 후보가 참석해 미국의 전형적인 생방송 토론이 진행될 스튜디오의 실내 온도를 화씨 76도(섭씨 약 24도)로 맞춰달라는 것이었다. 무엇보다 지속 가능성을 기치로 내건 선거 운동의 맥락에서 보면 전적으로 의미 있는 요구였다. 큰 공간의 온도를 에어컨으로 낮추는 것은 엄청난 에너지 소모이기 때문이다. 그러나 닉슨이 이 요구를 한 데에는 또 다른 이유가 있었다. 쿠오모는 일터에 '신선한 바람'을 몰고 오기 위해 서늘한 온도에서 일하는 걸 좋아하는 것으로 유명했다. 그러나 여자와 남자는 온도 민감도에서 차이가 나기 때문에 한 사람에게 '신선한 바람'이 다른 사람에겐 편안한 온도를 넘어 오싹한 추위를 느끼게 할 수 있다.

시스여성과 시스남성이 쾌적한 온도를 각기 다르게 느낀다는 것에 대해서는 이야기해볼 가치가 있다. 이것이 이야깃거리가 될 수 있는 건 전기[I] 에어컨과 온도 조절기의 발명 덕분이다. 온도 조절기는 실내 온도를 의식적인 결정의 문제로 만들고 결국엔 권력의 문제로 만든다. 1930년대까지도 도시 건축은 여름에 실내에서 일하고 쇼핑하고 생활할 때 어

I   '전기'라는 말을 덧붙인 것은 의미가 있다. 왜냐하면 지구상에서 비교적 더운 지역에는 바깥 기온이 불편할 정도로 높을 때 실내 체류를 쾌적하게 해주는 자연 냉방 장치와 건물 설계법이 이미 오래 전부터 존재하기 때문이다. 물론 기온을 낮추는 정도는 요즘 우리가 알고 있는 에어컨과 비교할 수 없으며 온도 조절기로 온도를 조절할 수도 없다.

떤 식으로든 견딜 수 있으려면 어떤 건물을 지어야 하느냐는 문제와도 직결되어 있었다.

그러다 에어컨이 발명되면서 상황이 달라졌다. 1960년대부터 에어컨이 미국의 공공건물에서 없어서는 안 될 필수품이 되자 규제 표준을 만들 필요가 생겼다. 이에 따라 미국 냉난방공조협회(ASHRAE)는 1966년 이른바 '애슈레이 표준 55'라는 규정집을 발표했다. 여기서는 두 가지 기준이 중요한 고려 사항이었다. 첫째는 이른바 신진대사 해당치(MET, Metabolic Equivalent Task)이다. 사람이 다양한 활동을 할 때의 에너지 소비량을 말한다(사무실에서는 주로 앉아서 생활할 것이다). 둘째는 늘 사무실에서 입고 있는 옷이 제공하는 단열 효과다. 규제 표준은 복잡한 공식으로 표현되었지만 핵심은 몸무게가 70킬로그램인 40대 남성을 위해 만들어졌다는 점이다. 사실상 미국의 TV 드라마 시리즈 《매드 맨》(Mad Men)에 나온 1960년대 모델 돈 드레이퍼가 표준화된 사무실 온도의 원형이다. 시리즈에서와 같이 불만을 표시하는 여성은 모두 비서 자리로 돌아가 말없이 한기에 몸을 떤다. 돈 드레이퍼에게는 아무 문제가 아닌 것이 그의 여비서 페기 올슨에게는 불만거리이다.

2015년 네덜란드의 마스트리흐트 대학에서 16명의 젊은 여성을 차례로 냉방이 된 방으로 들여보내는 실험을 했다. 모두 똑같은 복장(속옷, 티셔츠, 조깅 바지, 양말)을 하고 책상 앞에 있는 표준 규격의 사무실 의자에 앉게 했다. 그런 다음 실내 온도를 바꾸고 여성들에게 각각의 온도를 얼마나 쾌적하게 또는 불쾌하게 느꼈는지를 말하게 했다. 그 결과 여자들은 기본적으로 약간 따뜻한 것(실험 방식과 지역에 따라 섭씨 3.1~5도의

페기 올슨과 돈 드레이퍼.
드레이퍼는 1960년에
사무실 냉방의 원형이 되었다.

차이가 있다)을 더 좋아한다는 사실 외에도, MET에 적힌 표준 수치보다
몸에서 열을 적게 생산하는 것으로 나타났다.[I] MET 일람표 역시 놀랍게
도 남자들의 수치를 참조하기 때문이다.[II][62]

  여기에서는 추위를 느끼는 것 이상의 것을 말하려 한다. 추위를 느끼

I   표준 수치보다 35퍼센트 적게 생산한다.

II 2015년 연구 결과가 나온 이후 이 주제를 다룬 모든 기사에서는 항상 불만이 제
    기되었다. 남자들은 사무실에서 정장을 입고 있을 수밖에 없으므로 실내 온도
    가 높으면 땀을 흘린다는 것이었다. 좋다. 나는 여름에 은행원과 보험 회사 직원
    들에게 반바지 착용을 허락해달라는 모든 청원에 서명하겠다.

면 창의적 작업, 학습, 말하기, 생각하기 같은 모든 지적 활동이 멈춘다. 몸이 에너지를 아껴, 뇌를 제외한 모든 필수 기관이 있는 몸통으로 보내기 때문이다(심지어 뇌 기능이 멈춘다). 따라서 여성의 몸만이 아니라 여성의 생산성도 고통을 받는다. 그리고 이건 여자에게만 해당되는 게 아니다. 누구나 살면서 MET가 감소한다. 이 말은 나이가 들수록 추위를 탄다는 뜻이다.

온도 조절에 대해 고민해야 할 이유로 성차별과 노인 차별의 관점 외에 또 다른 강력한 논거가 있다. 바로 환경이다! 미국에서는 전기의 38퍼센트가 가정(20퍼센트)과 상업 및 사무용 빌딩(18퍼센트)으로 들어간다. 이 점유율은 1980년대부터 꾸준히 증가했다.[63] 에너지 소비가 가장 많은 기계는 에어컨, 난방기, 환풍기이다. 이 기계들의 가동에서는 EU가 미국과 중국 다음으로 에너지 소비 3위를 달린다. 그러나 2019년 녹색당이 연방 의회에서 질의한 내용에 나와 있듯이, 독일에서도 수요가 증가하면서 그간의 격차를 따라잡고 있다. 독일에서는 해마다 10만 대의 새로운 기계가 설치되고 있다. 산업용 에어컨의 에너지 소비도 지난 11년간 3분의 1 이상 증가했다.[64] 우리가 사는 세상은 실외는 계속 더워지지만 실내는 점점 추워진다. 이건 에어컨이 없는 곳이 없다는 뜻이기도 하지만 온도 조절기에 설정된 평균 온도가 내려갔다는 말이기도 하다. 다음과 같이 된 한 가지 이유로 냉방된 실내가 사회적 지위를 나타내는 소비재가 된 것을 들 수 있다. 사회가 부유해질수록 실내는 추워지고 환경에는 더 나쁜 영향을 미친다.[I]

I 이 상황은 사회가 여성의 체중에 대해 품고 있는 미의 이상이 사회의 부에 좌우

전 세계적으로 건물(주거용과 상업용)에서 사용되는 전기의 20퍼센트는 에어컨과 환풍기로 들어가는데 이 소비는 급격히 늘어나는 추세에 있다. 지구상에서 에어컨을 사용할 경제적 여건이 되는 나라들이 갈수록 많아지기 때문이다.[65] 산업화된 나라들이 야기한 기후 변화가 일부 지역을 사람이 살기 힘든 황무지로 만들어버린 상황에서 이는 그 자체로는 공정하다. 그러나 국제 에너지기구는 2018년 보고서에서 남반구 국가들에서 판매된 전기 기구의 에너지 효율이 서구가 감당할 수 있는 기준에 미치지 못한다고 강조했다. 다시 말해 이는 차가운 공기에 대한 높은 수요를 충족시키려면 그곳에 새로운 발전소를 세워야 한다는 뜻이다. 재앙은 다음과 같이 일어난다.

실내 온도는 온도 조절기의 단추를 눌러 쉽게 조절할 수 있다. 전 세계가 실행하고 있는 높은 수준의 에너지 효율 등급 외에도 실내 온도를 섭씨 21도에서 25도로 4도 올려 맞추면 에너지가 상당히 절약된다. 일부 추산에 따르면 20~30퍼센트 절약된다고 한다.[66]

닉슨은 해당 주제가 한두 번 보도되는 데 그치지 않고 헤드라인을 장식하는 데 기여했다. 주요 신문과 잡지에는 관련 기사가 실렸다. 그중 가장 의미심장한 헤드라인 중 하나는 타일러 페이저가 《뉴욕 타임스》에 쓴 것이다. 「사무실 온도는 '성차별'을 할 수 있을까? 여성과 과학은 그렇다고 말한다」 원 제목은 다음과 같다. "Can an Office Temperature Be 'Sexist'? Women, and Science, Say So."

된다는 것을 생각하면 더 기괴하다. 부유할수록 날씬한 여성을 원한다. 또한 그럴수록 여성은 (에어컨 때문에) 추위에 시달린다.

이것은 성차별이 사무실에서도 존재할 수 있다는 사실에 의문을 품는 것일까 아니면 단순히 실내 온도가 성차별적일 수 있다는 사실에 의문을 제기하는 것일까? 여성과 과학은 실내 온도가 성차별적일 수 있다고 믿고 있으니 여기에 반박할 사람은 누구이겠는가? 이 책의 여러 대목에서 짐작할 수 있듯이 과학과 거리가 먼 남자들이다.

핀란드의 한 연구에서는 실내 온도가 여성의 쾌적함에 맞춰져 있다면 모두가 혜택을 본다는 결론을 내렸다. 남자들의 불편함은 사실 그다지 크지 않고 따라서 그것이 그들의 실적에 끼치는 영향도 여성의 경우보다 적기 때문이라는 것이다.[67] 이럴 땐 여성을 만물의 척도로 삼는 것이 충분히 의미 있는 대안이 될 것이다.

정장을 입은 40세의 돈 드레이퍼가 결정하는 것은 단지 사무실 온도만이 아니다. 그는 모든 사무실 문화에 영향을 끼치며 사무실에서 볼 수 있는 거의 모든 것의 기준이다. 당연히 그가 편안해야 하기 때문이다. 앉아 있을 때도 마찬가지다. 인터넷을 들여다보든 전단지를 읽든, 이른바 사장들이 앉는 회전의자에 흔히 모리츠, 보리스, 팀, 옌스 같은 남자 이름이 붙는 것도 그다지 놀랍지 않다. 반면에 전문성을 풍기지 않는 의자는 아니카라는 여자 이름으로 불려도 무방하다. 이것은 의자 자체보다는 가구를 명명하는 사람의 세계관에 대해 더 많은 것을 말해준다고 생각할 수 있다. 하지만 그건 하나만 알고 둘은 모르는 이야기다. 키가 163센티미터인 내가 이른바 사장 의자에 앉으면 시트 길이가 내 허벅지보다 길어서 몸을 앞으로 당겨 앉아야 다리를 움직일 수 있다. 당겨 앉는 건 문제가 없는데, 그렇게 하면 의자 등받이에 기댈 수 없다. 그리고 이제 다리는 움직일 수 있지만 공중에서 대롱거린다. 다행히 대부분의 의자는 높이 조절이 가능해서 유압식 단추를 누르면 문제가 해결된다. 글쎄, 그렇다고 다 해결되는 건 아니다. 내 두 발이 바닥에 닿는 순간 사무용 책상 앞에 앉은 나는 아동용 밥상을 졸업하고 처음으로 어른 식탁에서 밥을 먹게 된 아이가 된 기분이다.

키와 몸무게는 의자를 디자인할 때 중요한 역할을 하는 확실한 구성 요소다. 사무실에서 일하는 사람의 움직임에 주목한 연구에 따르면, 남녀의 골반과 등 아래 부분의 차이 그리고 의자 팔걸이와 등받이의 상이한 사용 방식 때문에 앉아 있다고 해서 남녀 모두 똑같이 앉아 있는 게 아니며,[68] 성 인지적 사무용 가구에 대해 더 많은 연구가 필요하다고 한다. 물론 더 많은 연구가 나오면 유용하겠지만, 아주 간단한 몇 가지 해결책이 있다. 예를 들어 독일 라디오 프로그램인《도이칠란트풍크》에서 높이가 조절되는 책상이 제공되었을 때 나의 많은 것이 바뀌었다. 앉아서 일하기도 하고 서서 일하기도 하게 되자 근무 시 관점의 변화가 일어났다. 그뿐만 아니라 앉은 자리에서 책상을 기본 높이보다 더 아래로 내릴 수 있게 되자 마우스 작동으로 무뎌진 팔과 어깨에 금세 긍정적인 효과가 나타나는 걸 알 수 있었다. 전에는 한동안 컴퓨터 앞에 앉아 있으면 두 부위에 늘 통증이 생겼었다.

사무용 가구를 이야기하려면 더 일반적인 사무실 디자인에 대해서도 말해야 한다. 이른바 큐비클(칸막이)이 있는 대형 사무실을 예로 들어보자. 큐비클은 작업 공간을 개별 단위로 실용적으로 분할하지만 개인의 사적 영역[I]을 희생시킨다. 관련 연구가 내린 결론에 따르면 대형 사무실에서는 전반적으로 여자들보다 남자들이 더 잘 지낸다.[69] 시야 차단막이 있든 없든 관계 없이 대형 사무실의 배경 소음 문제에서도 남녀 간의 차이가 확인된다. 여자는 소음에 더 민감하게 반응하고 소음으로 주의가 흐트러지고 소음으로 더 자주 건강에 피해를 입는다.[70] 그러나 대형 사무실을 상대로 페미니즘 투쟁을 벌이겠다고 선전 포고를 하기 전에이 모든 것이 그리 간단치 않다는 걸 알아야 한다. 물론 직원들 간의 업무 관계가 개선되었다고 보고하는 연구들도 있다. 특히 여성들로서는 다른 이들과 잘 어울리고 업무와 무관한 주제에 대해 의견을 교환하는 것도 중요하다. 이런 건 각자 따로 앉아 있는 곳보다는 당연히 큰 사무 공간에서 더 원활하다. 또한 직원들 사이에 문이 없으면 관리자에 대한 인식도 긍정적으로 바뀐다. 이는 남녀 모두에게 해당한다.[71]

안 되면 되게 하라

잔 라브로스는 남편이며 발명가인 앙드레 자크 가르느랭과 기구 여행을 할 수 없게 되었다. "성별이 다른 두 사람이 하늘을 나는 것은 음란하고 부도덕하며, 공기 압력이 젊은 여자의 연약한 기관에 위험을 안기지나 않을지 확실히 알 수 없기 때문"이었다. 1798년 11월 한 프랑스 신문

I 우리는 많은 분야에서 직장 내 사적 영역을 사회적 지위와 연관시킨다. 사장실에는 잠글 수 있는 문이 있지만 일반 직원은 그렇지 못하다.

에 보도된 내용이다. 그럼에도 라브로스는 기구 여행을 감행했다. 그녀의 연약한 기관들은 잘 버텨주었다. 이듬해에는 세계에서 여성 최초로 낙하산을 타고 내려왔는데 이번에도 그녀의 내장은 무사했다. 그때부터 여자의 비행을 막은 유일한 이유가 여성 혐오임을 여성들이 매번 증명하고 있지만 이 분야에도 평등은 존재하지 않는다. 전 세계적인 수치를 제시하기는 어렵지만 2018년 대형 항공사 34곳의 여성 조종사 비율은 5.2퍼센트인 것으로 추산되었다.[72] 군대에서는 3퍼센트에 불과했다. 이를 우주 비행과 비교하면 로켓 조종석에 앉아 있는 여성의 비율(11.5퍼센트)이 일반 항공기 여자 조종사 비율의 2배다. 여기엔 많은 이유가 있다. 그중 하나는 확실히 역사적인 배경에서 비롯되었다. 제1차 세계대전이 끝났을 때, 그러니까 승객과 화물의 항공 운송이 시작되었을 때 항공기 승무원은 군대에서 차출했다. 여자는 군대에서도 항공사에서도 조종사 교육을 받을 수 없었다. 조종석에 들어가는 게 허용되지 않았기 때문이다. 사적인 영역 바깥에서는 여성 조종사 교육이란 게 아예 존재하지 않았다.[I] 이 정치적 장애물은 어느덧 세계 대부분 국가에서 사라졌다. 여성은 에어 스포츠뿐만 아니라 군대에서도, 그리고 민간 여객기나 화물기 조종석에 앉아

I   1927년 마르가 폰 에츠도르프는 갓 창설된 독일 루프트한자 AG 항공기 조종석에 앉은 최초의 독일 여성이었다. 이후에도 오래도록 여성 조종사는 그녀가 유일했으며 60년이 지난 1988년에 와서야 다른 여성들도 그녀의 뒤를 따라 루프트한자 조종사가 되었다. 독일 루프트한자에서 기장으로 승진한 최초의 여성 조종사는 니콜라 리지였고 그것도 (믿을 수 없지만) 2000년에 와서야 가능해졌다. 라디오 앞에 앉아 우리가 레아몬의 "슈퍼걸스 저스트 플라이"(Supergirls just fly)를 흥얼거리던 때였다. 몇 년 후인 2007년에 울리케 피처가 연방군 최초의 여성 전투기 조종사가 되었다.

서도 하늘을 날 수 있게 되었다. 따라서 여성 조종사가 아주 적은 또 다른 이유는 조종석 디자인 때문일 수도 있다. 당연한 일이겠지만 1990년 대까지 군용기는 물론이고 여객기와 화물기의 조종석 설계는 오직 남자를 모델로 표준화되어 있었다. 이는 조종석에서 쉽게 확인할 수 있다. 기기의 크기뿐만 아니라 모든 기기의 작동이 기본적으로 남자의 인체 측정 수치[I]에 맞춰져 있다. 미 육군 군용기 내부의 치수에 관한 미국 연구를 보면, 조종석 디자인은 시스남성의 90퍼센트에게 적합한 반면 시스여성의 70퍼센트는 여기에서 배제되었다. 여성의 65퍼센트는 키가 너무 작고 5퍼센트는 너무 크다.[73] 65퍼센트에 속하는 여성이 앉은 자리에서 페달에 발이 닿지 않으면 — 이는 성공적인 조종사 경력에 필요한 기본 조건이다 — 그 디자인은 성차별적이다. 속력이 올라가고 압력이 커질 때 작고 가벼운 (여성의) 몸을 지탱하고 보호하는 안전벨트 역시 모든 군용기의 표준인 비상 탈출 좌석의 디자인과 마찬가지로 문제다.

여객기와 화물기 조종사는 군용기 조종사와 달리 상대적으로 빠른 속력과 큰 압력을 견딜 필요가 없다. 게다가 이 비행기들에는 비상 탈출 좌석이 아예 없다. 따라서 상업용 비행기는 조종석을 성 중립적으로 설계할 때 넘어야 할 장애물이 적다고 생각할 수 있다. 하지만 그렇지 않다. 그 이유 중 하나는 현재까지 여성의 인체 측정 데이터가, 특히 민간 부문에서, 부족하기 때문이다. 연령에 대해서도 비슷한 말을 할 수 있다. 남

I 이와 관련한 학문은 인체 측정학이다. 이는 성별, 연령, 기타 환경과 관련한 인구학적 특성을 고려해 인간의 신체와 골격의 특성을 연구하는 학문이다.

자든 여자든 우리의 신체 능력은 언젠가는 쇠퇴하기 마련인데 조종석은 전성기의 남자들을 위해 설계되었기 때문이다.

여기에서 자연스럽게 나오는 질문이 있다. 어디에 경계선을 그어야 할까? 조종석 디자인은 얼마나 포괄적이어야 할까? 어떤 대답이 나오든 간에, 그 대답은 우리가 다수의 여성에게 맞지 않는 디자인에 만족한다는 것이 되어서는 안 된다고 생각한다.

비행기와 멋진 사무실 이외의 곳을 보더라도 이 세상의 직장이 꼭 여성 친화적이라고 할 수는 없을 것 같은데, 다만 내가 이 분야에서 수행한 경험적 연구를 접한 적이 거의 없다. 카펫 직조인이 사용하는 기구와 작업 환경을 조사한 이란의 한 연구를 보면, 그곳에서도 남성 표준의 작업 도구 설계로 인해 여성 근로자의 신체 마모와 고통이 남자 동료들보다 크다는 결론이 나와 있다. 연구자들에 따르면 기계에 작은 변화만 주어도 일터는 개선되고 여성 근로자들은 더 건강해지고 그들의 생산성도 높일 수 있다.[74] 숙련공을 대상으로 실시한 미국의 한 연구는 여자와 남자의 드라이버 사용 방식이 각기 다르며,[I] 드라이버 디자인이 남성보다 여성의 성과에 더 큰 영향을 미친다는 걸 보여주었다.[75] 어느 새 목공이라는 주제를 언급하게 되었다. 건설 분야에서 일하는 여성의 수가 그토록 적은 이유 중 하나는 그곳의 많은 여건이 여성에게 맞지 않아서다. 시멘

I 운동 기능에서 차이가 난다는 뜻이다. 여자든 남자든 드라이버는 당연히 나사를 조이고 빼는 데 사용한다.

트 포대는 너무 크고 무거워서 그걸 다룰 수 있는 여성은 극히 일부뿐이다. 표준 벽돌은 평균적인 남자 손에 딱 들어맞지만, 높은 곳에 올라가서 벽돌쌓기를 할 때처럼 여자가 그걸 한 손으로 잡기는 어려울 수 있다.[76] 안 그래도 힘들고 위험한 활동 분야인 농업에서도 사정은 비슷해 보인다. 세계적으로 보면 갈수록 많은 여성이 농업에 종사하고 있는데 이 추세는 지난 몇십 년에 걸쳐 서서히 이룩되었다. 그러나 여성은 미국과 유럽의 시스남성의 평균 체격에 맞게 개발된 농기구와 기계를 다루어야 한다.

특히 상체 근육에서 남녀의 차이가 두드러지게 나타나는 까닭에 트랙터 부속 기구를 바꿔 달 때 건장한 남자 농부는 혼자 할 수 있지만 여자는 도와줄 사람을 데려와야 한다. 트랙터 중에는 연료통이 위쪽에 있어서 연료를 넣을 때 키가 작은 사람이 통을 머리 위로 들어 올려야 하는 것이 있다. 좌석과 브레이크 간의 거리도 키 작은 사람에게 불리하다. 전체적으로 보면 농사일을 하는 여성에게 수많은 만성 질환과 마모 현상이 나타나지만 이는 예방할 수 있다고 일리노이 대학교 어바나 샴페인 캠퍼스 농업 및 바이오 공학 연구소의 조세핀 루돌피 교수는 말한다. 근본적으로 농업에서 여성이 남성보다 힘들게 일해야 할 이유가 없다. 여성도 남성과 똑같이 농사일을 하기에 적합하다. 다만 여성에게 적절한 농기구가 필요할 뿐이다.[77]

이런 결과들은 아직 완성되지 않은 그림의 작은 퍼즐 조각에 불과하다. 하지만 이를 통해 화이트칼라든 블루칼라든 여성 근로자가 일하는 직업의 세계에 얼마나 많은 연구가 필요하고 얼마나 많은 디자인 역량이 발휘되지 못한 채 숨어 있는지, 그리고 적절한 디자인이 여성의 가능성과 삶의 질에 어떤 영향을 미칠지 짐작할 수 있다.

죽도록 빠르다

1885년 카를 벤츠는 자동차를 발명했다. 그로부터 80년간 이 기계는 죽음의 덫이었으나, 놀랍게도 사람들은 이 문제에 대해 별로 말을 하지 않거나 아예 침묵했다. 사람들이 자동차 앞유리로 곤두박질쳐 유리 조각에 코가 잘리고, 경동맥이 절단되고, 운전대 기둥이 내장에 꽂혔다. 자동차를 타고 가다 죽는 사람이 셀 수 없이 많다고 누가 말하면 그건 한동안 다음과 같은 의미였다. 자동차가 사람을 죽이는 게 아니고 사람이 사람을 죽이는 거라고.[I] 형편없는 운전자 탓이지 형편없는 자동차 디자인 탓이 아니라고. 자동차 산업이 오랫동안 큰 관심을 기울인 건 차량 안전 문제를 공공의 담론에서 완전히 배제하는 것이었다. 운전은 사치, 지위, 휴가, 여가와 연관되어야지 "미국 도로에서 죽음과 랑데부하는 3만 5,000명의 자동차 운전자"[II]를 연상시켜서는 곤란했다. 이는 전설적인 TV 저널리스트 월터 크롱카이트가 1954년에 처음으로 30분짜리 TV 프로그램에 나와 미국 시청자들에게 한 말이다.[78] 크롱카이트는 당시 혁명적이던 휴 드헤이븐의 연구를 소개했다. 조종사이며 엔지니어인 드헤이븐은 삶과 죽음은 "예수님이라는 요소"가 결정하는 게 아니며, 승객이 위험

I 지난 수십 년 동안 무기 로비스트들이 똑같이 주장했다.
II 1954년 당시 미국 인구는 1억 6,300만 명이었다.

에 처해 있는지 아니면 반대로 보호받고 있는지의 문제에서 중요한 역할을 하는 것은 차량이고 이를 위해서는 디자인을 조금 바꿀 필요가 있다고 확신했다. 사망자가 나오지 않게 할 수 있다는 생각이 처음으로 평범한 사람들의 머릿속에 각인되었다. 1954년 독일의 교통사고 사망자 수(인구 7,100만 명 중 1만 3,374명)는 미국보다 조금 적었다. 그러나 갈수록 많은 사람들이 죽음의 덫인 자동차를 사고 싶어 하고 그럴 능력이 있었다는 사실을 생각하면 이것도 심각한 수치였다. 10년 뒤 변호사 랠프 네이더는 그때까지 드헤이븐 연구소의 안전 연구 결과에 전혀 주목하지 않은 자동차 업계를 고소했다.[79] 그의 책 『어떤 속도로도 위험하다』는 엄청난 베스트셀러가 되었으며 수년간 집중 로비를 통해 대중의 의식과 자동차 산업에 변화를 가져왔다.[I] 책은 독일에서는 출간되지 않았지만 독일 자동차가 미국산 차보다 더 낫지 않았던 터라 독일 자동차 운전자들에게 즉각 영향을 미쳤다. 네이더는 예컨대 보편적으로 인기 많았던 폭스바겐 비틀(Beetle)이 대단히 위험한 차량 중 하나라고 보았다. 이로써 교통안전 문제는 우리에게도 중요한 관심사로 자리 잡았다.

1970년대부터 미국과 유럽의 교통사고 사망자 수는 지속적으로 감소했다. 독일에서는 속도 제한, 혈중 알코올 농도 허용치, 안전벨트 및 오토바이 운전자의 헬멧 의무 착용 도입 같은 법률 개정 덕분이었다. 그러나 이것만으로는 사망자 수 감소를 설명하지 못한다. 해답은 오늘날 자동차

I   자동차 제조회사 제너럴 모터스가 네이더를 상대로 대대적인 비방 운동을 펼치고 그를 공개적으로 망신 주려 했지만, 그로 인해 오히려 그는 대중에게 진정으로 사랑받는 사람이 되었다. 이후 그는 대통령 선거에 두 번 출마했다.

에 도입된 표준 설계에도 있다. 안전유리, 크럼플 존[I], 구부러져 꺾이는 조
향봉(steering rod), 에어백, 그 밖에 이름이 없거나 있어도 아는 사람이
거의 없는 수많은 다른 장치들이다. 그러나 이 모든 안전 대책에도 불구
하고 교통사고는 여전히 EU와 미국 젊은이들의 주요 사망 원인 중 하나
다. 남자가 교통사고로 사망할 확률은 여자의 2.6배다.[80] 그 이유는 남자
가 평균적으로 자동차를 3분의 1 정도 더 자주 운전하고[81] 대체로 더 위
험한 운전 습관을 드러내기 때문일 수 있다.[82] 그러나 충돌 결과에 대한
연구에 따르면 연구자들이 키, 체중, 안전띠 착용, 충돌 강도 등의 요소
를 제어할 경우 여성 운전자가 남성 운전자보다 자동차 사고에서 중상을
입을 확률이 47퍼센트 더 높다. 달리 말하면, 사고를 당한 안전띠 착용
의 여성 운전자는 동일한 사고를 당한 동일한 키와 동일한 체중과 동일
한 연령의 안전띠 착용의 남성 운전자보다 부상을 입을 확률이 높다. 경
상인 경우엔 여성의 부상 확률이 71퍼센트 더 높다.[83]

2011년에 수행한 이 연구에서는 자동차 사고 시 성별에 따른 부상 위
험을 최초로 통계적 수치로 분석했다. 2년 후에 나온 또 다른 연구에서
는 자동차 사고를 당한 여성의 사망 확률이 남성보다 17퍼센트 높은 것
으로 나타났다.[84]

이런 수치만큼 충격적인 것은 이 문제가 10년 전만 해도 연구 대상이
아니었다는 점이다. 잠시 비교 대상이 아닌 것을 비교해보자. 1930년대
부터 자동차 사고 발생 시 여성의 생명을 보호할 수 있는 방법의 연구보

I   [역주] 크럼플 존(crumple zone): 차량 충돌 시 먼저 꺾이고 찌그러지면서 충격
     을 완화하는 전면의 엔진 룸, 후면의 트렁크 등을 말한다.

다 동물에게 수화를 가르치는 일에 훨씬 많은 돈과 연구가 투입되었다.[I] 문제는 사망한 여성들이 각각 입증되지 않은 일화적 증거로 남아 있는 한, 그리고 신뢰할 만한 수치가 있지 않은 한, 업계에서 행동에 나설 필요가 없었다는 것이다. 그러니 자동차 산업이 1960년대 중반에 와서 결국 안전 문제를 해결해야 하는 상황에 처했을 때 이를 수십 년간 단 하나의 마네킹을 가지고 시도했다는 것은 사실 놀랍지도 않다. '시에라 샘'(Sierra Sam)은 키 1.77미터, 체중 75.5킬로그램의 젊은 남성의 체형을 가진 마네킹이었다. 이것이 모든 사람을 대신했다. 그 외 모든 사람은 — 운이 없었다! '그 외 모든 사람'이란 항공기 조종석의 예에서처럼 여자만 뜻하지 않는다. 키 작은 남성, 뚱뚱한 사람, 그리고 (시에라 샘의 가상의 나이는 알아낼 길이 없었지만) 노인들도 모두 배제되었다.

연구자들이 이미 1980년대에 이 상황을 비판했지만[85] 충돌 실험용 마네킹을 이용해 처음으로 여성의 사고 상황을 시뮬레이션할 기회가 생긴 것은 30년이 지난 뒤였다. 그런데 표준 실험을 한 것이 아니라 EU가 신차 모델 승인[II]을 위해 규정한 5가지 충돌 실험 중 한 가지만 했으며 그것도 조수석에서만 실시했다. 그곳이 여자가 앉는 자리이기 때문이다. 게다가 이 마네킹도 실제론 여자 모형이 아니라 EU 지침에 맞춰 표준 마네킹

I   특히 1970년대에 유인원에게 수화를 가르치려는 시도는 관련 연구에 일종의 든 든한 자금줄이 되었다. 이 분야에 대한 대중의 관심이 너무나 컸고 암컷 고릴라 코코 같은 동물을 이용한 돈벌이가 쏠쏠했기 때문이다. 반면에 자동차 사고에서 여성의 생명을 구하는 일은 상품화하기가 여의치 않았다.

II 이것을 담당하는 곳은 유엔 유럽경제위원회(UNECE : United Nations Economic Commission for Europe)이다.

사고 시 남성 운전자에
비해 여성이 높은 확률로
부상당할 비율[I]

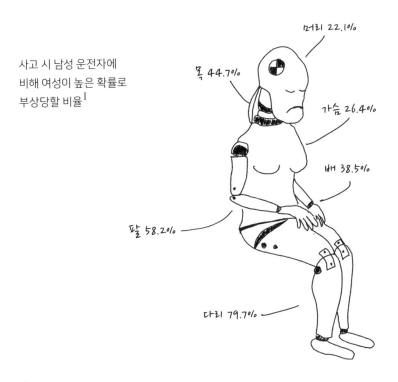

머리 22.1%

목 44.7%

가슴 26.4%

배 38.5%

팔 58.2%

다리 79.7%

을 축소한 것이었다. EU는 모든 성인의 5퍼센트만이 이 마네킹보다 작다
고 가정했다. 이 모형은 시스여성의 신체 특성인 해부학, 지방과 근육의
상이한 분포, 척추뼈 사이의 상이한 간격, 골밀도 등을 고려하지 않았다.
단순히 조수석에 앉은 작은 남자 모형에 불과했다.

자동차 좌석의 표준 위치는 시에라 샘의 위치다. 즉, 키가 1.77미터이
고 몸무게가 75.5킬로그램인 시스남성이 앉는 위치다. 평균적인 시스여

I 이것은 그림에서처럼 충돌 실험용 인체 모형으로 알아낸 것이 아니라 사고 통계
   에서 나온 수치다. 여성 인체 모형을 이용한 실험이 아예 없기 때문이다.

성은 좌석을 계기판 쪽으로 당겨 앉아야 페달에 발이 닿는다. 다행히 이건 가능하지만 개발자들의 시각에서 보면 비정상이라 표준에서 벗어난 좌석의 위치에서 발생하는 충돌의 영향은 오랫동안 오싹한 미스터리로 남아 있었다. 정면충돌의 경우 여성은 복부 내상을 입을 가능성이 더 크지만(남성보다 38.5퍼센트 더 크다), 앉은 자리와 계기판 사이의 짧은 거리 때문에 충돌 시 가장 위험한 부위는 다리다(79.7퍼센트).[86] 추돌 사고, 즉 후면 충돌 시엔 특히 상대적으로 약한 목과 상부 가슴 부위 근육이 흔히 위플래시(whiplash)라는 용어로 통칭되는 부상에 3배나 더 취약하다. 여자는 평균적으로 남자보다 체중이 가벼우므로 몸이 더 빨리 앞으로 쏠린다. 이런 투석기 효과와 그로 인한 부상을 예방하는 한 가지 방법은 더 부드럽고 유연한 좌석이라고 스웨덴 샬메르스 공대의 안나 칼손 교수는 말한다.[87]

2019년 연구에서는 여성이 남성에 비해 경상이나 중상을 입을 위험이 2011년의 연구 예상치보다 높게 나타났다. 즉, 불균형은 최근의 자동차 모델에도 그대로 남아 있다. 더욱이 여성의 사망 확률이 증가하는 때는 과거에 추정한 것처럼 폐경기[I]가 아니라 그보다 훨씬 이른 시기였다.[88] 이유가 과연 무엇일까?!

차량 안전에는 비용이 많이 든다. 연구에 돈이 들어가고 충돌 실험에도 돈이 들어간다. 디젤 스캔들이 생생히 보여주었듯이, 자동차 회사들은 모든 가능한 곳에서 비용을 줄인다. 그 와중에 완전히 엉뚱한 곳에서 비용을 줄여도 별로 놀랍지 않다. UNECE가 차량은 모든 사람의 50퍼

I   뼈를 약화시켜 잘 부러지게 하는 골다공증도 원인이 될 수 있다.

센트에게 최대한의 안전을 보장한다는 생각을 굽히지 않는 한 달라지는 것도 없을 것이다. 그러니 연구자들이 EU 입법권[I]에서 성평등 조항에 따른 현행 규정 위반에 주의를 환기해도, 더욱이 규정과 실행 사이에 간극이 존재해도, 마찬가지로 무관심하다. 스웨덴의 여성 엔지니어이며 차량 안전 전문가인 아스트리드 린데르는 다음과 같이 말한다. "규칙은 다음과 같아야 합니다. 보호 조치는 인구 중 가장 약한 사람이 보호받도록 실행되어야 합니다. 위플래시 방지책에서 보았듯이 지금과 같은 정반대의 접근법이 반드시 효과가 있는 것은 아닙니다."[89]

신차 승인을 위한 충돌 실험에서 실질적으로 폭넓은 변화[II]를 가져오기 위한 정치적 로비는 지금까지 없었다. 50여 년 전 자동차 산업으로 하여금 처음으로 교통안전을 디자인의 문제로 인식하게 만든 로비에 버금가는 광범위한 활동이 필요하다고 본다. 그리고 『어떤 속도로도 위험하다』 같은 베스트셀러엔 다음과 같은 말을 덧붙일 필요가 있다. "당신이 시스남성이 아니라면."

I   제8조, 성평등에 관한 조항.

II 임산부 마네킹과 노인 마네킹으로도 실험해야 한다. 교통사고로 인한 임산부의 유산이 드물지 않은데도 임산부와 아기를 보호할 안전벨트는 아직 개발되지 않았다. 내가 경험한 바에 따르면, 웬만큼이라도 편안한 안전벨트도 찾아보기 힘들다.

여자 스포츠는 성취의 대상이 아니다?!
(그리고 노동도 아니다)

나의 세대가 보았던 독일의 청소년 대상 코미디 영화에서 한 어린 소녀가 경주용 자전거를 타고 시내를 달린다. 소녀는 갑자기 몸이 안장에 닿는 느낌이 좋다는 것을 알게 된다. 정확히 말하면 단순히 좋은 것 이상이었다…. 영화 〈소녀, 소녀〉에서 디아네 암프트가 연기한 주인공 잉켄은 가로등에 의지해 자전거 안장에서 몸을 비틀다 생애 첫 오르가슴을 경험한다. 자전거 타기는 여자들에게 히스테리를 유발한다고 100년도 훨씬 전에 의사들이 진단을 내렸을 때, 아니 추측했을 때도 그들은 머릿속으로 비슷한 상상을 했을 것이다. 히스테리는 무엇보다 자기중심성과 인정 욕구와 성욕 같은 징후를 일으키는 '질병'이라고 했다. 당연히 이 모든 것은 남편이 아내에게서 바라지 않는 것들이기에 여자가 자전거 타는 것은 무조건 막아야 했다.

영국의 프로 사이클 선수 해나 다인스는 자전거 안장에서 관능적 경험이 아닌 다른 경험을 한 여성이다. "질이 있다는 것은 고통이 있다는 걸 의미한다."《가디언》지에 기고한 글에서 그녀는 사이클 선수로서 겪은 경험을 보고하며 다음과 같이 썼다.[90] 질이 있는 사람은 어차피 고통을 견디는 데 익숙하다고 했다. 그들 중 일부는 월경을 할 때 극심한 통증을 겪는다.[I] 첫 성관계도 괴로운 통증을 일으킬 수 있으며, 통증은 이후 성관

I   자궁 내막증은 8장에서 다루겠다.

계가 계속될 때마다 매번 다양한 이유에서 나타날 수 있다. 일부 다른 원인도 있겠지만 성관계 후 자주 발생하는 방광염과 요로 감염은 말할 것도 없다. 질을 통해 힘들게 아이를 낳아본 적이 있는 사람은 이것 역시 때론 몇 달씩 이어지는 엄청난 고통을 수반한다는 것을 안다. 우리는 우리의 생식기가 기쁨과 즐거움 외에 불편함의 원천일 수도 있으며 이것이 (어느 정도는) 시스여성의 일부라는 것을 알고 성장한다. 그러나 다인스의 경우 통증의 원인이 그녀의 몸 상태에 있기보다 자전거 안장을 디자인할 때 여성 신체의 해부학적 구조를 고려하지 않은 데 있었다. 2014년 다인스는 장애인 올림픽 시상대에 오르는 것을 목표로 영국 사이클링 리그에 들어갔다. 날마다 훈련해야 하는 야심 찬 목표였다. 그녀는 사이클링에서 성공하려면 대가를 치러야 한다는 걸 알고 있었다. 같은 해 처음으로 외음부에서 여러 겹의 각질층과 음모가 뭉텅이로 벗겨져 나갔다. 그것을 변기에 흘려보냈을 때는 불쾌했지만, 오랜 시간 자전거 안장에 쓸리고 긁혀 상처가 났던 것을 생각하고 크게 놀라지 않았다. 당시에는 그저 거쳐야 하는 절차 중 하나라고 생각했다. 하지만 그것은 찰과상으로 생긴 각질층과 고통스럽게 안쪽으로 파고든 음모로 그치지 않고 이내 외음순과 림프절의 화농성 질환 그리고 결국엔 만성 염증으로 발전했다. 세월이 흐르면서 몇몇 부위가 무뎌지고 통증도 한동안 가라앉았다. 그러나 남아 있던 굳은살이 계속 자라면서 자전거를 탈 때 다시 통증을 일으켰다.

2016년 다인스는 처음 출전한 장애인 올림픽에서 5위를 차지하고 세계 선수권 대회에서는 금메달을 땄다. 통증을 이겨낸 게 헛되지 않았다. 그러나 2018년, 5년간의 혹독한 훈련이 끝난 뒤 그녀의 개인적인 고통은 한계에 이르렀다. 더는 자전거를 탈 수 없었다. 다인스는 의술에 도움을 구했다. 조직 검사 덕에 악성 종양에 대한 의심이 사라진 뒤에는 딱딱하게 굳은 부위를 수술로 제거해야 한다는 사실도 분명해졌다. 그러나 안장은 성공을 향해 가는 길에서 없어서는 안 될 필수품이었다. 세계 어디에서나 여성 사이클 선수라면 누구나 그럴 것이다. 다인스는 오랫동안 이 난관을 제 탓으로 돌렸다. 무슨 이유에서인지 안장과 맞지 않는, 아니 세상의 모든 안장과 공존하지 못하는 자신의 하체 상태 때문이라고 생각했다. 게다가 전 세계적으로 사이클에서는 여전히 여자 선수를 남자 선수나 트레이너만큼 진지하게 대접해주지 않고 있으며 여자 선수를 담당하는 의료진도 대부분 남자들이다. 이로 인해 조직이나 요로의 만성 염증, 고통스런 종양과 기형을 그냥 '앉아서 참아내는' 수밖에 없었다. 너무 늦어 수술이 불가피해질 때까지.

아나 바이스는 산악자전거 잡지사에서 일한다. 아웃도어 스포츠 전문가로서 특히 기업에 목표 고객인 여성을 어떤 식으로 고려해야 하는지 조언한다. 나는 그녀와 함께 사이클에서 여성이 투명 인간 취급을 받는 현실에 대해 이야기했다.

여성은 그게 자기 탓이라고 생각해요. 또는 자신이 뭔가 잘못되었다고 믿어요. 이 모든 게 수치심에 붙들려 생기는 문제예요. 안 그래도 성차별이 지독한 분야에서 말이죠. 어디 그뿐인가요. 제 의견을 주장하는 여성들은 어렵게 따내야 했던 계약이 파기될까 겁을 내요. 아무도 내부 총질을 하려 하지 않아요. 그렇게 하면 개인적으로 불리해질 위험이 커지니까요.

자전거를 타는 사람은 안장에 앉아야 한다. 누구나 예외 없이 그렇게 하지만 안장의 형태와 상태는 남자 엉덩이와 생식기에 맞춰져 있다. 다 인스가 기고문에서 묘사했듯이, 안장에 앉았을 때 남성의 생식기는 한 쪽으로 밀어놓을 수 있지만 우리 여자들은 그냥 앉아야 한다. 그렇다고 모든 남자가 항상 편히 앉아 탄다는 뜻은 아니다. 프로 사이클링 자체 가 불편한 스포츠이기 때문이다. 그러나 남자들의 경우엔 무엇이 문제 인지 인식하고 끊임없이 그것을 해결하려고 노력하지만 여성의 경우는 그렇지 않다.

몇 년 전 제가 안장을 생산하는 미국의 대형 제조업체 홍보 행사 에 갔었어요. 요란한 행사 음악과 함께 신제품이 소개되었어요. 얼 마나 많은 선수들이 얼마나 긴 시간 동안 그 안장에 앉았느냐가 관 심사였죠. 우리는 손가락에 센서를 붙이고 이것저것 해보았어요. 그 센서는 피시험자의 회음부 주변에 부착해 산소의 흐름을 측정했던 것이었어요. 여자는 저 혼자였는데 그것을 살펴보고 다음과 같이 물 었어요. "여성을 대상으로도 안장 테스트를 하셨나요? 뭔가 새로운 게 밝혀졌나요?" 조용했어요. 그러더니 다음과 같은 대답이 나왔어 요. "여성을 대상으로는 측정할 수가 없어요. 너무 복잡하거든요."

실제로 자전거를 타면 음경으로 가는 혈류가 막힐 수 있다. 그러면 무 감각과 일시적인 발기 부전까지 나타날 수 있다. 이런 이유에서 '음경 마 비' 현상에 관한 연구에 많은 돈이 투입된다. 위의 안장 제조업체는 2019년 에 여성용 경주 자전거 안장을 출시했다. 얼마나 많은 노력과 돈이 제품 개발에 들어갔는지는 알 수 없다. 사이클링에 두 개의 악순환이 존재하기 때문이다. 다음 두 글을 통해 알 수 있는 이 두 개의 악순환은 남자들이 (가령 여자도 산악자전거를 탈 수 있다는 걸 처음 알게 될 때) 어떻게 만물의 척도가 된 자신을 발견하는지 분명하게 보여준다.

문제는 의사 결정을 하는 위치에 있는 사람들이 신제품을 세상에 내놓으려 할 때 설문 조사나 연구를 참고해야 한다는 거예요. 어려운 수치가 들어간 것을 제시하는 것이 가장 좋아요. 이런 연구를 어디에서 얻을까요? 기업에 돈이 많으면 시장 조사 기관에 연구를 맡깁니다. 그러나 이 분야에서 활동하는 매체가 생산한 연구를 가져다 쓰는 경우가 더 많아요. 예를 들어 우리가 펴내는 잡지나 다른 산악자전거 잡지 같은 것들이죠. 이런 잡지사 편집부에서는 누가 일할까요? 주로 남자들이에요. 내용은 남자들이 남자를 위해 기획해요. 이런 잡지가 누구에게 팔릴지 한번 맞혀보실래요? 주로 남자들이에요. 그다음엔 얼마나 많은 여성들이 산악자전거를 타는지 이 잡지에서 설문 조사를 해요. 어떤 결과가 나올까요? 1퍼센트예요! 재미있죠. 이 수치는 다시 제품 관리자들에게 전달돼요. 그들은 다음과 같이 말해요. 시장성이 없으면 돈을 투자할 필요가 없다고.

그래도 저 바깥 현실 세계에서는 여자들도 산악자전거를 탄다는 걸 그들도 안다. 그러니 여자들에게 뭔가를 팔 수 있어야 한다! 여기서 벌써 다음 덫이 기다리고 있다. 현실의 여성이 아닌 상상 속 여성들의 선호도를 조사하는 것이다.

도발적으로 말하면 여성에게 중요한 두 가지는 외양과 안전이라고 들 말해요. 현재 우리는 작은 꽃이 그려진 분홍색 자전거를 생산합니다. 핸들 바가 무척 높아요. 즉, 스템이 높은 거죠. 그래야 넘어질까 불안한 마음이 들지 않아요. 여자는 초보자들이에요. 즉, 많은 돈을 투자하지 않는다는 뜻이에요. 그래서 바퀴는 무겁고 부품의 질은 열악해요. 그렇게 '여성용 자전거'가 완성됩니다. 스포츠에 진심인 여성들은 당연히 다음과 같이 말할 거예요. "나는 절대로 그런 자전거는 타지 않아." 그러면 '여성용 자전거'는 덜 팔리겠죠. 그러면 제조사는 또 다음과 같이 말해요. "지금 우리가 여성을 위해 뭔가를 만들고 있는데 여성들은 그걸 원하지 않아. 보아 하니 목표 고객군이 없는 것 같군. 따라서 우리는 그걸 완전히 중단하고 모든 마케팅 역량을 남성 자전거에 쏟아부어야겠어." 이게 악순환이에요.

산악자전거든 경주용 자전거든, 연간 제품 주기[I]도 연구에 필요한 돈과 시간을 확보하는 걸 어렵게 만든다. 그러나 이따금 헤나 다인스 같은 여성이 자신의 경험과 내밀한 부위[II]를 수술한 일을 공개적으로 밝히면 적어도 조금쯤 뭔가 변화가 시작된다. 전 세계에서 프로 스포츠 선수와 아마추어 선수들이 그녀에게 연락을 해왔다. 미국의 여성 사이클 선수 앨리슨 테트릭은 다인스와 매우 비슷한 경험을 했다고 말했다. 그녀도 외음

I 제조사들은 해마다 '더 나은' 신제품 자전거를 출시한다. 그러니 여기저기 소소한 것들을 개선할 시간밖에 없다.

II 'private parts(은밀한 부위, 음부)'라는 영어로 표현하면 더 이해하기 쉬울 것이다.

부를 수술했다. 테트릭은 프로 스포츠 선수로서 활동 기반이 넓을 뿐 아
니라 돈과 후원자도 있었기에 마찰과 통증을 최소화하는 안장의 개발을
의뢰했다. 그러니까 정말 외음부가 있는 사람들을 위한 안장이었다. 당연
한 일이지만, 모든 사람의 외음부가 똑같은 식으로 고통을 받는 건 아니
기 때문이다. 그에 따라 현재 각 선수의 엉덩이와 외음부의 틀을 정확히
뜰 수 있는 3D 프린터를 이용해 탄소 소재의 개인별 안장을 제작하고 있
다. 대단하긴 한데 값이 비싸다. 또한 모두가 그 안장을 구입할 여유가 되
는 건 아닐 것이다. 여자 프로 사이클 선수는 매체에서 여전히 지엽적인
대상으로 (그리고 각주처럼) 다루고 있기 때문이다.[I]

2012년 예일 대학교에서 수행한 연구에 따르면 경주용 자전거에서 핸
들 바의 높이는 여성의 골반 기저근과 대음순에 가해지는 압력에 결정
적인 영향을 주는 것으로 나타났다. 핸들 바를 올리면 이 부위에서 느끼

I 공식적으로 여성을 위한 투르 드 프랑스(Tour de France : 매년 7월 프랑스에서 개
최하는 세계 최고 권위의 사이클 대회)는 없지만 여성이 이 경기에서 자전거를 타
지 못하는 건 아니다. 여성은 항상 남성보다 하루 먼저 결승선에 들어온다. 프로
젝트 이름은 "도농 데 엘레 오 벨로"(Donnons des elles au vélo : 그녀들에게 자전
거를 주자)다. 수십 만 유로를 최신 연구에 쏟아붓는 스폰서의 요란한 미디어 광
고가 없어도 스포츠에서 최고 기량을 발휘할 수 있다는 걸 보여주는 불굴의 여
자 선수들이 일으킨 게릴라 봉기다. 결승선을 앞두고 직선 도로를 달릴 때 그녀
들은 아마 낮은 소리로 다음과 같이 읊조리는지도 모른다. "네가 하는 거라면 뭐
든지 내가 더 잘해." [이런 노력 덕분에 30여년간 단절되었던 투르드 프랑스 팜
(Tour de France Femmes)이 (이 책이 출간된 다음 해인) 2022년에 열렸다 – 역자
주]

는 부담이 줄어들 수 있고 그에 따라 통증, 부상, 부상이 야기하는 감각 상실도 예방할 수 있다.[91] 흥미롭다! 잠시 이번 장 첫머리에 나왔던 내용을 상기해보자. 히스테리성 성욕을 일으킬 수 있으니 여성의 자전거 타기를 금지해야 한다는 것이 19세기 말 의사들의 진단이었다. 그렇다면 예일대 연구가 나온 지금 그것이 무엇을 경고하는 건지 모두 짐작할 수 있을까? 일간지 《빌트》는 다음과 같은 기사를 실었다. "그녀가 섹스에 흥미가 없다고? 그건 그녀가 지금 막 자전거를 타고 돌아왔기 때문일 수 있다."[92] 2019년 말 민영 방송 RTL은 이 기사를 재활용하면서 한 술 더 떠 다음과 같이 말했다. "여성이여, 다음과 같은 슬로건대로 합시다. '자전거를 사랑하는 사람은 그걸 밀고 간다. 그리고 다시는 올라타지 않는다.'" 하하하! 미디어 비평을 가지고 흥분할 생각은 없다. 그러나 여성의 부상 위험에 대한 결론을 a) 성적 무기력으로 환원하고,[I] b) 그 해결책을 더 나은 자전거 설계에서 찾는 게 아니라 여자는 자전거를 타지 말아야 한다는 사실에서 찾는다면, 저 방송에서 한 말은 우리 사회에 대해 많은 것을 말해준다고 본다.

여기에 개의치 않고 경쟁 스포츠인 사이클링에 전념하는 여성들에게 다시 돌아가자. 사실 그들이 무엇을 해낼 수 있는지 우리는 모른다. 앞으로 이 상황이 달라질 것 같은 징후도 거의 보이지 않는다. 달라지기 위해서는 자전거에 많은 돈과 시간을 들여 새로 발명해야 한다. 그러나 아

I 여자가 계속 남자와 잠자리를 하는 한, 여자에게 통증이 있어도 남자는 신경 쓰지 않는다고 생각하는 사람은 자신이 그런 사람인 거다.

마도 사이클링은 최근 몇 년간 많은 일들이 일어난 겨울 스포츠의 전철을 밟을지도 모른다.

스키점프를 예로 들겠다. 최초로 기록이 남은 1862년의 노르웨이 트뤼실 스키점프 대회에서 잉리 올라브스도티르 베스트뷔라는 이름의 젊은 여성이 놀란 관중의 머리 위를 6미터 이상 훌쩍 뛰어올랐다. 수많은 남자 경쟁자들보다 먼 거리를 날았다. 게다가 당시에 흔히 그랬듯이 그녀는 긴 치마를 입고 참가했다. 몇몇 여자 선수들이 그녀의 선례를 따랐지만 여자 스키점프 선수들은 특별 허가를 받아야만 대회에 참가할 수 있는 이례적인 현상이었다. 스키점프는 무척 오랫동안 여자 몸의 해부학적 구조에 너무 위험한 운동이라고 알려져 있었다. 특히 자궁은 어떤 이유로든 공중 점프에 방해가 되는 요인으로 생각되었다. 1998년에서 2021년까지 국제스키연맹(FIS) 회장을 지낸 지안 프랑코 카스퍼[I]는 2005년 라디오 인터뷰에서 스키점프가 여성에게는 "의학적 이유에서 적합하지 않아 보인다"[93]고 말했다. 위에서 내가 쓴 '무척 오랫동안'이란 말은, 나 스스로도 놀랐지만, 실제로 2014년까지를 말한다. 그 해에 여자 스키점프가 처음으로 올림픽 정식 종목으로 채택된 것이다. 이전 수십 년간 올림픽 위원회는 여자 스키점프는 전문성이 없다는 이유로 채택 신청을 거부해왔다. 한번 비교해보자. 남자 스키점프는 1924년에, 즉 90년 일찍 올림픽 종목에 들어갔다. 없다고 지적받은 여자 스키점프 선수들의 '전문성'은 프로 엘리트 스포츠에서 항상 보게 되는 전형적인 닭이 먼저냐 달걀

I [역주] 2021년 7월에 사망했다.

이 먼저냐라는 문제의 일부다. 최고 기량에 도달하려면 단순히 재능 이상의 것이 필요하기 때문이다. 돈, 훈련, 경기 출전 경험, 그리고 당연히 전문 장비도 여기에 속한다. 긴 치마를 입고 최고 높이까지 점프하는 것은 오늘날 더는 가능하지 않다.

스키점프는 빠른 속도와 위험이 수반되는 극한 스포츠 중 하나이지만 여성을 배제해왔다는 점에서 예외가 아니다. 스키 전 부문에서 여자들은, 적어도 기록 향상 스포츠인 경우, 오랫동안 등한시되어왔기 때문이다. 물론 여자들도 전부터 늘 스키를 탔지만 겨울 휴가 때 취미나 여가 활동으로 즐기는 정도였다. 제조사가 보기에, 스키를 취미로 타는 여성은 남성용 스키와 시각적으로 구별되는 스키에 더 큰 가치를 두었다. 그러므로 색상이나 장식 같은 전략이 통할거라고 생각했다. 그 외에 여성용 스키는 남성용보다 짧고 가벼웠다. 여자는 그다지 스키를 잘 타지 못하므로 첨단 기술이 들어간 남성용 스키를 '단순화'한 초급자용 스키가 필요할 거라고 생각했기 때문이다. 여자들이 몰래 남자들 대회에 숨어 들어가 이따금 기록을 깨긴 했지만 최고의 능력을 발휘할 만한 장비는 없었다.

요즈음 겨울 스포츠용품 시장에서는 목표 고객군의 44.5퍼센트를 여성이 차지한다.[94] 또한 최근 몇 년간 겨울에 열리는 기록 향상 스포츠와 경쟁 스포츠에서 약간의 변화가 일어났다. 그에 따라 어느덧 여성이 운영하고, 여성을 고용하고, 여성용 장비를 연구하고 디자인하는 기업들이 생겨났다. 목표는 단지 잃어버린 몇십 년을 만회하는 것에 그치지 않고 미래에도 여성이 최고의 성과를 낼 수 있게 하는 데에 있다. 그럼에도 우리는 스포츠 장비와 관련해 힘과 기량과 속도와 관계가 있는 모든 것은 전통적으로 남자의 영역이라는 잘못된 가정에 빠져 있는 회사들을 자주 본다.

6장
옷이 날개다

나는 전에 어느 기업 고문의 조수로 일한 적이 있었다. 거래처와 만나는 곳에 지저분한 운동화를 신고 나간 뒤 나는 복장과 드레스 코드에 대해, 그것으로 우리가 무엇을 표현하고 싶은지에 대해, 그것이 무엇을 표현해야 하는지에 대해 상사와 오래도록 호의적이면서도 열띤 토론을 벌였다.

돌이켜 보니 그때 나는 바깥세상에 분명한 신호를 주기 위해 도발하고 싶었다는 것을 깨달았다. "나는 바지 정장과 점잖은 색이 지배하는 곳, 여자가 한 번쯤 우아하고 화려한 실크 스카프로 변화를 주어도 용인되는, 그런 비즈니스 세계에 속하는 사람이 아니다. 그러나 나는 너무 비겁하고 게으른 나머지 그걸 입 밖으로 꺼내 말하지 못한다"고 말이다. 옷은 반항적인 말을 할 수 있는 가장 편리한 방법이었다. 마치 결혼식에 가야 하는데 앞에 놓인 옷을 입지 않겠다고 버티는 아이처럼.

직장이라는 환경은 우리가 일상에서 일반적으로 접하는 것을 극단으로 몰고 간다. 옷이 사람의 외모에 끼치는 영향은 금테 두른 접시와 종이 접시가 각각 그 위에 담긴 커리 소시지에 미치는 영향과 같다. 소시지가 어떻게 만들어졌는지는 그 시각적인 차림새보다 관심을 덜 끈다. 악마는 (이 경우 가부장제는) 늘 그렇듯이 디테일에 있다. 예를 들어 디테일의 한 예는 주머니이다.

주머니

내 계좌에 이 책의 선인세가 들어온 걸 발견한 날, 나는 그걸 기념하고 나에게 뭔가를 선물하고 싶었다. 그러나 반(反)가부장적이고 반자본주의적인 책을 쓴다면서 아무 생각 없이 소비재에 돈을 쓸 수는 없는 노릇이었다. 따라서 윤리적 소비를 하기에는 중고 가게가 합리적인 대안 같았다.

고급 선물용품 브랜드 '마크 더 모먼트' 세일 같은 것에 잔뜩 기대를 걸 때도 여간해선 일어나지 않는 일이, 내 기대를 뛰어넘는 일이 벌어졌다. 믿기 힘든 걸 발견한 것이다. 내 몸 치수에 맞는 이브닝드레스였다. 짙은 파란색에 금색 단추가 달리고, 측면과 중앙에서 보면 젖가슴 옆면이 살짝 드러나지만 테이프로 가리지 못할 정도는 아니었다. 그런데 그 드레스에서 가장 충격적인 건 주머니가 있다는 것이었다. 양복바지처럼 좌우에 달린 주머니에는, 여자든 남자든 아무튼 누가 옷을 입든 간에 돈, 열쇠, 탐폰, 손수건, 휴대폰을 넣어 쉽고 편리하게 몸에 지닐 수 있었다. 이브닝드레스나 그냥 일반적인 드레스를 아직 입어본 적이 없는 사람은 아마 무관심하게 어깨를 한 번 으쓱하거나 속으로는 살짝 드러난 젖가슴 옆면을 생각할지 모르지만, 여성복의 주머니 부족은 수백 년 전부터 논의되고 있는 변함없는 주제일 뿐 아니라 사회가 우리 여성에게 어떤 역할과 어떤 임무를 부여하는지의 문제와 밀접히 관련되어 있다.

에이버리 트루펠만이 자신의 팟캐스트 시리즈 《흥미로운 사물》에서 말했듯이, 주머니는 사회적 특권의 완벽한 은유다. 주머니가 있는 사람들이 그걸 당연시해서만은 아니다. 주머니 빈곤은 성별이나 인종과 비슷하게 필연이 아니라 권력 유지를 위한 사회적 구성물이기 때문이다.[95]

역사적으로 보면 다양한 도구를 늘 몸에 휴대하고 다닐 수 있다는 가능성은 모험과 발견의 정신을 발휘하는 문을 열어주었다. 뭔가를 체험하려면 빈 주머니로 집을 나서지도 않지만 잡동사니 가득한 트렁크를 들고 나가지도 않는다. 주머니는 독립의 한 형식이다! 독립은 오랫동안 모든 사람에게 해당되는 것이었다. 중세에 주머니는 바지나 드레스 허리춤에 벨트로 고정하는, 독립적인 의복의 범주에 속했다. 근본적으로 패니 팩[I]의 위대한 선구자였으며 남자와 여자 모두를 위한 것이었다. 그러다 17세기 말에 처음으로 남성 패션에서 바느질로 꿰매 부착한 주머니가 등장했다. 같은 시기에 여성의 패니 팩, 즉 주머니는 겉옷에서 속옷으로 들어가 겉옷과 속치마 중간에 자리 잡았다. 이 때문에 페티코트와 망토 옆면에 길게 터진 곳을 만들어 여러 겹의 옷을 지나 거의 몸에 달라붙어 있다시피 한 주머니에 손이 닿게 했다.

여자가 명문 귀족의 일원이 아닌 한, 또한 자기만의 방이나 자기만의

I [역주] 패니 팩(fanny pack): 끈을 달아 허리에 매는 주머니 모양의 가방.

침대라는 흔치 않는 호사를 누리지 않는 한, 사적 영역이란 말은 19세기에 들어서까지 낯선 개념이었다.[I] 따라서 속옷 주머니는 종종 여성의 소유품을 보관할 수 있는 유일하게 안전한 장소였다. 프랑스 혁명기(1789~1799)[II]에 의복은 처음으로 귀족[III]뿐 아니라 민중에게도 정치적 선언이었다. 그리고 패션의 선언이었다! 투쟁 끝에 얻어낸 변화는 무엇보다 계몽주의의 등장을 예고했는데 의복에서도 '화려함과 엘리트 풍' 대신 '실용성'이 주를 이뤘다.[IV] 의복의 실용성이 늘어난 쪽은 처음엔 남성들이었다. 여성의 경우 19세기 초에 옷의 볼륨이 사라지고 후프 스커트[V]는 한물간 구식이 되었지만, (그리스 여신처럼) 몸매를 강조하는 새로운 이상과 얇은 옷감으로 인해 주머니를 숨길 자리도 사라졌다. 가벼운 의복을 얻는 대신 치른 대가였다. 얻는 것이 있으면 잃는 것도 있는 법이다.

그런데 짠! 손지갑이 발명되었다! 여자들은 화려하게 수놓은 작은 천지갑이나 촘촘하게 짠 그물 모양의 지갑을 손목에 걸고 느긋하게 흔들

I 버지니아 울프가 100여 년 전 『자기만의 방』에서 묘사한 것은 지금도 전 세계 많은 여성들에게 해당된다. 혼자만의 방은 희망 사항이다.

II 상퀼로트(반바지를 입지 않은 하층 시민)가 자코뱅파(프랑스 우표에서 마리안이 쓴 것과 같은 앞이 뾰족한 빨간 모자를 쓴 사람들)와 함께 프랑스 전제 군주제에 맞서 전선을 형성한 시민 봉기. 프랑스 제1공화국으로 가는 길을 닦았다.

III 귀족은 항상 전부터 특정한 무늬, 색상, 디자인을 통해 자신과 민중을 구별하는 수단으로 의복을 이용했다. 예를 들어 (달팽이로부터 얻는) 자주색은 군주 일가와 성직자에게만 허용되었다.

IV 그렇다고 패션에서 고전적 양식이 사라졌으리라고 믿는 것은 넌센스다. 사라지지 않았다.

V [역주] 후프 스커트(hoop skirt): 탄력 있는 철사 등으로 부풀린 스커트.

고 다녔다. 동전 몇 개가 들어갈 자리는 충분했지만 전에 주머니에 넣고 다녔던 모든 것을 넣을 만큼 크지는 않았다. 이름은 라틴어로 그물을 뜻하는 레티쿨룸(reticulum)에서 온 '레티큘'(Reticules) 또는 프랑스어로 우스꽝스럽다는 뜻의 리디퀼(ridicule)에서 유래한 '리디큘'(Ridicule) 중 어디에 초점을 두느냐에 따라 다르게 불렸다. 새로 나온 손지갑 패션은 멋있었지만 조금도 실용적이지 않았다. 고전적인 패니 팩과 달리 레티큘은 분실하거나 도난당하지 않으려면 들고 다닐 때 큰 주의를 기울여야 했기 때문이다.[I]

패션은 정치적이라 이후 두 개 진영이 대립했다. 한편에는 과거의 패니 팩 옹호자들이 있었고 반대편에는 레티큘에서 완벽한 여성성의 구현을 본 사람들이 있었다. 후자는 레티큘이 의미는 없으나 무척 아름답다고 보았다. 역사적으로 패니 팩은 하녀, 농사짓는 여자, 유모, 가정부 등 돈벌이에 종사해야 했던 여성을 위해 남아 있었다. 의무가 없다는 것, 일할 필요가 없다는 것은 자유를 뜻했고 부유한 여성의 특권이라는 것이 당시 관념이었다. 그리하여 자신을 비실용적으로 스타일링하는 것은 그런 라이프 스타일을 외부로도 드러내는 호사스런 사치였다.[II]

19세기에서 20세기로 넘어갈 때 여성 운동이 시작되면서 여자가 스스로 옷에 주머니를 (눈에 안 띄게) 꿰매 붙이는 법을 알려주는 안내서가

I 약 200년 후인 1990년대에 다이애나 비가 이 스타일을 완벽하게 구현했다. 이브 닝드레스를 입고 나타나는 곳마다 그녀는 행사 중에 필요한 소지품 몇 개만 넣은 작은 클러치 백을 손에 들고 있었다.

II 하이힐을 볼 때마다 늘 그런 생각이 들었다.

하나둘씩 나왔다. 그러나 모든 주머니가 안 보이는 곳에 있는 건 아니었다. 미국의 여성 참정권 운동가들[1]은 일정 용량의 주머니가 6개 달린 일종의 제복을 개발했다. 특히 치마바지 상단에 (남자 바지의 허리 밴드와 비슷하게) 덮개가 달린 주머니가 있어서 예를 들어 연설할 때 남자들이 세계 무대에 서서 그들의 바지 주머니에 손을 걸쳐 놓은 것처럼 편안하게 주머니에 손을 걸쳐 놓을 수 있었다. 당시 여성의 권리를 주장한 미국의 몇몇 포스터에는 남자 옷을 입은 여성이 그려져 있었는데, 무척 대담하게 늘 두 손을 바지 주머니에 꽂고 있는 모습이었다. 이는 정치권력을 선언하는 남성의 자세였다.

불필요한 장식과 과장을 걷어냈던 계몽주의 시대의 의복은 정교한 재봉 기술을 하나씩 둘씩 변화시켰다. 오늘날 여자 옷의 주머니가 너무 작아 쓸모없어진 건 여기에도 그 원인이 있다. 비교적 소박했던 여성복의 옷감은 차츰 남성복에서 사용된 옷감을 닮아갔으며, 신사복 패션을 공부한 재단사들은 여성 고객도 상대하기 시작했다. 이렇게 해서 무의식적으로 여성복에도 주머니를 붙였는데 다만 크기가 작아지면서 주머니의 기능을 잃어버리게 되었다. 남성복의 주머니 개수는 계속 늘어나다가 1940년대에는 옷을 온전히 갖춰 입은 남자 한 명당 24개라는 혼란스럽고 터무니없는 수에 도달했다. 반면에 여성의 경우는 가령 주머니가 없었다면 엉덩이가 펑퍼짐하게 보였을 진 바지처럼, 알리바이성(性) 디자

I   여성 참정권 운동가들은 영국과 미국에서 여성 참정권 도입을 위해 활동했다. 그들의 요구는 미국에서는 1920년에, 영국에서는 1929년에 받아들여졌다. 독일에서는 1919년에 처음으로 여성에게 투표권이 생겼다.

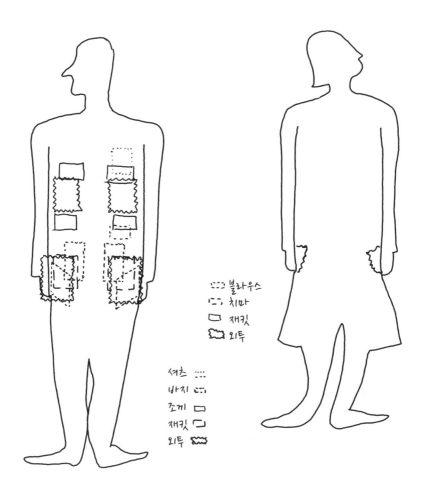

블라우스

치마

재킷

외투

셔츠

바지

조끼

재킷

외투

루돌프스키의 자료에 기초해 그린
주머니의 평균 개수(1944)

인을 고집했다.

이는 지금도 변함이 없다. 남편의 진 재킷을 입을 때면 나는 핸드백도 에코 백도 필요 없다. 외출했다가 어딘가에 물건을 두고 올 걱정도 없다. 그러나 외견상 거의 똑같아 보이는 내 재킷에는 주머니가 없다. 이 불평 등은 심지어 잠옷에서도 관찰된다. 월경을 하는 사람들의 잠옷에 바지 주머니가 필요한 이유는 많은데도 말이다!

바지 주머니 문화의 정점은 누가 뭐래도 카고 바지다. 생김새는 지루하기 짝이 없는 남성성의 역사를 알려주는 대림절 달력[I]을 닮았다. 작은 문처럼 생긴 24개의 주머니가 있고 지퍼와 찍찍이를 열면 강력 접착제, 케이블 타이, 헤드램프 따위가 항시 대기하고 있다. 나는 그 바지를 입고 싶지도 않고 오래 쳐다보고 싶지도 않다. 그러나 이 극단적인 상황과 내 열쇠, 신분증, 얼마간의 돈을 몸 어딘가에 지니고 다니는 것이 불가능한 상황의 중간쯤에 그래도 예쁘고 기능적인 주머니가 들어갈 자리는 있어 야 한다. 한 조각의 천과 한 조각의 자유.

I [역주] '대림절'은 예수 성탄 대축일을 준비하고 기다리는 성탄 전 4주간을 말한 다. '대림절 달력'은 주로 1~24까지의 숫자가 쓰여 있는 24개의 주머니나 상자 로 구성되어 12월 1일부터 24일까지 매일 하나씩 열어볼 수 있도록 만든 아동 용 달력이다. 안에는 성경 말씀이나 작은 선물이 들어 있다.

아름다운 고통

"아름다워지려는 사람은 고통을 겪어야 한다." 200년 이상 된 이 말은 대부분 여성 패션과 관계가 있다. 여러 버전이 존재하는 이 격언은 19세기 중반부터 전해 내려왔다. 그렇다고 그 전에는 고통을 겪지 않았다는 뜻은 아니다. 다만 섬유 공업이 산업화되기 전에 패션은 사치였고 경제적으로나 사회적으로 특권층 여성들의 전유물이었다. 15세기부터 18세기 말까지 후프 스커트와 더불어 코르셋이 크게 유행했다. 코르셋은 가슴을 심하게 조였기 때문에 모든 인간 행동의 기초가 되는 호흡을 할 때도 압박감을 느꼈다. 역설적이게도 이런 장식적인 옷차림을 한 여성은 외적으로, 즉 공공장소에서는 상당히 많은 공간을 차지한 반면 내적으로는 글자 그대로 새장 안에 묶여 있는 처지였다.[I] 옷을 입을 때 남의 도움이 필요하고 일상에서 숨을 쉬기가 힘겨워지면 큰 소리를 내지 않게 되고 불필요하게 움직이지도 않게 된다. 자신이 쓸 돈도 없고, 계좌를 만들 수도 없고, 뭐라도 벌기 위해 일을 하려면 남편의 동의 없이는 불가능하다는 것, 이런 것들이 완전히 터무니없다는 생각을 하는 데 필요한 산소도 아마 충분하지 않을 것이다. 게다가 패션은 위험한 것이었다. 그런 복장을 한 여성 한두 명이 실수로 불에 타거나 마차 바퀴에 깔렸다.

그러나 옷이 편안해질수록, 옷을 입고 편하게 움직일수록, 몸매를 만

[I] 지금은 상상하기 어렵지만, 서민 여성을 위한 저렴한 가격의 베르튀가댕(vertuga-din)도 있었다. 옷이 골반 높이에서 가능한 한 부풀어 보이도록 엉덩이에 두른 신축성 있는 둥근 패드다.

들고 유지하려는 내적 충동이 점차 커졌다. 적어도 미국의 사회학자 마이크 페더스톤은 1980년대 초에 이렇게 생각했다.[96] 스포츠가 붐을 이뤘고 우리의 식단은 우리 의식의 표현이 되었다. 다이어트가 대중화되면서 서구 특권층 여성의 알몸을 더 가늘고 단단하게 만들었다.

알몸을 다루게 된 이 시점에 이르러 다시 한 발 뒤로 물러나 팬티에 대해 살펴보자. 팬티만큼 사회 변화를 적나라하게 보여주는 옷은 별로 없기 때문이다. '적나라하게 보여준다'는 말은 틀린 표현일 수 있다. 보통 타인의 팬티는 성관계를 하거나 한 집에서 같이 살지 않는 한 볼 일이 없으니까.[I] 19세기 중반까지도 사람들은 친밀하게 지내는 여성의 팬티를 본 적이 없었을 것이다. 팬티를 입지 않았을 가능성이 커서다. 왜냐하면 여성의 팬티 착용은 부끄러움을 모르는 행동이었기 때문이다. 팬티가 필요한 사람은 바지를 입는 사람뿐이었다. 남자들 사이에서도 팬티는 오랫동안 신분상 우월 의식의 냄새를 풍겼다. 빌리 와일더 감독의 코미디 영화 〈하나, 둘, 셋〉(1961)에서 동독의 젊은 공산주의자 오토 피플이 사회주의 방식대로 팬티 착용을 거부한 것은 이 때문이다. 산업 혁명의 시작 그리고 같은 시기에 일어난 개인위생의 발달은 여성 팬티에서 서서히 성공 스토리를 만들어냈다. 하지만 그 속도는 느렸다. 몇 가지 위생 문제를 해결하기는 했어도 팬티는 새로운 문제를 일으켰다. 수송, 즉 배뇨의 측면에서.

I 불과 얼마 전만 해도 밑위길이가 짧은 골반 바지나 무릎 부위가 헐렁한 배기 팬츠를 입은 남자와 여자에게서는 마음만 먹으면 레이스 팬티, 캘빈 클라인 브랜드의 허릿단, 새틴 사각팬티를 볼 수 있었다.

이로써 다시 소변 문제로 돌아왔다. 팬티는 페니스가 없는 사람에게는 방해물이다. 반면에 페니스가 있고 앞트임이 있는 팬티를 입는 사람은 일반적으로 바지에도 적당한 길이의 앞트임이 있어서 방해받지 않고 소변을 볼 수 있다.

2020년 여름에 배뇨 보조 기구 제조업체들은 큰돈을 벌었다. 비상 시기가 아니었다면 이 기구는 아마 틈새 상품에 지나지 않았을 것이다. 코로나로 인해 바와 음식점과 공중화장실이 폐쇄되자 공공장소에서 소변을 볼 만한 곳이 크게 줄었다. 특히 페니스가 없는 사람에게는 영향이 더 컸다.[97] 이 상황에서 배뇨 보조 기구는 환영받는 대안일 것 같았다. 다만 여자 바지의 앞트임은 보조 기구의 도움을 받든 안 받든 서서 소변보라고 있는 것이 아니었다. 여기에서 우리는 이 에피소드의 구성 요소인 팬티 문제에 접근한다. 요도의 출구는 바지 지퍼가 열리는 것보다 훨씬 아래쪽이다. 우리는 한편으로 바지를 입을 권리를 얻었지만 그와 동시에 여성 팬티는 새로운 문제를 야기했다. 다시 말하지만, 한 걸음 나간 뒤 두 걸음 후퇴하는 이 상황은 말하자면 가부장적인 라인 댄스다.

속옷과 나란히 개발된 뭔가가 있었다. 향상된 개인위생에 대한 기대만큼이나 중요한 것이 (적어도 여자만큼은) 생식기를 가리라는 명령이다. 사적이고 내밀한 것은 속옷을 통해 추가로 경계가 생겼다. 알몸과 옷을 입은 몸 사이의 전환은 유혹적이었다. 그리하여 속옷은 란제리가 되고 탈의는 스트립쇼가 되었다. 전반적으로 여자가 안에 입는 것을 놓고 벌어진 모든 소란은 지나치게 과장된 것이었다. 그 결과 인류 역사상 가장 불편하고 가장 실용적이지 못한 옷이 탄생했다. 하지만 개중에는 말할 수 없이 아름다운 것도 있었다!

제복?

코로나 팬데믹 초기의 최대 쟁점 중 하나는 병원과 요양 시설의 의료 장비 부족이었다. 주목을 훨씬 덜 받기는 했으나 보호복이 충분한 곳에도 문제는 있었다. 몸에 맞는 옷의 부족이었다. 이는 의료진 외에 청소 인력과 식당 직원에게도 해당되었지만, 일차적으로는 당연히 대다수 환자와 접촉하는 의사와 간호사와 관련된 문제였다. 간호 및 보건 분야 종사자[I]의 75퍼센트가 여성이다. 그런데도 각종 기구와 의복과 보호 장구는 남성 표준 신체를 위해 디자인된 것들이다.[98] 이른바 FFP(Filtering Face Piece) 마스크도 문제였다. 너무 큰 사이즈를 규격으로 정한 탓에 많은 여성 사용자들이 보호 기능이 떨어지는 것을 감수해야 했다. 즉, 이 마스크가 가진 유일한 기능에 문제가 생긴 것이다. 마스크를 얼굴에 맞게 착용하려면 손으로 조절해야 하지만[II] 마스크 디자인은 여기에 맞게 설계되지 않았다. 따라서 처음부터 우선순위의 상위에 있지도 않았던 편안한 착용감은 더욱더 뒤로 밀려났다. 그것도 의사와 간호사들이 12시간 교대 근무를 해야 하는 상황에서 말이다.

이는 얼마든지 달라질 수 있었다. 1958년 한 여성이 남자들로 가득한 공간에서 '왜'라는 단순한 제목으로 강연했을 때 그녀는 모든 이가 첨단 기술을 똑같이 이용해야 한다는 생각을 가지고 있었다. 세라 리틀 턴불은 원래 군사용으로 개발된 기존의 값비싼 제품을 가정과 일상에서

I   병원 외에 양로원 및 요양원과 이동 간호 인력을 말한다.
II 여성뿐 아니라 머리가 작은 모든 사람도 이렇게 해야 한다.

도 사용할 수 있도록 새로 설계하는 임무를 맡았다. 3M 사는 부직 섬유로 구성되고 거의 자유자재로 성형할 수 있는 재료로 만들 만한 제품을 찾고 있었다. 턴불은 약 100가지 아이디어를 제시했다. 그중에는 일회용 브래지어 컵도 있었다. 턴불은 산업 디자이너로서의 일 외에 당시 죽음을 앞두고 있던 식구 세 명을 집에서 건사하며 돌봄 노동을 하고 있었기에 의료진이 그녀의 집을 드나들었다. 당시에는 방독면과 다르지 않은 고무 소재의 무거운 방호 마스크가 최첨단 제품이었다. 턴불은 그것을 끼고 벗을 때마다 무척 번거롭고 시간이 많이 걸리는 것을 관찰했다. 그리고 1961년, 브래지어 컵은 세라 리틀 턴불이 디자인한 일회용 의료 마스크로 변신했다. 그런데 문제가 있었다. 마스크가 제 기능을 전혀 발휘하지 못한 것이다. 바이러스와 박테리아가 마스크 소재를 피해 가거나 통과해버렸다. 그러나 실패도 턴불이 하는 일의 일부였다. 그녀가 디자인한 제품이 마침내 한 겹의 필터 층이 추가되어 보완되어 나오자 3M 사는 1972년에 효과적으로 호흡기를 보호할 수 있는 마스크인 N95 마스크의 특허를 획득했다. 이 마스크는 1990년대부터 의료 현장에서 사용되고 있다.

의료용 호흡 마스크가 발명될 때 일회용 브래지어 컵이 중요한 우회로 역할을 했다는 것, 그 과정에서 한 여성이 아이디어를 제시했다는 것을 고려했다면 지금의 상황은 달라질 수도 있었을 것이다. 마스크 탄생의 역사는 여성이 참여해 디자인을 함께 고민했던 시기가 있었음을 증명한다. 그러나 대량 생산이 시작되면서 여성에게 꼭 맞는 제품은 마치 변칙적인 것인 양 고민의 대상에서 배제되었다.

2017년 영국의 노동조합회의(Trade Union Congress) 연구가 보여주었듯이, 유럽과 미국의 방호복 규격은 평균적인 백인 시스남성을 표준으로 정해졌다.[99] 지금 '백인'이라고 명시한 것에서 짐작되듯이 치수 역시 상당한 비율의 흑인 및 유색 인종 남성들에게는 맞지 않는다. 맞지 않는 방호복의 문제는 마스크, 부츠, 방호 조끼 등을 단순히 한 치수 작게 생산하는 것으로 해결되지 않는다. 임신한 여성은 또 어떻게 할 것인가? 임산부를 위한 방호복의 연구와 생산과 판매가 가치 있는 일인가? 착용 기간이 짧더라도 고용주의 입장에서 방호복을 구매할 가치가 있는가? 자본주의의 관점에서 보면 "아니요"이다.

작업복은 안 그래도 복잡한 문제다. 하루에 몇 번씩, 그것도 일주일에 5일을 소변볼 때마다 위아래가 붙은 작업복을 벗어야 한다는 건 성가신 일이다. 만일 작업복을 맨 안쪽에 입고 그 위에 보호복을 여러 겹 덧입어서 소변을 보기 전에 이것들을 다 벗어야 한다면,[I] 그것은 엄청 시간을 잡아먹는 일이다. 바로 이것이 영국의 해안 경비대 소속 여성 대원들이 하루에 몇 번씩 반복해야 하는 절차다. 그 때문에 상급자에게 공식 항의했으나 지금까지 달라진 것은 없다.[100]

방검조끼와 방탄조끼는 더 심각하다. 키 작은 여성을 위한 조끼가 거의 없어서 여성은 남성과 동일한 보호를 받지 못할뿐더러 더 위험하다. 키가 커서 남자 조끼가 몸통 길이와 어깨 넓이에 맞는다고 해도 그게 그리 간단하지 않다. 조끼의 경우도 여자는 키 작은 남자가 아니기 때문이다! 시스여성의 몸은 비율이 다르고 무게 중심이 다르다. 모든 걸 그저 작은 치수로만 만든다면 남녀 신체의 해부학적 구조와 현실적인 요구의

I   옷을 걸 못도 별로 없고 운신의 폭도 좁은 화장실에서.

차이를 무시하는 것이다. 영국의 한 여성 경찰관이 조끼를 몸에 맞게 입으려고 가슴 축소 수술을 했다는 보고가 있다.[101]

몸에 맞는 보호복과 장비 부족은 착용자에겐 명백한 안전상의 위험이지만 기업과 기관의 채용 및 고용 정책에서도 문제가 될 수 있다. 연구에 따르면 여성에 대한 적절한 장비 지급을 가로막는 장애물이 클수록 더 많은 여성 고용에 제동을 거는 상황이 늘어난다.[102] 방해받지 않고 자신이 하는 일에 전념할 수 있어야 자신과 타인의 생명을 지킬 수 있는 캐나다 여성 소방관을 예로 들어보자. 연구에 따르면 시스남성용으로 디자인된 바지를 입은 여성 소방관은 남자 동료들만큼 안전하게 작업할 수 없는 것으로 나타났다.[103]

독일 경찰 제복도 마찬가지다. 여성은 오랫동안 경찰이 될 수 없다가 1980년대에 와서야 단계적으로, 다시 말해 연방주마다 변화가 일어났다.[I] 처음 탄생한 여성 경찰관 제복은 당연히 여성용으로 디자인되었지만 사전에 희망 사항이나 요구 사항을 조사하지 않았다. 그 결과 경찰이 사용하는 수첩이 처음에는 노르트라인베스트팔렌 주(NRW) 여성 경찰관 제복의 주머니에 들어가지 않았다.[II] 그리고 길고 폭이 좁은 펜슬 스커트를 입었기 때문에 뛰는 것은 고사하고 서 있거나 앉아 있는 것을 제외한 그 무엇도 하기 힘들었다. 여성 경찰관들은 남자 동료들의 제복과 시각적으로 다르지 않은 것을 원했으며 그런 바람은 더욱 커졌다. 그래

I   1982년(노르트라인베스트팔렌 주)부터 1990년(바이에른 주)에 걸쳐 달라졌다.

II 제복 모양이 대략 똑같아 보이지만 독일 전국적으로 통일된 경찰복은 없고 연방주마다 다르다.

서 치마를 벗게 되었고 제복은 제복답게 모양이 똑같아졌다. 적어도 겉보기에는 그랬다. 그러나 개선된 제복에서조차 예컨대 NRW의 여성 경찰관 스웨터에는 장식 단추가 많아졌고 목둘레는 깊이 파였다. 기능이라고는 하나도 없이 전부 '여성성'을 함축하는 것들이다. 여성 경찰관들은 그것을 요구한 적도 없을 뿐 아니라 많은 여성 경찰관들은 오히려 불편함까지 느꼈다.[104]

제복은 제복 착용자를 평등하게 보이게 한다. 이 역할과, 공직자 뒤의 사인(私人)을 가리는 것이 한마디로 법복이 법정에서 수행해야 하는 주요 기능이다. 정의의 여신 유스티티아(Justitia)가 눈가리개를 하고 있는 것은 다 그럴 만한 이유가 있다. 판결을 내리는 법정에서 외적인 것은 설 자리가 없다. 2011년 첫 국가시험을 치른 변호사 아샤 헤다야티는 수습 근무 중에 처음으로 공판 기일에 출석하게 되었다. 변호사복을 입고 거울을 본 순간 그녀는 외적인 것에서 시선을 떼기가 힘들었다.

변장한 느낌이었다. 나는 법복 속에서 사라진 것이나 다름없었다. 나는 1.60미터 키에 무척 호리호리하다. 법복은 모두 사이즈가 크고 목이 크게 파였다. 사이즈가 가장 작은 것마저 어마어마하게 컸다.

독일에서 여자들이 법학을 공부할 수 있게 된 건 100여 년 전이다. 나치가 성평등을 몇십 년 뒤로 후퇴시킨 뒤에 여자들은 이 권리를 되찾았다. 어느덧 법대 졸업생의 절반 이상이 여성이지만 법복 디자인은 전과 다름없이 남자 위주다. 법복에 관한 대다수의 규정은 1950~1960년대에 만들어졌다. 법정에 여성 법조인이 거의 없던 시절이다.

법복은 장애물이다. 변호사라는 직업, 아니 법조계 일반이 여전히 남성 위주라는 사실로도 모자랐는지 하나 더 보태놓은 장애물이다.[I] 이곳엔 나이 많은 백인 남성이 많다. 그런데 키가 작고 피부색이 어두운 초보 여성 변호사가 나타나 말한다. "안녕하세요, 저도 변호사예요!" 이 괴상한 법복은 타자의 다름을 우스꽝스런 방식으로 강조했다. 몸에 맞는 법복은 자신감과 권위와 전문성을 발산한다. 반면에 법복을 입은 내 모습은 권위는커녕 왜소하게만 보인다. 여하튼 나는 아직도 굽 높은 구두를 신는다. 법복이 감자 자루처럼 보이지 않게 하기 위해서다.

인터넷에 '여성 법복'이라고 나와 있는 옷들은 남성 법복보다 치수가 작은 디자인에 불과하다. 여성 변호사 라우라 쿠바흐는 여성 패션 디자이너와 함께 여성 법복을 디자인했다. 이른바 게릴라 스타일이었다. 기존 규칙을 깨뜨리고 의식적으로 규정에서 벗어났기 때문이다. 2014년 여성 법복을 디자인하기 위한 사업을 시작하기 전에 그들은 먼저 각 주 고유의 법복 규정을 조사했다. 쿠바흐에 따르면 당시 일반적인 옷본 디자인이 표준으로 삼은 대상은 1.80미터의 신장에 "당당하고 인상적인" 체격을 가진 남성이었다. 흔히 변호사라고 할 때 우리가 상상하는 모습이다. 그뿐만 아니라 규정도 구체적이어서 예를 들면 벨벳, 실크, 양모로 만든 장식단의 너비가 얼마여야 하는지도 명시되어 있었다. 그러나 너비가 15센

I 2017년에 처음으로 남자보다 여자가 더 많이 변호사업계에 진출했다. 남녀 비율이 법조계 전반에 걸쳐 균형을 이루기까지는 시간이 더 흘러야 할 것이다.

티미터인 장식단은 어깨 치수가 52센티미터인 남성과 어깨 치수가 38센티미터인 여성의 경우 각각 다르게 보인다. 서로 어울리지 않는 것이다.

쿠바흐와 디자이너는 장식단의 너비를 어깨와 법복의 크기에 비례해 조정하고, 어깨 부위를 좁히고, 주름 모양을 바꾸고, 가슴 아래에 다트를 넣었다. 그 결과 옷은 더는 텐트처럼 축 늘어지지 않고 풍채 좋은 변호사가 입는 전통적인 법복 모양이 되었다. 쿠바흐에 따르면 자신이 만든 법복이 연방주 규정에 맞지 않았지만 그것이 여성 변호사들의 법복 구입을 막지는 못했다고 한다. 이후 점차 일부 연방주에서 규정을 바꾸거나 폐지하기에 이르렀다. 다른 주들은 규정을 바꾸지 않았으나 여성 법복이 행정 소원으로까지 가지는 않을 거라고 확언했다. 나쁘지 않다. "비판도 있었어요." 쿠바흐가 말한다. 일부 나이 든 변호사들은 그 '패션 문제'가 자신들의 품위를 떨어뜨리고 성평등이라는 본래의 투쟁을 망각하게 만든다는 생각을 가지고 있다고 한다. 자료 조사를 할 때 내가 자주 접했고 어느 정도는 이해할 수 있는 반응이다. 평등한 대우를 받기 위해 일평생 투쟁한 사람은 차이가 존재한다는 걸 보여주는 것은 일단 무엇이든 거부한다. 그게 몸에 맞는 제복이라고 해도.

이상적인 경우 법복은 법복 착용자를 평등하게 보이게 한다. 다만 그것이 일부 사람에겐 맞고 일부 사람은 우스꽝스럽게 변장하거나 잘못 입은 것처럼 보이면 정확히 반대 상황이 벌어진다. 그러면 법복은 불평등 유발자다.

착용감?

법복과 축구화에는 공통점이 있다. 뼛속 깊이 가부장적인 환경에서 나온 것들이라는 점이다. 여성은 거기에서 고려의 대상이 된 적이 없다는 사실을 지금도 느낄 수 있다.

네덜란드에 거주하는 영국 여성 로라 영슨은 열정적인 축구 선수다. 어렸을 때부터 아마추어 선수로 활약한 그녀는 2017년 여름에 전례 없이 높은 고지대에서 열릴 축구 경기를 조직했다. 장소는 해발 5,714미터 높이의 탄자니아 킬리만자로였다. 출전 자격은 여성에게만 주어졌다. 전 세계 프로 선수와 아마추어 선수들이 산악 지대에서 만나 경기를 하며 축구계에서 여성을 상대로 벌어지는 불평등과 불공평한 대우에 반대한다는 뜻을 알렸다. 로라와 동료 선수들은 그때까지의 관례적인 제약을 뛰어넘어 가장 높은 곳에서 열린 축구 경기라는 세계 기록을 세웠다. 실제로 이 캠페인은 여성이 스포츠에서 해낼 수 있는 것, 즉 최고 기량에 대해 이목을 집중시켰다.

독일에서 여성은 1970년부터 축구 선수로 뛸 수 있었다. 영국에서는 1971년이었고 프랑스도 같은 해에 여성의 축구를 허용했다. 다시 말해 개인적으로 풀밭에서 뛰는 스포츠가 아니라 팀을 조직해 경기에 출전하는 축구를 말한다. 여성에게 '과도한 부담'을 지우지 않기 위해 처음에는 엄격한 조건을 내걸었다. 6개월간의 겨울 휴식, 징 박힌 축구화 착용 금지, 짧은 경기 시간[I], 작고 가벼운 축구공 사용 등이었다. 가죽 공을 차

[I] 초기에는 70분이었고 이후 80분으로 늘었다.

고 드리블로 상대편 선수를 제치는 여성의 능력이 남성에 결코 뒤지지 않고 경기 중에 자궁도 난소도 떨어져 나가지 않는다는 사실이 점차 확실해지자 조건이 완화되었다. 요즈음 우리는 원하기만 하면 남자들이 차는 공을 남자들처럼 오래도록 뒤쫓아 갈 수 있고, 우리에게도 토너먼트와 세계 선수권 대회가 있으며, 국가 대표 팀의 성공으로 독일 여자 축구는 상당한 활력을 얻었다.

킬리만자로로 돌아가자. 로라 영슨이 높은 산악 지대에서 전 세계 및 모든 스포츠 리그 소속의 여자 축구 선수들에게 둘러싸여 세계 신기록을 세웠을 때 그녀는 깨달음을 얻었다.

> 전에 나는 여자 프로 선수들과 경기한 적이 없다. 지금 우리는 모두가 함께 모였다. 전 세계 곳곳에서 프로와 아마추어 선수들이 왔다. 나는 어린이 축구화를 신어야 하는 게 화가 났다. 그건 플라스틱과 정말 형편없는 재질로 만든 신발이었다. 나는 남자 축구화를 신어야 하는 게 싫다. 어린이 축구화도 견딜 수 없을 만큼 싫다. 그 순간 다음과 같은 생각을 했다. '잠깐만, 뭐라고? 너는 너한테 맞지 않는 신발을 신고 세계 선수권 대회에서 뛴 거야?!'

일반인인 내가 보아도 통계 속의 숫자가 무엇을 말하는지 알 수 있다. 여자는 축구를 남자들과 다르게 한다. 남자보다 덜 뛰고, 남자보다 롱 패스를 더 많이 하고, 남자들과 다르게 공을 찬다.

로라 영슨처럼 카타리나 알트호프도 오랫동안 축구를 했다. 자신의 신발에 대한 불만이 2016년 여성을 위한 축구화 개발의 필요성을 주제로 박사 논문을 쓴 이유 중 하나였다. 알트호프는 현재 에센 대학교 스포츠 및 운동학 연구소에 재직하고 있다. 신발의 예를 보면 여자 운동선수들이 키 작은 남자 선수들이 아니듯이 여자 축구 선수도 키 작은 남자 축구 선수가 아니라는 것을 알 수 있다. 나는 알트호프에게 왜 꼭 여자들이 자신에게 맞는 축구화가 필요한지, 축구화의 개발은 왜 여전히 걸음마 단계에 있는지 자세히 설명해달라고 부탁했다.

가장 큰 차이는 발의 형태, 즉 발의 특성에 있어요. 물론 사람마다 개인적으로 형태가 다르죠. 그러나 연구에 따르면 예컨대 남녀 모두 나와 있는 신발 치수 39~40의 경우 여자의 볼 크기가 훨씬 좁아요.

시스여성의 발뒤꿈치는 남자보다 좁은 반면 발의 앞쪽은 상대적으로 조금 넓다. 발바닥에 활처럼 굽어 있는 부위인 족궁(足弓)은 남자보다 크다. 위쪽으로 가면서 나타나는 신체적 차이, 즉 무릎과 엉덩이 위치, 체중 분포 등을 통해 여성의 발에 가해지는 압력은 남성과 다르다. 발바닥이 받는 하중도 다르고, 관절 보호를 위한 쿠션과 인대 보호에 필요한 요구 사항에서도 차이가 난다. 남성의 발에 지지감과 안정성을 주는 것이 여성의 발에서도 똑같이 기능하는 건 아니다.

여자는 남자에 비해 근력이 떨어지기 때문에 공을 차는 기술도 남자와 달라요. 축구화는 볼 접촉, 슛의 정확성, 슛 속도에 영향을 미칩니다. 우리는 이런 것들도 다양한 연구에서 증명했습니다.

시스여성은 남성보다 키가 평균 13센티미터 작고 체중은 20킬로미터 가볍지만 체지방 비율은 약간 더 높다(8퍼센트). 여성의 근육과 인대는 관절에 부담이 가해질 때 시스남성의 몸과 같은 정도로 견고하게 지지하지 못한다. 성별에 따른 차이는 축구로 인한 부상 목록에서도, 특히 상대 선수의 개입이 없는 부상 목록에서도 발견된다. 축구화가 부상 위험에 미치는 영향은 크다. 이는 최소한 남자 선수들의 사례에서 연구가 잘되어 있다. 그런데 왜 여성에 관한 연구는 진전이 없을까?

> 그것은 경제적인 결정이에요. 남자 축구화 시장의 규모는 당연히 훨씬 커요. 시장이 상대적으로 작을 경우 정말 훌륭한 기능을 가진 신발을 개발하려면 많은 비용을 들여야 해요. 한편으로는 이런 중요한 의문이 들어요. 여성을 위해 특별히 만든 축구화가 있다면 여자 선수들은 그것을 정말 수용할까?

스포츠 의학의 관점에서는 의미 있게 본다 해도 일부 여자 선수들은 이 부분에서도 유보적인 입장이다. 이 문제 역시 '여자 축구'가 걸어온 길이라는 역사적인 특별 취급과 관계가 있다. 처음에는 금지했다가 허용 초기에는 경기 시간은 짧았고, 공의 크기는 작았고, 징 박힌 신발은 금지였다. 법정에 선 여성 변호사와 마찬가지로 여자 선수들도 처음에는 경기장에 서기 위해 싸웠고, 그다음엔 특별한 축구를 하지 않을 권리를 위해 오랫동안 투쟁해야 했다. 그러므로 여성이 축구하는 것이 더는 특별한 경우가 아닌데도 '정상'이라고 인정받으려는 욕구, 다시 말해 표준으로 인식되고 싶은 열망이 일부 여성에겐 '주문 제작 축구화'에 대한 욕심보다 더 큰 것도 이해가 된다.

"한 가지 이유가 더 있어요." 알트호프가 말한다. "특별히 여성용으로 출시된 스포츠화가 지금까지는 오직 색상과 시각적인 발랄함으로만 남자 스포츠화와 구별되었지 여성 맞춤용 기능으로 차별화를 꾀하지는 않았다는 점이에요."[I]

영순은 킬리만자로에서 우수한 여자 축구화의 필요성을 인식하고 자체 조사를 벌였다. 그리고 아마추어와 프로 분야에서 축구하는 여성의 75퍼센트가 아동용[II]이나 남자 축구화를 신는다는 결과를 발표했다. 그 후 그녀는 동료 벤 산두와 함께 여성 축구화 제조업체인 이다 스포츠 (IDA Sports)를 설립했다.

> 돈이 필요하지만 흥미롭게도 대기업이 지출하는 규모를 들여다보면 생각만큼 많이 필요하지 않아요. 우리의 문제는 적절한 구두 골[III]을 찾는 것이었어요. 여자 축구화를 위한 구두 골이 없었거든요. 아직까지 여자 러닝화의 구두 골조차 없어요. 이것도 남자 러닝화보다 작은 치수로 생산되고 있어요. 우리는 오스트레일리아에 있는 마지

I   앞 장에 나온 품질이 좋지 않은 여자 자전거가 생각난다!

II 처음에 나는 '남자 청소년' 신발을 신을 거라 생각했지만 실제로는 '아동용'을 신었다. 성별에 따른 발의 특징이 사춘기를 거치면서 형성되기 때문이다.

III 구두 골은 신발 제작을 위해 기본적으로 발을 본떠 만든 모형이다. 운동화, 가죽구두, 하이킹화, 조깅화 등 모든 신발에는 그에 맞는 구두 골이 있다. 이 구두 골들은 대형 국제 구두 골 라이브러리에 있다. 다만 거기에 있는 것들은 모두 남자구두 골이다.

막 구두 골 제작자에게 제작을 의뢰했어요.

구두 골이 제작된 후 영슨은 주물을 만들고 도구를 만들고 시제품을 만들었다. 그리고 자신이 만든 신발을 여자 축구 선수들이 신어보고 싶어 하기를 바랐다.

우리는 착용감이 좋다는 게 어떤 건지 먼저 배워야 해요. 우리는 물집, 찢어진 상처, 부상에 너무나 익숙해서 우리를 위해 만든 축구화를 처음 신을 때는 당장 다음과 같은 말부터 나와요. "와, 이렇게 착용감이 좋을 수 있다고?" 이것이 우리가 여자로서 배워야 하는 과정이에요.

착용감을 제외하면 여자들에겐 다 알다시피 시각적인 면이 좀 더 중요하지 않을까?

물론이죠. 그래서 우리가 대단히 혁신적인 것을 시도했어요. 실제로 여성들에게 축구화의 외양이 어땠으면 좋겠느냐고 물어보았어요.

그 결과 검은색의 단순한 가죽 축구화가 탄생했다. 분홍색 줄무늬나 꽃무늬는 전혀 넣지 않았다. 이렇게 될 거라고 누가 생각이나 했을까?![1]

---

[1] 내가 이 대목을 쓸 때 여자 축구화 사업에 변화가 일어났다. 이탈리아 오트 쿠튀르 프라다의 자매 브랜드인 미우미우(Miu Miu)가 모델들에게 은색 반짝이 축

블루머 정장에서 스포츠웨어까지

축구 이야기를 잠시 더 하자. 재미있고 별것 아닌 음모론이 아직은 재미있고 별것 아닌 (그리고 위험하지 않은) 음모론일 수 있던 20년 전, 검은색 스포츠 브래지어가 주인공이 된 음모론이 있었다. 1999년 여자 축구 월드컵 결승전에서 미국과 중국이 맞붙었다. 브랜디 채스테인 선수가 승부차기를 성공시키고 미국 팀에 우승을 안겼을 때 그녀는 너무 기쁜 나머지 상의를 벗고 안에 입은, 아직 시중에서 구할 수 없는 대기업 스포츠 브래지어 시제품을 드러냈다. 채스테인의 즉흥적인 상의 탈의는 즉흥적인 게 아니라 광고 전략이라는 말이 나왔을 뿐 아니라 스포츠 브래지어가 브래지어인지, 다시 말해 속옷인지 아니면 스포츠웨어인지, 그걸 공개적으로 드러내도 적절한지를 놓고 열띤 논쟁이 벌어졌다. 이와는 무관하게 스포츠 브래지어 판매는 그해 미국에서 12퍼센트 넘게 증가했다.[105]

"36-D 사이즈 가슴의 유두는 페라리보다 월등히 빠르게 0에서 시속 60마일로 가속이 붙을 수 있어요." 라진 로슨 박사가 《아웃사이드 팟캐스트》와의 인터뷰에서 말했다.[106] 로슨은 지난 40년간 가속이 붙은 수많은 유두를 측정하고 조사했다. 그녀는 유명 메이커 브랜드를 위한 스포츠 브래지어를 개발하고 있다. 운동 중에 가슴은 신체의 다른 부위 운동과 거의 조화를 이루지 못하는 자기 고유의 역동성을 발전시킨다는 것,

---

구화를 신겨 런웨이로 내보냈다. 징이 박히고 굽이 있는 신발이었다. 드디어 하이힐로 만든 여자 축구화가 나왔다!

이는 젖가슴이 있는 사람이라면 누구나 아는 사실이다. 그러나 1970년
대에 통제할 수 없도록 가속이 붙는 가슴 때문에 불쾌감을 느꼈을 때 라
진 로슨은 스포츠 브래지어를 구입할 수 없었다. 당시 아직 그런 게 없
었기 때문이다.

건강을 위한 신체 단련은 바람직하지만 그건 너무 자극적이지 않을 때
의 얘기다. 독일 여성에게 체조가 허용된 것은 20세기 초였다. "여자 체조
선수의 머리는 위를 향하고 다리는 가지런히 아래를 향하되 품위 있게 오
므려야 한다!" 독일 올림픽 체육연맹의 여자 스포츠 탄생 100주년 기념
책자(2010)에 적힌 글이다.[107] 여자끼리의 경쟁은 금지였다. 물론 1920년
대에 단발머리와 경기용 반바지를 허용하는 진보적인 사고 덕분에 여성
들이 스포츠를 할 수 있게 되었지만, 당시 등장했던 파시즘은 독일에서
여성의 이미지를 수십 년 뒤로 후퇴시켰다. 다른 유럽 국가와 미국에서
도 스포츠와는 거리가 먼 여성성으로 회귀했다. 여성의 출산 능력과 스
포츠는 양립할 수 없다는 이른바 '의학적인 이유'를 내세웠다.[I] 이런 생각
은 전쟁이 끝난 뒤에도 요지부동이었다. 여자들은 오직 동독에서만 처음
부터 기록 향상 수준의 스포츠를 할 수 있었다. 요약해보자. 힘과 지구력
과 신체 접촉과 관련된 모든 것은 1970년대 초까지 서구 대다수 지역에
서 여성에게 바람직하지 않거나 불법이었다.[II] 몇 년 뒤 조깅이 대중 스포

I 언제나 논리는 똑같았다. 여자가 너무 과격하게 운동하면 자궁 내 장기들이 '시
   들거나' 빠져나올 수 있다고 했다.

II K. V. 스위처는 1967년 보스톤 마라톤 대회에서 달린 첫 여성이었으나 그녀의

츠가 되고 건강한 생활 방식을 위한 청사진이 되자 국제 피트니스 운동이 시작되어 10년간 이어졌다. 라이크라-스판덱스-에어로빅, 제인 폰다의 비디오카세트, 러닝 클럽의 시대가 열렸다. 10년 전만 해도 브래지어를 불에 태웠다던[I] 여성들이 유두에 가속이 붙지 않고 달리는 꿈을 꾼 시대였다. 여성 억압의 상징이던 브래지어는 1977년에 발명된 스포츠 브래지어의 형태로 해방의 상징이 되었다.

아름다운 이야기일까? 그게 그렇게 단순하지 않다. 스포츠 브래지어가 하는 일은 무엇보다 흔들리는 가슴에 와 닿는 시선으로부터의 해방이다. 또한 많은 스포츠 종목에서는 그것을 착용하는 것이 더 편하다. 그러나 스포츠 브래지어 역시 평범한 일반 브래지어만큼이나 꼭 필요한 것은 아니다. 그건 습관의 문제다. 물론 스포츠 브래지어는 특정한 가슴 사이즈부터는 부담을 줄여줄 수 있다. 쾰른 독일체육대학의 운동 및 건강 증진학과 교수 크리스티네 요이스텐은 다음과 같이 말했다. "가슴이 덜 조

참가는 불법이었다. 이름의 이니셜로 등록해 번호표를 받았기 때문이다. 조직위원장이 경주하는 그녀를 직접 중지시키려 했으나 스위처의 남자 친구가 그를 밀쳐내 막았다. 스위처는 마라톤을 완주했다. 5년 뒤인 1972년에 마침내 여자도 마라톤 대회에서 뛸 수 있게 되었다. 독일에서는 1969년에 열린 마라톤 대회에서 처음으로 여성 참가가 허용되었다.

I 아마 그런 일은 없었을 것이다. 1968년의 '쓰레기통(Trash Can)' 시위에서 여성들은 억압의 상징인 브래지어를 '자유의 쓰레기통(Freedom Trash Can)'이라는 이름의 드럼통에 던져 넣었다. 한 젊은 여성이 즉흥적으로 브래지어를 벗어 쓰레기통에 넣었지만 브래지어도 통 안의 다른 내용물도 불에 타지 않았다고 당시 목격자들은 기억한다. 거의 모든 이야기는 뭔가가 불에 탈 때 시선을 끈다.

이고 허리 통증이 심하지 않은 여성은 스포츠에서 더 많은 즐거움과 기쁨을 느낄 수 있다." 그러나 요이스텐은 스포츠 브래지어가 여성의 성과를 비약적으로 높였다고 보지는 않았다.

영국 연구에 따르면 모든 소녀의 절반 이상이 사춘기에 접어들 때부터 자신의 가슴에 대한 불안감 때문에 스포츠 활동 참여에 제약을 받는다. 가슴이 클수록 무슨 운동을 하고 무슨 운동을 하지 말아야 할지에 대한 불안감이 컸다.[I] 정보 부족 그리고 학교에서 가슴의 성장에 대해 가르쳐주지 않는 현실 때문에 많은 소녀들이 학교 스포츠를 기피하게 된다고 연구자들은 말한다.[108] 10대 소녀가 언젠가 성숙한 여성이 되어 스포츠를 하게 되면 약 40대 말부터 다시 불편함이 생길 수 있다. 예컨대 조깅을 할 때 가슴이 움직이는 방식이 나이가 들면 바뀌는 징후가 있다. 위아래로 움직이기보다는 측면으로 더 많이 움직인다. 결합 조직과 노년의 근육 감퇴와 관련이 있는 변화다. 그런데도 스포츠 브래지어는 젊은 여성의 가슴에 맞춰 개발되고 이들을 위해 출시되는 게 별로 놀랍지 않다.

선택 사항인 스포츠 브래지어를 제외하면 여성 스포츠웨어의 역사는 여성이 생명에 위협을 받지 않고 활동할 수 있는 옷의 역사이기도 하다. 1849년 아멜리아 블루머는 여성을 위해 여성이 만든 미국 최초의 신문 《릴리-여성의 이익을 위하여》를 창간했다. 그녀는 이 신문에서 패션 디자인을 소개했다. 여성의 자전거 타기를 가능하게 하고 무엇보다 치명

I   뭐든지 해도 된다. 제대로 지원을 해준다면.

적인 낙상의 위험을 줄인 옷이었다. 5장에서 언급한 여자 스키점프 선수 잉리 올라브스도티르 베스트뷔(그녀는 긴 치마를 입은 채 스키점프 대회에 참가했다)와 달리 좀 더 자유롭게 활동하고픈 블루머의 희망은 패션 실험으로 이어졌다. 그녀가 유명해진 건 그녀의 이름을 딴 블루머 정장 덕분이었다.[1] 그때의 일반적인 관례와 달리 그녀는 코르셋을 포기하고 치마 길이를 무릎 높이로 줄였다. 당시 아직 관능미의 색채가 없혀 있던 발목을 가리기 위해 블루머 정장의 바지는 발목에서 바지 자락을 묶는 형태로 만들었다. 블루머 정장은 그녀의 친구들 사이에서 꽤 인기를 끌었다. 여성 신문의 편집인으로서 어느 정도 여성 독자를 확보하고 있던 터라 그녀는 새로운 변화 가능성에 대해 열정적으로 글을 썼다. 옹호자들은 블루머 정장이 후프 스커트와 코르셋이라는 새장에서 해방시켜주는 "합리복"이라며 찬양했다. 또한 옷감 사용량이 대단히 적어 제작 비용도 저렴했다.

그러나 정정당당하고 평등한 미래를 위한 희망찬 출발로 시작한 일은 여성들의 열광적인 첫 환호의 물결이 지나간 뒤 곧 국내 주요 신문들로부터 조롱당했다. 블루머를 입은 여성들은 여성스럽지 않다는 비난을 받았고, 길거리에서 모욕당했고, 돌에 맞았고, 다른 여성들의 여성적 미덕에 위험이 된다며 공개적으로 망신당했다. 바지 착용이 무슨 전염병이라도 되는 듯한 반응이었다. 외부로부터 받는 압력이 너무 큰 탓에 블루머 착용자들은 결국 전통 의상인 후프 스커트로 돌아갔다. 약 8년 후 아멜리

---

[1] 블루머는 옷의 고안자는 자신이 아니라 지인인 리비 밀러라고 늘 강조했다. 밀러는 중동 지역의 여성 의복에서 영감을 받았다.

여성의 활동의 자유를
높이기 위한 블루머 정장

아 블루머가 느낀 치욕도 한계에 도달했다. 그녀는 더 많은 평등을 얻어
내려는 개혁안들을 패션 분야에서만큼은 포기했다. 블루머 정장에 따른
경험 후 급진적이 된 그녀는 정치적이고 구조적인 방법으로 변화를 이끌
어내겠다고 결심했다. 1894년에 사망할 때까지 블루머는 여권, 특히 여
성의 참정권을 위해 싸웠다. 미국 여성들은 1920년에 와서야 수정 헌법
제15조에 따라 정치 참여가 허용되었다.

더 많은 기동성에 대한 여성의 욕구가 패션 개혁의 동기로 작용한 곳은 미국만이 아니었다. 빅토리아 왕조 시대(1837~1901년)의 영국에서 자전거는 갈수록 인기를 끌었다. 그러나 그곳에서 유행하던 패션이 자전거를 타는 여성의 생명을 위협했다. 1896년 9월 20일 자 《데일리 프레스》지는 '미스 카'라는 여성에 대해 보도한다. 내리막길을 달리다 치마가 페달과 바큇살 사이에 끼였으나 치렁치렁한 옷에 가려 보지 못한 것이다. 미스 카는 중상을 입고 일주일 후 사망했다.[109]

블루머에 관한 아이디어는 다양하게 변주되며 살아남았다. 어느 디자인에서는 자전거를 탈 때 여자가 치마를 어깨에 둘러 묶어 망토처럼 이용한다. 치마 속에 받쳐 입은 짧은 블루머 바지는 자전거에서 내리는 즉시 망토로 다시 가릴 수 있다. 내가 직접 입을 수 있을 것 같아 좋아하는 버전은 길이가 바닥까지 오는 치마를 잡아당겨 무릎 길이의 알라딘 바지로 변형한 일종의 수직 드로스트링(drawstring)이다. 그런데 아니나 다를까, 가부장제는 이 부분에서도 여성은 자전거에 어울리지 않는다고 생각해 조롱하고 모욕하고 물리적으로 공격했다. 독일 상황도 다르지 않았다. 1896년에 《청소년》이라는 잡지는 자전거를 타는 여성에 대해 불평을 늘어놓았다. "얼굴은 칠면조처럼 빨갛고 눈은 먼지로 염증이 생기고 숨은 가쁘게 몰아쉬며 자전거에 앉아 달려가는 여자들보다 더 혐오스럽고 추하고 천박한 모습을 본 적이 있는가?!"[110]

꽃무늬 원피스 vs. 파워 슈트

녹색당 지도부 2인을 다룬 《슈피겔》 온라인 기사에서 나는 아날레나 베어보크를 언급한 단락에서 눈을 떼지 못했다. 거기엔 다음과 같이 적혀 있었다. "성공적인 자기 연출에는 밖으로 드러내는 전문 지식뿐 아니라 스타일도 속한다는 걸 베어보크도 알고 있다. 지금까지 그녀는 원색의 화려한 원피스를 입어왔다. 그런데 얼마 전부터 그녀의 패션 목록에서 꽃무늬가 나풀대는 원피스가 빠졌다. 요즘은 오히려 여성 정치인들의 복장인 정장 상의나 바지를 더 즐겨 입는 모습이 보인다. 아마도 《빌트》지 칼럼에 신경이 쓰였던 모양이다. 그녀의 '자잘한 꽃무늬 원피스'에 경악한 누가 칼럼에서 다음과 같은 조언을 했다. '아날레나 베어보크가 총리 후보가 되길 원한다면 옷차림이 달라져야 한다.'"[111] '자잘한 꽃무늬 원피스'는 '총리 자격'에 어울리지 않는다는 것이다. 나는 남녀를 불문하고 많은 사람들이 이와 비슷한 생각을 할 거라고 추측한다. 그런데 꽃무늬 원피스를 입으면 바지 정장 차림일 때보다 정치를 잘 못하는 이유가 있을까?

원피스부터 시작하자. 앞에서도 언급했듯이 원피스와 바닥까지 끌리는 치마는 오랫동안 여성에게 허용된 유일한 의상이었다. 그러나 바지를 입고 일부러 금기를 깨는 반항적인 여성의 역사도 마찬가지로 길고 복잡하다. 오를레앙의 처녀 잔다르크는 1431년에 사형 선고를 받았다. 기소 이유 중 하나는 남자 옷을 입었다는 것이었다. 여배우 마를렌네 디트리히는 1930년대에 바지를 입었다. 패션 유행을 따르기 위해서가 아니라 자신의 남다른 위치로 인해 누릴 수 있었던 트레이드마크 때문이었다. 바지를 입은 평범한 여성의 모습을 어디서나 볼 수 있게 되기까지는 '분야'에 따라 몇 년에서 몇십 년이 더 걸렸다. 그러나 복장 제한에서 해방되어 바지를 거쳐 마침내 짧은 치마와 짧은 원피스를 입게 되자 나풀거리고 펄럭이는 원피스에서는 한물간 과거 지향적인 패션 분위기가 느껴졌다. 특히 치열하게 싸우는 곳, 예컨대 정치에서 더욱 그러했다.

남성이 주도하는 화이트칼라 사무직의 세계에서도, 늦어도 1970년대 후반부터, 출세 지향의 여성들이 두툼한 어깨 패드를 넣은 파워 슈트로 정상으로 올라가고픈 야망을 강조해야 했다.[I] 대중문화에서, 할리우드 명작 〈워킹 걸〉(1988)에 출연한 젊은 멜라니 그리피스보다 파워 슈트의 힘을 더 훌륭하게 보여준 사람은 없다. 치마와 반짝이는 아이디어로 무장한, 천진난만하면서도 조금 뻐딱했던 여비서가 파워 슈트를 입고 겉보기에도 어울리는 멋진 상사로 변신한다. 그러자 사람들이 그녀를 갑자기 진지하게 대접한다. 1990년대 중반에는 또 다른 허구의 비즈니스 우먼이 옷차림에 조금 변화를 주어 관심을 끌어보려 했지만 비평가들이 보기에는 너무 나간 행동이었다. 신경증이 있는 20대 후반의 변호사 앨리 맥빌은 자기 나름대로 파워 슈트를 해석해 주목을 끌었다. 위에는 진중한 상의를, 아래에는 "너무 짧은 치마"를 입었다는 것이 당시의 논평이었다. 《앨리 맥빌》 시리즈는 큰 성공을 거두었지만 비평가들은 앨리 맥빌이 젊은 여성들에게 제시한 역할 모델에 대해 염려했다. 시사 주간지 《타임》은 1998년에 앨리 맥빌 역의 칼리스타 플록하트를 미국 여성 운동의 전설

I   여자 상의에 넣은 어깨 패드는 이상적인 남성 체형을 모방한 것으로 공간을 차지한다는 점에서 여하튼 영역 점유의 요소를 가지고 있다. 이 패션이 여성의 수준 높은 사무직 세계 진출과 함께 유행한 것도 이상하지 않다.

인 글로리아 스타이넘(1934 출생), 베티 프리단(1921~2006), 수전 B. 앤서니(1820~1906)와 함께 나란히 표지에 실렸다. 그리고 앨리 맥빌의 사진 밑에 대문자를 써서 페미니즘은 죽었느냐고 물었다. "IS FEMINISM DEAD?"

오늘날 우리는 앨리 맥빌의 초미니 스커트가 페미니즘을 죽이지 않았다는 걸 안다. 그 반대다. 자신의 몸을 보여주고 싶은 여성과 외모를 중시하지 않는 여성들의 평화에 가까운 공존 속에 자유가 있다. 그 자유는 우리가 서로의 마음을 상하게 하지 않고 계속 가꾸어가야 하는 것이다.

최근 몇 년간 파워 슈트는 1980년대 이후 가장 큰 복고의 물결을 타고 특히 정치권에서 유행했다. 여전히 젠더 정의를 위한 투쟁을 상징하는 옷이기 때문이다. 앞에서 언급한 여성 참정권 운동가들도 패션으로 발언했다. 2019년 2월 도널드 트럼프 대통령이 미 의회에서 연두 교서를 발표했을 때 거의 모든 여성 민주당 의원들이 흰색 바지 정장을 입었다. 미국 역사상 최초의 여성 부통령이 된 카멀라 해리스도 조 바이든이 대통령 당선인으로 선언된 직후인 2020년 11월 기념비적인 저녁에 흰색 바지 정장 차림으로 연단에 올랐다. 이로써 이 여성들은 여성 참정권 운동가들의 패션을 통한 발언을 부활시켜 우리 시대에 맞게 새로 해석했다.[I] 파워 슈트는 젠더 정의를 위한 투쟁의 제복인 동시에 뭔가 다른 것의 상징이기도 하다. 바로 사회적 위계의 인정이다.

나는 여성에게 무척 잘 어울리는 정장에 결코 반대하지 않는다! 오

I　[역주] 20세기 초 영국 여성 참정권 운동가들은 흰색 옷을 자주 입었다. 이에 따라 흰색이 여성 참정권의 상징이 됐다.

히려 그 반대다. 취향과 판단력을 가진 다른 모든 사람과 마찬가지로 나도 미국의 여성 정치가 알렉산드리아 오카시오 코르테스의 단순하면서도 세련된 우아함에 경탄한다.[I] 무척 논란이 많지만 힐러리 클린턴도 파워 슈트에 내재한 것 같은 권력에 개성과 표정을 입혔다.[II]

'파워 슈트'라는 용어는 별로 교묘하지 않게 파워(권력)가 역할을 한다. 2019년에 발간된 프랑스 여성 잡지 《마리 클레르》의 미국판에는 다음과 같이 적혀 있다. "파워 슈트를 입으면 당신은 전적으로 여자 보스가 된 기분일 것이다."[112] 그 이면에 있는 연상 작용은 여성이 그 권력 구조에 참여하는 법을 알고 동등한 상대로서(또는 팀 동료로서) 대접받고 싶어 한다는 것이다. 이 자아상은 힘들게 싸워 쟁취한 것일 뿐만 아니라 패션 문제에서는 비교적 새로운 성취이기도 하다. 그럼에도 이는 양날의 검으로 남아 있다.

독일 연방 차원에서 여성의 바지 정장은 1970년에 처음 정계에 입문

I   취임 선서식에서 흰색 바지 정장에 커다란 금색 크리올 귀걸이를 착용함으로써 그녀의 차림새는 완벽해졌다. 이 장식 때문에 라틴계 사람들은 학교나 직장에서 항상 경고를 받는다. 그것이 그들의 전통인데도 말이다.

II   힐러리 클린턴은 2016년 선거전에서 팬츠슈트 네이션(Pantsuit Nation)이라는 이름을 내걸고 여성 지지자들을 결집했다. 의상은 정치적 발언(여성이 팬츠슈트, 즉 바지 정장을 입는 건 전통적 성 역할에 대한 도전과 투쟁이다)이 되기도 하지만 뜻하지 않은 파파라치들의 사진 찍기로부터 보호하는 역할도 한다. 힐러리 클린턴은 저서 『무슨 일이 일어났나』(What happened)에서 바지 정장에 대해 다음과 같이 적었다. "바지 정장은 연단에 앉아 있거나 계단을 올라갈 때 치마 속이 사진 찍힐 위험을 막아준다. 둘 다 퍼스트레이디 시절에 겪은 일이다."

2019년 미연방 하원 의원으로 선서하는 날,
흰색 바지 정장을 입은 AOC
(알렉산드리아 오카시오 코르테스)[I]

했다. 하노버 시 SPD 소속 의원인 레넬로테 폰 보트머가 베이지색 투피
스 바지 정장을 입고 등장한 것이다. 패션에 변화를 주고 싶어서가 아니
라 우선적으로 정치적 적수이며 연방 의회 부의장인 CDU의 리하르트
예거를 짜증나게 만들려는 목적에서였다. 그 얼마 전 예거는 여자가 바지
차림으로 의원 총회에서 발언하는 것을 허용하지 않겠다고 공언한 바 있
다. 그러자 소수의 여성 의원들이 초당적으로 리하르트 예거에게 도전하

I   오카시오 코르테스를 마이클 잭슨을 닮은 모습으로 그려놓아 죄송하다.

기로 결의했다. 레넬로테 폰 보트머는 미친 듯이 두근거리는 심장을 안고 역사적 위업을 이루기 위해 연단에 올라가 지금은 아무도 기억하지 못하는 학교 정책에 관해 연설했다. 왜냐하면… 여자가 바지를 입었으니까?!

남자들의 분노가 터져 나왔다. 의사당의 존엄성이 침해당했다고 본 사람이 있는가 하면 예거를 포함한 다른 사람들은 여성 전체의 품위가 훼손되었다는 망상에 빠졌다. 당시엔 소셜 미디어도 악플도 존재하지 않았지만 레넬로테 폰 보트머가 몇 주에서 몇 달 동안 받은 악의에 찬 편지들은 그녀의 여성성과 품위와 품격을 부정하는 것들로 지금의 악플과 대단히 비슷했다.[1] 레넬로테 폰 보트머는 해야 할 일을 했을 뿐이다. 직업적으로나 사적으로는 치마와 드레스를 즐겨 입었지만.

파워 슈트라는 이름이 만들어지기 전에는 단순히 반항적인 여성들이 바지를 입고 금기를 깨고 낡은 규율에서 벗어나고 전문적인 환경에서 평등을 요구했다. 이런 여성들이 많아질수록 출세해서 성공하고 싶은 욕구가 커졌다. 파워 슈트 패션은 어느 정도 〈워킹 걸〉이 약속하는 권리 부여를 구현한다. 만일 여성이 '남성 권력자'의 옷에 기대어 여자 보스처럼 옷을 입고 다닌다면 그녀는 스스로가 여자 보스처럼 느껴지고 여자 보스처럼 행동하고 — 여자 보스가 된다. 1980~1990년대에는 이게 상당히 멋있었을 수 있고 그렇게 해서 일부 선택된 여성은 정상까지 올라갔을지도 모른다. 그러나 오늘날에도 정말 그렇게 할 생각인가?

나는 옷차림에서 셰릴 샌드버그가 말한 '린 인'(Lean in) 접근법의 상징을 본다. 이 접근법에 따르면 여성이 온 힘을 다해 노력하고 배우고 기

I   원문대로 인용하면 다음과 같다. "당신은 저급한 계집이야."

존 규칙에 따라 행동하고 그 규칙을 자신에게 유리하게 활용하면 기업에서 최고 자리까지 올라가 목표에 도달한다.[1] 여성이 남자가 만든 기존 규칙에 따라 행동해서 얻는 것이 고작 기성 권력 구조를 스스로 정당화하고 영구화하는 것이라면 그런 행동은 할 이유가 없다. 게다가 우리는 모두 우리들 대부분이 어찌 해볼 도리가 없는 기존의 사회 구조에, 즉 일반적인 위계 서열에 매몰되어 있다. 여성은 기존 메커니즘에서 작은 톱니바퀴가 되려고 개인적으로 뼈 빠지게 일하지만 정상에 오른 뒤에는 늘 그렇듯이 다시 아래로 내려가야 한다. 특권층 (그리고 백인 시스) 여성만 정상으로 데려다주는 접근법은 내가 보기에 페미니즘이나 정의와 아무 관계가 없다. 그러나 여성이 자신의 근무복을 직접 선택할 수 있게 되기까지는 아직 갈 길이 멀다. "여성은 이제 자신의 사회적 지위를 유지하기 위해 안달복달하지 않는다. 오늘날 여성은 자신의 권위를 보여주기 위해 더는 정장 재킷을 입을 필요가 없다." 1980~1990년대에 유명 파워 슈트 디자이너 중 한 명이었던 조르조 아르마니가 2012년에 이렇게 말하기는 했으나, 존경받는 지위에 있거나 그런 지위를 얻으려는 여성의 옷에 대한 대중의 평가는 아직도 사뭇 다르다. 특히 여성 정치인일 경우가 그렇다. 여성 패션학자인 론다 개어릭은 시사 주간지 《타임》에 다음과 같이 말했다. "여성을 외모로만 평가하지 않는 것이 대단히 중요하다. 이는 끊임없이 어디서나 발생하고 있는 커다란 성차별적 실수다. 하지만 동시에 우리는 패션이 여성의 소통 방식의 일부라는 것도 이해하고 인

I 샌드버그는 페이스북 경영자이며 신자유주의적 페미니즘의 선언서라고 할 수 있는 책 『린 인 : 여성, 일, 그리고 성공하려는 의지』를 썼다. 내겐 불쾌한 인물이다.

정해야 한다."[113]

　이로써 다시 아날레나 베어보크의 옷차림으로, 그중에서 꽃무늬 원피스로 돌아왔다. 우리는 꽃무늬 원피스에 햇살과 평온한 일상을 결부시킨다. 이는 인스타그램에서 어린 소녀들이 이젠 나이 든 1960년대의 플라워 파워[I] 히피 소녀들이나 보호 시크[II] 스타일의 여성들과 공유하는 이미지다. 그러나 진지한 대접을 받고 싶어 하는 여성 정치가와는 공유하지 않는다. 아니 왜?

　위의 세 부류 여성들의 공통점은 남성성과 무관한 것으로 여겨지는 관념들이 연상된다는 것이다. 발랄하고, 평화를 사랑하고, 예술적이고, 상상력이 풍부하고, 순진하다는 점이다. 이 특성들은 남성성과 무관할 뿐더러 정치적이지도 않으며,[III] 우리가 적극적으로 정치가들에게 바라는 특성은 그중 단 한 가지도 없다. 사실 대다수 정치가들을 보면, 저 특성 중 하나라도 가지고 있는 사람을 우리가 의도적으로 거르는 것이 아닐까 하는 생각이 들 정도다. 수백 년간 가부장제가 이어져온 후에도 능력이란 건 여전히 남자들의 속성이다. 이건 말도 안 되는 소리라 굳이 거론할 이유가 없지만, 꽃무늬 원피스에서 떠오르는 연상 관념에 대해서

I　[역주] 플라워 파워(Flower-Power): 반전을 부르짖던 1960~1970년대의 청년 문화. '히피들의 세력'을 뜻하기도 한다.

II　[역주] 보호 시크(Boho-Chic): 1960년대의 보헤미안이나 히피 문화를 따라 기존 관습이나 문화에 얽매이지 않는 색다르고 독특한 삶을 추구하는 트렌드. 21세기 초에 유행한 여성 패션 스타일 중 하나로 헐렁한 상의와 긴 치마, 넓은 벨트, 부츠가 특징이다.

III　다만 모든 게 정치적이지 않다면.

는 이야기를 해야겠다. 이러한 연상 관념은 전혀 근거가 없는 것이기 때문이다. 의상에 찍힌 꽃무늬의 역사가 얼마나 정치적인지 정말 우스꽝스럽기까지 하다!

지금까지 우리가 알고 있는 꽃무늬 패션뿐만 아니라 세계사 전체의 직물에 가장 크고 가장 오래도록 영향을 준 것은 인도와 파키스탄에서 온 사라사이다. 사라사는 염료가 섬유에 잘 스며들도록 착색제를 입힌 면직물인데, 이렇게 하면 섬세한 디자인과 날염이 가능해진다. 사라사의 역사를 세세히 다룬 책이 있지만[114] 여기서는 꽃무늬가 어떻게 정치적인지, 그것이 가부장제와 무슨 관계가 있는지를 설명한다는 목적에 맞게 짧게 줄여 이야기하겠다.

인도로 가는 무역로를 개척한 최초의 유럽인은 포르투갈 사람들이었다. 그들은 향료 외에도 여태 본 적이 없는 반짝이는 무늬가 찍힌 고운 면직물, 즉 사라사를 들여왔다. 처음에는 이른바 동인도 회사의 여러 거점을 통해 단순히 수입하는 수준이었다(동인도 회사는 영국에 남아시아 무역 독점권을 확보해주고 인도를 사실상 영국 식민지로 만들어준 회사였다). 그러다 시간이 흐르면서 영국의 디자인 견본도 인도로 보내 그곳에서 입증된 기술로 생산하게 했다. 어느덧 유럽인들은 목화가 벽지뿐 아니라 의복을 만드는 데도 매우 훌륭한 재료라는 걸 알게 되었다. 그 전까지는 옷을 아마포, 삼, 양모로 만들거나 대단히 부유한 사람들은 중국 비단으로 지어 입었다.

일반 시민의 비단옷 착용을 금지하는 법이 있었다. 그래야 비단의 고품격 지위가 유지되기 때문이었다. 반면에 목화는 신소재여서 아직 규제를 받지 않았다. 그에 따라 인도의 사라사 직물로 만든 옷은 모든 계층의 모든 사람들이 입고 다녔다. 지금은 이것을 '패션에 나타난 최초의 대중 현상'으로 파악한다. 그러나 이 직물은 유럽의 섬유 산업에서 옛날부터 전해 내려오던 수공업과 맞지 않았다. 수공업자들은 자신의 조합을 보호하기 위해 로비를 벌였다. 프랑스와 영국에서는 17세기 말부터 약 70년간 법률로 사라사 직물의 수입을 금지했다. 스페인, 포르투갈, 프로이센, 오스트리아에도 비슷한 법령이 있었다. 그러나 밀수하다 잡혀 참수를 당할 위험까지 무릅쓸 정도로 상인들이 금지령에 아랑곳하지 않아 꽃무늬 찍힌 면직물은 승승장구할 수밖에 없었다.

수입이 다시 허용되자마자 사라사는 세계 정치 무대에 진출했으며 전 세계 수많은 사람들에게 심각한 영향을 미쳤다. 현재까지도. 인도 수입품 사라사를 그때까지 아랍과 터키 중개인을 통해 조달하던 영국은 수익을 독차지할 방법이 없을까 생각했다…. 있었다. 목화를 인도에서 수입하지 않고 식민지에서, 즉 미국 땅에서 생산하기로 한 것이다. 그곳의 토종 목화 식물은 재배와 가공이 쉽다는 장점이 있었다. 면직물 수요는 어마어마하게 컸다. 호황을 맞은 판매 결과가 어떠했는지는 잘 알려져 있다. 아메리카 원주민은 땅을 빼앗기고 쫓겨나 죽임을 당했다. 그와 동시에 고된 농장일에 필요한 인력은 서아프리카의 영국 식민지에서 데려왔다. 목화 섬유 가공은 산업 혁명을 가속화했다. 영국의 산업 혁명이 대부분 섬유 산업의 성과를 바탕으로 이루어졌기 때문이다. 미국에서 노예가 된 서아프리카 사람들이 원료를 생산해 무역 회사를 통해 영국으로 보내면 이곳의 공장 노동자들이 고급 면직물로 가공해 전 세계로 수출했다. '킹 코튼'[1]은 수년간 영국 경제의 지배자, 말하자면 유사 이래 최초의 글로벌 플레이어로 인식되었다. 그때 이미 꽃무늬를 입힌 면직물이 대부분 사라진 지 오래 되었지만, 연속적으로 발생한 이 패션 관련 사건들은 지금까지 정치와 사회는 물론이고, 솔직히 말하면 세계 무대 곳곳에서 그 반향을 느낄 수 있다. 모든 것은 꽃무늬 직물을 둘러싼 과대광고와 밀접하게 얽혀 있다.

그러므로 꽃무늬가 찍힌 면 소재 의상이 정치가가 세상에 내보이고 싶은 이미지나 내보내야 하는 메시지와 어울리는지 스스로 고민하는 데에는 (정치적인) 이유가 있다. 그렇게 입어서 계층을 초월하고 성별을 아우르는 유럽 최초의 패션 트렌드를 상기시킬 것인가? 멋있다. 아니면 식민지 유산과의 연관성과 노예제 역사가 너무 큰 그림자를 드리우지 않을까? 그럴 수 있다. 다만 이것이 우리가 이 장을 시작할 때 던진 질문은 아니었다. 언론은 아날레나 베어보크가 입은 옷의 문화·역사적 유산을 문제 삼지 않았다. 관심의 초점은 늘 "그녀의 겉모습은 어떤가?"였다. 그리고 이에 대한 대답은 아날레나 베어보크가 선택한 패션에 대해서보다 이 질문을 던진 사람의 세계관에 대해서 더 많은 것을 알려준다.

우리가 여성에게 거는 기대, 즉 정치인이건 경영인이건 활동가이건, 어느 특정한 시각적 이미지에 맞춰야 한다는 기대는 이제 극복해야 마땅한 화석화된 가부장적 사고방식에 지나지 않는다.

나는 꽃무늬 옷을 입고 환호를 받으며 정치 무대에 등장한 여성의 예를 찾아냈다. 언론인이자 작가이고 나치의 유대인 학살에서 살아남은 잉

I [역주] 킹 코튼(King Cotton): 남북 전쟁 직전 목화 생산을 많이 한 미국 남부를 의인화한 표현. 그곳의 높은 정치적·경제적 입지를 드러낸다.

2017년 독일 연방 의회에
꽃무늬 의상을 입고 나타난 언론인
잉게 도이치크론

게 도이치크론이다. 2017년 95세의 나이로 독일 연방 의회를 방문했을
때 그녀는 더는 소녀처럼 취급받으며 망신당할 위험이 없다는 걸 알았던
모양이다. 아니면 그간 인생에서 수많은 일을 겪은 탓에 이젠 모두 상관
없는 일이 되었을 수도 있다. 아무튼 도이치크론은 항상 자신이 입고 싶
은 대로 입고 다녔다. 그날 그 장소에 청록색과 진분홍색 꽃무늬가 들어
간 환한 의상을 입고 나타난 그녀는 많은 박수갈채를 받았다. 그 자신이

범상치 않은 여성이기 때문이기도 하지만, 어쩌면 수수한 단색 정장과 정치적 단조로움을 드러낸 상의 차림의 의원들을 배경 삼아 현란한 의상으로 주목을 끌었기 때문일지도 모른다.

제대로 입고 다녀라

(사전 고지: 이 장에서는 강간, 성폭력, 피해자에 대한 2차 가해를 다룬다.)

1990년대 말 나를 가르쳤던 담임 교사에게 지금 한바탕 따지고 싶은 게 있다. 여름방학이 끝나고 새 학기가 시작된 첫날, 담임 교사는 (여학생들이) 이런 차림(가느다란 어깨끈이 달린 상의와 짧은 치마)으로 집을 나서면 성폭행을 당하더라도 이상할 게 없다고 말했다. 우리(여학생들)는 그런 모습이 남자들과 남학생들에게 그 행위만 생각나게 한다는 걸 알아야 한다고 했다. 나이 어린 소녀가 강간을 당하지 않을 책임은 그가 보기에 분명히 그의 제자들인 우리 여자애들에게 있었다. 그의 생각은 설교에 그치지 않고 끔찍하게도 같은 반 여학생을 예시로 이용했다. 그는 한 여학생을 자리에서 일어나게 한 뒤 반 아이들 앞에서 한 바퀴 빙 돌아보라고 했다. 거기에 있는 남자애들 중 어느 누구도 그 여학생의 모습을 보고 다른 무엇을 생각하지 않는다는 걸 증명이라도 하려는 것 같았다.

당시 열네 살인가 열다섯 살이던 나는 아무 말도 못했다. 첫째, 나는 교사의 따귀를 갈길 만한 적절한 어휘를 몰랐다. 아무도 내게 그걸 가르쳐주지 않았다. 둘째, 나는 반짝이 매니큐어를 바르면 '매춘부'처럼 보인다는 이유에서 그걸 금지한 가정에서 자랐다. 다른 많은 여자애들처럼 나도 일찍부터 야한 차림은 하지 않는 거라는 걸 배웠다. 내가 기억하기로 우리 반 수업에서 가해자의 폭력 행위를 문제 삼은 적은 한 번도 없었다. 이때의 교실 광경은 지난 20년간 내 뇌리에 박혀 떠나지 않았다. 지금은 그게 완전히 헛소리이고 성폭력의 책임은 언제나 가해자에게 있다는 걸 알지만, 외출하기 전 거울을 볼 때마다 나는 여전히 그 교사의 말을 떠올리며 혹시 내 옷차림이 (너무) 도발적이지 않은지 생각하게 된다.

지금 다음과 같은 생각을 한다면 얼마나 좋을까. '그건 20년 전의 일이야. 그때는 세상이 지금과 달랐어. 현재 우리는 이 논의에서 큰 발전을 이루었어.'

하지만 큰 발전을 이루지 못했다. 2018년 아일랜드에서 일어난 사건이 화제를 모은 적이 있다. 강간 혐의로 기소된 27세 남성의 최후 변론에서 변호인은 피해자의 (레이스로 된) T-팬티는 섹스에 동의한다는 뜻이므로 T-팬티를 착용한 17세 여성은 강간을 당한 것이 아니라고 했다. 아침에 그 팬티를 입을 때 이미 향후 있을 모든 성행위에 동의한 것이기 때문이며 어쩌고저쩌고 허튼 소리가 이어졌다. 배심원석에는 8명의 남자와 4명의 여성이 앉아 있었다. 소녀를 골목길에서 강간한 남자는 무죄를 선고받았다. 이 사건은 국제적으로 파문을 일으키고 저항을 불러왔을 뿐 아니라 아일랜드에서도 법률 개정에 대한 열망에 불을 지폈다.[115]

이 사건은 터무니없기는 하지만 결코 드문 사례가 아니다. 오스트레일리아에서도 한 남자가 강간 후에 무죄 판결을 받았다. 스키니 진은 착용자의 동의 없이는 벗길 수 없으며 따라서 강간이 일어났다는 사실은 협력의 표시로 해석해야 한다는 판사의 오판 때문이었다.[116]

이 모든 논란의 쓰라린 역설이 너무나 분명해 이 글을 쓰면서 나는 몸이 떨렸다. 여자가 성폭행을 당하는 시점에 무엇을 입고 있었는지가 언제나 논란거리다. 왜 '하필' '그' 여자에게 그런 일이 일어났는지에 대한 대답을 거기서 찾으려고 하는 것 같다. 여성이 가해자가 범행을 '쉽게' 할 수 있는, 또는 가해자의 범행을 '부추기는' 옷을 입고 있으면 잘못은 여성에게 있다. 여성이 가해자가 범행하기 '어려운' 옷을 입고 있으면 그 잘못도 여성에게 있다. 성폭행을 당할 때 여성이 협력했으리라는 가정에서 출발하기 때문이다. 그 밖에 또 다른 대답을 얻기 위해 여자가 술을 마셨는지, 혹시 술에 취했는지, 그 외의 다른 약물을 했는지, 또는 어떤 식으로든 '부주의'하게 행동했는지를 따진다.[117]

우리는 분석당하고 죄책감을 느끼는 데 너무나 익숙하다. 그 결과 잠재적 피해자들이 그런 비난에 맞서 자신을 방어할 수 있는 도구와 방법을 파는 대규모 시장이 생겨났다. 하지만 그것들은 성폭력에 맞서 우리를 방어해주지는 못한다. 호신술 강좌, 페퍼 스프레이, 비상벨, 안심 귀가 동반 앱 등이 있고, 온라인 약국 체인점에서는 종이 팔찌 모양의 테스트기도 살 수 있다. GHB(감마하이드록시낙산)의 일종으로 음료에 타는 마취제, 일명 '데이트 강간 약물'이 들어 있는지 금방 증명할 수 있기 때문에 의심스러운 경우 빠르게 확인할 수 있다.

I   성폭행 혐의로 기소된 할리우드 영화 제작자 하비 와인스타인의 여성 변호사 도나 로투노는 《뉴욕 타임스》와의 인터뷰에서, 여자들이 와인스타인의 호텔방을 찾아갈 정도로 순진했으니 그들에게 일어난 일은 그들이 책임져야 한다고 말했다. 그 자신은 성추행을 당한 적이 있느냐는 단도직입적인 물음에는 다음과 같이 대답했다. "없어요. 나는 아예 그런 상황을 만들지 않으니까요."

더욱이 얼마 전부터 새로운 버전의 정조대[1]가 속속 등장하고 있다. 이른바 강간 방지 속옷이라고 하는 팬티와 러닝 바지인데, 찢어지거나 절단되지 않는 반면 차단이 가능하고 경보 장치가 있어서 공격자의 강간을 막아준다고 한다. 소셜 미디어에서 확산시켜 크라우드 펀딩을 통해 시제품을 후원하든, 아니면 언론의 충분한 관심을 끌기 위해 떠들썩하게 선전을 하든, 내가 조사하기로 그 옷들은 실용성이 입증되지도 않았고 미래 지향적인 성범죄 대처 수단이 아닌데도 계속 법석을 떨고 있다. 그러니 그 제품들은 생산에 들어갈 경우 시장에 나오자마자 금세 사라질 것이다. 유일한 예외는 미국 기업이 생산한 제품인데 '보호'라는 개념을 좀 더 적극적으로 정의해 옷을 디자인했다. 특별한 점은 여성이 옷 속에 총기를 숨길 수 있다는 것이다. 제품이 주는 메시지는 명확하다. 여성의 자신감은 스스로를 방어하는 능력에서 나온다는 것이다. '네가 조깅/데이트/산책할 때 총을 휴대하면 아무도 너를 어쩌지 못한다.'

이런 옷과 도구에는 몇 가지 문제가 있다. 그 제품들이 낯선 사람의 위험한 공격을 막기 위해 디자인되었다는 주장부터가 그렇다. 성범죄의 75퍼센트는 낯선 사람이 아니라 친구, 남편, 직장 동료가 저지르며, 그것도 밤중에 길거리가 아니라 익숙한 환경에서 벌어진다.

마찬가지로 중요한 또 다른 문제는 이 제품들이 책임을 가해자에게서 찾기보다는 피해자에게 전가한다는 것이다.

---

[1] 이건 실제로 성행위를 하지 못하게 하는 기구라기보다 신화나 섹스 토이에 가깝다. 그리고 중세의 물건이 아니라 19세기 사람들이 중세 암흑기를 상상하고 이럴 것이라고 해석한 것이다.

물론 우리도 성폭력으로부터 우리 자신을 보호하고 싶다. 하지만 그보다 중요한 건 어떤 기회가 가해자를 만드는 게 아니라는 것, 다시 말해 '부주의한' 사람이 가해자를 만드는 게 아니라는 것을 잠재적 가해자들이 배워야 한다는 점이다. 자신의 행위에 대한 책임은 100퍼센트 행위 당사자에게 있다. 우리 사회가 이런 인식과 얼마나 동떨어져 있는지는 2010년 런던에서 실시한 설문 조사가 보여준다. 조사 대상 여성의 절반 이상이 피해자가 강간에 일부 책임이 있는 상황이 존재한다고 대답했다.[118] 심리학자이며 성폭력 전문가인 록산 애그뉴데이비스에 따르면, 이런 결과가 나온 이유는 잠재적 피해자인 우리가 '부주의하게' 행동하지만 않으면 그런 일은 일어나지 않을 거라고 스스로 안심하기 때문이다. "피해자에겐 책임이 없다고 인정하게 되면 그건 우리가 다음 피해자가 될 수 있다는 뜻이 되어버린다. 견디기 힘든 무력감이다." 애그뉴데이비스가 말했다.[119]

아동복

아동복은 고도의 정치적 사안이다. 이 문장 그대로 두어도 재미있겠지만 그래도 자세히 설명하겠다. 신생아가 태어난 뒤 이 쭈글쭈글한 대머리 아이는 딸이고 저 아이는 아들이라고 오해의 여지 없이 확실하게 연출하는 데 드는 노력을 생각하면 누구나 떠오르는 광경이 있을 것이다. 그러나 내가 여기서 말하려는 것은 색상이나 인조 보석이나 여아용 발레 스커트도 아니고 '아빠의 작은 공주님' 같은 팻말이나 '영웅'이라는 글자가 적힌 얼룩덜룩한 위장복 무늬의 티셔츠도 아니다. 스타일 외에 우리가 고민해야 할 것이 있다. 바로 기능이다. 아이가 혼자 움직이고 걷고 기어오르면서 세상을 탐험하기 시작하는 때가 온다. 끔찍해지기 시작하는 시점이다. 이때 여아복과 남아복은 모든 아이에게 똑같은 모험의 기회를 주지 않는다.

　오랜 세월 동안 아이들은 그냥 집에 있는 옷을 입었다. 돈 있는 집 아이들은 아빠와 엄마가 입은 옷보다 크기가 작고 귀여운 버전의 옷을 입었다. 18세기에 철학과 교육학이 아동기를 탄생시키면서 처음으로 놀이를 하는 아이들의 요구를 더 잘 받아들인 옷이 등장했다. 1970~1990년대에는 대체로 남녀 공용 옷을 입었고 똑같은 장난감을 가지고 놀았다. 전통적인 젠더 고정 관념이 극복된 듯이 보였다. 자본주의[I]가 어린아이를 둔 부모를 금광으로 여겨 젠더 마케팅을 펼치기 전까지는.

　자녀에게 오프라인과 온라인 상점의 남아복과 여아복 카테고리에 나와 있는 성별에 맞는 옷을 입히는 사람은 아이에게 각기 다른 가능성을 장착시키는 것이다. 남자아이에겐 다리의 움직임이 자유롭고 돌멩이와 나뭇가지와 그 밖의 보물을 넣을 큰 주머니(또다시 주머니 이야기가 나온다)가 달린 튼튼한 바지가 있다. 이런 바지엔 흔히 무릎에 질긴 천을 덧대 보강하기도 한다. 또래 여아 카테고리에는 무엇보다 몸매를 강조하는 레깅스가 있다. 편안할까? 물론이다. 그런데 내 딸의 레깅스 중에 무릎에

I　1970년대 말부터 초음파로 태아의 생식기를 확인할 수 있게 되었으므로 임신 기간 중에 '성별에 맞는' 옷을 구입해 선물할 수 있게 된 것도 여기에 한몫했다.

구멍 난 것이 한두 개가 아니다. 어찌나 많은지 더는 그것들을 쌓아둘 공간이 없다. 디자이너의 메시지를 다음 메세지 외에 다른 것으로 해석하기가 어렵다. '남자아이는 뭔가를 만들고 여자아이는 예쁘게 보여야 한다.'

교복조차 이런 메시지에 초점을 맞춰 디자인된다.[1] 영국의 공립학교와 사립학교 학생들은 16세까지 대부분 교복을 입는다. 정확히 말하면 교복'들'을 입는다. 교복의 원래 취지는 부모가 자녀 옷에 얼마나 많은 돈을 쓸 수 있고 쓸 의향이 있는지와 무관하게 모든 학생에게 똑같은 옷을 입히는 것이다. 그러나 사회적 불평등의 억제는 다른 불평등을 강화했다. 바로 남녀 불평등이다. 여학생은 대개 주름치마를 입고 남학생은 바지(주머니는 아마 여기에 더 많을 것이다?!)를 입는다. 그리고 각 옷차림에 맞는 신발이 패션을 완성한다. 남학생은 밑창에 홈이 파인 견고한 방수화를, 여학생은 발레리나 신발처럼 굽이 낮고 줄끈이 달린 에나멜가죽 구두를 신는다. 방수도 안 되고 밑창에 홈이 파이지도 않았다. 그러니 어디를 기어오르거나 달리거나 물웅덩이를 건너뛸 수 없다. 비바람이 쳐도(영국에 흔한 날씨) 모험은 할 수 없다.

이런 것들은 아이의 미래 직업에 실제적인 영향을 미친다. 이미 언급했듯이, 학교 운동에 참여하는 문제에 있어서 여학생과 남학생 간에 차이가 있다. 2014년의 영국 연구에 따르면 남학생과 성인 남자들보다 훨씬 많은 수의 여학생과 성인 여성들이 운동을 거의 하지 않거나 전혀 하지 않는다. 영국의 14세 여자 청소년들은 4명 중 1명만 충분한 운동을

I 교복을 다른 제복과 함께 다루지 않고 이 장에서 언급하는 것은 교복 착용자가 아이들이기 때문이고, 기회의 불평등이 언제 시작되는지 보여주고 싶기 때문이다.

한다. 75퍼센트는 더 활동적으로 움직이고 싶어 하지만 조롱당하고 비웃음을 살까 두려워한다.[120] 자기 검열과 억압이 너무 심하다. 독일의 사정도 다르지 않다. 2015년 연구에 따르면 청소년의 80퍼센트는 운동을 너무 하지 않는다. 그중에서도 여자 청소년의 비율이 높다.[121] 여기엔 단순히 밑창에 홈 파인 신발을 신지 않는다는 것 외에 더 많은 원인(6장 중 스포츠웨어를 다룬 부분을 참조할 것)들이 있겠지만 당연히 이것도 한 가지 이유가 될 것이다.

잠시 스타일에 관해 더 이야기하자. 자라나는 청소년의 기회의 평등에 관해서라면 스타일도 옷의 기능 못지않게 중요한 역할을 한다. 2012년의 미국 연구에 따르면 5학년 여학생들(만 10~12세) 사이에서 상대방이 얼마나 똑똑하고 능력 있다고 생각하는지를 결정하는 요인이 옷 스타일이었다. 다양한 부류의 실험 참가자들에게 각각 다른 옷을 입은 동일 여학생의 사진을 보여준 결과, 옷을 '여성스럽고' '섹시'하게 입을수록 '바보' 같고 '무능'하다고 생각했다. 남자와 여자(!) 모두 똑같은 판단을 내렸다.[122] 이건 무엇을 의미할까? 바보 취급을 당하면 조만간 자신을 바보로 여길 가능성이 커진다.[I] 사람의 옷차림과 성격적 특성을 순전히 피상적으로 연결하면 사춘기 이전의 소녀는 자신감이 줄어들고 그로 인해 미래 전망이 어두워질 수 있다.

나는 성별로 구분되는 아동복을 없애자거나 얌전한 "소녀는 도발적인

I 근본적으로 파워 슈트에서 보았던 것과 같은 변형 효과다. 단지 기호가 반대일 뿐이다.

옷을 입지 말아야 한다"는 주장을 옹호할 생각이 없다. 여기서 문제는 아이나 청소년이 아니라 선입견을 가진 어른들이다. 물론 모든 부모는 자신이 원하는 대로 어린 자녀에게 옷을 입힐 자유가 있다. 훗날 모든 아이들도 상황과 본인 취향에 맞게 옷을 입을 자유가 있다. 그렇지 않으면 어떻게 자신의 취향을 펼칠 수 있겠는가. 하지만 나처럼 지난 몇 년간 하루가 다르게 쑥쑥 자라는 아이에게 몇 주에 한 번 월요일마다 새 옷을 사 입혀야 한다면 성 중립적인 옷은 특권층 사람들의 표현이라는 느낌이 든다. 유기농 면직물, 공정 무역, 단색, 중성적 디자인⋯ 우리는 이와 관련된 옷들에 추가 비용을 지불한다. 패스트 패션의 옷, 따라서 저렴한 옷들은 모두 엄격히 이분법적인 역할 분담을 따라간다는 게 내가 받은 인상이다. 무엇이 먼저 존재했을까? 취향인가, 아니면 한정된 재정 때문에 다른 취향은 허용하지 않는 옷들인가? 잘 모르겠다. 그러나 아이들이 환경적 요소를 통해 타인과 자아를 의식하는 것을 생각할 때 이런 환경적 요소는 나를 슬프게 한다.

7장
우리는 무엇을
장려하는가

중세 유럽에서 가장 유명하고 영향력이 컸던 작품은 13세기에 프랑스에서 쓰인 『장미 이야기』(Le Roman de la Rose)이다. 이 유명한 운문 소설에서 천재를 상징하는 우화적 인물(당연히 남자다)은 남자는 여자를 성적 대상으로 착취해야 한다고 주장하면서 (남자의) 글쓰기 행위를 삽입 행위에 비교한다. 반면에 여자는 수동적이어야 하고 아무것도 쓰여 있지 않은 종이처럼 텅 비어 있어야 한다고 말한다. 윽! 그러나 이것은 800년이 지난 지금도 우리가 이런저런 변형된 형태로 모두 알고 있는 이야기이다.[I] 성가신 딱지처럼 우리 문화에 들러붙어 있는 이야기이다. 상처가 어느 정도 아물어 가려울 정도가 되면 또다시 저런 부류의 남자가 등장해 피가 나도록 상처를 긁어댄다.

I   자신이 시인이라고 착각하는 어느 록음악가가 2020년에 지은 강간 시 역시 그 중 하나다.

늘 그런 건 아니지만 여성은 때로 동시대 사람이 거의 이해하지 못하는 작품, 그 천재성이 몇 년 또는 수백 년이 흐른 뒤에야 드러나는 작품을 창작한다. 『장미 이야기』의 몇몇 사본을 장식한 채색화에서 거대한 페니스들을 나무에서 따는 수녀를 예로 들겠다. 채색화는 당시 유명 화가였던 잔 드 몽바스통이 그렸다. 몽바스통은 글을 읽지 못하는 여성이었던 것 같다. 자신이 얼마나 여성 혐오적인 책에 삽화를 그려 넣는지 전혀 알지 못했으니 수녀와 페니스 나무라는 기괴한 발상을 하게 된 것이다. 그러나 케임브리지 대학의 역사학자이며 중세 전문가인 루시 앨런이

잔 드 몽바스통은
수녀가 전혀 동요하지 않고
페니스를 따는 삽화를 그렸다.

말했듯이, 삽화가 명백하게 본문과 관계가 없을 경우(드문 일이 아니었다) 자동적으로 문맹이라고 간주된 사람은 남성 채색화가가 아니라 여성 채색화가들뿐이었다. 앨런의 추측에 따르면 몽바스통은 자신이 무슨 책에 삽화를 그리는지 잘 알고 있었고 그 삽화는 그녀의 입장 표명이었다. 앨런은 몽바스통이 페니스를 따는 수녀의 그림으로 전하고자 하는 메시지를 다음과 같이 해석했다. "훌륭한 이야기를 들려주려면 페니스가 있어야 한다는 걸 나는 알고 있다. 하지만 봐라. 내가 얼마나 많은 페니스를 가지고 있는지."[123]

비판받아 마땅하다

스무 살이 조금 지났을 무렵 나는 당시의 남자 친구가 《쾰른 슈타트마가친》이라는 잡지를 보고 알게 된 행사에 함께 갔다. 어느 지저분한 카페의 밀실로 들어가니 우리보다 나이가 두 배쯤 많은 사람들이 담배와 파이프를 피우며 자신이 쓴 글을 낭독했다. 곧 '문학에서의 사랑과 섹스와 권력'이라는 주제로 토론이 이어졌다. 나이 많은 백발의 남자가 내 뇌리에 깊이 박혔다. 그는 여자들이 말할 때마다 끼어들어 사랑이라는 주제에서 자신이 관심을 두는 것은 섹스에서의 권력 문제라고 말했다. 책을 읽을 때나 글을 쓸 때 개인적으로 자신이 좋아하는 것은 오직 남자를 지배하는 여자의 권력일 뿐 그 나머지는 시시한 헛소리라고 했다. 따라서 자신이 보기에 (이성애적) 에로티시즘으로 빠지는 모든 문학적 여담은 언제나 일차적으로 남녀 간 권력 문제에 대답해야 한다고 주장했다.

당시의 남자 친구와 나는 쾌락과 성에 관한 생각을 말로 표현하는 게 정말 익숙하지 않았기에 두 번 다시는 그날 밤 일에 대해 이야기하지 않았다. 그리고 함께 문화 활동을 찾아보려는 계획도 그때 영원히 묻혀버렸다. 그러나 무엇이 에로틱한 것이고 그것이 권력과 무슨 관계가 있는지는 내 의식 깊숙이 파고 들어왔다. 그래서 15년 전부터 성적인 글을 읽을 때면 나는 사람들 간의 권력 관계에 대해 뭔가를 읽어내려고 노력한다.

연기 자욱한 카페 밀실에서만이 아니라 문학 평론가 같은 엘리트들이 활동하는 분야에서도 이 주제는 사람들을 갈라놓는 큰 문제 중 하나인 것 같다. 에로틱하다는 건 무엇인가? 그리고 누가 어떤 식으로 거기에 대해 글을 쓸 수 있는가? 20년이 지난 뒤 이 문제에 대한 많은 답을 2000년 6월 30일 독일 제2텔레비전인 ZDF에서 방송된《문학 사중주》에서 찾을 수 있다. 평론가들 사이에서 논쟁이 벌어졌는데 요즈음 'der Krach'(싸움)라는 단어로 검색하면 방송 일부를 볼 수 있다. 방송에서 다룬 책은 같은 해에 독일에서 출간된 무라카미 하루키의 『위험한 연인』(원제 : 국경의 남쪽, 태양의 서쪽)이었다. 책 자체는 방송에서 미미한 역할만 했고 토론의 핵심은 30대 중반의 결혼한 남자 주인공이었다. 그의 인생은 표면적으로 보면 모든 게 순탄하다. 그럼에도 불구하고, 아니 바로 그 때문에 그는 불행한 사랑에 빠진다. 솔직히 말하면 그 사랑은 그의 인생이 아직 결정되지 않았고 여러 제약과 책임에서 자유로웠던 사춘기 이전 시기의 투사였다는 게 밝혀진다. 일찍 찾아온 일종의 중년 남성의 위기이거나, 100세 넘어서까지 살 계획이라면 인생 1/3 지점에 찾아온 낙관적인 위기이다. 당시 나는 이 책을 읽었지만 그게 대단하다고도, 그렇다고 완전히 시시하다고도 생각하지 않았다. 그저 휴가지에 가져가서 편안하게 읽을 만한 책으로, 읽어도 인생이 크게 달라지거나 시간을 낭비했다고 슬퍼할 만한 책이 아니었다. 그런데 이 책을 각기 다른 관점에서 본 두 사람이 있었다. 한 사람은 여성 문학 평론가 지그리트 뢰플러였고 또 한 사람은 마르셀 라이히라니츠키였다. 뢰플러는 저자의 언어가 "문학적 패스트푸드"라며 이런 책을 방송에서 다룬다는 것에 대해 화를 냈다. 반면에 동료 평론가 라이히라니츠키는 소설에 완전히 매료되었다. 방송은 다음과 같이 진행되었다.

> (상황에 알맞게 실감나게 독서를 위한 연출자의 지침: 화를 내며 격렬한 제스처를 취하는 라이히라니츠키를 상상하라. 그에 비해 뢰플러는 훨씬 침착하지만 라이히라니츠키는 이 태도를 그녀에게 불리한 쪽으로 해석한다.)

> 라이히라니츠키: (뢰플러를 향해) 이 책은 — 이 말이 당신 속을 뒤집어 놓을 거라는 걸 압니다 — 말할 수 없이 다정다감해요! 뢰플러 씨, 당신은 그걸 몰라요, 이 책이 얼마나 다정다감한지를!

사태 악화는 《문학 사중주》 마지막 방송분에서 이미 암시되었다. 라이히라니츠키는 계속 뢰플러가 '다정다감함'과 '사랑'에 대한 감수성이 없다는 식으로 말했다. 그날 두 사람은 상당한 인신공격까지 했다. 라이히라니츠키의 발언 행간에 숨은 의미는 다음과 같다. 뢰플러는 차갑고 분석적인 여성이며, 사랑과 에로티시즘을 읽고 이해하고 느낄 줄 모르는 비평가라고. 반면에 자신은 열정적이고 성미가 급한 평론가이며 자신의 위대한 정신과 감정만을 표현하는 사람이라고.

> **라이히라니츠키** : 그들이 함께 자기 전의 장면 묘사는 기가 막힙
> 니다! 나는 그런 사랑의 장면을 근래에 읽은 적이 없어요! 정말
> 눈부신 장면입니다. 그리고….
> **뢰플러** : 제 말을 똑바로 이해하세요. 저는 당신이 즐기는 대목을
> 가지고 정말 뭐라 할 생각이 없어요. 그러나 … (관객 웃음) … 그
> 건 아마 나이 문제이기도 할 거예요. 하지만 작가가 자신의 주제
> 에서 완전히 실패한다면 그건 문제라고 봅니다 (…)

충격이다! 나이가 스물두 살이나 적은 데다 토론자 네 명 중 유일한
여성인 뢰플러는 에로티시즘 문제에서 라이히라니츠키의 고루함과 덧없
음을 지적했다. 그것이 장년층 남자들에겐 민감한 자아를 건드리는 지
점이라는 걸 나는 경험으로 알고 있다. 또한 '즐기는'이라는 말은 값싸고
형편없는 취향을 강조하는 것인데, 라이히라니츠키의 성적인 기호를 암
시하는 말이다. 허리 아래 문제를 잣대로 사용하려는 시도는 여기에서
도 완전히 실패했다.

1988년에 방송이 시작된 후 오랜 세월 쌓여온 두 사람 사이의 긴장
관계는 수치로도 분명하게 확인된다. 그 공개적인 소란이 일어나기 2년
전인 1998년의 연구에서는 1990년부터 1996년까지 《문학 사중주》의 의
사소통 패턴을 조사했다. 그 결과 뢰플러의 발언 시간이 갈수록 유의미
하게 늘어난 것을 확인했다. 물론 여전히 카라제크보다 짧고 기록 보유
자인 라이히라니츠키에게는 크게 미치지 못했지만, 방송이 거듭될수록

그간의 부진을 눈에 띄게 만회했다. 발언 빈도도 두드러지게 높아졌다. 그 이유로 뢰플러가 시간이 갈수록 전에 자신의 말을 끊었던 토론자들의 방식대로 그들의 말을 끊는 데 익숙해졌다는 점을 들 수 있다. 이는 남성 토론자들이 자기표현[I]의 여지가 매주 줄어드는 상황을 받아들일 수밖에 없었다는 걸 의미한다. 연구에 나와 있는 또 다른 중요한 결론은, 곧이어 언급할 주제와 관련되기는 하지만, 뢰플러와 라이히라니츠키 두 사람이 종종 책에 대해 다른 토론자들(이따금 여성 한 명이 객원 배심원으로 출연했다)과 근본적으로 다른 견해를 갖고 있었다는 점이다.[124]

여기서 우리는 세대 및 취향의 갈등 그리고 무엇보다 곧 나오겠지만 성별 간의 갈등을 목격한다. 뢰플러와 라이히라니츠키 두 사람은 문학이 무엇인지에 대한 해석의 주권이 각각 자신에게 있다고 주장한다.

> 라이히라니츠키: 당신은 늘 사회에서 여성의 역할이나 뭐 그런 것들을 중요시했어요…. 당신은 주인공 남자가 다시 빠져든 그 말할 수 없이 부드러운 여자가 그 손에 모든 권력을 쥐고 있다는 걸 눈치채지 못했나요? 그녀는 지시하고, 그녀는….
> 뢰플러: 아 맙소사, 그건 현실적인 인물이 아니에요. 그 여자는 환상이에요….
> 라이히라니츠키: 그 여자는 시적인 인물이에요….
> 뢰플러: 그것도 남자의 환상일 뿐 다른 뭣도 아니에요!

I 이는 내가 만든 개념이 아니라 연구에 나와 있는 개념이다.

라이히라니츠키 : (손가락으로 가리키며) 아하, 그럴 줄 알았어요, 그럴 줄 알았어요! 모두 남자의 관점에서 나온 인물들이라는 거 겠죠, 그레트헨과 오필리아, 보바리 부인, 안나 카레니나, 모두 남 자의 관점에서 본 여자들이라는 거겠죠. (…)

와, 대체 이게 뭐란 말인가?! 라이히라니츠키는 욕망의 대상이었던 그 '위험한 연인'이 정말 일차원적이고 정형화된 인물인지에 대해 짧게나 마 이야기하기보다는, 전부터 고전 문학에 나오는 모든 위대한 여성들은 어차피 남성의 시각에서 창조된 것이라는 담론을 급하게 상대방의 주장 에 덧씌워 무력화한다… 라이히라니츠키는 이것이 뢰플러의 주장이라 고 암시하면서 — 이 담론은 예나 지금이나 전적으로 맞는 말이다. 100년 전에 버지니아 울프도 언급한 대목이며, 뢰플러도 그렇지 않다고 부인하지 않는다 — 마치 뢰플러가 원론적인 토론을 하고 싶어 하는 것처럼 행동 한다. 라이히라니츠키 혼자 분란을 일으키고 그것을 뢰플러가 얼른 수 습하려는 것 같다.

뢰플러 : 그 여성은 남자들의 영원한 환상이에요.
라이히라니츠키 : 내가 묻고 싶은 건 단지 남자들의 환상이 그렇 게 나쁜 것이냐 아니면 시적인 환상이 나쁜 것이냐는 점이에요. 당신은 그에 대한 감각이 없어요! 당신은 사랑을 뭔가 불쾌하고 외설적인 것으로 여기고 있어요. 하지만 세계 문학은 그런 주제 를 다루고 있죠, 다행히! (…)

뢰플러는 책에 등장하는 여성이 행위자가 아니라 순전히 남성의 투사 스크린이라는 점을 문제 삼는다. 물론 지금 나는 중립적인 비판자가 아니지만 이 문제는 공정하게 토론할 수 있다고 생각한다. 내가 보기에 소설 속 여성은 남자의 욕망을 상징하는 기능을 한다. 그녀가 이 기능을 작가가 아닌 주인공을 위해 발휘하는 한, 이는 충분히 인간적일뿐더러 그 때문에 이야기가 형편없는 소설이 되지도 않는다. 이 문제에 대해서도 논쟁할 수 있겠지만 여기에서는 먼저 이 중요한 구분에 대해 이야기해야 한다. 뢰플러와 라이히라니츠키는 작품을 비판하면서 이 점을 놓쳤다. 그리고 방향을 잘못 잡은 채 특정 표현을 놓고, 예컨대 여자가 페이지마다 '부드럽게 미소 짓는' 모습으로 묘사되는 것에 대해 토론했다.

> 라이히라니츠키 : 잠깐, 그게 세계 문학의 기본 장치예요! 그게 뭐냐면….
>
> 객원 비평가(전반적으로 발언을 거의 하지 않는 남성 토론자) : … 여자가 미소 짓는 것이요?
>
> 라이히라니츠키 : … 여자가 발코니에 서 있고 남자는 아래에서 위를 올려다보며 말하죠. "너를 갖고 싶어!" 언제나 그렇습니다. 남자는 욕망하고 여자는 다음과 같이 말해요. "좋아, 하지만 나중에."

이 '세계 문학의 기본 장치'는 고전인 동시에 엿 같은 장치다. 일상을 둘러보면 "너를 갖고 싶어!"라고 말하는 남자를 흔히 본다. 거기에 여자는 "싫어!"라고 하지 "나중에."라고 말하지 않는다.

하지만 지금 대부분의 이야기는 한심하게도 끈질기게 기다리다 보면 영원한 사랑과 해피엔드로 보상받는다는 결말을 향해 나아간다.[I] 이것도 여자의 에로틱한 권력에 대한 남자들의 서사가 우리에게 선물한 것이다. 하지만 그건 여성이 어떻게든 의미 있게 사용할 수 있는 참된 권력이 아니라 남자가 상상한 권력에 불과하다. 남자는 여자의 에로틱한 권력에서 빠져나올 수 없다는 그 한심한 생각은 결국 흔해빠진 스토커가 낭만에 눈이 멀어 부풀린 망상에 지나지 않는다. 안타깝게도 스토커는 문학적 상상으로만 남아 있지 않고 강의 때마다 당신 옆에 앉아 내내 당신의 머리 냄새를 맡는 녀석이고, 부탁하지도 않았는데 당신의 교대가 끝나는 새벽 2시 반에 불쑥 나타나 시를 읊어주는 사람이며, 그날 당신이 입었던 옷을 상세히 묘사한 메시지를 온라인으로 당신에게 보내는 사람이고, 길거리에서 눈에 띄지 않게 당신을 집까지 따라왔다가 당신의 룸메이트들에게 쫓겨나는 녀석이다. 모든 여성과 모든 소외된 사람들은 이런 유형의 남자를 알고 있다. 여자는 정복의 대상이라고 믿는 남자의 낭만적 서사의 원형에서 나온 결과가 이 유형의 사람들이다.[I] 여성 정복은 마치 스포츠를 하는 것과 비슷한 문화적 실천이 되었다. 여성 정복에 실패한 남성들을 상대로 돈을 벌기 위해 '픽업 아티스트'들은 여성을 대상으로

I. 대안 시나리오: 죽을 때까지 이루어지지 못한 사랑의 고통은 괴테의 『젊은 베르테르의 슬픔』에서처럼 어떤 식으로든 특별히 남성적이고 도덕적인 것으로 인식된다. 그 고통은 내가 다니던 학교의 몇몇 남학생들에겐 남자가 겪는 깊은 사랑의 고뇌 또는 자기애적인 굴욕으로 이용되었다.

I. '정복한다'는 건 '욕망한다'는 것과 동일하지 않다. 모든 인간은 욕망의 대상이 되기를 원하지만 정복은 '의지에 반해' 이루어진다.

한 스토킹과 성추행을 학습이 가능한 기술로 격상시키려 한다. 그게 무슨 이름으로 불리든, 세계 문학에서 어떤 위대한 이름들이 이런 것을 시도하고 그 행동 방식을 추켜세웠든, 그건 어디까지나 성추행이고 스토킹이며 엄연히 잘못된 행동이다.

연기 자욱한 카페 밀실의 늙은 남자는 라이히라니츠키와 마찬가지로 여성이 남성에게 행사하는 권력, 달리 표현하면, 여자에게 무력하게 내던져진 남자의 상태를 에로틱하다고 느꼈다. 그래도 아직은 이 두 남자가 자기 나름의 권력 판타지에 영감을 받아 강간 시를 썼던 남자보다 더 낫지는 않은지 고민해볼 수도 있겠다. 그러나 나는 성적인 기벽들을 그 도덕적이라는 특성에 따라 분류하는 짓 같은 것은 하지 않겠다. 침실(또는 그녀와 자고 싶은 곳이라면 어디든)에서 여성이 권력을 쥐고 있다고 가정하고 거기에서 흥분을 느낀다고 해서 그녀에게 이 권력을 남은 평생 허용한다는 뜻은 아니며, 자신의 권력을 그녀와 공유한다는 의미는 더더욱 아니다.

> 라이히라니츠키 : 소설의 주인공이 그 젊은 여성에게 품고 있는 사랑이 대단히 강렬하게 드러나 있어요. (…) 그가 이 사랑에 빠질 때 무슨 일이 일어나는지를 보여줍니다. 내가 당신은 항상 로맨스 소설이라면 질색한다고 말하는데, 그건 개인적인 추정이 아니에요. 그건 추정이 아니라 증명할 수 있는 사실이에요.
> 뢰플러 : 말도 안 되는 소리라 더는 대꾸하지 않겠습니다.

이 부분이 최소한 방송에서는 대화의 끝이었다. 뢰플러가 정말 로맨스 소설에 반대하든 아니든, 라이히라니츠키의 말이 개인적인 추정인 건 사실이다. 게다가 문학의 세계에 대해 꽤 많은 것을 폭로하는 추정이다. 남자와 여자의 읽기 방식과 쓰기 방식이 오늘날에도 각기 다르기 때문이다. 여기에는 역사적인 이유가 있다. 이 맥락에서 설명의 단초를 제공하는 것이기 때문에 잠시 이 문제를 짚어보겠다.

페니스가 문학 창작의 전제 조건이라는 믿음은 오래되었지만 그렇게 생각하지 않는 시대도 있었다. 선사 시대는 아니고 남근 집착 이전 시기였다. 여성이 쓴 글 중 지금까지 남아 있는 가장 오래된 글은 깃털 펜 또는 갈대 줄기로 쓴 것이다. 그러나 불루사라비(Bullussa-rabi, 기원전 1300년)나 엔헤두안나(En-hedu-anna, 기원전 2000년) 같은 여성 작가들은 가부장제 탓에 금세 망각되었고 여성이 쓴 글은 수천 년 넘게 아무도 읽지 않은 상태로 남아 대체로 무시당했다. 18세기와 19세기에 이르러 유럽에서 시민층이 등장하면서 새로운 문학 장르인 소설이 탄생했다. 그리고 마침내 성공적으로 책을 펴낸 사람은 여성들이었다.[1] 18세기 중반 영국에서는 여성 저자라는 것이 책 판매에 유리한 시기가 있었는데 모든 책의 3분의 1 이상이 '여성이 쓴'(by a lady) 책이었다. 따라서 남성 작가들이 여자 이름을 가명으로 쓰기에 이르렀다. 여성 작가의 이런 소소한 인기 상승은 우연이 아니라 시간적 여유가 있고 글을 읽을 줄 아는 여성들이 더욱더 주변의 현실 문제에 관심을 가지게 된 것(이걸 누가 생각이나 했을까)과

---

[1] 익명('by a lady')이나 가명으로 책을 내거나, 이보다 드물지만 자신의 이름으로 출판하는 경우도 있었다.

관련이 있었다. 책은 해방의 수단이었고 교양을 쌓는 데 도움이 되었다. 이때 남자와 여자의 각각 다른 독서 습관이 탄생했다. 소설이라면 종류를 막론하고 구입한 쪽은 여자들이었고 이는 수익성 좋은 시장을 만들어냈다. 그러나 대중 소설은 엄격히 따지면 문학이 아니라 뢰플러식으로 말하면 "문학적 패스트푸드"였다(그때나 지금이나 이것은 비평가들에게 중요한 문제처럼 보인다). 공포 소설이나 로맨스 소설은 인정받지 못한 탓에 진지한 책은 남자가 쓴다는 이야기가 생겨났다. 유럽 어느 지역을 보더라도 그곳의 문학 정전(正典)들이 오늘날까지 대부분 남성 작가들의 이름을 달고 있는 이유도 이것으로 설명할 수 있다. 반면에 여성 작가들은 지금도 여전히 수적으로 열세에 있다. 권장 도서가 적힌 기본서, 예를 들어 불프 제게브레히트가 쓴 『독문학 전공자는 무엇을 읽어야 할까?』에서는 17세기 이후의 여성 작가 77명의 이름을 거명하는 반면 남성 작가는 무려 446명을 소개한다.[125] 첫 노벨 문학상이 수여된 지 120년이 흐른 지금 수상자들 중 여성은 13퍼센트에 불과하다. 상을 받은 여성들도 여성 혐오적 비판을 피해 가지 못했다. 2020년 노벨 문학상 수상자 루이즈 글릭에 대해 문학 평론가 토비아스 렘쿨은 《쥐트도이체차이퉁》에 기고한 「키치 적색 경보」라는 제목의 비평에서 "대중과 영합하는 시: 최소한 미심쩍은 찬사"라며 혹평했다. 진지한 문학은 모든 이를 위한 것이 아니라, 문화 자본을 누리며 그것을 제 것으로 만들 수 있는 사람만을 위한 것이라는 오만이 현재까지 계속되고 있다. 그러니 몇 문장 뒤에 다음과 같은 말이 나오는 것도 이상하지 않다. "그러나 시집 『아베르노』(2007)에서는 이미 관념적인 키치[1]까지 엿볼 수 있어서 시인이 자신의 예술성을 상당히 과장되게 내세운다는 생각이 든다."[126] 어떤 작품을 놓고 그게 꼭 좋거나 성공적이라고 생각해야 할 이유는 없다. 모든 작품은, 특히 상을 받은 작품은 비판할 수 있어야 한다. 하지만 대체 왜 이런 빤한 헛소리를 늘어놓는 식으로 비판하는 걸까? 문장 하나로 키치를 암시하고 여성의 예술성을 부정했다. 이는 역사 속에 등장하는 여성 혐오라는 덫을 보여주는 대표적인 사례. 비평가는 여성 작가의 작품을 평가할 때, 비록 자기 자신이 우스워지지 않으려는 목적이라고 하더라도, 여성 혐오를 피해야 마땅하다.

여성 혐오적인 헛소리는 문학 비평에서 오랜 전통을 가지고 있다. 몇몇 작가들이 그것을 비켜 가는 방법을 찾아냈다. 바로 남자 이름을 필명으로 쓰는 것이었다. 본명이 메리 앤 에번스인 조지 엘리엇은 '영국 문학사에서 가장 중요한 소설'인 『미들마치』(1872)를 남자 이름으로 발표했다. 여자가 썼다는 걸 세상이 알면 자신의 책은 결코 그 자체로 평가받지 못하리라는 것을 알기 때문이라고 그녀 스스로 말했다. 엘리엇/에번스의 사례에서는 오늘날 온라인에서 가명으로 등장하는 소외된 사람들이나 여성과의 유사점이 보인다. 그렇게 하는 것이 예나 지금이나 여자로서 험담 또는 악플과 적개심으로부터 스스로를 보호하는 방법이다.[II] 엘리엇은 개방 결혼[III]을 한 유명 남성과 관계를 맺고 있었다. 그녀의 전기를 쓴 로즈마리 보덴하이머에 따르면 엘리엇은 자신의 문학이 '성 추문이

I [역주] 키치(kitsch): 비전문적이고 저속하며 대중적인 작품을 뜻하는 말.

II 이 사람들이 요즘 온라인에 등장하는 증오 발언들을 견뎌야 하는 현실을 보면 나 역시 이 책을 출판하면서 익명의 조지가 되고 싶다.

III [역주] 개방 결혼: 부부가 상호 합의하여, 상대방이 다른 이성과 혼외 관계를 가지는 것을 인정해주는 결혼 방식.

나 자신이 '타락한 여자'라는 평판과 무관하게 평가받기를 원했다. 170년의 세월이 흘러 《빌트》지와 소셜 미디어가 지배하는 오늘날에도 나 역시 타당하다고 생각하는 바람이다. 또 하나 편리한 측면은 여성의 본명은 결혼하면 달라지지만 가명은 평생 그대로 쓸 수 있다는 점이다.[I] 스스로 선택한 이름이 성 정체성에 부합하는 까닭에 작품 활동 외의 영역에서도 그것을 출생 시의 이름보다 선호하는 사람들이 있다. 대표적인 예가 유령 이야기와 사회 비판적 에세이를 쓴 버넌 리다. 자신이 동성애자임을 밝히고 살았던 그녀는 1875년에 이 필명이 "저자가 남자인지 여자인지 미정으로 남겨놓는 이점이 있다"[127]고 적었다. 버넌 리는 글을 쓸 때만 버넌 리였던 게 아니라, 젠더 규범이나 복장 규범을 넘어 일상의 모든 상황에서도 남자처럼 행동했다. 버넌 리는 성 소수자 커뮤니티 회원이었을 가능성이 크다. 이런 것 때문에라도 〈그녀의 이름을 되찾아주자〉는 영국 캠페인(2020)을 등에 업고 남자 이름을 필명으로 사용해 출간된 작품이 저자의 출생 시 이름으로 재출간된다면 문제가 있다. 이 캠페인은 의도가 좋고 뭔가 여성주의적이라고 쉽게 홍보할 수 있겠지만 결과는 타인 영역의 침해다. 역사적 맥락과 해당 문학을 탄생시킨 개인의 결정을 무시하는 것이기 때문이다.

여성 문학에 대한 편견과의 싸움에서 작가가 어떤 수단을 사용하든

I 학문 분야에서 내가 계속 맞닥뜨렸던 문제다. 여성이 박사 학위를 받고 결혼하면 성씨가 박사 학위 논문에 적힌 것과 달라지기 때문에 해당 인물을 검색하는데 오랜 시간이 걸린다.

간에, 교육 수준이 낮은 여성 독자층과 연관되지 않으려는 것은 복잡한 문제다. 여성 문학은 오락이 목적인 열등한 문학이라는 가정, 따라서 그것을 읽는 독자에 대한 평가 절하가 이 편견에서 묻어 나오기 때문이다. 바로 이 점이 문학 비평에서도 영향을 미친다. 따라서 《문학 사중주》의 유일한 여성이었던 지그리트 뢰플러는 자신의 취향이 자신의 젠더와 무관하다는 것을 지속적으로 증명해야 하는 잠재된 압력에 시달렸을 수 있으며, 여성 문학은 무가치하다는 고정 관념에서 벗어나려는 충동이 이따금 그 반대의 극단으로 치달은 것인지도 모른다.[I] 만일 소설을 쓴 사람이 남자가 아니라 여자였다면 프로그램에 나온 비평가들 어느 누구도 그 소설에 관심이 없지 않았을까?

《문학 사중주》 스캔들 이후 확실하게 달라진 것은 책에 대해 공개적으로 이야기하는 방식이다. 인터넷은 비평가라는 직업도 민주화했다. 누구나 자신의 독후감을 공개하고 의견을 교환하며 일반 담론에 참여할 수 있다. 고전적인 신문 문예란에서 활동하는 비평가라는 기득권층 외에 이젠 문학 블로거와 인플루언서들이 있다. 지그리트 뢰플러는 아마 이들에게 어떤 권위도 인정하지 않을 것이다. 그녀는 이들의 비평이 "단골 테이블에서 주절대는 전자적 수다"이며 "비평의 탈전문화"라고 했다.[128] 이것 역시 낡은 권력과 해석의 주권의 껍질이 떠내려가는 모습이다. 책이 인간의 삶에서 수행하는 역할에는 이런 상아탑과의 이별이 당연히 도움을 준다.

[I] 이렇게 말하는 나도 가끔 그렇게 행동하는 경우가 있으며 그렇게 하려는 본능을 잘 알고 있다. 따라서 이는 투사일 수도 있다.

무라카미 하루키의 『위험한 연인』의 독일어판이 나온 지 1년 뒤에 나는 그것을 생일 선물로 받았다. 무엇보다 방송에서의 소동과 그 사건 후 뢰플러가 《문학 사중주》를 떠난 것이 독일에서의 책의 성공에 큰 기여를 했을 것이다. 뢰플러 효과는 말하자면 스트라이샌드 효과[I]의 선구자인 셈이다. '스트라이샌드 효과'란 전혀 눈에 띄지 않기를 바라는 사안이 뜻하지 않게 주목을 받는 것을 말한다. 『위험한 연인』에 작용한 게 뢰플러 효과라면 2020년 가을부터는 쥐르멜리 효과가 폴린 아르망주의 책 『나는 남자가 싫다』[129]에 영향을 미쳤다. 프랑스 성평등부 고문인 랄프 쥐르멜리가 볼 때 이 책은, 더 정확히 말하면 이 책의 제목은 적절치 않았다. 무슨 수를 쓰더라도 그는 출간 전에 책을 금지하려고 했다. 그런데 무슨 일이 일어났을까? 쥐르멜리의 이메일이 공개되었고 『나는 남자가 싫다』는 프랑스에서 여러 번이나 완판되면서 베스트셀러가 되었다. 여성 페미니스트 작가 폴린 아르망주의 데뷔작인 이 에세이는 남자를 미워할 충분한 이유들에 대해 이야기한다. 독일 작가이며 미술사가인 크리스티나 동고브스키는 문학 블로그 《54books》에서 쥐르멜리가 본의 아니게 아르망주가 말한 남자의 원형이 되었다고 말했다. 정신적으로 게으른 남자, 가부장제가 기본으로 생산하는 남자의 특권을 옹호하는 남자라는 뜻이다. 이런 남자는 공격적이고 여성 혐오적인 행동으로 여자의 삶에 짐을

I 미국 가수 바브라 스트라이샌드의 이름을 따서 이렇게 부른다. 스트라이샌드는 2003년 한 사진작가에게 5,000만 달러의 손해 배상 소송을 제기했다. 사진작가가 찍은 항공 사진에 그녀의 저택이 나와 있었던 것이다. 그때까지는 아무도 그게 스트라이샌드의 집인 줄 알지 못하다가 소송 보도를 통해 사진과 집이 대중에게 알려졌다.

지운다고 했다. 이로써 쥐르멜리와 아르망주가 맞붙은 사건에서 상황은 종료되었다.[130] 여성이 자신에게 주어진 증오의 권리를 허용하고 그 감정에 천착하면 낡은 관습을 극복하고 새로운 가능성을 열 기회가 생긴다. 그러나 먼저 증오에 천착한 사람은 쥐르멜리였다. 그것도 지금까지 그가 읽지 않았을 가능성이 농후한 책을 상대로 말이다. 남자의 자아는 허술하다. 잘 알지도 못하면서 여성이 쓴 문학 작품을 제목만 읽거나 피상적으로 훑어본 뒤 그것을 비판하고 무가치하다고 혹평하는 오만은 그 뿌리가 깊어서 오늘날까지 없어지지 않고 있다. 이런 것에서는 잘해야 정반대의 뜻을 담은 추천서 같은 것이 나올 뿐이다. 예를 들어, 두꺼비가 싫어하는 것이라면 내가 그것을 좋아할 가능성이 있다.

섹시한 신앙

글을 쓰는 여성에서 그림을 그리는 여성으로, 아니 더 정확히 말하면 그림에 그려진 여성으로 가보자. 주체에서 객체로 가는 것이다. 2,000년 넘게 가장 자주 그림으로 그리고, 조각으로 새기고, 모방하고, 수없이 많이 도상으로 묘사한 서구의 여성은 아마도 마돈나일 것이다. 〈라이크 어 버진〉(Like a Virgin)을 부른 마돈나가 아니라 실제로 '버진'인 마돈나, 처녀 마리아 말이다. 예수의 어머니가 상당히 관능적으로 보인다고 생각해본 적이 있는가? 그녀가 가톨릭교회에서 순결과 순수의 화신이고 그 누구도 따라올 수 없을 만큼 품위와 도덕을 대변한다고 하기엔 미묘하게도 뭐랄까… 섹시하다. 어떤 면에서는 맞는 말이다. 어쨌든 외아들의 어머니로 자신을 선택해준 신을 유혹했을 뿐 아니라 그녀의 성적 매력은 신자들을 딱딱하고 쿠션 없는 교회 의자로 끌어들이는 데도 이용된다. 적어도 철학자 알랭 드 보통은 그렇게 보고 있다.[131] 교회의 의뢰를 받은 보티첼리 같은 화가들은 엄격한 규율과 도덕관념의 종합 패키지를 더 매력적으로 보이게 하기 위해 마리아를 일부러 더 섹시하게 그렸을 수도 있다. 다르게 말하면 섹스는 자동차와 담배와 술뿐만 아니라 종교도 판다. 적어도 고객이 남자라면 말이다. 혹시 십자가에 못 박혀 덜그럭거리며 침실을 내려다보는 예수상도 이성애 여성의 욕망을 일깨워야 할까?

"예수는 어떻게든 섹시해 보여야 하는 걸까요?" 구글에 이런 질문을 올렸을 때 당혹스러운 답변만 달렸다. '종교학'이라는 낱말을 추가해 다시 시도해도 알 길이 없었다. 결국 나는 종교학자에게 직접 물어보았다. 테레지아 하이메를은 가톨릭 신학자이며 그라츠 대학에서 종교학을 가르치는 교수다. 연구 분야는 몸과 젠더와 종교 간의 갈등 영역이다.

예수가 섹시한가? 흥미로운 질문이에요. 첫 번째 문제는 어떤 예수 이미지를 말하느냐, 어느 시대의 이미지를 말하느냐예요. 도상학에서 말하는 예수의 이미지에 대해 말하는 것일까? 즉, 예술 작품에 대해 말하는 것일까? 아니면 훨씬 훗날 영화에 나오는 이미지일까? 기독교 시대에 살았던 예술가들은 누군가를 특별히 섹시하게 묘사하려고 한 적이 없어요. 물론 그렇다고 예술가들이 예수를 묘사할 때 당대의 아름다움과 섹시함의 이상을 반영하지 않았다는 얘기는 아니에요. 여기엔 그들이 생각하는 성애의 형식도 포함됩니다. 그러나 요즘 말하는 광고 전략 같은 것은 결코 아니었어요. 이런 사고방식, 이런 식의 광고는 새로운 것이니까요. 이건 원래 근대의 시장 경제와 함께 등장했죠. "예수는 특별히 섹시해야 한다." 이렇게 노골적으로 생각한 작품 의뢰인은 없었어요. 그러나 이와 동시에 예수는 기독교에서 가장 중요한 인물입니다. 그러니 간판 노릇을 하는 인물로서 가능하면 매력적이어야 하는 건 당연해요. 그리고 예수와 마리아와 기타 성인들을 묘사한 그림이 왜 존재하는지를 알아야 합니다. 그 그림은 신자들을 감정적으로 움직이고 그들을 교육하기 위해 존재합니다. 여기서 매력이 큰 역할을 하는 건 당연해요. 하지만 작품 의뢰인이 "예수를 가능하면 섹시하게 그려주시오!"라고 말했을 가능성은 없다고 봐요.

최근에 예수를 역사적으로 더 정확하게 묘사한, 즉 유색인으로 그린 그림을 본 나는 혹시 매력적으로 보이게 하려는 그 암묵적 욕구가 예수의 화이트워싱(whitewashing)[I]으로 이어진 게 아닐까 생각했다. 그러나 하이메를은 유럽의 예술가들이 수백 년간 예수가 백인이 아니라는 사실을 의식하지 못했기 때문에 그것이 의도적인 결정은 아니었다고 말한다. 그러나 예수의 섹시함이 중심적 역할을 하는 전혀 다른, 일종의 틈새 분야가 있다.

I 다른 문화권에 속한 역사 속의 인물이나 허구의 인물을 백인으로 묘사하는 서유럽과 미국의 관행을 말한다. 예를 들어 영화에서 해당 인물의 배역을 백인 배우가 맡는 식이다. 2004년 멜 깁슨 감독의 영화 〈패션 오브 크라이스트〉(Passion of Christ)에서 예수는 백인 배우 짐 커비즐이 연기했다.

그 분야는 중세 또는 근대 초기의 여성 신비주의입니다. 지극히 성적으로 묘사된 예수가 있어요. 여성 신비주의자들의 상상력 속에서 예수는 정말 대단히 섹시하고 예수에 대한 묘사는 극도로 에로틱해요. 그리고 이성애적이에요. 예수의 동성애를 암시하는 유일한 텍스트는 내 전공 분야인 중세 때 나온 것이에요. 남성 신비주의자가 자신에게 키스하는 예수를 상상하는 글입니다.[I]

시에나의 성녀 카타리나는 14세기 중반 예수가 포피[II]를 결혼반지로 끼워주는 환시를 체험했다. 이것이 아니더라도 예수의 포피를 놓고 꽤 오랫동안 큰 소동이 벌어졌다. 여성 신비주의자 아그네스 블란베킨은 13세기 말에 체험한 에로틱한 환시에서 예수의 포피를 맛보고 삼켰다고 주장했다. 그러나 이것도 전체 맥락에서 보면 예외에 속한다. 개종을 위한 미끼로서의 섹스는 적어도 세계의 주요 종교에서는 지속적인 전략으로 사용된 적이 없다고 하이메를은 말한다.

그곳이 어떤 곳이든 내세에서 섹스가 기다리고 있다는 이슬람의

I   여기에서 말하는 신비주의자는 루페르트 폰 도이츠를 말한다. 그는 예수와 진한 프렌치 키스를 나누는 동성애적인 꿈을 자신의 섹슈얼리티의 암시로 이해하지 않고 당연히 신과 맺은 친밀한 관계의 표시로 생각했다. 너무나 친밀한 나머지 신과 성관계까지 맺었다.

II   [역주] 포피(包皮): 남성 성기의 귀두(龜頭) 부위를 싸고 있는 피부.

약속은 내가 알기론 독보적이에요. 섹슈얼리티[I]가 말하자면 영적 상태로 들어가는 수단이라고 홍보하는 일은 언제나 있어왔습니다. 그러나 그것은 탄트라 수행법에서와 마찬가지로 약속이 아니라 깨달음에 이르는 방법입니다.

내가 전화로 대화를 나눈 여성 신학자는 긴 시간 인터뷰를 하는 동안 종교를 홍보와 판매의 대상인 생산물로 이해하고 있었기에 나는 종교에서 여성을 고객으로 생각한 적이 있었는지에 대해 관심이 생겼다. 가톨릭교회의 가부장적 구조와 여성의 자기 결정권에 대한 교회의 태도가 내가 보기엔 그렇지 않다는 걸 가리키기 때문이다. 그렇다면 기독교는 그 자체로 남성의 기획인 걸까?

도서관을 가득 채우는 질문입니다. 역사적으로 기독교는 초기뿐만 아니라 전 역사를 통틀어 꾸준히 여자를 '고객'으로 여겨 접근했다고 분명히 말할 수 있어요. 아무튼 여자에게도 뭔가를 제공해야 한다는 인식이 있었어요. 귀감이 되는 여성의 경우는 더욱 말할 것도 없고요. 그 여성이 믿음 깊은 신자이든, 후원자이든, 기부자이든, 정보의 확대 재생산자이든. 특히 처음 몇백 년간 기독교는 여성을 통해 로마의 수많은 대가족 속으로 들어갔어요. 즉, 전략적으로 꾸준히 여자들에게 호소한 것이죠. 가톨릭교회는 첨단 기술 기업처럼 남성

I [역주] 섹슈얼리티(sexuality) : 성에 관한 태도, 행위, 욕망, 가치관 등을 포괄하는 외래어.

적이지 않았어요. '기업 관리'의 측면에서는 남성적이었을 수도 있지만 '여성 고객'이나 '여성 이용자'에 관한 한 여성은 늘 대단히 중요한 목표 집단이었어요. 물론 교회는 모든 첨단 기술 기업을 합한 것보다 역사가 더 오래되었고 나도 매 시기가 늘 같았다고 말하는 건 아니에요. 문제는 관리자 수입니다. 가톨릭교회에서는 여성 관리자 수가 몇몇 기업과 마찬가지로 아주 적어요. 그건 틀림없는 사실이에요.

교회는 내게 예수를 시각적인 진미로 제공하지 않았다. 여성 목표 집단에게 매력적으로 보일 수 있는 다른 '내용적인' 방법을 발견했기 때문이다.

여성의 이미지

지난 몇백 년간 마돈나가 어떻게 묘사되었는지 다시 살펴보며 확실히 말할 수 있는 건 여성의 이미지가 남자의 시선에 의해 결정되었다는 사실이다. 여기서 말하는 '남자의 시선'은 단순한 응시가 아니다. 사회학자와 문화학자들은 '여성의 몸에 대해 사고할 때 동원하는 렌즈'라는 뜻으로 이 말을 사용한다. 남자의 시선은 남자들이 가지고 있는 예술과 사회 속의 여성 이미지에만 영향을 주지 않고 우리 여자들이 우리 자신을 어떻게 보는지, 어떻게 보고 싶은지, 어떻게 연출하는지에 대한 피드백도 일으킨다. 오랜 세월 동안 내게 남자의 시선은 사회학을 공부할 때 배운 개념으로만 존재했다. 뭔가 페미니즘 잡지에서 읽은 것, 이론으로 얼마든지 이해할 수 있지만 나와 나의 인생에는 실질적으로 영향을 주지 않은 것, 그런 것이라고 생각했다!

그러다 2015년인가 셀카 봉이 막 유행하던 때에 우연히 그것에 관한 기사를 읽었다. 그때 불현듯 내가 세상을 바라보는 시선, 더 정확히 말하면 세상의 여성을 바라보는 시선이 남자의 시선으로부터 영향을 받았다는 것을 깨달았다. 그 며칠 전 나는 짧은 파리 여행 중에 멋진 스타일로 차려 입은 많은 여성과 소녀들이 역사적 명소를 배경으로 전혀 거리낌 없이 오리처럼 입술을 내민 포즈로 셀카를 찍는 것을 보고 우스꽝스럽다고 생각했다?! 왜들 저러지?! 우습고 천박해 보였다. 아무도 내가 어딘가에서 셀카 봉을 들고 있는 모습을 보지 못할 것이다. 혹여 내가 공공장소에서 셀카를 찍게 되면(당연히 나도 가끔 내가 아름답다고 생각하니까) 그런 내 모습을 아무에게도 보이지 않으려고 먼저 사방을 둘러볼 것이다. 자기애에 빠진 것처럼 보이기 싫어서, 그것도 내 외모 때문에 그런 것처럼 보이기 싫어서다.

얼마 후 나는 화가이며 미술 평론가인 존 버거가 다음과 같은 말을 한 것을 읽었다. "화가가 벌거벗은 여성을 그린 이유는 벌거벗은 그녀를 바라보는 것이 즐거웠기 때문이다. 그녀의 손에 거울을 쥐어주고는 그걸 허영이라고 불렀다. 화가는 자신의 쾌락을 위해 벌거벗은 여성을 묘사해놓고 이렇게 도덕적으로 그녀를 비난했다."[132]

셀카는 이중적인 의미에서 우리 시대의 거울이다. 우리는 우리 자신을 관찰한다(미시 차원에서 입술을 내민 모습). 그리고 사회는 우리를 평가하고 사회가 보는 것을 반영한다. 나는 틴토레토, 멤링, 또는 그 이름이 무엇이든 간에 존 버거가 지적한 15~16세기 화가들보다 나을 것이 없

〈셀카 모드의 허영〉
한스 멤링(1485년경)

다. 여자들이 제 모습을 스스로 찍지 않고 사진작가가 그녀들을 찍어주었다면 그 광경에서 나는 전혀 다른 인상을 받았을 것이다. 내 눈엔 아마 예술처럼 보였을 테고 그것을 적어도 사진 촬영으로 느꼈을 것이다. '카메라와 사랑을 나누는 것'은 렌즈 뒤쪽에서 관찰하는 다른 사람, 가령 예술가가 있는 한 문제가 없지만, '네 휴대폰 카메라와 사랑을 나누고' 그로써 가장 먼저 너 자신과 사랑을 나누는 것은 곤란해. 왜 이런 느낌이

들었는지 곰곰 생각해본 결과 나는 내가 질투를 하고 있다는 결론을 내렸다. 남이 나를 어떻게 생각하든 개의치 않고 카메라를 보며 자기 자신과 시시덕거리는 천진함이 내겐 없었던 것이다. 그리고 나는 내가 속으로 남들을 비난하는 그 이유를 가지고 내가 남들에게 비난받고 싶지 않았다. 사실 더 심각한 건 내가 셀카를 찍는 여성을 객체로 인식할 뿐 순간 속에서 행동하는 주체, 다시 말해 행위자로 보지 않는다는 것이다. 존 버거가 말했듯이 이건 바라보는 남자/보이는 여자라는 고전적 역학 관계다. 그리고 이것이 문제다!

왜냐하면 "여자는 존재하고 남자는 행동한다"는 도식이 뮤즈의 전체 콘셉트이기 때문이다. 이건 심각하게 가부장적이다. 뮤즈는 역사적으로 보면 대개 아름다운 젊은 여성이다. 남자를 안달나게 하는 그들의 영향력, 뭐라 '말로 표현하기 힘든(Je ne saus quoi)' 그들의 특성은 대개 나이 든 남자들의 창의력을 샘솟게 했으며, 이는 다시 남자들의 '천재성'을 수면 위로 끌어올렸다. 적어도 뮤즈가 아직 신선함을 간직하고 있는 일정 기간 동안에는.[1] 이는 대등한 관계가 아니라 자극을 주고받는 관계다. 뮤즈는 순전히 수동적인 존재이고 여성은 객체다.

셀카를 찍는 여성은 자기 자신이 영감인 동시에 예술가다. 오리처럼 입술을 내민 모습은 실제로 자신에게 키스하는 뮤즈를 표현한 것일지도 모른다. 아닐 수도 있지만 사실이 그렇다면 멋있지 않을까?! 셀카 문제에서 사람들은 의견이 각각 다르다. 어떤 이는 그게 자기애적인 행동이

---

[1] 늦어도 뮤즈가 예술가의 아이를 낳는 시점에는 대부분 관계가 끝났다. 어머니는 그다지 영감을 주는 존재가 아니기 때문이다.

라 생각하고, 신체를 '궁극의 액세서리'로 연출하는 것은 남자들 시선의 연속일 뿐이라고 본다. 그런가 하면 어떤 이는 셀카 문화를 권한 부여 방식, 즉 자기 신체와 정체성의 표현을 직접 구성하는 방법이라고 본다. 이는 비교적 새로운 현상이다. 역사적으로 보면 여성은 회화에서든 사진에서든 매체에서든 자신이 묘사되는 방식에 거의 영향력을 행사하지 못했다.[I] 여자는 뮤즈였고, 모티프였고, 남자가 제 마음에 드는 방식대로 무대에 올리는 객체였다. 말하자면 남자가 일종의 권력 행사를 한 것이다. 2015년 어느 야구 경기에서 두 명의 TV 해설자가 2분 넘게 관중석의 10대 소녀 10여 명을 조롱한 적이 있다. 셀카를 찍는 그녀들의 모습이 TV 카메라에 오래도록 잡힌 것이다. 여성 언론인 어맨다 헤스는 해설자들의 행동을 인터넷 신문 《슬레이트》(Slate)에 다음과 같이 요약했다. "남자는 젊은 여자를 바라보는 걸 좋아한다. 젊은 여자는 자기 자신을 바라보는 걸 좋아한다. 남자는 젊은 여자가 자기 자신을 바라보는 걸 좋아하지 않는다. 그러나 여자가 자기 자신을 바라보는 걸 그만 바라볼 만큼 싫어하지는 않는다."[133] 나는 그 중간 어디쯤인가에서 가혹한 평가를 내리면서

I   마리 앙투아네트, 중국의 서태후 자희, 다이애나 비, 최근에 잡지에 실리는 여성 유명인들의 비키니 사진, 봇이 생성해 인터넷에서 유포되는 딥페이크(deepfake) 음란 사진이 대표적인 사례들이다. 마리 앙투아네트는 과자 또는 빵과 관련한 그 유명한 말을 한 적이 없지만 1765년(그녀가 아홉 살 때) 장자크 루소는 해당 발언의 진원지로 그녀를 지목했다. 서태후는 1903년 미국의 여성 화가 캐서린 칼이 그린 초상화를 이용해 서구에서 외국 특파원들이 만들어낸 그녀의 이미지를 유리한 쪽으로 돋보이게 하려 했으나 뜻을 이루지 못했다. 햇빛이 쏟아지는 치마를 입고 다닌 다이애나 비는 1981년에도 파파라치들이 쫓아다닌 유치원 교사였다.

도 내가 그런 평가를 내린다는 걸 싫어한다. 소비자이며 평가자이자 문화 생산자인 우리는 이 남성의 시각을 우리 자신의 시각 위에 색안경처럼 걸치고 다닌다.

스칸디나비아의 멀티미디어 예술가 아르비다 뷔스트룀과 마야 말루 뤼세는 '셀카 봉 에어로빅'이라는 예술 퍼포먼스를 고안하고 그것을 비디오 클립으로 유튜브에도 올려 보수적 매체의 분노를 샀다. 낙타 발굽(cameltoe)[I]이라는 은어로 부르는 치구가 드러날 정도로 몸에 꼭 끼는 분홍색 체조복 레오타드를 입은 두 여성이 립스틱, 생리컵, 막대 사탕, 끈 팬티로 구성된 애니메이션에 둘러싸여 짧고 우스꽝스런 체조를 선보인다. 자신의 몸을 색다른 관점에서 촬영하는 것이 취지이자 목적이었다. 퍼포먼스 전체는 역설적이지만 그와 동시에 진정성을 가지고 있다. 뤼세는 인터넷 신문 《허핑턴 포스트》에 다음과 같이 말했다. "셀카를 둘러싼 논쟁은 이미 그 자체가 완전히 젠더화되어 있어요. 비판자들은 셀카가 허황되고 피상적이고 자기애적이라고 말합니다. 전부 어린 소녀들을 묘사할 때 종종 사용하는 형용사들이고 늘 여성의 정체성과 관련해 등장하는 낱말들이에요."[134]

물론 셀카 문화가 해방의 서사라며 의도적으로 그 가치를 부풀리고, 날마다 자신을 연출하고 기록으로 남기는 습관을 자동으로 페미니즘의 자신감과 동일시하는 건 지나친 단순화다. 특히 자기 묘사 방식이 남자

[I] 여기서는 온라인 사전 leo.org의 토론 포럼에 올라온 표현을 인용한다. 이 단어 (cameltoe)로 구글 이미지 검색을 시도해보시라!

의 시선이 각인해놓은 관점에서 자유롭지 못한 상황에서는 더욱 그렇다. 그러나 자기 연출은 권력을 의미하기 때문에 셀카 문화는 자신을 더 많이 드러내려는 목적을 이루는 수단이다. 성 소수자 커뮤니티 사람들을 위한 것이든 유색인을 위한 것이든, 4장에서 모델이며 여성 활동가인 늄 니컬러스 윌리엄스를 예로 들어 설명했듯이, 사진[I]은 어떤 자기 묘사가 사회에 바람직하고 어떤 것이 그렇지 않은지에 관한 논의를 유발해 그에 관련한 사고방식을 바꿔놓을 수 있다. 셀카는 선제적 자기방어일 수 있다. 공격을 막아내려고 자신의 사진을 포스팅한 언론인이자 장애인 인권 운동가인 멀리사 블레이크가 그 한 예다. 사건은 2019년 9월 블레이크가 자신의 셀카 사진 세 장을 트위터에 올리면서 시작되었다. 그녀를 가리켜 얼굴을 드러내기에는 "너무 못생겼다"고 말한 악플러들에 대한 대응이었다. 블레이크의 트위터 게시물은 입소문을 타고 퍼져 나갔다. 그녀는 계속 셀카 사진을 게시하면서 그것이 일반적인 미의 기준에 부합하든 아니든 해시태그 #MyBestSelfie를 달아 다른 이들도 똑같이 하도록 독려했다. 그때부터 장애가 있는 수천 명의 사람들이 자신의 셀카 사진을 올렸다. 1년 뒤 블레이크의 트위터 팔로워는 10만 명이 늘었다. 내 트위터 피드에서 보이는 그녀의 셀카 사진들은 모두 그녀를 바라보라는 요구[II]이자

I   물론 니컬러스 윌리엄스가 직접 카메라 셔터를 누른 게 아니니 엄격히 따지면 그 녀의 사진은 셀카가 아니다.

II 우리가 지금껏 배운 것과 반대로 행동할 수 있는 기회다. 우리 대부분은 장애인 이든 노숙인이든 미의 표준에 맞지 않는 사람을 보면 빤히 쳐다보지 말고 즉시 외면하라고 교육받았다. 발상을 전환해 외면하지 않고 한 번쯤 그 대상을 바라 본다면 우리의 인식이 달라질지도 모른다.

아름다움에 대한 내 시선에 의문을 던지라는 권유다.

마지막으로 일상에서 쓰는 셀카 봉에 대해 짧게 덧붙이겠다. 블레이크는 전동 휠체어에 앉아 자신의 전신을 찍을 때 셀카 봉을 사용한다. 다른 사람들은 단체 사진을 찍거나 사진에 배경을 더 많이 넣을 때 사용한다. 그러나 안타깝게도 (어떤 기술이나 잘못 사용하는 사람이 있듯이) 셀카 봉 역시 몰래 치마나 드레스 속을 촬영하는 정신 나간 인간들의 늘어난 팔이 되기도 한다. 이런 짓을 '업스커팅'(upskirting)이라고 부른다. 2018년 내가 조사할 게 있어서 이 단어를 검색했을 때 들키지 않고 완벽한 사진을 찍는 방법이라며 '~하는 방법' 따위의 지침들이 금세 나타났다. 목적은 한편으로는 사진 촬영 시 스릴을 느끼는 것이고 다른 한편으로는 사진을 나중에 포럼과 채팅 동호회에 올렸을 때 다른 정신 나간 인간들부터 인정받는 것이다. 이는 성도착적 관음증이자, 공공장소에서의 또 다른 권력 행사다. 정치와 입법은 오랜 세월 무기력하게 이를 바라보고만 있었다. 2020년 7월까지 독일에서는 요청하지 않은 치마 속 사진 촬영은 사진을 제3자에게 건네지 않은 한 형사 처벌을 받지 않았다. 사진의 유포가 범죄가 되는 것은 그로 인해 "사진에 찍힌 사람의 명예가 상당히 손상되었을" 경우다. 이렇게 되려면 신체 아래쪽만 보고 업스커팅 피해자가 누구인지 명확히 식별할 수 있어야 한다. 그게 어떻게 가능하단 말인가?[135] 이 법의 빈틈이 없어진 것은 독일에서 온라인 청원이 성공적으로 끝난 뒤였다. 이제 업스커팅은 성범죄에 관한 법률에 포함되어 벌금형이나 2년 이하의 징역형에 처하는 범죄가 되었다. 마침내.

인스타그램 셀카든 유화든 치마 속 사진이든, 중요한 건 누가 누구를 어떻게 묘사하느냐이다. 즉, 권력의 문제다. 요즘 공공장소에서 고가의 장비 없이 셀카를 찍는 사람을 보면 나는 가장 먼저 그가 남들이 어떻게 생각하든 전혀 개의치 않는 사람이라는 생각이 든다. 바로 이것이 가부장적 해석의 특권의 종말이 될 수 있다. 이로써 그들은 내가 지금까지 공개적으로 했던 것보다 분명히 몇 걸음 더 앞서 나아가고 있다.

순수와 막대 사탕

1966년, 채 18세도 되지 않은 프랑스 여가수 프랑스 갈이 일본행 비행기에 올랐다. 유로비전 송 콘테스트[I]에서 우승한 뒤 많은 팬이 생긴 일본에서 공연하기 위해서였다. 짐 속에는 일본어로 녹음한 그녀의 최고 히트곡들이 들어 있었다. 이후 다시 프랑스 땅을 밟기도 전에 세상을 보는 그녀의 시각이 완전히 달라졌다. 드라마보다 더 극적으로 들린다. 사실이 그러하니까.

갈이 일본 순회공연을 떠나기 직전 프랑스에서 그녀의 일곱 번째 싱글 음반인 〈막대 사탕〉(Les Sucettes)이 나와 라디오 디제이들 사이에서 단박에 인기를 끌었다. 이들은 귀를 의심했다. 갈이 애처로울 만큼 열심히 구강 섹스에 관한 노래를 부른 것이다. '막대 사탕'은 명백히 페니스의 대리

I [역주] 유로비전 송 콘테스트: 1년에 한 번씩 개최되는 유럽 최대의 국가 대항 노래 경연 대회. 유럽방송연맹(EBU)에 소속된 각국의 방송사가 그해의 국가 대표를 선발하여 노래와 퍼포먼스를 겨루는 경연 대회.

물이다. 가사를 보면 파스티스라는 술로도 알려진 '아니스 즙'이 천천히 그녀의 목구멍을 타고 넘어간다. 이건 뭐, 정액이다. 나이 든 바람둥이이 며 작곡가인 세르주 갱스부르가 그녀의 입에 넣고 싶어 안달했던 그 가 사들. 혹시 그게 그의 페니스였을지 누가 알겠는가. 가사 전체는 성적인 암시로 우글대지만 당시 같은 이걸 알지 못했고 주변의 어느 누구도 특 별히 관심을 갖고 그녀에게 이 중의성에 대해 설명해주지 않은 것 같다. 어차피 이런 넘치는 순수함으로 돈을 벌 수 있으니 말이다. 1년 전 역시 세르주 갱스부르가 작곡하고 역시나 중의성을 잔뜩 끼워 넣은 〈밀랍 인 형〉(Poupée de cire, poupée de son)으로 유로비전 송 콘테스트에서 우승 했을 때 그녀는 이미 프랑스 대중음악계의 돈줄이 되었다. 이런 이유로 〈막대 사탕〉도 독자적인 뮤직비디오[I]로 출시되었다. 갈과 몇몇 여성이 길 고 거대한 '막대 사탕'을 야금야금 먹고 있고 주변에서는 페니스 모양의 막대 사탕 옷을 입은 여자들이 춤을 춘다.[136] 18세 여성이 무슨 내용인 지 전혀 알지 못한 채 그런 노래를 부르고 그런 비디오를 찍는다는 게 지 금 시각에서는 상상하기 힘들다.[II] 그러나 갈은 그 비디오에서 기가 막히 도록 솔직하고 꾸밈없이 노래한다(그때 그녀는 촬영 작업을 구경하려고 많 은 남자들이 세트장에 온 것을 보고 놀랐다고 한다). 당시 그녀가 자신이 무 슨 역할을 하는지 알고 있었다면 비디오 클립은 연기 걸작이라 해도 좋

I 당시에 뮤직비디오는 독립적인 장르가 아니었지만 프랑스에서는 1960년대에 바 와 카페에 '스코피톤'이라는 일종의 동영상이 함께 나오는 주크박스가 있었다.

II 더구나 불과 4년 전인 1962년에 스탠리 큐브릭 감독의 영화 〈롤리타〉가 영화관 에서 상영되었다. 그 유명한 영화 포스터에서는 14세의 배우 수 라이언이 막대 사탕을 입에 물고 있다. 이 사진은 어디에나 걸려 있었고 유명했다.

프랑스의 막대 사탕은
전통적으로 둥글지 않고
길쭉하다.

을 것이다. 아홉 번째 싱글 음반의 초기 홍보 영상에서 갱스부르는 갈을
직접 소개하고 인터뷰한다.

세르주 갱스부르 : (입에 담배를 문 채) 좋아요. 〈막대 사탕〉의 가사
를 설명해봐요.
프랑스 갈: (팔짱을 낀 채) 몇 페니로 가게에서 살 수 있는 막대 사
탕을 무척 좋아하는 소녀 이야기예요. 맞죠?
세르주 갱스부르: 맞아요.
프랑스 갈: 음… 그렇지 않나요?

세르주 갱스부르: (갈을 보며) 됐어요. (관객을 보며) 정말 놀랍습니다.[137]

이 짧막한 장면은 갈에게 절대 승산이 없다는 걸 분명하게 말해준다. 문제의 핵심은 바로 그녀 자신이었다.

시끌벅적한 고국과 멀리 떨어진 곳에서 일본어로 샹송 공연을 하는 동안 마침내 누가 그녀에게 〈막대 사탕〉의 전모를 이야기했다. 자신이 무슨 노래를 불렀는지 알게 된 순간 그녀는 세상이 무너져 내렸다. 프랑스 기득권층은 분노했다. 젊은 여성이 그런 성적인 노래를 세상에 내놓는다는 게 어울리지 않는 일이었기 때문이다. 그 밖의 프랑스 사람들은 갈의 끝없는 순진함을 비웃었고 그녀의 도움으로 프랑스 라디오에 트로이 목마를 잠입시킨 갱스부르를 찬양했다. 구강 섹스를 노래하다니, 하하. 갈은 웃을 수 없었다. 그녀는 몇 달 동안 언론을 꺼렸고 공개 석상에 나가는 것을 피했다. 그러나 계약상 앞으로도 〈막대 사탕〉을 불러야 했기에, "사악한 생각을 하는 자는 스스로 사악해서 그런 것이다"(Honi soit qui mal y pense)라는 오래된 프랑스 격언에 따라 당초의 순진한 해석을 밀고 나갔다고 한다. 하지만 갈은 그 노래를 가능한 한 빨리 독극물 보관장 안에 넣었다.

갈은 수십 년간 이 문제에 대해 침묵하다가 갱스부르가 사망한 뒤 2001년이 되어서야 프랑스 TV에 출연해 당시 자신이 얼마나 괴로웠는지 이야기했다. "인생에서 어른들에게 배신당한 느낌이었어요." 다른 인터뷰에서는 다음과 같이 말했다. "너무 큰 상처를 받았어요. 단순히 상처만 받은 게 아니에요. 그 일로 제가 계속 변했고 남자와의 관계도 달라졌어요. 남자는 젊든 아니든 모두 음탕하고 호색한이라는 생각만 들어요. 그게 견딜 수가 없어요."

팝송이 가부장적인 기획과 무슨 관계가 있을까? 그녀의 예가 특이한 경우라면 이 이야기는 단순히 프랑스 팝 문화의 슬픈 각주에 지나지 않을 것이다. 그러나 젊은 여성의 이른바 순진함을 돈으로 바꾸고 동시에 그것을 시대정신의 조롱거리로 만드는 것은 아직도 음악 산업에서 상당한 규모로 진행되고 있는 가부장적 기획이다. 자신의 섹슈얼리티는 고사하고 성적 매력도 알지 못한 채 남자를 시험하는 무지하고 순진한 '물건' ─ 이런 식의 기획에는 체계가 있다. '처녀성'은 여성이 어떠해야 하는지에 대한 비유적 표현인 동시에 가부장적 세계에서 돈이 되는 상품이다. 조롱이나 속임수는 없더라도 이와 비슷한 또 다른 예는 2001년 제시카 심프슨이 부른 노래 〈이리지스터블〉(Irresistible)이다. 이 노래는 젊은 여성을 남자의 자위 대상으로 삼기에 적당한 처녀로 만듦으로써 심프슨의 커리어를 한 단계 끌어올렸다. 노래가 발표되기 얼마 전 그녀가 자신은 믿음 깊은 복음주의 신도로서 결혼 전에는 성관계를 하지 않겠다고 공개적으로 밝혔기 때문이다. 아, 처녀라니! 심프슨이 실제로 종교적인 환경에서 성장했고, 어머니는 '예수를 위해 점프'라는 이름의 수업을 하는 에어로빅 강사였으며, 아버지는 작은 교회에서 설교했던 배경을 생각하면 심프슨의 그 맹세는 신빙성이 있었고[I] 내가 보기에도 그 이면에 대중에게 돋보이고 싶은 광고 전략이 숨어 있는 것 같지는 않았다. 그런데,

───────────

I 내가 1년간 아칸소의 작은 도시에서 살았던 2000년에 이는 내 주변 젊은 여성들이 섹스에 대해 갖고 있는 기본 태도였다.

심프슨이 스스로 원했든 아니면 주변 사람들이 그렇게 만들었든, 추앙을 받았던 그 처녀성을 두 명의 스웨덴 작곡가가 "그녀를 위한 맞춤 곡"으로 썼다는 그 노래에서 트로피로 만들었다. 그리고 웃음거리로 만들었다.

〈막대 사탕〉과 〈이리지스터블〉뿐만 아니라 각기 다른 시대에 나온 수많은 노래에서 남자는 자신의 성적 판타지와 여자에게 욕망의 대상이 되고픈 욕구를 젊고 가능한 한 '순진무구한' 여성에게 옮겨놓는다. 순진무구와 처녀성은 여기서 첫째로는 동의어로 사용되었고, 둘째로는 우리 사회에서 예나 지금이나 너무 많이 법석을 떨 정도로 지독히 의미심장한 것(하하)으로 연출되고 있다. 우리 여자들은 함께 잠자리를 하고 싶은 사람이 있어도 그렇게 해서는 안 된다는 것, 첫 경험은 대단히 특별한 선물이므로 아무나 맨 처음에 만난 사람에게 주면 안 된다는 것을 어려서부터 주입받았다. 왜냐하면 그렇게 준 선물은 다시 무를 수 없으니까. 따라서 꽃을 꺾는 행위는 두 가지 방식으로 일어날 수 있다. 내가 사랑하고 나를 사랑하는 남자가 부드럽게 꽃을 꺾어 꽃병에 꽂아두고 계속 숭배한다. 아니면 꽃이 아무렇게나 짓밟히고 버려진 뒤 역시 아무렇게나 시든다. 이게 다 무슨 헛소리인가.

그러나 세속화된 세상이라도 성적인 순수함과 처녀성, 즉 여성의 '무결성'은 문화재로서 여전히 높은 위상을 누린다. 이는 가부장적인 기획으로만 설명되는 현상이다. 이 문화적이고 관념적인 가치를 금전적 가치로 멋지게 바꿔놓는 예가 이른바 약혼 해제 위자료(Kranzgeld)다. 독일 제국 시대에 도입되어 1998년까지 독일 민법의 일부였던 약혼 해제 위자료는 제1,300조에 명시되어 있다. 처녀의 '정조 훼손'은 정신적 손해이며 따라서 손해 배상의 대상이라는 게 그 요지다. 반면에 구 동독에서는 1950년 대 초부터 이 위자료를 위법한 것으로 선언했다. 이 문제의 핵심은 남녀 가 약혼 중에, 즉 혼인을 약속한 기간 중에 성관계를 했다가 약혼이 해제 되는 경우다. 남자는 곧 결혼한다는 구실로 자신의 페니스를 여자의 질 에 삽입한 것에 대해 손해 배상을 해야 한다. 그로 인해 여자의 사회적 가치가 돌이킬 수 없게 떨어졌기 때문이라는 것이다. 그러니까 약혼 해 제 위자료는 '순수하고 무결한' 여성의 이미지에 직접 금전적 가치를 매 기는 것이다. 20세기 초에는 배상액이 수천 마르크였으나 수십 년이 지 나면서 처녀성의 가치는 몇백 마르크로 떨어졌다. 원래 이 법이 빠른 성 관계를 위해 약혼했다가 금세 떠나가는 사기꾼으로부터 여성을 보호하 기 위해 만들어졌다는 것은 충분히 상상할 수 있다. 입법자들은[I] 여자가 설득을 당해 성관계를 했을 때 그 관계는 당연히 미래에 대한 약속에서 나왔을 거라는 전제에서 출발했다. 반면에 여성이 유혹한 경우 그녀는 여성의 미덕과 거의 무관한 데다가 법적으로 완전히 중요하지 않은 사례 가 된다. 유혹을 받아 성관계에 이른 남성은 잃은 것이 없고 오히려 경험 이 한 번 더 쌓이기 때문이다. 남자는 경험 '자산'이 쌓이는 반면 여자는 '가치'를 '잃는' 것이다. 혼전 성관계, 특히 생애 최초의 성관계는 20세기 말까지 고전적인 제로섬 게임이었다고 나는 생각한다. 처녀성이란 것은, 의학적으로 존재하지 않는다는 사실을 차치하고라도, 가부장제의 손으 로 빚어 만든 문화재로서 없어져야 마땅하다. 여성의 덕목으로 여겨지는

I 6장을 상기해보자. 입법자들은 남자들뿐이었다. 대학을 졸업한 여성 법률 전문 가는 당시 독일에 없었다.

순결무구함도 마찬가지다.

누구를 위한 황금기인가?!

프랑스 음악계에서 열렬히 사랑받는 변태이며 그 자신이 이룬 성공으로도 만족하지 못한 갱스부르 이야기를 다시 하자. 몇 년 뒤 프랑스 갈이 〈막대 사탕〉을 부르기를 거부하자 그는 자신이 직접 노래를 불렀다. 기회가 생길 때마다 그는 교활하게 웃으며 갈이 노래의 의미를 아직도 이해하지 못했고 "노래를 부르기에는 나이가 너무 많아"더는 부르지 않는 걸 거라고 말했다.

"나이가 너무 많다"는 것은 대중음악 산업에만 해당되지 않고 남자가 희곡과 영화 시나리오와 시리즈물에서 여자를 그려내는 방법에도 통용된다. 내가 20대 초반이던 2000년대 초에 이 나라의 여러 연극 학교에 오디션을 보러 다녔을 때 — 다행히 재능이 없어 합격하지 못했다 — 나는 국립학교에서 입학 조건으로 내걸었던 나이 제한이 성별에 따라 차이가 나는 것을 보고 놀랐다. 학교마다 다르긴 했으나 거의 모든 곳에서 여자 지원자의 최고 연령은 남자보다 몇 년 낮았다. 공정하지 않았지만 거기엔 이유가 있었다. 안 그래도 힘든 경쟁을 뚫고 들어온 연극판에서 여성 역할의 80퍼센트는 35세 미만의 여성을 위해 쓰여졌기 때문이다. 거칠게 말하면 다음과 같다. 남자가 희곡과 시나리오를 쓴다. 그리고 남자는 자신이 섹스하고 싶은 여자에 대해 쓴다. 이렇게 되면 일부 영향력이 큰 감독들이 이른바 퀸 메이커가 되는 결과를 낳는다. 이들은 모든 이가 성적으로 욕망하는 여성을 스크린에 창조한다. 이런 영화 장르의 현대적 원형은 두말할 것 없이 우디 앨런의 영화다. 우디 앨런이 성적으로 욕망해서 스크린에 데려다 놓은 여성을 바라보는 시각은 그녀를 영화계에서 가장 섹시한 여자로 만든다. 문제는 남자의 시선이다. 기술의 역사, 문학의 역사, 스포츠나 직업 세계의 역사 등 근본적으로 이 책에서 언급한 모든 역사가 그렇듯이 영화 산업의 역사도 처음부터 다른 식의 역사가 될 수도 있었다. 할리우드와 빅5 영화 제작 스튜디오가 독점적 권력으로 거의 모든 영화를 싹쓸이하기 전, 그러니까 대략 1895~1920년에 영화 촬영은 개척자들의 독립적인 작업이었다. 일리노이 주 에번스턴에 있는 노스웨스턴 대학에서 2020년에 수행한 기록 연구는 1910~2010년 100년 간의 할리우드 영화 제작의 역사를 훑고 있다. 초창기엔 적은 예산과 풍부한 창의력만 있어도 영화를 만들 수 있었다. 이때는 대형 영화 스튜디오가 설립된 1920년경 이후보다 훨씬 많은 여성들이 영화 제작에 참여했다. 초기에는 배역의 40퍼센트를 여성이 맡았고, 시나리오의 20퍼센트를 여성이 썼으며, 그중 12퍼센트가 영화로 제작되었다. 여성이 감독을 맡은 비율은 영화의 5퍼센트였다. 그러나 이 상황은 오래가지 않았다. 영화 제작이 대규모 사업으로 탈바꿈하기 시작하면서 여성은 비즈니스에서 밀려났다.[138] 할리우드의 황금기로 꼽히는 1920~1950년대에 모든 대형 영화 제작 스튜디오들은 남자가 운영했으며 이들은 기본적으로 모든 일을 다시 남자들에게 맡겨 처리했다. 오늘날까지 여성 혐오가 느껴지는 문화가 탄생한 것이다. 그리고 자본주의는 또 다시 여성을 위한 무언가를 망가뜨렸다….

여성은 무대 뒤에서 아무런 역할을 하지 못했지만 무대 위에서도 비중이 남자보다 적었다. 구체적으로 말하면 여성 배역이 초기보다 25퍼센트 줄었고 그것도 모든 장르에 걸쳐 감소했다. 여성은 원래부터 늘 장식 역할에만 머물렀던 서부극, 역사물, 전쟁물, 모험 영화에서 사라졌을 뿐만 아니라, 이상하게도 로맨스물이나 가족 영화에서도 이렇다 할 역할을 하지 못했다. 이런 상황은 꽤 오래 지속되었다. 2018년 뉴욕 영화 아카데미가 2007~2016년에 제작된 미국 영화를 면밀히 검토한 결과, 대사가 있는 배역은 30.5퍼센트만이 여자 배우가 맡았으며 카메라 앞에 드러난 남녀 비율은 전체적으로 2.3대 1이었다. 또한 여자는 화면에 잡힐 때 알몸으로 나오는 경우가 남자의 3배에 달했다. 알몸의 여성에 대해 이야기해야겠다. 라커 룸 잡담을 예로 들어보자. 두 명 이상의 남자들이 모여 대화하는 횟수는 같은 수의 여자들의 대화보다 두 배 넘게 많았다.[139] 그런데 화면에서 여성 두 명이 대화를 나눌 때는…. 그렇다, 독자가 생각한 게 맞는다. 그럴 때는 대부분 남자 이야기를 한다. 버지니아 울프도 1929년 『자기만의 방』을 썼을 때 다음과 같은 사실을 깨달았다. "여성들 간의 모든 관계는, 문학 속에 등장하는 여성들의 찬란한 면면을 재빨리 회상하며 생각하건대, 너무 단순하다. (…) 여성은 거의 예외 없이 남성과의 관계를 통해서만 그 모습을 보여준다. 이 문제를 생각할 때 이상한 것은, 제인 오스틴에 이르기까지 문학 속의 모든 위대한 여성들은 남성의 눈을 통해 제시되었을 뿐만 아니라 남성과의 관계를 통해서만 제시되었다는 점이다. 남성과의 관계는 여성의 삶에서 아주 작은 부분인데도 말이다."[140] 울프는 주로 문학을 거론한다. 그런데 영화는 이야기를 셀룰로이드 필름에 담아 생명을 불어넣은 것 아닌가. 적어도 이렇게 생각한 미국 여성 리즈 월리스는 버지니아 울프의 말에서 영감을 얻어 1985년

가라테 연습을 하는 동안 자신의 스파링 파트너에게 좋은 영화의 특성이 무엇인지 들려주었다. 이 가라테 파트너가 여성 만화가 앨리슨 벡델이다. 벡델은 얼마 후 두 명의 여성 동성애자가 이야기를 나누는 〈규칙〉이라는 만화를 그렸다. 두 여성 동성애자는 영화가 다음의 기준을 충족해야만 영화관에 가겠다고 말한다. 첫째, 적어도 두 명의 여성이 등장해야 한다. 둘째, 이들은 함께 이야기를 나누어야 한다. 셋째, 이들은 남자 이야기 외에 다른 주제에 대해서도 이야기해야 한다.[I] 유머러스한 관찰로 시작했다가 금세 간단하고 보편적인 분석 도구로 응용된 이것이 바로 벡델-월리스-테스트다. 이 테스트는 무척 간단했기 때문에 비교적 빠르게 페미니즘 주류에 편입되어 영화계 이외의 분야, 예를 들면 컴퓨터 게임 산업에서도 응용되었다. 이 테스트에 내재한 힘은 일차적으로 (흔히들 그렇듯이) 돈지갑에서 나타난다. 몇몇 후원자들이 테스트 통과를 재정 지원의 기준으로 삼았기 때문이다. 2013년부터 이 기준을 적용한 유럽 영상 지원 기금인 유리마주(Eurimages)가 그 예다. 이는 좋은 생각이라고 본다. 시사 라디오 채널인 도이칠란트풍크 쿨투어(Deutschlandfunk Kultur)에서 2014년 베를린 영화제 후보작에 오른 20편의 영화를 벡델-월리스-테스트로 검토했을 땐 겨우 세 편만 통과했다.[141] 2011~2016년에 나온 모든 독일 영화를 테스트한 로스토크 대학의 연구 결과를 보면 세 개 기준을 충족한 영화가 절반을 조금 넘었으니(57퍼센트)[142] 처참하다고까지 할 수는 없지만 그렇다고 칭찬을 쏟아낼 만한 결과도 아니다. 벡델-월리스-테스트는 카메라 앞에서 연기하는 등장인물을 판단할 때

I 현재는 "최소한 여성 중 한 명은 이름이 있어야 한다"는 조건이 추가되었다.

만 적합하다. 카메라 뒤에서는 어떤 모습일까? 크게 다르지 않다. 유럽에서 여성 감독이 만든 영화는 전체의 24퍼센트에 지나지 않는다. 이건 주로 스웨덴이 끌어올린 수치다. 이곳의 여성 감독 비율은 36.4퍼센트로 유럽에서 가장 높다. 독일은 25퍼센트이지만 영화 제작 상황을 들여다보면 이 비율은 계속 줄고 있다. 2018년에는 여성이 감독한 영화가 5개 중 1개(20퍼센트)에 불과했다.[143] 여기서도 문제는 불평등한 지원금과 상의 분배다. 돈은 누가 줄까? 주로 남자들이다. 누가 돈을 받을까? 주로 남자들이다(91.1퍼센트). 따라서 2018년 여성 감독의 영화가 받은 돈은 독일 전체 지원금의 8.9퍼센트에 불과했다.[144] 남자들이 수여하는 상을 누가 받을까? 대부분 그 전에 돈까지 받아 챙긴 남자들이다. 마태오 효과와 마틸다 효과를 이야기한 장에서 다룬 메커니즘이 과학뿐 아니라 영화 산업에서도 작동한다. '호박에 줄을 그어 수박 만들려는' 작은 사례를 들어보자. 2020년 독일-프랑스 공동 TV 방송사인 아르테(ARTE)는 이런 현실을 바꾸려고 고민하다가 여성 감독만을 대상으로 다큐멘터리 단편영화 공모전 〈여성 감독을 찾습니다!〉를 열겠다고 발표했다. 18세 이상의 여성이라면 "말할 수 없이 여성스러운"을 주제로 영화를 만들어 출품할 수 있었다. 공고를 읽는 동안 주제에서 불쾌한 뒷맛이 느껴졌다. 하지만 그것 말고도 공모전은 남자 감독이 아닌 이들을 위한 진지한 취지의 체계적 지원이라기보다 아르테를 위한 광고 캠페인[I]이라는 혐의를 더 짙게 풍겼다. 작가와 감독으로 활동하는 파리 엘칼킬리와 비네 필라브치도

I 문학을 다룬 장에서 사이비 페미니즘이라고 했던 〈그녀의 이름을 되찾아주자〉 캠페인과 비교해보라.

아르테에 보낸 공개서한에서 이 점을 문제 삼았다. 주제가 성차별적일뿐더러 참여 대상을 여성으로 제한한 것은 트랜스젠더와 논바이너리 감독 같은 소외 집단을 차별하는 것이며, 공모전 당선자에 대한 선택적 지원도 넓게 퍼져 있는 불평등을 개선하겠다는 취지에 맞지 않는다고 했다. 또한 공모전이 소재 개발을 지원하지 않고 다큐멘터리 단편영화를 무료로 제작하라고 요청하는 것은 이미 특권을 누리는 기득권 여성들만 참여하는 결과를 낳는다고 했다. 이에 따라 엘칼킬리와 필라브치는 무엇보다 아르테의 모든 방송 시간대와 아르테의 모든 영화 제작에서 50대 50 비율의 성별 할당제 도입을 요구했다.[145]

예술도 시장이다

2018년 10월, 미술 시장에서 깜짝 놀랄 일이 벌어졌다. 그러나 몇 분 뒤 다른 사건이 일어나 국제적으로 센세이션을 일으키는 바람에 완전히 잊히고 말았다. 뒤에 일어난 사건의 주인공은 영국의 거리 미술가 뱅크시의 〈풍선과 소녀〉(2006)였다. 이 작품은 경매가 끝나기 직전 액자에 내장된 작은 파쇄기 안으로 말려들어가 국수 가락처럼 가늘고 길게 조각났다. 그때까지 듣도 보도 못한 해프닝이었다. 반면에 그날 저녁 먼저 일어난 일에 대해 아는 사람은 훨씬 적었다. 영국 화가 제니 사빌의 회화 〈지주봉 위의 자화상〉(1992)이 뱅크시의 작품이 나왔던 경매 시장에서 약 1,090만 유로라는 기록적인 금액에 낙찰된 것이다. 여성 화가의 그림이 작가 생전에 달성한 낙찰가로는 사상 최고였다. 어마어마하게 큰돈이었지만, 생전 최고가인 약 8,120만 유로를 기록한 제프 쿤스의 〈토끼〉(1986)에 비하면 쥐꼬리만 한 액수(14퍼센트)였다.

지난 수년간 여성은 미술계의 지원을 받아야 하고, 미술 시장은 다양해져야 하고, 공공 미술 컬렉션과 미술 전시회에서는 더 많은 여성 작가의 작품을 보여주어야 한다는 이야기들이 나왔다. 이 문제와 관련해 요란한 설왕설래와 토론으로 인해 이미 어느 정도는 그 방향으로 나가고 있다는 인상을 받을 수도 있다. 쿠사마 야요이 같은 여성 미술가들의 작품은 수백만 달러에 이를 정도로 인기가 많다. 아니, 잠깐…. '쿠사마 야요이 같은 여성 미술가들'이란 표현은 알맞지 않다. '~ 같은'이란 것은 없다. 일본 여성 쿠사마 야요이는 미술가로서 독보적이지만 가치 창출자로도 유일무이하다. 왜냐하면 전 세계 미술품 경매에서 여성 작가들의 작품을 판매한 금액의 25퍼센트를 쿠사마 야요이 한 사람이 담당하기 때문이다. 이는 2008~2018년의 미술 시장을 조사한 결과다. 그 외 네 명의 여성 미술가인 조안 미첼, 루이즈 부르주아, 조지아 오키프, 애그니스 마틴이 매출의 15.7퍼센트를 담당하고, 그 나머지를 6,000여 명의 여성 미술가들이 10만 달러 이하의 범위 내에서 나눠 책임지고 있다.[146] 남자들이 만든 작품과 비교하면, 전 세계 경매 회사에서 여성 작가 작품의 판매로 얻는 수입은 터무니없게도 총 매출의 2퍼센트에 불과하다. 이건 분명한 사실이지만 다시 한 번 적겠다. 미술품 거래에서 매출의 98퍼센트는 남성 작가의 작품에서 발생한다.[147] 이 추세는 줄어들지 않았고 지난 10년간 정체되어 있다. 알기 쉽게 비교하면 그 2퍼센트는 40억 달러에 해당한다. 같은 시기에 파블로 피카소는 혼자 48억 달러를 벌어들였다.

돈 이야기는 이 정도로 하고 현재 맥락에서 흥미를 끌 만한 다른 질문을 해보겠다. 미술관에서 구입한 여성작가의 미술작품은 얼마나 될까? 여기에서도 정신이 번쩍 드는 조사 결과가 나왔다. 2008~2018년에 미술관에서 구입한 작품 중 여성 작가의 것은 11퍼센트에 불과했다. 여성 작가만 참여한 개인전은 14퍼센트였다. 이런 불균형의 이유는 앞에서 여러 번 언급한 원인들과 겹친다. 불평등한 자원 분배, 여성에 대한 이해 부족, 거기에서 비롯되는 여성 예술에 대한 외면, 그리고 무엇보다 가진 자가 더 많이 갖는 구조다.[I] 이는 일단 미술관의 속성과 미술품 수집 규정에 원인이 있다. 고대 미술을 다루는 미술관은 현대 미술을 다루는 미술관보다 여성 작가의 작품 구매량이 적을 수 있다.[II] 이것만이 아니다. 문제는 결코 과거에만 있지 않다. 예일대 미술학부는 1980년부터, 즉 대학생의 남녀 비율이 균형을 이룬 뒤부터 졸업생이 얼마나 많은 언론의 조

I   코로나 팬데믹 중에 7세 미만의 자녀가 있는 조형 미술가들을 지원하기 위해 '본(Bonn) 예술 기금'이 장학금 지원 공고를 냈다. 기금은 독일 문화미디어부에서 운용하는 코로나 긴급 지원 프로그램 '문화, 새 출발'(Neustart Kultur)에서 조달했다. 2020년 말에 장학생 1인당 1만 2,000유로를 지급했다. 지원자의 60퍼센트가 여성이었으나 그중 45퍼센트만 돈을 받았다. 남성은 55퍼센트를 차지해 여성보다 긍정적인 지원 결과를 얻어냈다. 더욱이 팬데믹 기간 중에 육아 같은 돌봄 노동을 해야 한다는 특별 조건을 걸었는데도 지원에 더 적합한 쪽은 여성보다 남성이었다.

II   출처 연구와 관련한 문제도 자주 일어난다. 이는 여성의 작품이 역사적으로 제대로 기록되지 않았다는 것을 의미한다. 대부분 경매 회사와 갤러리가 직접 기록하는 빈틈없는 출처는 당연히 작품의 가치를 결정짓는 한 가지 방법이다. 여성 작가가 그때까지 미술사에서 한자리 차지하고 있지 않았다면 이후 자리를 잡기란 어렵다.

명을 받았는지 조사했다. 그 결과 남자 졸업생의 작품은 전문 언론과 책에서 여자 졸업생의 작품보다 두세 배 더 많이 다루었다.[148] 미술에서도 역시 매스컴의 관심과 홍보가 가치를 창출했다. 이 상황을 바꾸고 여성 미술가들의 가치를 올리는 가장 간단하고 성공적인 방법은 그야말로 더 많은 여성 작가의 작품을 구매하고 전시하겠다는 미술관 측의 약속이라고 조사 담당자들은 말한다. 그러나 여기에도 문제는 있다. 작품 구매는 미술관으로서는 자본 투자다. 투자는 시장의 기준을 따른다. 미술 시장은 자신의 천재성을 대대적으로 홍보해 높은 수익을 약속하는 핫한 젊은 남자 예술가를 선호한다.

아, 천재⋯. 여기에 대해서도 잠시 이야기해야겠다. 앞에서 언급했듯이 천재는, 가수 크리스티나 아길레라와 배우 바바라 에덴을 제외하면, 남자이기 때문이다. 신동은 다 알다시피 남자일 수도 여자일 수도 있지만 사춘기를 지나면서 아이가 여자가 되면 ── 그땐 망한 거다! 오직 남자만 손재주 단계를 초월해 예술의 경지로 들어선다. 오늘날까지 남자가 예술적 가치의 기준인 것은 이 때문이다. 또한 앞에서 소개한 〈풍선과 소녀〉의 파쇄 보도에서 뱅크시란 천재에 대해 언제나 '그 남자'(er)라 지칭한 것도 이 때문이다. 예술에서 프로젝션 스크린을 가지고 하는 놀이는 사실 매우 단순하게 작동한다. 우리는 뱅크시가 누구인지도 모른다. 여자인지 남자인지도 모르고 몇 명인지도 모른다. 하지만 누구나 뱅크시라는 사람이 남성 미술가일 거라고 생각한다. 그것이 예술가를 판단하는 우리의 기본 태도이기 때문이다.

권력자의 백과사전

2018년 캐나다 여성 도나 스트리클런드가 노벨 물리학상을 받았을 때 위키피디아에는 그녀에 관한 항목이 없었다. 영어로도 프랑스어로도 그 외 다른 언어로도 없었다. 아무도 그걸 만들려는 노력을 하지 않아서가 아니라 그녀에 관한 항목이 그저 '중요하지 않다'고 생각했기 때문이다. 따라서 항목을 만들려는 시도는 위키피디아 사이트 관리자에 의해 삭제되었다. 내가 이 대목에서 스트리클런드를 언급하는 이유가 초단파 레이저 연구로 노벨상을 타서가 아니라 위키피디아 때문이라는 것도 문제 중 하나다. 과학자 스트리클런드는 세계에서 가장 중요한 상을 받고 나서야 위키피디아에 실릴 만한 인물이 되었고 그 결과 나도 아는 사람이 되었다. 이 책에서 논의한 몇몇 사물들과 마찬가지로 위키피디아도 우리 사회를 비추는 거울이고 그에 따라 사회 속의 권력 관계까지 보여주는 장치다. 권력은 백인 이성애 중심의 가부장제에 있다는 것이 다시 한 번 확실해진다.

우선 '누가' 위키피디아에 등재되느냐 하는 문제가 있다. 2018년 시사 주간지 《슈피겔》은 독일어판 위키피디아에 수록된 지난 100년간 살았던 사람들(33만 개 이상의 항목)의 모든 전기를 분석했다. 그 결과 여성은 고작 20.3퍼센트에 불과했다. 지난 100년 동안에도 모든 사람의 50퍼센트는 여자였다는 사실에 비추어보면 적은 수치다. 하지만 좋다. 여자가 중요해지는 게 그리 쉽지는 않다. 그러나 지난 몇 년간은 그래도 쉬워진 것 같다. 왜냐하면 지금까지의 불균형이 젊은 세대에서 감소하고 있기 때문이다. 그러나 사전에 등재될 만큼 중요한 사람은 누구일까? 모델이 가장 많고(84퍼센트) 여자 가수와 여자 배우가 그 뒤를 따른다. 여자 축구 선수, 여자 기업가, 여의사의 비율은 10퍼센트 미만이고 여자 교수가 10.8퍼센트로 겨우 전자의 사람들을 넘어섰다.[149]

다음으로 '어떻게'라는 문제가 있다. 2015년 독일 라이프니츠 대학 사회학연구소(GESIS)가 독일어를 포함한 6개 언어의 위키피디아를 조사한 결과 여성 항목에서는 남성 항목을 가리키는 링크가 반대의 경우보다 훨씬 많았다. 한 번 더 버지니아 울프의 말을 빌려 말하자면, 위키피디아에서도 여성은 남성과의 관계를 통해 정의된다는 뜻이다. 또 한 가지 결과는 여성 항목에서는 연애 상태와 가족 관계를 남성 항목에서보다 더 자주 다룬다는 점이다. 그뿐만 아니라 여성은 굳이 여성을 드러내는 낱말로 표시된다. 영어의 예를 들면 'woman', 'female', 'lady' 등으로 여성을 지칭하지만 그 대응어인 'man', 'masculine', 'gentleman'은 찾아볼 수 없다. 남성이 표준이고 따라서 여성은 변칙으로 정의되어야 하기 때문이란 건 이미 다 아는 내용이다.[150] 그러니 위키피디아 항목에서 총칭적 남성형을 필수적으로 사용하는 것도 이상할 게 없다.[151]

이렇게 된 건 위키피디아가 '누구'인지, 즉 항목을 누가 작성하는지의 문제와 관계가 있다. 2018년 Netzpolitik.org라는 사이트는 위키피디아의 막후에서 진행되는 작업에 관한 조사 결과를 발표했다. 거기에서 위키피디아 항목을 집필하는 한 젊은 여성 필자는 자신이 그 커뮤니티 남자들에게 어떻게 괴롭힘과 모욕과 위협을 당했는지 이야기한다. 위키피디아 필자들은 익명으로 글을 쓴다. 로그인은 사용자가 정한 이름으로 한다. 편집하는 동안 이 이름이 별명으로 쓰이기 때문에 필자들의 성비에 대한 믿을 만한 수치가 없다. 위키피디아 정규직 직원은 그곳에서 일하는 사람의 일부에 지나지 않으며 자원봉사 편집자가 대부분의 작업을 담당한다. 2018년 위키미디어가 실시한 자체 설문 조사에 따르면 그중 90퍼센트가 남성이며 적극적인 사용자의 9퍼센트만이 여성이다.[152] 또한 보고서를 보면 대부분의 편집자들이 백인으로 미국과 유럽 출신이다. 따라서 독일어판 위키피디아의 크리스토퍼 콜럼버스 항목의 첫 단락에는 그가 "아메리카를 발견했다"고 적혀 있다. 이는 콜럼버스의 모험에 대한 유럽 중심적인 시각이자 역사적으로 잘못된 관점이다. 여기에 큰 소리로 반박할 사람은 아메리카 원주민만이 아닐 것이다. 영어판에서는 첫 단락에 '발견'이란 말은 없고 "유럽인의 탐험과 아메리카 식민화의 길을 열어주었다"는 표현이 있다. 완전히 다른 방식으로 역사를 쓴 것이다. 지식은 권력이고 지식 생성은 권력의 도구다. 그 도구는 우위를 점한 사람 마음대로 타인을 들어 올리든가 억누른다. 역설적이게도 남성 과잉 문제는 영어판 위키피디아에서 위키피디아 자체를 다룬 항목에서 거론하고 있지만 곧 다음과 같은 언급이 뒤따른다. "그러나 여성 편집자를 격려하고 여성 관련 주제의 범위를 넓히기 위해 에디터톤[I]을 개최했다." 아, 그러니까 더 많은 여성과 더 많은 '여성 관련 주제'에 관한 항목만 있으면 문제를 바로잡을 수 있다는 것이다. 여성 관련 주제는 여자들의 일이다. 그 나머지는 모두 남자들만의 일이다.

I [역주] 에디터톤(edit-a-thon) : 위키피디아 같은 온라인 플랫폼의 필자들이 모여 집중적으로 기사를 쓰거나 수정하는 행사. 마라톤(marathon)에 빗댄 표현이다.

8장
쾌유를 바랍니다

인류 역사에서 문화와 의학은 서로 떼어놓기 힘들다. 필라델피아 의학사 박물관 진열장 한 곳에는 19세기 후반에 나온 세 권의 부인과 의학 서적(또는 부인과 의학이라고 믿은 것에 관한 책)이 있다. 그런데 그곳에 전시된 다른 서적과 달리 그 책들은 펼쳐져 있지 않았다. 그 책이 특별한 이유는 표지가 여자의 피부로 만들어졌기 때문이다. 그것은 1869년 섬모충증으로 사망한 메리 린치의 넓적다리 피부다. 존 스톡턴 허프라는 의사는 그녀를 부검한 뒤 피부를 벗겨냈다. 아니 (제기랄) 대체 왜 그랬을까?! 그건 스톡턴 허프 본인만 알겠지만, 너무 늦기 전에 자신의 전능함을 다시 한 번 마음껏 발휘해보고 싶었던 게 이유가 아닐까 한다. 가정용품(3장)과 문화(7장)를 다룰 때 언급했듯이, 산업화는 유럽과 미국의 많은 시민들에게 막대한 부를 가져다주었고 나아가 주민의 교육 수준도 향상시켰다. 이로 인해 일부 의사들은 자신의 높은 사회적 지위가 위협받는다고 보고 행동을 개시했다. 당시 희귀 장서는 인체를 다루는 의사들의 사회적 지위의 상징이었다.[153] 대부분은 희귀 인쇄본과 초판본 등에 거액을 지출했던 것 같다. 그러나 드물기는 해도 일부 의사들의 경우엔 직접 여자의 피부로 장식한 책들이 장서의 핵심이었다. 하필 여성의 처녀성에 관한 책을 여자 환자의 넓적다리 피부로 만든 표지 사이에 끼워 넣는다는 게 특히나 섬뜩하다. 그건 자신의 지위뿐 아니라 자신에게 종속된 여성의 지위까지 덤으로 유지하려는 필사적인 시도였을까?! 아니면 19세기 말에 더 많은 평등과 가시성을 얻으려고 거리로 나온 모든 여성에 대한 복수였을까?!

스톡턴 허프는 극도로 괴기스러운 사례일 수는 있어도 유일한 사례는 아니었다. 2014년 하버드 대학의 조사 결과 대학이 소장하고 있는 프랑스 작가 아르센 우세의 『영혼의 운명』이라는 책의 사본 표지도 여성의 피부로 만들어졌다는 것이 밝혀졌다. 이 사실은 원래 책에 적혀 있었다. 역시 프랑스인이며 의사였던 과거 소장자 뤼도비크 불랑이 1880년에 직접 자랑스럽게 기록한 것이다. 피부는 지금은 이름을 알 수 없는 그의 여성 환자 중 한 명의 등에서 채취한 것인데 (이렇게 말하면 덜 끔찍할 거라 생각했는지) '정신병'을 앓다가 뇌졸중으로 사망한 여성이었다고 한다. 여기에서도 책 내용과 책을 감싸고 있는 여성의 피부를 은유적으로 혐오스럽게 연결하고 있다.

비록 거칠기는 해도 이 이야기들은 공포 영화에나 어울릴 법한 과장된 방식으로 동업자 집단의 자아상과 여성의 몸을 좌우하는 그들의 권력을 드러낸다. 주제가 스포츠이든 노동이든 아니면 자위이든, 그 행위들이 여성에게 금지된 이유는 그런 것을 자유롭게 하면 여성의 건강을 해친다고 의사들이 경고했기 때문이라는 내용이 이 책의 여러 곳에 나온다. 그런 내용을 읽다 보면 여자에게 그토록 폭넓게 관심을 기울였으니 역시나 여자만큼 폭넓게 연구된 대상도 없었을 거란 인상을 받는다. 아니면 반대로 연구가 부족한 탓에 여자 몸을 좌우하는 의사들의 권력이 그렇게 오래도록 공고했던 건 아닐까?!

여기에서 우리는 흥미로운 모순과 마주한다. 서양 의학은 산부인과[I]를 제외하면 시스남성에게 맞춰져 있다. 의학은 오랫동안 생식 기관의 아주 작은 부분을 제외하고 남자와 여자의 신체 내부는 동일하다고 가정했다. 논리적인 말씀이다. 신은 아담의 갈비뼈로 이브를 만들었으니까. 하지만 쓸데없이 똑같은 걸 만들지는 않았다.

고대의 학자 아리스토텔레스가 여자의 몸은 할례 받은 남자의 몸이라고 선언했을 때, 즉 남자의 몸에서 군더더기를 덜어낸 거라고 했을 때 이미 불행은 시작되었다. 20세기에 들어와서도 여성에게서만 진단되는 수많은 질병의 원인은 여성의 장기에 있다고 생각했다. 그 질병으로는 히스테리와 색정증이 있고 내가 가장 좋아하는 것이자 이 두 병의 '원인'이기도 한 '돌아다니는 자궁'[II]이 있다. 자유롭게 떠돌아다니는 자궁에는 특유의 악마적 특성이 있다고 믿었으며, 이에 대해 여자가 할 수 있는 건 아무것도 없거나 딱 하나밖에 없다고 생각했다. 바로 의사에게 가서 치

I   '비키니 의학'(비키니에 가려지는 부위 외에는 성별에 따른 큰 차이가 없다는 개념)이라고 부르는 산부인과도 그 근원에는 뿌리 깊은 여성 혐오가 있다. 아쉽지만 이 주제는 이 책의 범위를 완전히 벗어난다.

II   [역주] 돌아다니는 자궁(wandering womb): 고대 그리스에서는 자궁을 짐승 안의 짐승이라고 여겼으며, 여성의 몸속을 떠돌아다니며 히스테리 등의 증상을 일으킨다고 생각했다.

료를 받는 것이었다. 이는 당연히 여자가 그 전에 마녀로 화형당하지 않았을 때의 얘기다. 하지만 이런 초인간적인 '결함'들도 필요 이상으로 여자를 연구할 이유가 되지 못했다. 어쨌거나 더 중요한 건 시스남성이었기 때문이다. 지금도 변함없이….

요즘의 예를 들어보겠다. 자폐증이 있는 여아와 성인 여자는 자폐로 진단받는 빈도가 남자보다 낮고 진단 시기도 남자보다 늦다. 고전적인 자폐 진단법은 남자를 위한 모델이기 때문이다. 여자 환자가 아니라 남자 환자를 토대로 개발된 것이다. 여아들은 다른 징후를 보이고 사회화로 인해 양육자와 교사들의 눈에 '덜 띄는' 행동 양식을 나타내기 때문에 진단 기준에서 자주 벗어나고 그에 따라 필요한 도움과 지원을 잘 받지 못한다.[154]

여자와 남자는 물론이고 그 중간에 존재하는 모든 인간에 대한 지식을 획득하고 검사와 치료에서 동일한 수준의 전문성을 발휘하려는 노력, 한마디로 동등한 의술 활동이 인권을 지키는 길이다.

베일리 박사의 심근 경색

여성을 치료할 때, 그리고 시스남성으로 태어나지 않은 모든 사람을 치료할 때 성별 특유의 격차가 존재한다는 사실을 분명하게 의식하면 변화가 나타날 수도 있다. 미국의 TV 시리즈 《그레이 아나토미》에서는 그동안 의학계에서 거의 연구되지 않았던 음핵 오르가슴과 그것의 통증

완화 작용에 대한 이야기가 나왔고, 그 뒤 시즌 14의 극적인 11화(스포일러 주의!)에서는 여성의 심근 경색을 둘러싼 합병증을 놀라운 방식으로 다루었다. 주임 의사 미란다 베일리(배우: 찬드라 윌슨)가 자동차에 앉아 있다가 몸 상태가 심상치 않음을 느끼고 근처에 있는 병원을 찾지만 진찰을 담당한 심장 전문의들은 그녀도, 그녀의 증상도 심각하게 여기지 않는다. 베일리는 방금 자신에게 심근 경색이 일어났다고 의사들에게 분명하게 말하지만 심전도 기기에는 아무것도 나오지 않는다. 베일리는 심장 후벽 손상이 의심되니 센서를 앞이 아닌 등에 달아달라고 요청하지만 거절당한다. 이후 몇 분 동안 자신의 목숨을 구하기 위해 사력을 다하는 가운데 그녀는 숨 가쁨, 가슴 조임, 현기증, 식은땀 등 자신의 증상을 정확히 묘사한다. 그리고 갑작스런 심장 마비로 사망한 모든 여성의 63퍼센트는 과거에 심장 문제가 없었으며 자신과 같은 흑인 여성은 다른 사람들보다 더 큰 위험에 처해 있다는 내용의 연구들을 줄줄이 읊는다.

TV 시리즈를 통한 지식 전달은 제한적이다.《응급실》과《그레이 아나토미》를 몇 시즌 본 뒤에도 나는 맹장을 어떻게 제거하는지 알지 못한다. 그러나 이런 주제에 대한 관심을 높인다는 점에서 그 드라마들은 적어도 큰 흐름 속으로 들어가려는 환영할 만한 시도다. 위에서 소개한《그레이 아나토미》회차는 우연의 산물이 아니라, 시리즈 대본 작가의 한 명인 엘리자베스 핀치가 겪은 수많은 체험 중 하나를 드라마화한 것이다. 하이킹 사고로 네 번째 무릎 수술을 받은 뒤에도 고통이 지속되자 핀치의 담당의는 계속 다른 검사를 하기보다 항우울제를 처방하고 아주 진지하게 농담을 던졌다. "신경증을 앓는 유대인 여성들이 내 전문 분야예요." 시간이 가면서 그녀의 상태는 점점 나빠졌다. 잠을 자지 못했고 찌르는 듯한 요통이 생기면서 자포자기 상태가 되었다. 그녀는 잡지 《엘르》에 다음과 같이 적었다. "그는 나더러 '참을성이 없고' '감정적'이라고 했다. 나는 '여성'이라는 것이 가장 위험한 딱지일 수 있다는 생각을 해본 적이 없었다."[155] 핀치는 희소병인 뼈암을 앓았다. 그녀처럼 30대 중반이라는 나이대에는 더 드물게 나타나는 병이었다. 의사가 수년간 그녀의 질병을 발견하지 못하고 오진했다. 그 뒤 핀치는 몸이 회복되는 동안 이 문제를 각본에 반영하기로 결심하고 깊이 있는 젠더 의학 연구에 들어갔다. 거기에서 나온 것이 여성의 심근 경색을 다룬 회차다.

치명적인 심근 경색의 3분의 2는 시스남성들이 경험한다. 그 이유는 이들이 전체적으로 심장병에 더 많이 시달리기 때문이다.[156] 그러나 심장병이 있는 경우 심근 경색으로 사망할 확률은 50세 미만의 연령대에서 시스여성이 시스남성보다 두 배 이상 높다.[I] 74세 이후부터는 성별이 사망률에 영향을 미치지 않는다.[157] 이렇게 되는 이유는 의사가 도착했을 땐 심근 경색에 시달리던 여성이 이미 사망한 뒤여서 병원 통계에 잡히지 않기 때문일 수 있다. 여자 환자의 증상에 대한 의료진의 불충분한 진단과 무지[158] 외에 또 다른 원인은, 여성들이 '할리우드 심근 경색'(가슴을 찌르는 통증과 실신)을 경험하지 않아서 의사가 진지하게 받아주지 않을

I   통계는 보통 여성과 남성의 범주만 포함한다. 그러나 모든 트랜스젠더, 간성, 논바이너리 사람들은 시스여성과 비슷하게 의사의 편견에 영향을 받는다고 가정할 수 있다. 〔'간성'은 289쪽 각주 참조 – 역주〕

거라는 두려움 때문에 의술의 도움을 잘 받지 않으려는 데에도 있다. 건강 염려증 환자로 낙인찍히는 것에 대한 두려움은 매우 구체적이라고 연구자들은 말한다. 이 두려움에는 타당한 이유가 있다. 관상동맥 우회술(심장 수술) 후의 환자 치료를 조사한 연구에 따르면, 통증을 호소하는 남자에게는 진통제를 투여하고 통증을 호소하는 여자에게는 진정제를 주었다. 다시 말해 여자는 단지 정서적으로 불안정하고 통증은 심리적 문제 때문인 것처럼 취급한 반면 시스남성의 통증은 진지하게 받아들인 것이다.[159] 그러나 남자 쪽에도 부정적인 면이 작용한다. 심리적 문제와 우울증으로 진단되는 빈도가 훨씬 낮은 것이다. 대개 신체적 원인을 찾기 때문인데 이는 우울증을 앓는 남성에겐 치명적인 결과를 가져온다.[160] 여기에 체계적인 젠더 편향의 문제가 있다는 것을 특히 분명하게 보여주는 또 다른 요소는 치료 의사의 성별이다. 2018년 연구에 따르면 여성이 심근 경색에서 살아날 확률은 병원에서 남자 의사가 아닌 여자 의사가 치료할 경우 더 높았다.[161] 그뿐만 아니라 여성은 심근 경색 후 병원에 가기까지 평균 45분이 걸리는 반면 시스남성은 20분 만에 벌써 병원에 도착했다. 그 차이는 심장 근육이 계속 죽어갈 수 있는 시간이다.[162]

이런 결과가 나오는 이유는 수 세기를 내려온 남성 중심적 의학에 있다. 독일에서는 지난 20년간 의학 전공생이 남학생보다 여학생이 더 많았는데도 불구하고 의대 교과 과정과 내용을 결정하는 사람의 90퍼센트가 여전히 남자다.[163] 이런 구조적 불균형은 학계를 관통하는 보편적인 문제다. 하층부와 중층부에는 여자, 트랜스젠더, 간성[I], 논바이너리에 속

I [역주] 간성(間性) : 인터섹슈얼리티(intersexuality). 남성과 여성의 성기를 둘 다

하는 사람들이 있고 위로 올라갈수록 적어진다. 이 문제에 대해 언론인이며 작가인 마라이케 니버딩은 2019년 《쥐트도이체 차이퉁 마가진》에서 성 인지적 의학, 즉 생물학적 성과 사회적 성을 모두 고려하고 연구하는 의학을 위한 로비가 지금까지 성과를 거두지 못하고 있다고 적었다. 젠더 의학은 여전히 틈새시장이다. 9만 명이 넘는 독일 의대생 중에서 베를린의 샤리테 대학병원에서 공부하는 학생들만이 성 인지적인 의학을 접한다.[164] 많은 사람들(이 경우엔 세계 인구의 약 50퍼센트)이 연구 결과로부터 혜택을 받을 수 있는데도 연구비를 지원하지 않고 연구자도 외면하고 제도적으로 무시되는 학문 분야를 학계에서는 '언던 사이언스'(undone science)라고 부른다.

드라마 속의 응급실과 심근 경색 환자인 미란다 베일리에게 돌아가자. 그녀를 치료한 의사들이 내린 진단은 공황 발작과 신경 쇠약이다. 직장에서는 그토록 많은 책임을 짊어지고 집에서는 아이를 키우고 있으니 언젠가는 모든 게 감당하기 힘든 시간이 오면서 정신적 문제가 생길 게 뻔하지 않겠는가. "당신의 인생에서 스트레스를 주는 큰 요인이 있나요?" 의사가 묻는다. 입바른 소리 하는 베일리가 대답한다. "나한테 그런 식으로 말하지 말아요. 몸에 증상이 있는 여자가 응급실에 나타났어요. 당신은 여자가 제 감정을 다스리지 못한 것이 유일한 원인이라고 결정을 내려버립니다. 아니요. 지금 나는 두려운 게 아니에요. 나는 마음(heart)에 상처를 입어서 그걸 치유해야 하는 게 아니에요. 고쳐야 하는 건 나의 심장

가지고 태어나 양성의 특징을 다 가지는 일.

(heart)이에요." 이것은 대본 작가 핀치가 베일리 박사에게 시킨 대사에 그치지 않는다. 그건 핀치 자신이 당시에 충분한 지식이 있었더라면 의사에게 직접 하고 싶었던 말이었다. 이런 까닭에 핀치는 드라마 시리즈에 작은 카타르시스의 순간을 집어넣고 이런 편견이 현실이며 그것이 목숨을 앗아간다는 점을 많은 사람들에게 알렸다. 이렇게 하면 여자 환자 한두 명쯤은 적어도 무엇이 이상한지를 아니까 더 나은 치료를 요구할 수 있을 것이다. 비록 더 발전하고 편견과 맞붙어 적극적으로 싸우는 것은 의사의 임무이자 책임이라고 할지라도 말이다.

규칙이 아니다

야나[1]가 기억하기로 월경은 항상 고통스러운 일이었다. 가장 친한 친구도 역시 다르지 않았다. 그래서 월경은 으레 그런 건가 보다 하고 별다른 의문을 품지 않았다.

> 통증은 남과 비교하기가 쉽지 않아요. 우리 둘은 통증이 심했어요. 그게 정상인 줄 알았어요. 나는 매번 진통제를 먹었어요. 이부프로펜 800은 처방을 받아야 했지만 용량 400짜리는 처방을 받지 않아도 됐어요. 그래서 그걸 두 개를 먹었어요.

---

[1] 가명으로 쓴다. 이유는 나중에 밝히겠다.

베를린 샤리테 병원의 자궁 내막증 센터장인 실비아 멕스너는 많은 젊은 여성과 여자 청소년들이 이런 경험을 한다고 말한다. 월경통은 여성의 일부라는 의식이 박혀 있기 때문에 그게 정상이라고 생각해서 그 문제에 대해 별로 많은 이야기를 하지 않는다.[165] 야나도 월경에 대해 그리 많은 이야기를 나눈 적이 없다. 가끔 혈액 순환이 엉망진창이 되어 월경통이 심해지면 학교에 결석할 때도 있었다고 한다. 산부인과 의사는 그녀에게 예방약이라며 알약을 처방했다. "피부가 아름다워지는" 약이라고도 했다. 그녀가 복용하는 게 무엇이고 어떤 부작용이 있는지 아무도 설명해주지 않았다. 5년간 약을 먹었다. 월경통이 줄었다. 그리고 스무 살에 그녀는 약을 끊었다. 그러자 월경과 함께 다시 통증이 시작되고 점점 심해지다가 경련, 설사, 두통이 찾아오고 월경량이 많아졌다. 월경은 어느덧 일주일 내내 계속되었다. 그동안 야나의 평범한 일상은 거의 멈추다시피 했다. 이런 상황이 3주마다 되풀이되었다. 15년이 흐른 뒤 어느 시점에 이르러서는 통증이 너무 극심해져서 약국에서 처방전 없이 산 약을 먹어도 소용이 없었다. 야나는 직업상의 일정을 취소해야 했고 친구들과의 약속도 지키지 못했다. 그러는 동안 집에서 통증 때문에 데굴데굴 굴렀다. 야나의 월경 기간은 어느덧 2주나 되었고 정신적인 스트레스도 늘었다. "혹시 자궁 내막증인가?" 마침내 여자 친구가 그녀에게 말했다. 35세인 야나는 그 단어를 생전 처음 들었다. 그녀는 검색을 하고, 온라인으로 자체 테스트를 하고, 자신의 증상을 다른 사람의 증상과 비교했다. 일치하는 것이 많았다.

자궁 내막증은 새로운 질병이 아니다. 자궁이 있는 사람은 수천 년 전부터 이 병에 시달렸다고 생각하면 된다. 자궁 내막증은 예를 들어 난소나 장이나 복막에 뿌리를 내린 낭종과 자궁 내막증 병소에 의해 유발된다. 가끔 하복부 바깥에서도, 예컨대 폐에서도 발병한다. 이 병소는 자궁 점막과 비슷하며 조직은 호르몬 주기에 따라 자라고 월경이 시작되면 출혈할 수 있다. 자궁 내막증 병소는 전이되어 다른 장기에 영구 손상을 일으킬 수 있다.

그럼에도 불구하고 자궁 내막증은 오랫동안 의학에서 특별한 연구를 할 만큼 관심을 끌지 못했다. 결코 희소병이 아닌 이 질병에 대해 우리가 아직도 잘 모르는 건 이 때문이다. 자궁 내막증 환자의 수가 얼마인지는 추산하기 어렵다. 자궁이 있고 가임기에 있는 이들의 5~15퍼센트가 이 병에 시달린다. 통증이 폐경 후까지 계속되는 사람도 있다. 이 만성 질환으로 고통받는 사람이 독일에서만 200만 명에 이른다. 자궁 내막증은 여성 불임의 가장 중요한 원인 중 하나로 꼽힌다. 자궁이 있는 사람 중 아이를 낳지 못하는 이들의 약 40~60퍼센트는 자궁 내막증에 그 원인이 있다.[166] "질병의 수를 정확히 알지 못해서 추정해야 해요. 이는 산부인과 의사들이 외래 환자를 진료할 때 가끔 자궁 내막증의 질병 코드를 기록하지 않는 경우가 있기 때문입니다. 그러면 관련 정보가 건강보험공단에 전달되지 않습니다."[167] MDR 방송과의 인터뷰에서 멕스너 박사가 한 말이다. 비유하자면 이는 심장 전문의가 심근 경색에 관한 정보를 건강보험공단에 넘기지 않은 것과 같다. 그러면 얼마나 많은 사람이 심근 경색을 앓고 있는지 공단에서 어떻게 알겠는가?!

자궁 내막증이 있는 사람은 평균 10년 6개월을 고생하다가 세 명의 의사를 거친 뒤 올바른 진단을 받는다. 야나는 더 오랫동안 아무 말 없이 고통을 참았다. 그러다 마침내 통증에 대해 털어놓게 되었는데 다행히 의사는 그녀의 말을 믿었지만 병에 대해서는 아는 것이 별로 없어서 야나를 전문 병원에 소개했다. 사전 상담에서 의사는 야나의 말이 맞을 수도 있지만 확실한 건 복강경 검사를 한 뒤에야 말할 수 있다고 했다. 멕스너 박사에 따르면 이젠 최신 초음파 검사기로도 자궁 내막증을 알아낼 수 있지만 이건 최신 표준이지 아직 산부인과의 보편적 장비는 아니다. 야나는 병력 상담 후 3개월 만에 복강경 검사 날짜를 잡았다.

> 의사가 아무것도 찾지 못하면 나는 30분 후에 깨어날 것이고 뭔가를 찾아내면 더 오래 걸릴 거라는 걸 나는 알고 있었어요. 오전 8시에 수술실에 들어가 오후 1시에 깨어났어요. 가장 먼저 마취 전문의가 들어와 속사포로 지껄였어요. "우리가 뭔가를 제대로 발견해서 완전히 없앴습니다!" 이게 전부였어요. 그 뭔가가 뭔지 아무 정보도 주지 않았어요. 아무것도.

야나는 3주간 병가를 냈다. 다시 산부인과를 방문했을 때는 새로운 알약을 처방받았다. 치료에 필요하다는 황체 호르몬이 함유된 약이었다. 황체 호르몬은 신체로 하여금 임신했다는 착각을 일으켜 자궁 점막과 자궁 내막증 병소의 형성을 방해한다. 그러나 야나의 상태는 나아지지 않고 도리어 악화되었다. 통증은 수술 전보다 심해졌으며 이제는 하루 이틀 간격을 두고 계속 출혈을 했다. 그 때문에 몸과 신경이 쇠약해졌다. 새로운 호르몬 약을 먹은 뒤 전보다 심적인 균형이 더 많이 무너지면서 다시 새 약을 처방받았다.

이제 야나는 자신이 직접 자신의 질병의 관리자가 되어야 한다는 것,

자궁 내막증은 수술로 해결되지 않았으며 이 진단명은 앞으로 오랫동안 그녀를 따라다닐 거라는 것을 알게 되었다. 야나는 질병 극복 모임을 통해 도움을 받고 있다. 각기 다른 세대의 여성들이 서로 용기를 주고 상대방의 병력을 존중하며 함께 만나는 모임이다. 두 사람이 똑같은 진단을 받을 수는 있지만 어떤 의사를 만나 어떤 치료를 받느냐에 따라 삶의 질은 완전히 달라진다. 야나는 의사들이 심각하게 여기지 않은 탓에 통증으로 몸이 만신창이가 된 여자들을 알고 있다. 그런 모습을 보면 자신의 미래의 불확실성을 느끼지 않기가 힘들다. 수술 후에도 병소가 다른 부위에서 계속 자라기 때문이다.

> 나는 지금 자궁 선근종이 있어요. 이것이 자궁 내막증이에요. 그 외에 근종과 낭종도 있어요. 이건 내 아랫배 안에서 포켓몬 고[I]를 할 수 있는 것과 같아요. 어떻게든 다 찾아낼 수 있거든요. 그리고 자궁 인대 중 꼬리뼈로 이어지는 곳에도 자궁 내막증 병소가 있어요. 아마 이게 내 요통의 원인일 거예요.

야나는 대학을 다녔고 좋은 직장이 있다. 학회에 참석하고 정골 요법, 대체 치료법, 요가, 식이법의 변화를 통해 도움을 얻을 수 있는 시간과 교양과 돈도 있다. 다른 이들은 그렇게 할 상황이 못 된다.

그리고 다른 많은 사람들처럼 야나도 이 주제가 더 많이 밖으로 드러나고 더 많은 관련 지식이 쌓이고 더 많은 이들에게 알려지기를 바라지

I [역주] 포켓몬 고(Pokémon GO): 몬스터볼을 던져 포켓몬을 잡는 게임.

만, 그와 동시에 자신의 삶이 자궁 내막증에 의해 영향을 받지 않기를 바라고 있다. 균형 잡힌 줄타기가 필요한 소망이다. 이런 이유에서 야나는 가명을 쓰고 싶어 한다. 오직 가족과 친한 친구들만 그녀의 질병에 대해 알고 있다. 직장에서도 이 사실을 아는 사람은 없다. 야나는 직장에서 차별을 받거나 신뢰할 수 없는 사람 또는 능력이 모자라는 사람으로 비춰질까 두려워한다.

이렇게 흔한 질병인데 왜 연구를 별로 하지 않았을까? 멕스너 박사에 따르면 위에서 언급한 잘못된 건강보험공단 통계가 큰 문제다. 연구를 제안하고 연구를 지원하려면 우선 이 질병이 얼마나 퍼져 있는지에 대해 모든 사람이 알고 있어야 한다. 조기 발견 프로그램을 수립할 때도 마찬가지다. 이 역시 현재까지 호르몬제 복용 외에 아직 획기적인 치료법이 없는 이유 중 하나라고 멕스너는 말한다.[168] 더욱이 조기 발견을 위해서는 길고 상세한 병력 상담(40~60분)이 필수적이며, 특히 초기엔 병소가 초음파에 잘 잡히지 않는다는 것을 생각하면 더욱더 필요한 일이다. 그러나 산부인과에서는 환자를 위해 예컨대 성관계 시의 통증과 같은 주제에 대해 상담해줄 시간이 없다. 수익성이 없다는 계산이 나오기 때문이다. 결국 이건 재정적으로 쓸모가 없는 복잡한 진단인 것이다.[I]

어느덧 종합 병원에 자궁 내막증 센터와 연구 그룹이 많아지고 있고 환자에게 조언하고 안내하는 자궁 내막증 상담 시간도 늘어나는 중이다. 다니는 산부인과에서 도움을 받지 못하면 일반의로부터 의뢰서를 받

I. 우리의 의료 체계가 자본주의 시스템이고 개인 병원과 종합 병원은 수익을 내야 한다는 건 완전히 얼빠진 소리다.

아 자궁 내막증 센터로 가면 된다. 사회의 의식 속에서 조금은 변화가 일어나고 있다. 영화배우 겸 감독인 레나 던햄, 영화배우 우피 골드버그, 모델 알렉사 청 같은 유명인들은 자신의 질병을 어떻게 극복했는지 공개적으로 밝혔고, '독일의 차세대 톱 모델'(Germany's Next Topmodel) 출신으로 잘 알려진 독일 모델 아나 빌켄은 2019년 자궁 내막증을 앓았던 자신의 삶에 대해 책을 썼다.[169] 자궁 내막증은 문학 속으로도 들어갔다. 아일랜드 여성 작가 샐리 루니의 베스트셀러 소설 『친구들과의 대화』에서 주인공 프랜시스는 자신의 통증과 그로 인해 삶 전체와 특히 연애 생활에서 나타나는 제약에 대해 매우 인상적으로 들려준다. 현실과 달리 프랜시스는 대단히 빠른 진단을 받는다. 아마도 자궁 내막증이 지난 몇 년간 많이 알려지고 일반인도 이 병에 대해 듣게 되면서 의사에게 전문 지식을 요구한 결과일 것이다. 우리는 월경통을 둘러싼 금기를 깨고 통증 극복을 평범한 일로 만들어가고 있다. 물론 통증은 평범한 것이 될 수 없지만 말이다.

만인을 위한 치료제

야나가 자궁 내막증에 따른 통증을 줄이려고 이부프로펜을 복용한 지 20년이 되었다. 이미 10대 청소년 시절부터 그녀는 복용량을 스스로 정했다. 그때 약에 첨부된 설명서에 적힌 권장량보다 훨씬 많은 양을 먹었다. 만일 그녀가 설명서를 읽었더라면 다음의 사실을 알았을 것이다. 작은 글씨로 연령과 체중별로 정리된 일람표를 보면 누구든지 자신에게 맞는 용량이 얼마나 되는지 알 수 있다. 그러나 일람표에는 역시나 여성과 어린이는 단순히 키가 작고 몸무게가 가벼운 남자들이며 따라서 그렇게 적어놓아도 대강 통할 거라는 가정이 숨어 있다. 하지만 어림도 없는 소리다!

2001년 세계보건기구는 앞으로 더 많은 여성을 대상으로 시험하라는 권고안을 발표했다. 2004년부터는 독일 제약 회사들도 법에서 권장하는[I] 의약품 중에서 여성용으로도 처방하는 약은 사전에 여성을 대상으로 시험하고 있다. 2004년부터! 물론 전에는 민감한 여성을 염려해서 시스남성만을 대상으로 시험했다고 생각할 수 있겠다. 역설적이게도 3장에서 언급한 콘테르간 스캔들은 1977년 미국 식품의약국(FDA)이 대다수 약물의 초기 임상 시험에서 '가임기 여성'을 배제하라는 지침을 발표하는 데 한몫했다. 전 세계 제약 회사들이 이 지침을 따랐다. 임신한 여성뿐 아니라 18세부터 폐경기까지의 모든 여성을 배제해야 태아는 물론이고 아직 완전히 수정되지 않은 생명까지 보호할 수 있기 때문이다.[170] 그러나 당초 목적은 생명을 구하는 것이 아니라 손해 배상 소송을 예방하는 것이었다. 여성의 건강을 외면해가면서까지. 이른바 임신 능력에 대한 염려라고 하는 것은 여성 혐오를 실천하러 들어가는 관문이다. 여성은 그저 아이 낳는 기계에 불과하다는 여성 혐오 말이다. 시험에서 여성

I '법에서 권장하는', '법에서 요구하는' — 이것이 의미하는 바는 바로 다음과 같다. 여러 시험 단계를 승인할 때 여성이 시험 대상에 충분히 포함되지 않아 성별 고유의 차이에 의한 효과나 무해성에 대해 확인이 불가능할 경우에는 '승인을 거부할 수 있다.' 그러니까 이것은 법이 아니라 구속력 없이 건성으로 시도하는 훈육이다.

을 배제한 또 다른 이유는 월경 주기에 따른 호르몬 균형의 변동이 연구 결과를 왜곡할 수 있다는 우려 때문이었다. 하하. 아, 그렇군. 그렇다면 차라리 결과가 변함없이 안정적인 시스남성만 시험하면 되겠네. 그 결과를 다른 사람에겐 적용할 수 없더라도 말이지. 가부장제에서 남자는 안다. 남자가 무엇을 가지고 있는지.

1993년 FDA는 약간의 방향 전환을 했다. 이때부터 여성을 시험 대상에 넣은 것이다. 젠더 의학이 규모는 작지만 고유의 연구 분야로 부상하면서 시스남성의 신체만으로는 모든 것을 연구하고 설명할 수 없다는 의식이 처음으로 싹텄다. 예를 들어 혈전증 치료에 쓰이는 아스피린의 효과에 관한 1983년의 연구에서는 실험용 토끼 수컷과 암컷에게서 효과 지속 시간의 차이가 관찰되었으며 이는 남성과 여성의 복용량에 차이를 두어야 한다는 추론을 가능케 한다고 결론 내렸다.[171] 실험용 동물 암컷은 수십 년간 우리 여성의 대리자 노릇을 하고 있다. 동물 실험에서 수컷을 더 많이 연구 대상으로 이용하는 것은 지금도 여전하다. 수컷이 다루기에 '더 간단'한 반면 암컷은 '예측 불허'라고 알려져 있기 때문이다[I]. 2007년 연구에 따르면 약물 연구의 약 90퍼센트에서 수컷 쥐와 수컷 생쥐만을 대상으로 유효 성분을 시험하고 있다.[172] "가장 좋은 건 난소를 제거하거나 암컷을 실험 대상에서 완전히 제외하는 거예요. 그럼 여성 호르몬이라는 성가신 문제에서 해방될 수 있어요." 신경 생물학자 레베카 샨스키가 연구 생활 초기에 매번 들은 조언이다. 그렇게 하면 연구 결과

I 인간의 성차별과 여성 혐오가 다른 종에까지 퍼져 있다는 게 흥미롭다!

가 안정화되고 비교하기가 용이해질 수도 있다. 그러나 이 선의의 조언이 성차별적인 뒷맛을 남긴 탓에 그녀는 구체적으로 실험용 쥐들의 서로 다른 적합성을 연구하고 그 조언이 말도 안 되는 얘기라는 걸 밝혀냈다! 암컷과 마찬가지로 수컷 쥐한테서도 호르몬 변화가 나타났다. 일부 쥐는 호르몬 변화의 폭이 암컷보다 컸으며 몇몇 우세한 쥐는 서열 싸움으로 인해 테스토스테론 수치가 5배나 높았다.[173] 이는 동물이건 사람이건 여성의 배제가 연구자들의 연구를 쉽게 해주기는커녕 더 악화시킨다는 것을 의미한다.

여자와 남자는 쥐가 아니다. 여성의 월경 주기, 피임약, 갱년기에 따른 호르몬 변화가 시스남성의 경우보다 연구 결과의 일관성을 떨어뜨리고 그에 따라 신뢰할 수 있는 수치를 얻기 위해서는 본질적으로 더 많은 피험자가 필요하다는 것은 맞는 말이다. 더욱이 갑자기 시스여성이 포함되면 과거 연구 결과와의 비교 가능성이 타격을 입는다. 오래된 사과와 새 사과를 비교하려는데 갑자기 방정식에 새 변수로 배가 등장하는 것이다. "여성을 대상으로도 모든 걸 시험해야 한다면 우리는 어떻게 되는 걸까요? 결국 여자들에겐 다른 약이 필요하다는 게 밝혀지겠죠. 그렇게 되면 의사들이 너무 힘들어져요!" 베를린 샤리테 병원의 젠더 의학자 베라 레기츠-차그로제크가 탐사 프로그램 STRG_F에서 반어적으로 말했다.[174]

우리는 어떻게 되는 걸까? 여자들이 디곡신(Digoxin) 같은 심장약을 복용한 뒤 죽지 않고 살아날 수 있게 된다. 수술 후 만성 심장병 환자를 대상으로 실시한 이중 맹검법 연구(2002)에서는 심장약이 남자들에게 도움이 되었다는 결과가 나왔다. 위약을 투여한 대조군 환자들보다 더 높은 긍정적 효과가 나온 것이다. 반면에 여자들은 위약을 복용한 집단의 생존 가능성이 더 높았으며 약물은 이들의 생존 확률을 (대조군과 비교할 때) 4.2퍼센트 낮췄다.[175] 훗날 연구에서는 (자주 그렇듯이) 복용량이 많으면 독이 된다는 것을 밝혀냈다. 즉, 여자들은 디곡신 과다 복용으로 인한 약물 중독으로 사망할 가능성이 높지만, 동일한 용량의 약물이 남자들에게는 독성을 나타내지 않았다.[176] 이런 걸 약에 동봉된 설명서에 적었다면 소중한 정보가 되었을 것이다. 그렇지 않은가?

X 염색체 수와 Y 염색체의 유무에 따라 신체는 호르몬을 만들고 호르몬은 다시 체내 효소를 책임진다. 그리고 이것이 우리 몸의 화학 반응을 결정한다. 예를 들어 간과 신장의 대사 과정은 작용 물질이 언제 얼마나 많이 몸속으로 유입되고 그것이 신체에 의해 분해되기 전에 얼마나 오래 작용하는지에 큰 영향을 미친다. 여기에 차이가 존재한다는 것을 이해하기 위해서는 우리 몸에서 알코올이 분해되는 시간이 각기 얼마나 다른지를 보면 된다. 시스여성의 간에 있는 대사 효소는 시스남성의 간에 있는 효소처럼 많이 생성되지 않는다. 예를 들어 메토프롤롤은 고혈압과 심혈관 질환에 처방하고 특정한 형태의 편두통에도 도움이 되는, 간에서 분해되는 베타 차단제. 이 약물을 여성이 복용하면 몸에서 훨씬 오랜 시간 더 강력하게 작용한다(40퍼센트까지).[177] 결과는 과다 복용이다. 다른 작용 물질들은 먼저 간에서 효소에 의해 활성화되어야 한다. 이 말은 시스여성의 몸에서 약물이 효과를 내려면 시간이 훨씬 오래 걸린다는 뜻이다. 위장관도 중요한 역할을 한다. 여성의 위장관은 훨씬 느리게 움직인다. 위에서 소장을 거쳐 대장으로 내려가는 통로가 딱히 길지는 않지만 음식물이나 알약이 몸 밖으로 배출되기까지 남자보다 3분의 1 정도 더 걸린다.[178] 약물이 체내에 오래 머문다는 것은 남자와 다른

체지방 비율(보통 시스여성의 체지방률이 높다)로 인해 분포 역시 다르다는 것을 의미한다.

약물을 복용할 경우 원하는 효과가 나타나는 경우와 나타나지 않는 경우 외에 원치 않는 부작용이 나타나는 경우도 있다. 부작용은 근본적으로 남자보다 여자에게서 1.5배 더 자주 발생한다.[179] 이것 역시 연구에서 여성 실험 대상자가 너무 적어서 나타난 논리적 결과다.

다른 문제를 말해보자. 시스여성의 면역 체계는 시스남성의 면역 체계와 다르게 기능한다. 물론 장점도 있고 단점도 있다. 장점은 일부 예방 접종에서 여성은 소량을 투여해도 효과를 본다는 점이다. 이는 더 나은 연구가 진행된다면 전염병 유행 시 매우 유용한 지식이 된다. 지금 우리가 알고 있는 것은 성호르몬이 바이러스 감염에 대한 면역 반응에서 대단히 중요한 역할을 한다는 것, 여성 호르몬인 에스트로겐은 신체의 자기방어 능력을 높이는 반면 남성 호르몬인 테스토스테론은 이 능력을 억제한다는 것이다. X 염색체의 유전자도 면역 반응에서 중요한 기능을 한다. 시스여성은 대부분[I] X 염색체를 두 개 가지고 있기 때문에 방어력 생산에 유리하다. 또한 독감에 걸린 뒤에도 항체가 더 많이 생산된다. 이는 언뜻 유리한 것처럼 들리지만 과거에 여성을 대상으로 시험하지 않은 백신의 경우 예방 접종에 대한 반응이 남자와 다르게 나타날 수 있다. 그렇다면 현재는 어떨까? 2020년 11월에 시작된 코비드19 백신 승인 절차

I   X 염색체가 3개 있는 시스여성, X 염색체가 2개(그리고 Y 염색체가 1개) 있는 시스남성도 있다.

에서는 인종과 연령대와 관련한 모든 세부 정보를 조회할 수 있다. 그러나 나처럼 4만 3,000명 이상의 참여자들 중 몇 명이 여성인지 궁금한 사람은 제약 회사 웹사이트를 뒤져보아도 아무 정보도 찾을 수 없다.[180] 해당 정보가 중요하지 않다는 인상을 받는다. 여성 면역 체계의 또 다른 취약점은 그것이 연구되지 않았다는 사실 외에도 이유 없이 신체를 공격해 자가 면역 질환을 일으킨다는 데에 있다. 모든 자가 면역 질환자의 75퍼센트가 시스여성이지만, 이들이 제대로 된 진단을 받기까지는 평균 5년의 시간과 5명의 의사를 필요로 한다.[181] 2014년 연구에서는 질환의 원인을 조사하고 치료법과 약물을 개발할 때 성별을 주요 기준으로 삼을 것을 요구했으나 현실적으로는 희망에 그치고 있다.[182]

이 문제에 대한 연구가 부족하고 제약 산업이 남성 중심적 관행에서 탈피하지 않으려 한다는 사실 외에도 의사들 간의 지식 전달 역시 큰 문제다. 앞에서 심근 경색과 자궁 내막증의 예에서 보았듯이, 성별 간 차이점이 존재하고 극단적인 경우에는 그것이 삶과 죽음을 결정할 수 있다는 인식이 아직 모든 의사와 연구자들의 집단의식 속에 자리 잡지 못했다. 레기츠-차그로제크에 따르면 이로 인해 약을 처방하고 권장 복용량을 제시할 때 이 같은 인식이 별 역할을 하지 못한다.[183]

반면에 제약 산업이 잠시나마 여성의 복지를 위해 애쓰는 것 같았던 분야는 성적 쾌락의 성배(聖杯)를 찾는 것이었다. 적어도 1998년에 승인된 이래 비아그라는 평등을 부르짖는 외침처럼 밀고 들어왔다. "여성용 비아그라는 어디에 있습니까? 분홍색 비아그라는 어디에 있습니까?" 전 세계 여성 잡지와 신문들은 마치 단추를 누르면 성적으로 흥분하는 것이 여성 참정권에 견줄 만한 성과라도 되는 양 이렇게 물었다. 그런데 여기서 구체적으로 무슨 일이 일어나고 있을까?

화이자 로고가 새겨진 작은 파란색 알약 비아그라는 심장 부정맥 같은 부작용에도 불구하고 단시간 내에 모든 사람의 입에 오르내렸다. 물론 글자 그대로 그랬다는 말은 아니다. 한 연구에 따르면 시스남성 10명 중 1명은 평생 발기 부전에 시달리며, 미국에서 비아그라는 이 문제가 있는 사람의 74퍼센트가 발기하는 데 도움을 주고 있다.[184] 그러나 대중문화에서 비아그라는 우상화되어 곳곳에 등장한다. 당연히 많은 여성들이 이 기적의 약을 원했다. 이렇게 성적인 쾌락과 해방을 추구하는 가운데 정작 비아그라가 무엇인지는 망각되었다. 비아그라는 리비도에 불을 지피는 약이 아니라 혈액 유입을 증가시키는 약물이다. 오직 해면체 내의 압력을 높여 페니스를 단단하게 만든다. 약효가 사라지면 발기도 끝난다. 약물은 몇 시간 내에 시스템에서 벗어난다. 이 약의 섭취와 관련해 대중들이 연상하는 성적 흥분은 비아그라가 아니라 시스남성들의 머릿속에 들어 있는 것이다. 그런데 바로 이것을 지금 시스여성에게도 요구하려 한다. 하지만 이건 혈압약으로 되는 게 아니다. 머릿속에서 시작해야 한다. "그건 여성에게 새로운 질병을 일으킬 겁니다." 뉴욕대 의과대학 임상 정신과 교수 리어노어 티퍼는 이미 초기 단계에서 이 프로젝트를 비판했다.[185] 여성이 성관계에 흥미가 없는 데에는 그럴 만한 많은 이유가 있을 수 있는데 제약업계가 제 배를 불리자고 여성의 섹슈얼리티를 병리화하는 것은 근본부터 잘못된 일이고 가부장적인 접근법이라고 티퍼 교수는 말한다. 문제는 이로 인해 '정상적인' 리비도는 어떠해야 하는지, 즉 어느 정도의 성욕이 정상적인 것인지에 대한 기대가 생긴다는 것이다. 이 기준에서 벗어나는 것은 모두 병적인 것으로, 그러나 약물로 치료할 수 있는 것으로 선언된다. 그리고 기준으로부터의 이탈 여부를 결정하는 것은 남성이 여성 파트너에게 거는 기대다. 무엇을 '정상적인 성욕'으로 보아야 하는지는 개인적·문화적·종교적·역사적 규범을 따른다. 물론 제약업계는 이런 것들에 전혀 개의치 않고 '분홍색 비아그라' 프로젝트에 매달렸다. FDA가 여성용 비아그라의 승인을 두 번 거부하자 〈이븐 더 스코어〉(Even the Score)[I] 같은 유사 페미니즘 캠페인은 이를 성차별이라며 비난했다. 그후 (비아그라가 나오고 17년 만인) 2015년에 애디이(Addyi)가 마침내 미국에서 승인을 받았다.[II] 티퍼 교수가 10년 전에 예언했듯이 '여성용 비아그라'는 근본적으로 우울증 치료제였다. 약제에 함유된 작용 물질인 플리반세린은 항우울제로 개발되었으나 특별히 이렇다 할 효과를 내지 못했다. 대신 연구자들은 실험동물에서 성욕이 증가하는 것을 관찰하면서[III] 이렇게 생각했다. '좋아, 이걸 업사이클링해서 성욕이 없는 여자들에게 판매하자.' 애디이는 비아그라와 달리 필요할 때만 먹는 게 아니라 날마다 복용해야 한다. 작용 물질은 뇌의 화학 작용을 바꾸며 약효가 (그런 게 있다면) 나타나기까지는 몇 달이 걸릴 수 있다. 연구에 따르면 애디이로 치료하는 동안 성관계 횟수는 아주 조금 늘어났다(또는 변화가 없었다). 그

I 이름을 이렇게 지은 이유는 "여성의 성기능 장애 문제를 다룰 때 이제는 남성과 동일한 출발 조건을 만들어야 한다고 믿는 미국 여성들의 목소리를 대변하기 위해 (캠페인이) 조직되었기" 때문이다. 약품 승인 후 제약사인 스프라우트 파머수티컬스(Sprout Pharmaceuticals)가 캠페인을 벌였다는 게 밝혀졌다. 하하!

II 유럽에서는 승인받지 못했다.

III 그게 암컷인지 수컷인지는 알려지지 않았다.

러나 위약을 복용한 비교군도 성관계가 조금 더 많아졌거나 전과 동일했다.[I] 애디이의 부작용 목록은 길고 심각하다. 무엇보다 알코올과의 상호작용이 예상된다. 스프라우트 파마수티컬스 사는 이 문제를 연구했지만 놀랍게도 피험자 25명 중 여성은 2명뿐이었다.[186]

한마디 덧붙이겠다. 애디이가 미국 시장에서 승인받은 뒤 하루 만에 스프라우트 파마수티컬스 사는 자사가 약속한 것이 지켜질 수 없다는 걸 알고 있었다는 듯이 이 제품을 10억 달러에 경쟁사에 팔았다. 결국 모든 건 오직 제 배를 불리기 위한 홍보 전략처럼 보였다. 약을 복용한 여성들로 하여금 자신의 무기력증의 원인은 자기 자신에게 있다고 생각하게 만들면서까지 말이다. 이제 우리는 알아야 한다. 여성 성욕 살인자는 가부장제다. 분홍색 알약을 먹어도 효과는 없다.

출산 문화

섹스로 가기 위한 인위적인 과정을 떠나, 이제 섹스의 결과로 종종 나타나는 자연스러운 과정인 출산으로 가보자.

임신했을 때 나는 종합 병원, 조산원, 집 중 한 곳을 골라 출산할 수 있을 거라 생각했다. 그러나 대부분의 사람들은 이 문제를 출산 6개월

I 여름에 아이스크림에 대해 더 많이 생각하고 그로 인해 더 많은 아이스크림을 먹는 것처럼, 약을 복용하는 동안 섹스에 대해 더 많이 생각하면서 섹스를 더 자주 하게 되는지도 모른다.

전이 아니라 그보다 훨씬 일찍 고민한다는 걸 알게 되었다. 인기 많은 휴가지는 적어도 반년 전에 예약해야 하는 것처럼 내가 출산할 만한 곳도 벌써 모두 예약이 끝나 있었다. 남은 건 최근 산부인과 병동을 리모델링한 아주 평범한 종합 병원이었다. 이른바 빈곤 지역에 있어서 사람들이 몰리지 않는 곳이었다. 나는 운이 좋았다. 멋진 여자 의사와 친절한 조산사들이 있는 그곳에서 나는 외래로 출산할 수 있었고 마지막 힘든 밤을 보낸 뒤 다음 날 아침 아기를 데리고 집에 갈 수 있었다. 이때부터 나는 우리가 언제부터 왜 아이를 가정에서 공공장소로, 즉 병원으로 옮겨 낳게 되었는지를 계속 생각했다. 자본주의와 가부장제가 그 이유라는 게 내 짤막한 대답이다.

서구 최초의 근대식 종합 병원은 18세기에 등장했다. 하지만 그곳은 많이 아프거나 가난한 사람이 아니면 기피하는 곳이었다. 처음에는 최대 5명이 침대 하나를 함께 사용하는 것이 기본이었다. 병실이 아니라 침대다! 게다가 우리가 알고 있는 서양 의학은 당시 아직 초기 단계에 있었고 인체(특히 여성의 몸)와 그 기능에 대한 지식은 기초적인 수준에 머물러 있었다. 그 때문에 닥치는 대로 아무렇게나 실험을 하는 통에 치료보다 피해를 입히는 일이 적지 않았다. 병원의 빠른 보급에도 불구하고 처음 100년간 어떻게든 능력이 되는 여성이라면 아이를 낳으러 병원에 갈 생각은 하지 않았을 것이다. 1840년대에도 병원 출산은 예외적인 경우여서 가난한 여성들과 배우자가 없는 사람들만 이 방법을 택했다. 또한 성노동자나 혼외 관계로 임신한 여성들 중에서 출산에 대해 잘 아는 주변 사람으로부터 도움을 기대할 수 없는 사람도 병원을 찾아가는 수밖에 없었다. 비용이 들 거라는 건 알고 있었다. 병원비는 여자들이 부속 병원에 자신을 임상 연구 대상으로 제공하는 식으로 지불했다. 그 전까지 출산은 조산사들의 전문 분야였으나 이제 의사들도 차츰 산과학과 여성 해부학에서 그간의 부족한 지식을 보충할 필요성을 인식했다. 이와 동시에 당시 에티켓에서 여자가 낯선 남자 앞에서 아랫도리를 벗는 것은, 모든 산부인과학적 검사의 기본인데도, 금기였다. 그때 가난하고 빈궁하고 사회에서 주변부로 밀려난 여성들이 마침 훌륭한 조력자가 되어 대가를 받고 임상의를 도왔다.

놀라운 것은 병원에서 출산한 산모의 사망률이 집에서 출산한 산모의 사망률보다 높았다는 것이다. 건강한 젊은 여성이 의사의 감독하에 아이를 낳은 뒤 열이 나고 화농성 감염이 발생하면서 며칠 내로 사망했다. 병원에서 출산한 여성의 최대 30퍼센트가 이렇게 사망했다. 당시 그 현상을 명명한 바에 따르면 진단명은 산욕열이었고 원인은 불명이었다. 이건 새로운 게 아니었다. 고대에도 이미 젊은 여성이 출산 직후 이유를 알 수 없는 상태에서 사망하는 병에 대해 알고 있었다. 훗날 서구 사회에서 나온 가장 흔한 설명은 산욕열에 시달리는 여자는 도덕적으로 불결하여 병이 나고 결국 그 불결함에 굴복한다는 것이었다. 그런데 불결함은 이미 전부터 질병의 원인이었다. 그러나 문제는 여성의 불결함이 아니라 병원 의사들의 불결함이었다.

1846년 이그나즈 제멜바이스라는 이름의 젊은 헝가리 의사가 빈의 유명한 현대식 병원에 있는 산부인과 병동 두 곳의 통계를 살폈다. 그때 그는 많이 여성들의 죽음에 자신과 동료들의 책임이 상당히 크다는 것을 깨달았다. 의사가 관리하는 분만실에서 출산하는 산모의 사망률이 조산사가 관리하는 분만실 산모의 사망률보다 10배나 높았다. 의사들이 무엇을 잘못했을까?

빈 종합병원은 의대 부속 병원이었다. 아침에는 과학의 이름으로 시신을 해부하고 연구했다. 의사들은 글자 그대로 시신에 파묻혀 지내다가 오후엔 산부인과 병동으로 가서 분만을 도왔다. 제멜바이스가 말한 대로 손에는 오로지 "시신의 입자들"만 붙어 있었다. 박테리아가 아직 발견되기 전이라 당시 소독의 효과는 알려지지 않았다. 위생은 19세기 말까지 신체적 실천이라기보다 정신적인 관행이었다. 역설적이게도 시신 해부를 통한 의학적 연구가 시작되면서 처음으로 부속 병원에서 유례가 없는 기록적인 수의 산욕열 환자가 발생했다.

병원에서 위생 기준이 확립되기까지는 아직 시간이 더 흘러야 했고 이로 인해 제멜바이스는 이성을 잃을 정도가 되었다. 특히 늙은 의사들은 산모의 사망 원인이 자신에게 있다는 걸 인정하려 하지 않았기 때문이다. 그러나 과학 지식의 증가로 산욕열은 거의 사라지다시피 했다. 그와 동시에 서양 의학은 성공을 거머쥐었고 수익성이 높아졌으며 병원 출산은 중상류층 사람에게도 매력적인 선택지가 되었다.

박테리아에 대한 지식은 완전히 새로운 시장을 개척했다. 여성 잡지는 갑자기 '세균'과 싸울 때 무장할 수 있는 세제 광고로 가득 찼다. 지금도 그건 변함이 없다. 눈에 보이지 않는 세균이 갑자기 모든 물건과 모든 사람에게 치명적 위험을 안길 수 있게 되면서 대대적인 위생 히스테리가 시작되었다. 더욱이 제1차 세계대전에서 나온 마취제 사용에 대한 지식은 새로운 판매 논리를 개발해 여성들을 병원으로 유인했다. '황혼녘의 수면'[I]은 끔찍한 통증을 없애기만 한 것이 아니라 출산의 기억마저 빼앗았다. 정신이 든 여성 옆에는 아기가 있었다.

출산은 수익성이 좋은 새로운 과학이 되었다. 아기는 엄마와 분리되어 검사를 받은 후 신생아실에 누워 간호사의 돌봄을 받았다. 젖먹이에게 우유 혼합물을 주어도 괜찮다는 사실이 알려진 후 엄마와 아기는 종종 며칠씩 떨어져 지냈다. 1920년대부터 도시에서는 병원 출산이 뿌리를 내리면서 집에서 아이를 낳고 싶은 여성은 가끔 의사의 바람을 물리치고 적극적으로 가정 출산을 밀어붙여야 했다. 그러나 10년 후에 이는 더는 문젯거리가 아니어서 대부분 병원에서 아이를 낳았다.

이후 수십 년간 병원은 출산 문제에서 최적의 표준이었다. 2018년에도 독일에서 거의 모든 아기는 병원에서 태어났다. 병원에서 출산하지 않는 비율은 겨우 1.3퍼센트에 불과했다.[187] 지금은 이 비율이 늘어났지만 조산사들이 가정 출산 허가를 받기 위해 들어야 하는 보험료가 천문학적으로 비싸서 소수의 프리랜서 조산사들만 이걸 감당할 수 있다. 내 경우 가정 출산을 위한 나의 조산사의 책임 보험이 2015년 3월 1일에 만료되었다. 내 아이가 이 날짜 이전에 태어났다면 조산사는 나의 가정 출산을 도왔을 테지만 아직 아기가 나올 준비가 되지 않았다. 그래서 병원 출산을 해야 했다. 밤에 진통을 한 뒤에도 진전이 없었다. '난산'이라고 했다. 그러자 여태 본 적이 없는 치프 레지던트가 문틈으로 고개를 들이밀

I 황혼녘의 수면(Twilight Sleep) : 모르핀, 스코폴라민이라는 환각제, 에테르를 섞은 약제.

고 제왕 절개를 지시했다. 내 몸 안의 모든 것이 '안 돼!!!' 하고 소리쳤다. 아직 제왕절개를 할 정도로 힘들지는 않았다. 일을 빨리 끝내고 싶어하는 어떤 남자를 위해 제왕절개를 할 수는 없었다. 나는 할 수 있다고 필사적으로 소리를 질렀던 것 같다. 다행히 내 곁에 있던 조산사와 여의사가 내게 조금 더 시간을 주자고 치프 레지던트를 설득했다.[I]

세계보건기구(WHO)에 따르면 전 세계 모든 출산의 제왕 절개율은 10~15퍼센트이며, 이는 의학적으로 유의미한 수치다.[188] 그럼에도 독일에서는 이 비율이 지난 30년간 3배로 늘었다.[189] 독일에서 모든 아기의 3분의 1가량(30.5퍼센트)이 제왕 절개로 태어나는 것이다.[II] 이건 놀라운 일이 아니다. 일반적인 제왕 절개는 30분이면 충분하지만 (첫 아이를) 자연 분만으로 낳을 때는 평균 13시간이 걸리기 때문이다. 이런 시간과 노력의 차이에도 불구하고 건강 보험 회사들은 제왕 절개 1건당 자연 분만의 2배에 달하는 비용을 병원에 지불한다. 경제적인 관점에서 보면 병원에서는 가능한 한 제왕 절개를 많이 하는 것이 절대적으로 유리하다. 건강을 희생시키는 자본주의다. 연구에 따르면 호흡기 질환이나 기타 발

I 몇 마디 덧붙이면 나는 문제없이 독일어로 의사 표현을 할 수 있을 뿐 아니라 산부인과 병동에서 근무하는 여의사까지 우연히 알게 된 특권까지 누렸다. 병동에 도착했을 때 알게 된 사실인데 여의사는 나의 옛날 남자 친구의 동창이었다. 언어 장벽이 있고 개인적인 인맥이 없었다면 아마 나는 제왕 절개를 했을 것이다.

II 흥미롭게도 지역에 따라 큰 차이가 있다. 구(舊) 동독 지역의 아이들은 구 서독의 아이들보다 자연 분만으로 태어나는 사례가 더 많다. 또한 공공 병원보다 민간 병원에서 더 자주 제왕 절개를 한다.

달 장애가 생길 위험이 제왕 절개로 태어난 아기에게 더 높으며 이는 출생 후에도 오랫동안 높은 후속 비용을 일으킬 수 있다. "이런 결과를 고려하면 제왕 절개로 태어난 아기는 자연 분만으로 태어난 아기보다 건강 자본이 적다는 가설을 세울 수 있다."[190] 공보험인 테카 건강보험이 상세히 분석한 결과다.

아이의 건강 자본이 적은 것은 무엇을 위함일까? 병원의 자본 축적?

불바 오브스쿠라 [I]

수백 년 전부터 끈질기게 이어져오는 신화가 있다. 7장에서도 이야기한 바 있는 처녀성이다. 처녀성을 생각하면 당장 떠오르는 것이 잼이 든 병에 관한 이야기이다. 병을 열 때 펑 소리가 나야 내용물을 안전하게 먹을 수 있다고 한다. 펑 소리는 온전한 진공 상태임을 알려주는 확실한 신호다. 그러나 잼과 달리 질은 어떤 식으로든 진공과는 전혀 관련이 없다. 해부학적으로 보면 질 판막(이것이 처녀막이라는 명칭보다 훨씬 적절하다)은 폐쇄 상태가 아니라 일종의 헐렁한 머리끈 같은 것이기 때문이다. 대부분의 언어에서 사용하는 처녀성이나 순결을 '잃는다'는 표현, 즉 경험의 획득이 아니라 뭔가 중요한 것의 상실을 뜻하는 이 표현은 '첫 경험'에

[I] [역주] 불바 오브스쿠라(vulva obscura) : '어두운 외음부'라는 뜻의 라틴어. 카메라의 어원이 된 '카메라 오브스쿠라(camera obscura, 어두운 방)'를 이용한 언어 유희이다.

대한 우리의 조잡하고 잘못된 개념을 언어적으로 뒷받침한다. 그럼에도 불구하고 '더럽혀지지 않은 여자'의 서사는 오늘날까지 미혼 여성의 가치를 결정하는 기준이다. 2020년 말 BBC 방송은 영국의 일부 민간 병원에서 이른바 처녀성 검사를 판매하고 있다고 보도했다. '검사'는 과학적 근거가 전혀 없을뿐더러 세계보건기구와 유엔에 의해 인권 침해로 분류되었다. 그럼에도 불구하고 검사와 질 판막 '복원' 수술은 영국에서도 독일에서도 불법이 아니다. 이러한 외과 수술이 금지되면 질 판막을 중시하는 문화에서 자란 여성과 소녀들은 무리하게 불법을 저지르게 되면서 더 큰 위험에 내몰리고 결국 아무것도 얻지 못할 것이다. 처녀성이라는 규범은 근본적으로 가부장적 기획의 화신이며 여기에 내재하는 권력은 폐지되어야 마땅하다.

그러나 실제로 '아랫도리'에서 무슨 일이 일어나는지는 안에서도 바깥에서도 모른다. 즉, 일반인도 의사들도 무지하기는 마찬가지다. 어느 병원의 예를 들어보자. 어느 날 산부인과 의사가 자신의 외음부 상태에 대해 조언을 구하며 불안해하는 여성 환자들을 안심시키기 위해 참고할 만한 연구가 있지 않을까 생각했다. 자료를 조사한 그는 놀랍게도 외음부를 측정한 권위 있는 출판물이 없다는 걸 알게 되었다.[1] 그리하여 그는 몇몇 동료 의사들과 함께 직접 연구를 진행하기로 했다. 이른바 루체른 외음부 연구였다. 외음부를 처음으로 의학적으로 측정한 것인데 15~84세 여성 657명의 성기를 조사하고 기록으로 남겼다.[1] 그 결과는 정기적으

I 영국에서 18~50세 여성 50명의 외음부를 측정한 연구가 있다. Lloyd u. a. "Female Genital Appearance".

로 수영장의 여자 샤워실에서 몸을 씻는 사람들에겐 당연했지만, 그렇게 하지 않는 사람들, 또는 눈을 감고 씻는 사람들에게는 놀라운 것이었다. 외음부는 크기와 색깔에서 차이가 나고 일부는 비대칭이며 똑같은 것은 하나도 없다. 연구자들이 측정한 대음순의 길이는 1.2~18센티미터였다. 소음순의 길이도 0.076~7.62센티미터로 제각각이었다. 연구자들이 새로운 측정 방법을 개발할 필요는 없었다. 오히려 측정 단위가 발명된 후부터 인체는 외음부를 제외하고 항상 모든 것이 측정되어왔다. 몰려든 언론사 기자들은 루체른 외음부 연구 결과에 관심을 보였으며 의사는 많은 인터뷰를 했다.

이 연구가 왜 19세기 중반이 아닌 2018년에 와서야 수행되었는지 그 이유가 분명하게 드러나는 작은 세부 사항이 있다. 지금까지 내가 언급하지 않은 그 사항이 연구의 기폭제다. 안드레아스 귄테르트는 자신의 연구소에서 성형으로 외음부를 '정상'으로 만드는 여성 환자들을 갈수록 많이 보게 되었던 것이다. 여기서 '정상'이라는 건 미의 이상에 맞추는 것이고, 미의 이상은 포르노에 등장하는 매끈하게 면도한 외음부이며, 이것 역시 상당 부분 외과적 수술로 모양을 바꾼 것이다.

먼저 말해둘 것이 있다. 나는 자신의 외음부를 수술로 아름답게 만들려는 사람들의 동기를 평가할 생각이 없다. 누구나 자신의 몸에 만족할 권리가 있고 이를 위해 미의 이상을 좇고 싶다면 누구도 그것에 대해

I 스위스 백인 여성들만을 대상으로 했다는 것이 연구의 한계다. 모든 외음부에 대해 진술할 수 있으려면 다른 사회 여성들에 대한 연구도 나와야 한다.

왈가왈부할 수 없다. 내가 흥미롭게 보는 것은 여성의 생식기와 여성의 쾌락에 대한 연구가 거의 이루어지지 않았다는 것, 그리고 기존 연구도 이 문제를 일반 상식의 영역으로 끌어내지 못했다는 것이다. 자신의 외음부가 '정상'이 아니어서 아름답지 않을 수 있다고 판단을 내리는 지식의 근거는 편향되어 있으며 나로 하여금 한 가지 실험을 떠올리게 한다. 통계에 가우스 분포라는 세계 공식이 있다. 키, 체중, 혈압, 머리카락 수, 나무 한 그루에 달린 나뭇잎 수 같은 자연적이고 측정 가능한 모든 현상은 정규 분포를 따른다는 것으로 일종의 균일한 곡선을 이룬다. 독일 시스여성의 키를 예로 들면 평균 키는 1.66미터다. 이 경우 정규 분포는 대부분의 여성이 이 범위 안에 있다는 것을 말한다. 독일 여성의 절반이 키가 약 2미터이고 나머지 절반은 1.3미터라는 게 수학적으로는 가능해도 통계적으로는 그럴 확률이 희박하다. 키가 2미터가 넘는 여성이나 1.3미터가 안 되는 여성의 수는 많지 않을 것이다. 키가 1.9미터인 여성은 그보다 많을 테고 1.4미터인 여성도 마찬가지다. 따라서 곡선은 양쪽 끝에서 고르게 상승하다가 1.66미터에 와서 정점에 도달한다. 지금 키에 대해 말한 내용은 음순에도 해당한다. 대부분의 여성은 평균 지점 어딘가에 자리 잡고 있다.

골턴 보드가 이 원리를 설명한다. 작은 레버를 당기면 많은 작은 구슬이 미로 모양의 장애물을 지나 맨 아래 칸에 정상적으로 나뉘어 도착한다. 양쪽 끝에 도달하는 구슬은 몇 개밖에 되지 않는다. 중간 쪽으로 갈수록 수가 늘다가 가운데 칸에서 최고 높이에 이른다. 그러나 구슬이 위에서 떨어지는 순간 보드가 똑바로 서 있지 않고 예를 들어 가부장제라는 이름의 장애물이 보드를 비스듬히 기울어지게 한다면 어떻게 될까?

그러면 분포가 달라진다. 모양이 비뚤어지는 것이다.

"현재 여성 성기 미용 수술 분야는 그 옛날 미국 서부와 같다. 활짝 열려 있고 규제도 없다."[191] 과학 기사에 나오는 문장치고는 귀에 착착 감기는 표현이라 생식기 성형 수술을 다룬 거의 모든 출판물에서 볼 수 있는 글이다. 법과 지침과 규제의 부재는 그 수술로 금방 돈을 버는 게 목적이라면 실제로 개척 시대의 미 서부와 금 채굴자의 사고방식을 떠올리게 한다. 사회학자 카티 메스머가 박사 학위 논문을 쓰기 위해 성기 수술 제공자들의 웹사이트와 그들의 약속을 들여다본 결과, 여성의 생식기 부위에서 의사들에 의해 병으로 해석되지 않는 게 없다는 것을 확인했다. 상당수 여성이 자신의 음순으로 고통스러워한다고 암시함으로써 메스를 잡는 것이 페미니즘에 입각한 해방의 행위로 홍보되고 있는 것이다.[192] 앞에서 설명했듯이 많은 의학 분야에서 여성을 몸집이 작은 남성으로 본 탓에 여성의 질병 경과에 대해 충분한 연구가 이루어지지 않은 반면에 성형외과에서는 여성의 몸을 면밀히 연구하고 있다. 성형외과에서는 여성을 근본적으로 결함과 결점이 있는 불완전한 존재로 본다. 따라서 결핍을 지닌 몸이라는 코르셋에서 여자를 해방해야 한다고 여긴다.

외음부 재건 수술 분야의 전문가들이 자주 인용하는 연구 자료에 3센티미터 길이의 대음순에 관한 언급이 있었다. 그보다 길이가 긴 것은 병리학적 영역에 속하므로 이른바 외과적 치료가 필요하다는 것이었다. 안드레아스 귄터르트는 그간의 진료를 통해 외음부의 형태는 각기 다를 수 있으며 이것이 해당 부위에 뭔가 문제가 있다는, 다시 말해 병리적이라는 뜻은 아니라는 것을 알고 있었다. 조직은 노화하면 느슨해지고 처진다. 외음부도 신체의 다른 부분과 다르지 않다. 다만 문제는 우리 중 산부인과에서 일하는 사람이 많지 않다는 것이며, 수영장 샤워를 통해 외음부의 다양성을 살필 수 있는 좋은 기회를 얻는다 하더라도 남의 사타구니를 관심을 가지고 빤히 쳐다보는 사람이 거의 없다는 것이다. 많은 이성애자 시스여성들은 (관심이 있는 경우라면) 자신의 외음부에 대해서만 알뿐 남들의 그 부분에 대해서는 TV나 인터넷을 통해서만 알고 있다. 이것이 문제다. 바로 이 장애물이 정규 분포 곡선을 비스듬히 기울이며, 작고 팽팽하고 복숭아색 피부인 외음부가 세상에서는 분포 곡선의 맨 끝에서만 나타나는데도, 즉 거의 볼 수 없는데도, 그것을 표준으로 설정한다.

백색 의학

서양 의학에서 가부장제를 말할 때는 남녀 간의 힘의 불균형을 살피는 것만으로는 부족하다. 이 문제에서는 무엇보다 백인 표준화를 들여다볼 필요가 있다.

2016년 연구에 따르면 의대생과 전공의의 50퍼센트는 흑인이 "피부가 더 두껍고 신경 말단도 다르기" 때문에 백인과는 다른 통증 지각을 가지고 있다고 생각한다.[193] 솔직히 말하면 통증 지각에는 사람의 피부색과 인종과 관련이 있는 신경학적 차이가 없다. 초보 의료인뿐 아니라 전문의들도 이런 편견을 가지고 있고 그 잘못된 가정에 근거해 심각한 오진이 이루어지고 있다. 편견과 오진의 관련성은 아무리 강조해도 지나치지 않다. 여기에는 부적절한 치료로 사망에 이를 수 있다는 사실 외에 인종 차별적 사고가 얼마나 뿌리 깊이 박혀 있는지도 드러나 있다. 이른바 인간의 생물학적 다양성을 근거로 사람을 계층적으로 배열하는 것이 합법이라는 생각은 지난 수백 년간 벌어진 학대와 살인과 집단 학살을 정당화했다. 이런 잘못된 생각이 아직도 우리의 인간상을 부지불식간에 결정하고 갈수록 많은 사람들이 그로 인해 사망한다는 건 더욱더 끔찍하다.

무지는 피부 스캐너로 신생아 황달을 진단할 때도 위험할 수 있다. 2013년부터 독일 신생아실에서 사용된 피부 스캐너는 아기의 황달을 확인하는 데는 일반적인 혈액 검사[I]보다 훨씬 안전한 방법으로 알려져 있다. 스캐너는 담즙에서 분해되어 나온 빌리루빈의 수치를 측정한다. 빌리루빈은 체내에서 제대로 대사가 이루어지지 않으면 노란색으로 변한다. 아기 피부 표면에 빛 스펙트럼을 이용한 광학적 방법으로 피부를 스캔해 변색을 측정한다. 측정 결과는 아기의 피부가 흰 경우 신뢰할 수 있는 것으로 알려져 있다. 이 기기도 흰 피부에 맞게 고안되었기 때문이다. 신생아에게 자주 나타나고 치료하기 쉬운 질병을 올바로 진단하지 못하면 생명이 위험할 수 있다. 결과를 평가할 때 스캐너의 백인 표준화를 알지 못하고 기계에만 의존하는 의사는 아기가 건강하다고 잘못된 진단을 내릴 위험이 있다.

흑인 아기와 유색인의 아기는 다른 식으로 위험에 빠질 수 있다. 미국에서 매년 진행하는 생후 1년 아기에 대한 연구에서는 끔찍한 숫자가 드러났다. 미국에서는 아기 1,000명 중 6명이 첫돌을 맞이하지 못한다. 백인이 아닌 아기의 사망률은 백인 아기 사망률의 2배 이상이다.[194] 원인은

I   조산아에게는 특히 스트레스로 작용하는 것으로 알려져 있다.

다양하고 몸 전체와 관계가 있어서 단지 의료 기관에서의 불평등한 치료 때문만은 아니다. 산모 사망률, 즉 임신 중이나 출산 시에 또는 출산 직후에 사망하는 여성의 수를 보면 흑인 여성이 백인 여성보다 3배 이상 많다. 미국에만 이런 불균형이 있는 게 아니다. 영국 상황은 더 심각해서 흑인 여성이 임신 기간 중에 사망할 위험은 백인 여성보다 5배나 높다.[195] 가장 흔한 사망 원인[I]은 통계로 보면 완전히 똑같이 분포되어 있지만 의료인이 여자 환자의 고통과 증상에 대응하는 방식은 차이를 보인다.

'창백하다'거나 '입술이 파랗다'는 것은 그 사람의 상태가 좋지 않다는 걸 나타내는 신호라고 우리는 어린 시절에 배운다. 그 사람이란 '백인'을 말한다. 어두운 피부는 창백해지지 않고 입술도 파래지지 않는다. 런던 의대생 말론 무퀜데는 이 사실을 자신의 몸에서 직접 관찰했다. 이미 첫 학기에 그는 의대생들이 책과 강의에서 관찰한 모든 외적 증상이 백인 환자에게만 해당된다는 것을 알았다. 하얀 피부에 나타난 변화를 갈색 피부와 검은색 피부에 정확히 1대 1로 대응시켜 적용할 수는 없다. 무퀜데는 흰색이 아닌 피부에서는 책에서 묘사된 증상들이 어떤 모습으로 나타나는지 찾아보았으나 아무 정보도 얻지 못했다. 그가 인터뷰에서 언급한 사례는 가와사키 증후군으로 주로 유아에게 나타나는 혈관염이다.[II] 하얀 피부에서는 흔히 붉은색의 가려운 습진이 생기지만 어두운 피부에서는 발적이 전혀 없을 수 있다. 따라서 이 병을 식별하는 중요한

I 심장 질환, 혈전, 간질, 뇌졸중.

II 최근에는 코비드19와 관련해서도 아이들에게 나타났기 때문에 이 지식이 더 중요해졌다.

특징 중 하나가 없는 셈이어서 최악의 경우 치명적인 심근 경색으로 이어지기도 한다. 알레르기를 확인할 때 표준적으로 사용하는 피부 단자 시험도 부기와 발적을 측정해 알레르기 유발 물질에 대한 민감도의 지표로 이용한다. 다만 부기와 발적이 검은색 피부와 갈색 피부에서는 흰색 피부로 표준화된 비교표에서와는 다르게 나타날 뿐이다. 무퀸데는 더 나은 진단법이 필요하다는 생각에 대학의 도움을 받아 갈색 피부와 검은색 피부에 나타난 임상 증상을 직접 사진으로 찍고 기록으로 남겼다. 여기에서 나온 결과물이 『마인드 더 갭(Mind the Gap): 검은색 피부와 갈색 피부에 나타난 임상 증상에 관한 안내서』로 이 분야 최초의 연구 결과다. 무퀸데에 따르면 이 지식이 시급히 필요한 사람은 의료인만이 아니다. 환자들도 질병 진단 시 의사들이 보여주는 것이 실제로 자신의 증상에서 나타나는 것과 일치하면 훨씬 큰 안도감을 느꼈다.[196] 이는 서양 의학의 탈식민화로 가는 중요한 발걸음이다.

근본적으로 사실을 제시할 때에도 이 방법을 이용해야 한다. 의대생이며 여성 활동가인 라샤이라 놀렌은 2020년 하버드 대학에서 의학 교재로 쓰는 모든 책에 "흑인은 ~이 더 발달할 가능성이 높다", "아프리카계 미국인은 ~의 비율이 가장 높다." 같은 문장이 계속 나오는 것을 발견했다. 게다가 이 극단적인 추정의 원인에 대해서는 한마디도 적혀 있지 않았다. 구조적 인종 차별이다. 이는 의료인들 사이에 흑인은 선천적으로 '고장 난' 사람이라는 생각을 강화한다. 원인을 극복하기 위해 노력하면서 더 나은 건강을 위한 기회를 찾는 대신, 흑인들의 증상은 회복할 수 없는 본질적인 특성으로 확고히 자리 잡는다.[197]

9장
'다른 사람들'

앞 장 마지막 부분까지 내가 주로 다룬 것은 남녀 간의 권력 격차와 관련 있는 사물, 구조, 디자인이었다. 그것이 사회적으로 구성된 젠더의 차이에 따른 것인지 아니면 신체적으로 결정된 성별의 차이에 따른 것인지는 중요하지 않았다. 이런 식으로 구성된 이분법은 모든 사람에게 실질적인 결과를 초래하지만 우리 모두가 여기에서 똑같은 영향을 받는다고 가정하는 건 순진한 생각이다. 남자인지 여자인지의 문제 외에 당연히 세 번째 선택지가 있다. 세 번째 선택지는 사실 하나의 선택지라기보다는 스펙트럼에 더 가깝다. 하지만 이것으로 모든 게 다 해결되는 건 아니다. 이미 언급했듯이 권력 분배의 문제에서는 성 정체성 외에 피부색(그리고 이와 관련된 그 밖의 상이한 신체적 특성)과 성적 지향과 특히 장애인 차별[1]도 어느 정도 역할을 하기 때문이다.

---

1   이것은 신체 능력으로 사람을 판단하는 것이며 비장애를 디자인과 언어 등의 암

이 장에서 나는 소수자의 입장을 피력하고자 한다. 나는 백인이며, 이성애자이며 신체 장애가 없는 시스여성이다. 그러므로 이 사회에서 소외된 사람들이 겪는 일상적 경험은 내가 직접 해보지 않은 경험이다. 그것을 조사하고 경청하고 이해하는 것이 나의 과제이지만, 나는 그것을 간접적으로만 전달할 수 있다. 그래서 미리 말해둔다. 이제 나올 글을 쓰기에는 나보다 더 자격 있는 사람이 있다는 것을 안다. 그와 동시에 나는 차별적 디자인에 대해 부정확하게 쓸 수도 있으며 나에게 해당되지 않는 사안에 대해서는 더는 논의에 들어가지 않겠다.

팬케이킹

미국의 신경 과학자 말라이카 싱글턴은 미국 시민자유연맹(ACLU)의 지원을 받아 미국 교통안전청(TSA)을 고소했다. 전 세계 학자들이 모이는 학회에 참석하기 위해 여행을 떠날 때면 매번 공항 정례 보안 검사 대기 줄에서 불려 나가 머리카락 검사를 받아야 했기 때문이다. 싱글턴은 레게 머리 때문에 공항 보안 검색대에서 비슷한 경험을 한 ACLU 소속 변호사 노벨라 콜먼을 알게 되었다. ACLU와 TSA 당사자 간 조정에 합의한 뒤 앞으로 공항 보안 검색대에서 흑인 여성의 머리카락을 이유 없이 검사하는 것을 중지해야 한다는 성명을 발표했다. TSA는 흑인 사회의 헤어스타일에 세심하게 대처하기 위해 향후 직원 교육이 필요함을 인

묵적인 표준으로 삼는 것이다.

정하고 인종 프로파일링과 암묵적 편견 같은 주제를 앞으로 교육 과정에서 더 중요하게 다루겠다고 약속했다. 그러나 이건 지상 근무 직원들의 문제가 아니라 백인에 표준화된 기술의 문제다. 전신 스캐너가 직모가 아닌 머리카락은 머리카락으로 판단하지 못하는 탓에 머리카락이 직모가 아닌 여자들은 여전히 공항 보안 검색대를 통과하지 못한다고 세계 곳곳에서 보고되고 있다. 머리를 풀었는지 아니면 여러 가닥으로 땋았는지 또는 다른 식의 헤어스타일을 했는지에 관계없이 기계는 머리카락을 머리카락으로 인식하지 못해 잘못된 경보를 울린다. 직원들 말에 따르면 문제를 일으키는 것은 머리카락의 밀도다. 빽빽한 머리카락은 물품으로 인식된다. 기계가 오경보를 울리면 규정에 따라 당사자를 검사해야 한다. 이는 유색인 전체에 관계될 뿐 아니라 인격권을 침해하므로 미국에서는 차별 금지법 위반에 해당한다. 이런 이유에서 전신 스캐너 제조사는 기계를 재설계해 백인이 아닌 사람의 헤어스타일도 인식할 수 있게 하라는 권고를 받았다. 기계는 가발과 머리에 두르는 터번 등 백인이 아닌 사람들에게서 자주 볼 수 있는 모든 스타일 또는 특징을 식별하는 데도 어려움을 겪는다.[I] 이때가 2015년이었지만 오늘날까지도 당사자의 입장에서는 현실적으로 크게 달라진 게 없다.

미국의 인터넷 언론 《프로퍼블리카》(ProPublica)가 이 문제를 조사한 결과에 따르면 유색인뿐 아니라 곱슬머리 백인 여성들도 전신 스캐너의 오경보 때문에 피해를 입었다.[198] 물론 이 백인 여성들은 곧이어 실시된 신체와 머리카락 검사를 침해로 느끼지 않았다고 답변했다. 백인 여성은

I   2019년 말 기준.

전반적으로 인종 차별을 당한 경험이 없고 군중 속에서 불려 나가는 상황도 완전히 다른 것을 연상시키거나 때론 재미있는 경험으로 느꼈기 때문일 것이다. 하지만 그렇지 않은 유색인의 대다수는 평생 이러한 일을 겪고 있으며 위에서 묘사한 공항 검색대의 상황을 불쾌한 행위이자 침해로 느낀다. 따라서 우리는 백인들이 이따금 인종 차별과 관련한 문제는 없다고 주장할 때 그들 말에 귀를 기울일 것이 아니라, 인종 차별을 겪어 보지 않은 백인으로 하여금 갈색 피부색의 사람들이 겪는 현실을 직시하게 하려고 애쓰는 사람들의 말을 믿어야 한다.

또 다른 머리카락의 예를 들겠다. 《아메리카 갓 탤런트》(America's Got Talent, AGT)라는 캐스팅 쇼에서 심사위원으로 참여한 미국 여배우 개브리엘 유니언은 2020년 초 이 프로그램과의 협업이 종료되었다고 발표했다. 해고되었다는 뜻이다. 그 이유로 유니언은 유해한 작업 분위기와 인종 차별적 농담, 예를 들어 자신의 머리가 시청자들이 보기에 "너무 검다"는 식의 발언에 대해 항의했던 일을 들었다. 유니언의 머리는 자연 그대로의 곱슬머리다.

역시 오랫동안 이 방송 심사위원으로 활동한 뒤 지금은 파생 프로그램에서 사람들의 재능을 평가하고 있는 또 한 명의 여성은 여기에 끼어들어 한마디 해야겠다고 생각했다. 독일의 하이디 클룸이다. 클룸은 항상 자신은 최고의 존경심으로 대접받았으며 AGT의 작업 환경은 매우 우호적이고 인간적이고 편안했다고 미디어에 공언했다. 그럴지도 모른다. 다만 문제는 흑인 동료가 일상에서 경험한 인종 차별을 확인하는 일에 클룸의 레이더가 얼마나 제대로 작동했느냐다.

클룸이 생각 없이 내뱉은 발언은 흥미로운 반응을 이끌어냈다. 사람들은 그녀가 만물의 척도가 아니라는 점을 그녀에게 주지시켰다. 사람들이 그녀를 '백인 여성'이라고 부르자 그녀는 자극을 받아 그것이 인종 차별이라며 다음과 같이 덧붙였다. "나는 내가 본 것에 대해서만 말할 수 있어요. 그건 내 피부색과는 무관해요. 나는 인간이라서 내가 본 것을 관찰했습니다."[199] 클룸이 AGT에서 관찰했다고 주장하는 것은 그녀의 피부색과 무관하며 자신은 인간으로서 관찰했다는 것이다. 영국 여배우이며 활동가인 켈레치 오카포어가 트위터에서 언급했듯이,[200] 백인으로 하여금 공격당했다고 느끼게 하는 데에는 그들을 '백'(白)이라는 수식어를 붙여 부르는 것만으로도 충분하다. 왜냐하면 백인은 평생 그저 '인간'으로 살았기 때문이다. 백인이 아닌 모든 사람을 지칭할 때는 흔히 '검은', '피부가 어두운', '아시아인' 같은 수식어를 붙이지만 백인은 그 자신이 표준이라는 사실에 익숙하다.

유색인에 의해 '백인'으로 강조되는 것이 백인들에게는 여러모로 불편한 느낌을 준다. 그 이유 중 하나는 자신의 피부색이 '정상'이 아니라 접두사가 필요한 색이라는 느낌을 주기 때문이다. 이는 대부분의 백인들에게 대단히 낯설고 불쾌한 느낌이다. 그러나 또 다른 이유도 있다. 이는 내가 개인적으로 잘 아는 것이다. 나 역시 내가 정확히 '백인 여성'으로 불리는 게 불쾌하게 생각되기 때문이다. 이건 단순히 피부색의 문제가 아니라 그 이상으로, '하얗다'는 것이 역사적·정치적·문화적으로 의미하는 모든 것을 내포한다. 수백 년 동안의 억압, 식민화, 경제적 우월, (대부분 백인이 아닌 다른 사람들에 대한 착취에 기초한)부와 권력 등이다. 따라서 '백인'으로 불리면 우리 백인들이 감추고 싶어 하는 것을 떠올리게 된다. 즉, 이 역사적으로 성장한 인종 차별적 구조의 결과 탓에 다른 모든 이들은 누리지 못하는 호사를 상기하게 되는 것이다. "당신은 무척 하얗군요." 이 말의 의미는 다름 아니라 다음과 같다. "당신은 당신의 조상들이 다른 사람들을 노예로 만들고 착취하고 살해해서 얻은 심각하게 특권적인 위치에서 지금 뭔가를 주장하고 있다는 것을 전혀 모르는군요." 이 말은 '나는 깨어 있고 정치적으로 올바르고 교육받은 사람'이라는 허세 가득한 내 자존심에 상처를 입히는 말이다.

자신의 무지함을 들키는 걸 누가 좋아할까마는 마음속으로 멈춰 서서 근본적인 질문을 던지는 것(영어로는 'gives me pause'라고 표현한다), 다시 말해 '백인'으로 불릴 때 우리가 불편해하는 것이 구체적으로 무엇인지 생각해보는 것은 자기 성찰의 계기가 될 수 있다. 반(反)인종 차별은 운동으로 키워야 하는 근육과 같다.

다시 여배우 개브리엘 유니언에게 돌아가 그녀의 머리가 AGT 시청자들이 보기에 '너무 검다'는 NBC 방송사 측의 비난을 살펴보자. '너무 검다'라는 말은 백인 여성의 헤어스타일에 '충분히 맞추지 않았다'는 뜻이다. 몸단장과 미용법은 세계 거의 모든 곳에서 백인의 규범과 동일하다. 그래서 백인 식민주의자들이 수입한 이상에 맞추려고 사람들은 주름을 펴고 피부를 표백하고 성형 수술을 한다.[1] 이건 스스로 택한 운명

---

[1] 여기에 대해서는 할 말이 무척 많다. 이 문제를 멋지게 요약한 글이 다음 글에 나온다. "식민주의자의 눈에 아름다운가?"(Is Beauty In The Eyes Of The Colonizer?), *NPR*, *Code Switch*

이 아니라 백인이 다수인 사회에 존재하는 보통의 사회적 기대다. 아이와 청소년은 미국과 영국에서 레게 머리 같은 흑인의 전통 헤어스타일을 하면 퇴학당한다. 고용주는 여성에게 머리카락을 곧게 펴거나 표준에 맞는 가발을 써서 원래 머리를 숨기라고 요구한다. 머리가 선천적으로 아프로(Afro) 헤어스타일이어서 둥글고 곱슬머리인 남성은 일자리를 찾기가 더 어렵다. 카다시안 일가 같은 백인이 전통적인 흑인 헤어스타일로 꾸미면 청송을 받는 것을 생각하면 특히 씁쓸하다. 이 가문의 일원인 카일리 제너가 2015년에 흑인 헤어스타일을 하면서 비판을 받았지만 그녀의 여동생 킴 카다시안은 이에 아랑곳하지 않고 2018년 인스타그램에서 자신을 콘로(Cornrow) 스타일로 연출했다. 보 데릭이 영감을 주었다는 단순한 이유에서 나온 행동이었다. 보 데릭은 — 나 역시 이 여성에 관해서는 검색부터 해야 했다 — 1979년 콘로 헤어스타일에 금빛 수영복을 입고 해변을 거니는 〈텐〉(10)이라는 영화로 이른바 섹스 심벌이 된 미국의 백인 여배우다. 흑인들이 콘로 헤어스타일을 할 때는 농장에서 노예로 일했던 아프리카 조상들의 역사와 전통을 떠올린다고 하는데, 카다시안 일가 여자들도 데릭도 이 사실에는 전혀 관심이 없었다. 노예로 팔려 온 사람들은 초창기에 공동의 언어를 쓸 수 없는 환경에 수용되었다. 그러므로 시간을 많이 들여 서로의 헤어스타일을 만들어주는 행위는 공동체 형성에 도움이 되었다. 서로 머리를 땋아주고 매만져준다는 것은 사람과 사람을 연결하는 대단히 친밀한 행위이며, 지독하게 비인간적인 극한 상황에서 수행하는 실존적 문화 실천이다. 그것은 단순히 헤어스타일에 머무는 것이 아니라 그 이상의 것이다.[1] 더욱이 땋은 머리는 백인 기준에 따라 '단정해' 보이는 데 한몫했기 때문에 경우에 따라서는 백인에게 덜 나쁜 대접[1]을 받기도 했다.

이 문제에서 카다시안 일가는 자신들의 문화적 전용(轉用)을 사과했다. 그러나 데릭은 2015년의 논쟁에 대해 "단순히 헤어스타일에 불과한데 이걸 문제 삼는다는 게 우스우며" 세상에는 "다른 문제들이 넘치도록" 많다고 말했다.[201] 이로써 우리는 다시 하이디 클룸과 세상을 백인의 눈으로만 보는 그녀의 배타적 관점으로 돌아왔다. 클룸처럼 자신의 시각을 타인의 경험을 판단하는 기준으로 이용하면 완전히 빗나갈 수밖에 없다.

머리카락에 관한 사연과 일화의 목록은 끝이 없다. 2017년 여배우이자 모델인 루피타 뇽오는 영국의 패션 잡지 《그라치아》가 유럽 중심적인 미의 이상에 맞추려고 자신과 상의 없이 잡지 표지에 실린 자신의 머리를 포토샵으로 편집한 것에 실망했다고 트위터에 적었다.[202] "내 머리 만지지 마"라는 문구 앞에 해시태그를 붙인 #dtmh(don't touch my hair)와 함께 수일 내에 많은 여성들이 이야기를 올렸다. 그중에는 미국의 영화배우 겸 가수인 솔란지 놀스의 사연도 있었다. 백인이 갖고 있는 미의 기준에 맞추기 위해 패션 산업의 이름으로 그녀의 머리카락을 컴퓨터 프로그램으로 변형했다는 것이다. 그렇게 하면 그 이면에 있는 원래 스타일링의 서사가 묻히는데도 비즈니스의 세계에서는 아무도 거기에 신경 쓰는 것 같지 않았다.

I 헤어스타일이 농장에서 나와 자유를 찾는 탈출로를 표시한 지도였다는 기록도 있다. 헤어스타일을 통한 지식 전달인 셈이다.

I '좋은 대접'이라고 쓰면 이 맥락에서는 크게 과장된 표현이다.

가부장적 디자인과 마찬가지로 백인 기준의 디자인도 어디서나 볼 수 있다. 여기에서도 결과는 불편함부터 생명의 위험까지 다양하다. 우선 백인에게만 비누를 제공하는 물비누 디스펜서가 있다. 적외선 차단 센서가 흰 피부에만 반응하고 어두운색의 손은 인식하지 못해서다. 세상 그 누구보다 미스 피기[I]를 그리는 데 적합한 색에 '살색'이라는 이름을 붙인 크레용이 있다. 이건 아이들에게 살색은 분홍-베이지색이라고 은연중에 말하는 것이다.[II] 다음으로 전반적인 메이크업 및 미용 제품을 보자. 여기에서도 최근 약간의 변화가 있었다. 오랫동안 미국과 유럽의 대형 약국 진열대에서는 백인의 흰 피부와 머리카락이 제품 라인의 기준이었다. 마찬가지로 겉에서 보이지 않도록 가능하면 착용자의 피부 톤과 비슷해지는 게 목적인 모든 종류의 속옷과 보정 속옷에서도 백인이 기준이다.[III] 베이지색이나 분홍색이 아닌 제품은 대부분 온라인에서만 살 수 있기 때문에 오프라인 상점에서는, 더 정확히 말하면 창고형 매장에서는, 비교적 새로운 물건들이었다. 온라인 쇼핑이 등장하기 전에는 백인이 아닌 고객을 위한 화장품은 카탈로그를 이용한 통신 판매 제품이었다. 백화점과 훗날의 슈퍼마켓 체인점들이 백인이 아닌 고객에겐 관심을 두지 않았기 때문이다. 심지어 유색인을 위해 생산하고 판매한 제품에서도 '브라

I [역주] 미스 피기(Miss Piggy) : 미국의 인기 코미디 인형극 시리즈 《머펫 쇼》에 등장하는 돼지 아가씨 캐릭터.

II 이것을 쉽게 바로잡는 방법이 있다. 2년 전 우리는 아이의 대림절 달력에 붙어 있는 작은 문을 인터넷에서 파는 다양한 피부색의 펜으로 칠했다. 그 결과 지금도 흑인 공주, 흑인 의사, 흑인 유치원 친구들의 그림을 볼 수 있다.

III 반창고와 붕대도 이 범주에 속한다.

이트닝 효과'가 있다는 약속은 오랫동안 중요한 판매 전략이었다. 식민화한 미의 이상을 소환하는 대목이다!

발레에도 수정이 필요한 미학이 있다. 고전 발레에서 토슈즈는 신체를 시각적으로 연장하는 것으로 2018년까지 분홍색이나 흰색으로만 제작했다. 분홍색 토슈즈가 흑인의 다리나 유색인의 갈색 다리에서는 시각적으로 몸을 늘리기보다 끊어놓기 때문에 '댄스 시어터 오브 할렘'[1]은 1970년대에 인습을 깨부수었다. 단원들이 각자 발레화를 자신에게 어울리는 색으로 염색한 것이다. 인습 타파의 불꽃은 금세 다른 곳으로 옮겨붙었다. 이제 전 세계 무용수들은 '팬케이킹'이라는 이름의 번거로운 DIY 작업으로 자신의 발레화를 가공한다. 화장품을 발라 발레화의 색을 자신의 피부색에 맞추는 것이다. 시간도 많이 들지만 돈은 더 많이 든다. 새틴과 석고와 가죽으로 만든 토슈즈는 화장품을 많이 흡수하며 그걸 신고 발끝으로 춤을 출 수 있는 시간이 고작 12시간밖에 지속되지 않기 때문이다. 그러면 한 시즌에 무용수 한 명당 최대 120켤레의 토슈즈를 비싼 값을 치르고 팬케이킹을 해야 한다. 2018년에는 전문 제조업체가 최초로 어두운 피부색의 발레화를 생산했다. 토슈즈는 발레 디자인이 전반적으로 어떤 상황에 있는지를 보여주는 지표에 불과하다. 지금도 많은 고전 발레 연출의 중심에 있는 것은 설화 석고처럼 하얗고 유연한 프리마 발레리나(주역을 맡은 발레리나)의 몸이다.

I　[역주] 댄스 시어터 오브 할렘(Dance Theatre of Harlem): 1969년에 창단된, 흑인으로 구성된 최초의 현대 무용단.

발레가 독자적인 예술 형식으로 등장한 것은 이탈리아 르네상스기인 16세기였다. 발레가 유럽의 다른 지역에서 인기를 얻었을 때는 이미 백인 무용수들에 관한 규정이 확립되어 있었다. 일반적인 발레 철학에서 그 규정은 동일한 키, 동일한 몸매, 동일한 피부색이다. 줄 밖에서 춤을 추는 건 괜찮지만 줄을 흐트러뜨리면 안 되었다. 시각적인 면은 더더욱 무시할 수 없었다. 다른 분야도 그렇지만 여기에서도 언제나 흑인 무용수의 진입을 막으려는 영향력 있는 인종 차별의 흐름이 존재했다. 이유는 흑인 무용수 신체의 "교란적인 성격"이었다.[203] 이런 흐름은 오늘날까지 계속되는 것 같다.

프랑스 여성 클로에 로페스 고메스는 2018년 독일에서 가장 크고 유명한 발레단 중 하나인 베를린 국립 발레단에 최초의 흑인 발레리나로 입단했다. 2년 계약 연장이 불발된 후 그녀는 2020년 11월 《슈피겔》에 자신이 그곳에서 어떤 인종 차별을 받았는지 공개했다.[204] 발레 교사 한 명은 그녀에게 〈백조의 호수〉에서 백조들이 합창할 때 "눈에 덜 띄도록" 전신을 하얀색으로 화장하라고 요구했다. 또한 발레단에서 제공하는 의상 액세서리가 로페스 고메스의 피부색에 맞지 않는다며 기회가 날 때마다 얘기했다.[I] 이런 식의 '타자화'는 오랜 역사를 가지고 있다. 2018년에 사망한 레이븐 윌킨슨은 1955년 미국 발레단에 솔리스트로 입단한 첫 흑인 여성의 한 명이다. 뛰어난 재능에도 불구하고 그녀의 피부색은 인종 차별 의식을 가진 관객의 기대에 부응하지 못했다. 윌킨슨을 포함해 이후 많은 흑인 무용수들이 논란을 일으키지 않으려고 몸을 하얗게 칠

I   내가 해석하기로 이 말은 다음과 같은 뜻이다. "너는 여기에 속하지 않아."

해야 했다. 이런 관행이 전 세계 많은 무용단에서 아직까지 계속되고 있다는 것, 그리고 유색인에게 백인의 뿌리 깊은 인종 차별적 기대에 부응하기를 바라고 있다는 것, 이것은 수치다.

백인에게만 조언하는 안내서들도 문제다. 이런 생각을 한 사람은 팟캐스트 진행자이며 작가인 졸렌타 그린버그와 크리스틴 마인저이다. 이들은 책 프로젝트를 위해 50권의 안내서를 읽고 각자 1주일 동안 책에 적힌 자기 계발 방법에 따라 살아보려고 노력했다. 그들의 가장 핵심적인 관찰 중 하나는 대다수 책들이 남자에 의해 쓰여졌지만 대상 독자는 여성이라는 점이었다. 당연한 일이겠지만 여자들의 세계에 부족한 건 무엇보다 남자의 시각이기 때문이다. 그 외에도 그린버그와 마인저는 제목에 별달리 명시되어 있지 않은 한, 책들이 암묵적으로 백인만을 독자로 상정했다는 걸 확인했다. 이걸 그들이 확신한 건 "그리고 나는 이 섹시한 아시아 소녀를 만났다"라든지 "흑인 친구가 내게 얘기하기를" 같은 문장은 나오지만, 이것 외에 피부색이나 인종에 대한 언급이 없다는 걸 알게 되면서였다.[205]

"백인의 특권은 인종 차별을 당하지 않는 몸으로 인종 차별 하는 세상을 걸어가는 것이다." 영국 여배우이며 기업가인 켈레치 오카포어가 한 말이다.[206] 특권과 이동의 자유의 관계를 잘 표현한 이 말의 의미는 여행 문학 장르에서 가장 확연히 드러난다. 글로벌한 공공장소에서 부정적인 결과를 두려워할 필요 없이 자유롭게 이동할 수 있는 사람은 누구일까? 백인 남자다.[I] 이른바 발견자 혹은 탐험가라는 사람들, 즉 식민지 개척자들은 백인이었다. 그건 그때 세상이 그렇게 돌아갔기 때문이다. 오늘날까지 여행 문학의 세계를 주도하는 사람은 백인 남자들이다. 백인 남자가 아시아, 아프리카 또는 근동 지방을 여행한 뒤 카우치서핑[II]과 백패킹[III]과 여자와 가진 잠자리 경험을 담은 모험 가득한 여행 안내서를 내지 않기란 불가능하다는 인상을 받는다.[IV] 그들이 만나는 사람과 그들이 방문하는 장소는 가끔은 곁가지 같다는 느낌이 든다. 연극에서 정말 중요한 것, 즉 작가가 자기 자신과 나누는 마음속 대화를 연출할 때의 소품처럼 말이다. 똑같이 마음 편한 자아 개념을 가지고 세상을 돌아다니지도 못하고, 그 후에도 사실 보고의 형식으로 자신의 전문 지식을 현금화할 수 없는 사람은 누구일까? 흑인, 원주민, 유색인이다.

여행 문학과 여행안내서는 백인 남자가 자유롭게 이동할 수 있는 세상에 대한 증언이다. 하지만 그들이 그 세상을 바라보는 시각은 백인이 아니거나 남자가 아닌 모든 이들에겐 놀랍게도 전혀 흥미로운 관점이 아니다. 그린 북(Green Book)[V]의 역사는 안전한 여행 경로를 위한 올바른 정보가 생존에 얼마나 중요한지를 보여준다. 미국 남부에는 흑인을 백인

I 공공장소를 다룬 2장을 참고할 것.

II [역주] 카우치서핑(couch-surfing): 여행자가, 현지인의 집을 찾아다니며 무료로 숙박하는 일.

III [역주] 백패킹(backpacking): 야영에 필요한 장비를 등에 지고 다니며 하는 여행.

IV 이것을 증명한 것이 틸로 미슈케가 쓴 『세계를 돌며 만난 80명의 여자들』이다.

V 2019년에 나온 끔찍하게 촌스럽고 낙관적인 할리우드 영화가 아니라, 미국의 흑인들을 위한 역사적 여행 안내서를 말한다.

으로부터 분리하는 이른바 짐 크로(Jim Crow) 법이라는 것이 있었다. 상점, 음식점, 주유소, 호텔 등에서는 피부색이 검은 사람에게 서비스 제공을 거부할 권리가 있었다. 이는 제도화된 인종 차별을 의미할 뿐만 아니라, 당시 저질러진 린치 살인이 증명하듯이 흑인의 죽음으로 이어질 수도 있는 문제였다. 그와 동시에 산업화와 그에 따른 경제 성장은 흑인 사회가 중산층으로 올라설 수 있는 여건을 마련했다. 자동차 구매와 짧은 여행과 휴가는 힘든 노동에 대한 보상이었다. 다만 이동할 때 휴식과 화장실 이용 시간, 주유소와 숙박 등을 대단히 세밀하게 계획해야 했다. 인종 차별법이 지배하는 상황에서 흑인이 가족 여행을 떠나려면 어느 곳이 안전한지에 대한 믿을 만한 정보가 필요했다. 여행에서 무사히 살아남아야 할 필요성을 느낀 빅터 휴고 그린은 1936년에 여행안내 책자를 펴낸 후 1966년까지 매년 개정판을 냈다. 처음에는 미국 남부만 소개했으나 곧 미국 북부와 캐나다, 멕시코, 카리브 해까지 범위를 넓혔다. 책자에는 상점과 기관의 이름과 주소 외에도 흑인이거나 반(反)인종 차별주의자인 개인의 정보도 담겨 있었다. 많은 곳에서 순식간에 매진된 이 안내 책자의 제작은 1966년에 와서야 중단되었다. 피부색에 따른 차별이 그 2년 전 민권법에 의해 법으로 금지된 뒤였다.

배리어 프리[I]

알고리즘과 인공 지능에 대해 라우라 라우크비츠와 인터뷰를 한 뒤 내가 모든 것을 제대로 이해했는지 확인하려고 인터뷰에서 발췌한 내용을 건넸을 때 라우크비츠는 두 개의 표현을 지적했다. "기술에 대한 맹신"과 "정치는 기술을 절름거리며 따라간다"는 말은 둘 다 장애인 차별 발언이라고 했다. 그녀의 말이 맞는다. 내가 쓰는 언어는 온전하게 기능하는 신체를 기준으로 정하고 그와 다르게 기능하는 신체는 부정적이고 열등한 것으로 깎아내리는 어법들로 가득하다. 다른 많은 형태의 차별이 그렇듯이 이는 의도적인 것이 아니다. 그러나 내 의도는 중요하지 않다. 중요한 건, 기준에서 벗어났다고 저런 표현으로 또 다시 낙인찍히는 사람들의 경험이다.

독일어 '에이블리스무스'는 장애인 차별을 뜻하는 비교적 새로운 낱말이다. '능력'을 뜻하는 영어 'ability'에 '주의(主義)'를 뜻하는 독일어 'ismus'가 붙어 만들어진 말인데 '장애'와 '비장애'의 이분법을 표현한다. 인간의 능력에 초점을 맞추는 이런 표현은 우리가 사는 자본주의 사회에서 가장 중요한 게 무엇인지 극명하게 보여준다. 바로 성과다. 그리고 성과와 능력에 대한 이 경직된 정의에서 탈락하는 사람들에 대한 경시가 어디에서 비롯되는지를 보여준다. 우리 사회에서는 장애학 연구자들이 '강요된 비(非)장애 신체성'이라고 부르는 것, 즉 '의무적인 비장애'가 기

I [역주] 배리어 프리(barrier free) : 고령자나 장애인과 같은 사회적 약자들이 살기 좋은 사회를 만들기 위해 물리적·제도적 장벽을 허물자는 운동.

준으로 확립되어 있다. 우리가 언어와 의학의 디자인에서부터 공공장소 설계에 이르기까지 대다수의 디자인을 비장애인에게 맞춘다는 뜻이다.

레너드 J. 데이비스는 자신이 발행한 책『장애학 선집』에서 문제의 시작점은 장애가 아니라 정상의 구성이라고 적었다. "장애가 있는 사람이 '문제'가 아니다. 문제는 장애인이 '문제'에 봉착하도록 정상이 구성된다는 것이다."[207] 데이비스에 따르면 정상이라는 개념은 사람 자체에서 비롯되는 것이 아니라 사회적 설계이고 사회가 내린 결정이다.

2장에서 공공장소 설계에 대해 설명했듯이 공간은 중립적인 곳이 아니라 사회 내부의 권력 관계를 비추는 거울이다. 예를 들어 대중교통을 모든 사람에게 동등하게 제공하지 않기로 한 결정은 신체장애가 없는 정치가와 기업가들의 권력 과시다. 독일의 근거리 열차역과 원거리 열차역(전차역과 지하철역 제외)은 78퍼센트만이 무장애 역이다. 즉, 휠체어나 성인 보행기(또는 유모차!) 이용자들도 그곳을 자유롭게 이용할 수 있다.[208] 함부르크 인근의 소도시 바르크테하이데에는 22퍼센트에 해당하는 역, 즉 무장애 역이 아닌 역만 있다. 그래서 그곳에 사는 사람들은 승강장에 가려면 남의 도움을 받아야 한다.[209] 도움을 받았다고 해도 아직 열차에 오른 것은 아니다. 열차에 탑승하려면 독일 철도회사 도이체반(Deutsche Bahn)에 미리 등록을 해야 직원이 나와 휠체어를 가지고 탈 수 있게 도와준다. '무장애'라는 것은 기차역의 경우 보행 장애와 관련된 말이다. 반면에 시각 장애가 있는 사람은 바닥 타일에 다양한 고랑과 돌기가 있는 유도 장치를 통해 길을 찾는다. 그러나 이런 유도 장치는 독일 기차역의 57퍼센트에만 있다. 도시 교통 상황도 크게 나아 보이지 않는다. 예를 들어 쾰른에서는 출입문에 계단이 있는 이른바 고상(高床) 전차와 계단이 없는 저상(低床) 전차로 인해 엄청난 혼란이 빚어진다. 두 전차는 각각 다른 시기에 탄생했으며 시스템이 완전히 달라서 승강장도 달라야 한다. 그런데 그게 종종 예상대로 작동하지 않을 때가 있다. 어디에 공사장이 있어서 전차가 우회해야 하거나 카니발 때문에 특별 전차를 투입할 경우 고상 전차 승강장에 저상 전차가 들어오거나 그 반대의 상황도 보게 된다. 이 경우 전차를 타고 내릴 때의 위험은 본인이 감수해야 한다! 우리가 장애인으로 하여금 '문제'에 봉착하도록 만든다는 데이비스의 말이 뜻하는 바가 이것이다. 쾰른 지하철의 중심 역인 프리젠 광장도 문제를 일으키기는 마찬가지다. 그곳에서 2년간 유모차를 밀고 다녔을 때 나는 극심한 어려움을 겪었다. 아무리 보아도 엘리베이터는 없고 출구는 다른 선로를 건너 가야 나왔다. 유모차는 휠체어가 아니라서 두 사람이 어느 정도 쉽게 운반할 수 있다. 비록 허용되지는 않지만, 에스컬레이터에 세우고 단단히 붙잡으면 위나 아래로 이동할 수도 있다. 유모차는 잘 고장 나지도 않고 비싼 기술이 들어가지도 않는다. 아기를 태우고 제한된 기간에만 사용한 뒤 처분한다. 어린아이가 이동해야 하는 경우라면 거의 모든 사람이 도와줄 준비가 되어 있지만, 휠체어를 탄 사람의 이동이 문제가 된다면 상황은 매우 달라진다. 《미시 매거진》의 칼럼니스트 데보라 안트만은 베를린에서 휠체어를 타고 이동하는 자신에게 보여준 사람들의 무례한 태도에 좌절했던 기억을 「독일은 대중교통 장애물로 엉망진창!」이라는 칼럼에 솔직하게 적었다. 전차 운전수는 출입문 앞에 교통 약자용 발판을 빼주지 않으려고 일부러 딴 데를 보며 그녀를 승강장에 서 있게 했으며 승객들은 자리를 양보하지 않거나 묻지도 않고 휠체어로 다

가와 그녀를 아무 데로나 옮겨주었다.[210]

완전히 다른 주제로 가보자. 총칭하여 '처음 보는 기분 좋은 비디오'라고 명명하겠다. 소셜 미디어에서 미친 듯이 공유되면서 인터넷에 수없이 돌아다니는 이 비디오는 아기와 유아들이 인공 와우(달팽이관)를 통해 처음으로 엄마와 아빠 목소리를 듣고 기쁨에 겨워 까르륵 웃는 모습을 보여준다. 그걸 보는 사람들은 당연히 기뻐서 함께 운다. 대단히 감동적이다! 신체장애가 없는 시청자는 드디어 아이가 들을 수 있게 된 것을 그 가족과 아이와 함께 기뻐하는 경향이 있다. 드디어 '정상'이 됐으니까. 그러나 활동가들은 그런 비디오는 청각 장애를 없애야 할 흠으로 연출하며 그것을 없애야만 모든 사람이 행복해질 수 있다는 생각을 심어준다고 강조한다. 물론 아이에게 보청기를 해준 것을 못마땅해하거나 그렇게 하기로 결정한 가족을 비난하는 건 아니다. 그건 개인적인 결정이라 타인이 판단할 일이 아니다. 내가 말하려고 하는 것은 이런 입소문을 탄 비디오들이 대형 미디어 회사에 의해 공유되면서 신체장애가 없는 우리들 내면에 안도의 순간을 가져온다는 것이다. 현대 기술 덕분에 어린아이가 구원되고 '정상'이 되었다. 듣지 못하는 청각 장애는 정상이 아니다![I]

하벤 기르마는 하버드 법대를 졸업하고 작가, 인권 변호사, 장애인 인권 활동가로 일하고 있다. 그녀 자신도 시각 장애와 청각 장애가 있다. 2020년 《타임 매거진》의 '타임 100 토크' 시리즈에 초대받아 자신의 경

I   이외에도 인터넷에는 아기들이 미국식 수화로 보호자와 처음으로 의사소통을 하며 '사랑해'라고 표현하는 귀여운 비디오들도 있다.

력과 장애인 차별 경험을 이야기했다. 짧은 분량의 비디오에서 그녀는 19세기 초 이탈리아의 남녀 커플이 연애편지를 교환할 방법을 찾다가 첫 타자기를 발명했다고 말한다.[I] 또한 신체장애가 없는 많은 사람들은 일반적으로 장애인은 삶의 가치가 떨어지는 인생을 살고 있다고 생각하는데, 바로 이런 생각이 차별의 주요 원인 중 하나라고 이야기한다.[211] 나는 어떻게 이 비디오에 주목하게 되었을까? 《타임 매거진》은 하벤 기르마와의 인터뷰를 자체 유튜브 채널과 웹사이트에 올렸다. 얼마 후 기르마는 자신이 요청했는데도 불구하고 자막도, 음성 설명도, 동영상 대본도 제공되지 않았다며 트위터에 울분을 토했다. 그녀가 겪은 장애인 차별과 그녀에 관한 비디오를 정작 그녀 자신은 이용할 수 없었다. 이건 비정한 장애인 차별이다. 그러나 기르마에게 이런 일이 일어난 건 이번이 처음이 아니었다. 2014년 그녀는 인권 변호사로서 어떤 일을 하는지 테드x[II] 토크에서 강연해달라는 부탁을 받았다.[212] 그녀는 무엇보다 대학의 학생 식당에서 사전에 메뉴를 이메일로 보내주어야 컴퓨터에서 점자로 선택지를 읽을 수 있는데, 그걸 매번 잊고 보내주지 않아 대부분 처음 한 입 먹고 나서야 접시에 무엇이 담겼는지를 알았다고 했다. 이 일화를 통해 기

I 펠레그리노 투리와 카롤리나 판토니 다 피비차노가 타자기를 이용해 의사소통을 했다. 두 사람이 정말 연인이었는지 아니면 친구 사이였는지는 지금 확실히 말하기 어렵고 중요하지도 않다. 중요한 건 좋아하는 사람들끼리 서로의 애정을 표현할 방법을 찾아냈다는 것이다. 디자인이 문제의 원인이 되지 않고 문제의 해결책이 된 것이다. 기분 좋은 변화다!

II [역주] 테드x(TEDx): 매년 미국에서 열리는 전국적 규모의 TED와 달리, 전 세계 여러 나라의 도시들에서 지역적이고 자체적으로 조직된 TED 형식의 강연회.

르마는 신체장애가 없는 사람들이 청각 장애와 시각 장애가 있는 사람들을 잊지 않고 배려하는 것이 얼마나 중요한지를 역설했다. 그런데 테드x는 배려하지 않았다. 이 비디오도 처음엔 대체 텍스트 없이 나왔다. 몇 주간 항의 끝에 다시 올라온 비디오에는 대체 텍스트가 들어 있었다. 몇 년이 지난 지금도 이것이 테드x 토크의 표준은 아니기 때문에 신체장애가 없는 다수 사회로부터 매번 새롭게 인정과 관심을 받기 위한 싸움을 해야 한다고 그녀는 자신의 웹사이트에 적었다.

영향력 있는 인물이 장애인을 인정하고 이해할 경우 그 인물이 더욱 돋보이는 것도 이 때문이다. 조 바이든이 그랬다. 2020년 11월 7일 저녁 미국 대선 결과 발표 후 첫 연설에서 그는 다음과 같이 말했다. "피부색, 인종, 신앙, 정체성 또는 장애 여부와 무관하게 우리는 모든 사람을 위해 이 나라가 약속한 것을 지켜야 합니다." 미국 역사상 처음으로 차기 대통령이 취임 전 의향서에서 장애인을 언급한 것이다. 저널리스트이며 장애 활동가인 멀리사 블레이크가 바이든의 말이 그녀에게 무엇을 의미하는지 즉시 트위터에 올리지 않았다면 나는 이 사실을 알지 못했을 것이다. 얼마 후 블레이크는 어느 기사에 다음과 같이 썼다. "그 말을 들은 순간 나는 반가운 마음에 '그게 바로 저예요'라고 소리쳤다. 그 순간 나의 인간성이 인정받고 내 존엄이 확인받은 것 같았다."[213]

대중 앞에서 장애인을 조롱하고 자신의 '훌륭한 유전자'를 자랑하기 좋아한 도널드 트럼프 시절엔, 백악관 웹사이트에 있던 '장애인 복지법과 함께하는 미국인'이라는 하위 사이트가 사라졌다.[214] 마치 그가 그 사람들을 보이지 않는 곳으로 추방하는 게 중요하다고 생각한다는 듯이 말이다. 바이든이 장애인에 대한 포용과 가시성을 중시했다는 사실은 20대까지 말을 더듬었던 자신의 과거를 공개적으로 다루는 것과 관계가 있을 수 있다. 그런데 차별을 당한 개인적 경험이 다른 이를 차별하지 않기 위한 전제 조건이 되지 않는 게 좋지 않을까?!

모든 사람의 건강을 위협하고 특히 기저 질환이 있는 사람은 더욱 고통스러워지는 전염병의 시대에, 그리고 전 세계의 미래를 결정할 수 있는 선택의 시대에, 저널리스트를 포함한 우리 미디어 종사자들은 빠르게 쏟아지는 정보를 가능한 한 많은 사람이 접할 수 있도록 구체화해야 하는 책임을 안고 있다. 그러기 위해서는 장벽 없는 웹사이트, 트위터 등에 올라오는 이미지를 대체하는 텍스트가 필요하다. 특히 중요한 것은 시각 장애인과 약시인 사람들이 이용하는 스크린 리더(화면 낭독 프로그램)에서 텍스트를 출력할 때 되도록 문제를 최소화할 수 있는 성 인지적인 어법이 무엇이냐 하는 것이다.

나 역시 자료 조사 중에 이 문제와 맞닥뜨리면서 처음으로 이 문제에 대해 고민하게 되었음을 고백한다. 장벽 없는 기술과 디지털 문제에 조언하는 도밍고스 데 올리베이라 씨는 텍스트 안에서 성 인지적 명칭[I]을 사용할 때는 콜론(:)을 쓸 것을 권한다. 입말에서 단어 중간에 I를 넣는 '사이 I 표기법'에서처럼 콜론은 단어를 발음할 때 아주 잠시만 쉬면 되

[I] [역주] 독일어에서 직업 명칭을 성 인지적으로 표기하는 방법에는 여러 가지가 있다. 예를 들어 남성 저널리스트 'Journalist'와 여성 저널리스트 'Journalistin' 중간에 젠더 별표(*)를 넣는 법(Journalist*innen), 대문자 I를 넣는 '사이 I 표기법(JournalistInnen), 콜론을 넣는 법(Journalist:innen) 등이 있다.

기 때문이다.[215] 원래 스타일 면에서 내가 선호하고 이 책 초고에서 사용했던 젠더 별표(*), 가령 Journalist*innen은 종종 Journalist–별표_Innen으로 읽히면서 장기적으로 짜증을 유발한다.[I] 다행히 '찾아 바꾸기' 기능 덕분에 쉽게 바꿀 수 있었다. 모든 걸 이렇게 간단하고 쉽게 개선할 수 있다면…

성 정체성은 두 귀 사이에 있다

강요된 비장애 신체성 외에 '강요된 이성애'와 '강요된 시스젠더주의'[216]도 있다. "모든 사람은 이성애자이고 모든 사람은 출생 시 지정된 성별에 동의한다"가 우리의 기본 모드라는 뜻이다. 이것이 우리가 이 사회에서 '정상'으로 선택한 것들이다. 우리가 누구이고 누구를 사랑하는지는 우리의 사적인 문제라고 생각할 수 있다. 성인 이성애자 시스인간의 경우는 대부분 사적인 문제다.[II] 그러나 이 두 범주에 들어가지 않는 사람들, 규범에서 이탈한 사람들의 실존은 법으로 그리고 의학으로 바

I 젠더 별표(*) 옹호자들의 주장도 일리가 있다. 그에 따르면 별표는 여성과 남성만 뜻하지 않고 이 표식이 상징하는 모든 사람을 포괄한다. 모든 사람에게 균일하게 작용하는 단일한 해결책이 없는 한 이것은 정치적 결정일 수밖에 없다.

II 유명인은 예외여서 우리는 그들의 사생활에 기웃거리는 걸 좋아한다. 그러나 타자화 대신에 동일시가 일어날 때가 많다. 우리는 미남 미녀와 부자들의 (실패한) 관계를 알고 싶어 한다. 그게 우리 자신의 (평범한) 삶을 잠시 잊게 하기 때문이다.

로잡아야 한다는 사고가 지배했었다. 2017년까지 독일에서는 누가 결혼할 수 있고 그에 따른 법적 특권을 누릴 수 있는지를 따질 때 이런 상황이었다. 이 나라에서 이른바 트랜스젠더 법은 지금도(2020년 12월) 최소 2명의 정신과 의사의 소견서가 있어야 주민 등록부에서 이름과 성별을 정정할 수 있다.[I] 의사에게 부여된 권위가 트랜스 개인의 자기 결정권과 자신의 몸과 삶에 대한 전문 지식보다 높은 위치에 있는 것이다. 타인의 결정에 따라 간성[II] 아기의 성별을 정하는 수술은 나중에 되돌릴 수 없고 살면서 커다란 심리적 손상을 야기할 수 있지만, 독일에서는 이를 허용하고 있다.[217] 이 마지막 장에서는 이에 관한 권리 인정과 박탈을 다룬다. 법은 설계를 통한 차별 또는 설계를 통한 권리라는 두 가지 가능성을 가지고 있다.

2018년부터 간성인은 주민 등록부에 기재할 때 '남성'과 '여성' 외에 '기타'를 선택할 수 있게 되었다. 독일에서 동성 결혼을 둘러싼 투쟁을 벌인 결과 2017년 '모두를 위한 결혼'[III](정확히 두 명의 사람이 결혼을 하고 싶을 때)으로 법제화 되었다. 그에 따라 남자 동성애자와 여자 동성애

I   이 소견서에서는 역할 모델에 기초할 일종의 성별 고유의 퍼포먼스를 측정했다. 많은 시스여성과 시스남성들마저 시대에 뒤떨어졌다고 생각할 퍼포먼스라고 펠리치아 에베르트가 팟캐스트 《다른 상황에서는》의 첫 회에서 말했다.

II   [역주] 간성(間性) : 남성과 여성의 성기를 둘 다 가지고 태어나 양성의 특징을 다 가지는 일.

III   [역주] 모두를 위한 결혼(Ehe für all) : '모든 성에 열려 있는 결혼'이라는 의미로, '동성 결혼'을 허용함을 뜻한다.

자는 아이 입양 시 적어도 서류상으로는 이성애자와 동등한 권리를 갖게 되었다. 2020년 프란치스코 교황도 동성 관계에 있는 사람은 민법상 다른 모든 관계와 동일한 권리를 가져야 하고 동일한 보호를 받아야 한다고 말했다.

모든 게 전혀 문제가 없는 것 같지만 적어도 교황은 가톨릭교회가 용인한 것보다 훨씬 과감하게 소수를 대변하는 발언을 했다. 그 때문에 바티칸은 서면 의견서를 통해 교황의 발언을 부인했다. 교황의 발언에 오해가 있었으며 교회의 입장에는 변화가 없다고 발표한 것이다. 우리는 아직도 모든 게 완벽한 상태와는 거리가 멀다. 그러나 선한 방향으로 나아가는 첫걸음을 이미 내디뎠고 지금도 계속 걸어가고 있다. 안타깝게도 현재 유럽과 세계의 많은 나라에서는, 예를 들어 러시아, 폴란드, 헝가리, 터키, 브라질에서는 반대 방향으로 가고 있다.

성별의 이원성 개념, 다시 말해 아담이 번식을 하기 위해 여자가 필요해져서 그의 갈비뼈로 이브가 만들어졌다는 생각, 그리고 이것이 유일하게 의미 있는 조합이라는 생각은 아브라함을 시조로 하는 세계 3대 종교, 곧 유대교, 기독교, 이슬람교의 고안품이다. 토라(유대교의 율법)와 성서와 코란은 동성 간의 성행위를 죄로 규정하고 있는데 그 사실이 글로 기록되자 전 세계로 재앙이 퍼져 나갔다.

식민주의를 통해 성별의 이원성과 이성애는 유일하게 수용 가능한 규범이 되어 그때까지 본질적으로 훨씬 다양하게 살아가던 많은 문화 속으로 전파되었다. 예를 들어 식민주의자들이 기독교와 이슬람교를 인도네시아에 전파하기 전 그곳 술라웨시 섬에 사는 부기 족 사람들에게는 여자와 남자의 중간 어딘가에 위치하는 다섯 가지 성별과 '비수'(bissu : 남

녀 양성을 공유한 사제)[218]라는 또 하나의 성별이 있었다. 네덜란드 식민
주의자들은 동성 섹스를 금지했을 뿐만 아니라 성별 선택도 사회적으로
인정하지 않았다. 이런 식으로 세계의 문화적·젠더적 다양성은 금기시되
어 이성애 중심으로 사물을 보는 시각으로 축소되었다.

과거 유럽 식민 통치국들의 동성애 불법화는 점차 폐지되는 반면 옛
날 식민지의 유색인 활동가들은 오늘날까지 자신의 권리를 위해 싸우는
중이다. 1963년까지 영국 식민지였던 케냐에서는 2019년에 이르러서도
법원이 영국 식민 시대에 생긴 고색창연한 동성애 금지법을 유지하기로
결정함으로써 수년 동안 자신의 사랑과 권리를 위해 정치적으로 투쟁해
온 모든 이들을 모욕했다.

독일에서 동성애는 1969년부터 처벌 대상이 아니었지만 세계보건기
구(WHO)는 1977년까지도 치료해야 하는 질병에 넣었다. 그러나 법이
동성애를 처벌 대상에서 제외한다고 해서 반대로 그 법이 동성애를 자
동으로 보호해준다고 해석해서는 안 된다. 자본주의는 어떤 것이 질병인
지 아닌지에 관심이 없다. 그것이 그 자체로 판매 가능하고 '치료'로 돈을
벌 수 있는 것이라면 아무래도 상관없다. 그에 따라 1969년 미국의 스톤
월 항쟁 후 이른바 전환 치료가 갑자기 다시 인기를 끌었다. 지그문트 프
로이트와 동료들의 시도가 실패하고 잊힌 지는 벌써 수십 년이 지난 뒤
였다. 특히 젊은 남성을 이성애자로 '재프로그래밍'한다는 이 비인간적
인 치료법은 미국의 많은 연방주와 세계 여러 지역에서 동성애를 혐오하
는 부모들로부터 좋은 반응을 얻고 있다. 전기 자극을 주면 당사자가 가
졌던 에로틱한 환상이 줄고 그것이 이성애적인 성적 판타지로 전환된다

는 것이 그들의 믿음이다.[1] 전체 과정은 잔인하고 비인간적이다. 이 절차를 겪어야 했던 10대 청소년들의 보고서는 고문 일지처럼 읽힌다. 수년간 수익성 좋은 개인 병원을 운영하고 전환 치료로 큰돈을 벌었던 매크레이 게임도 지금은 그곳에서 벗어나 자신이 동성애자임을 밝히고 남편과 함께 살고 있다.[219] 독일에서는 2020년부터 미성년자 그리고 적극적으로 동의하지 않은 성인에 대한 전환 치료 시행을 법으로 처벌하고 있다. 성적 지향에 대해서는 이것으로 그치겠다.

성 정체성 문제에서도 개선할 점이 많다. WHO가 2022년부터 트랜스젠더를 정신 장애로 보지 않고 따라서 질병으로 다루지 않기로 결정한 것은 2019년이다. 나는 독일 트랜스 정체성 및 인터섹슈얼리티 학회장인 페트라 바이첼에게 왜 그렇게 오랜 시간이 걸렸으며 그로 인해 트랜스 개인과 간성인을 위해 어떤 변화가 있었는지를 물었다.

의사들 사회에서 힘 있는 사람이 누구인지 보면 최소한 80퍼센트가 남자예요. 대학에서도 지침을 만드는 위원회에 앉아 있는 사람들, 즉 정신과 의사, 심리치료사, 교수들도 모두 남자예요. 트랜스 개인을 위한 건강 관리 같은 것을 이 위원회에서 결정하죠. 젠더, 트랜스 정체성, 트랜스섹슈얼리티[1]에 대한 이들의 이해는 19세기 말 남

I   1960년대에 이 치료법은 남자들에게 《플레이보이》 잡지가 만병통치약이라도 되는 듯이 그것을 가지고 자위행위를 하라고 강요했다.

I   [역주] 트랜스섹슈얼리티(transsexuality) : 출생 시 지정된 성별이 자신의 성 정체

자들의 지식으로 거슬러 올라가요. 그때 관련 책을 출간했던 그 남자들은 이 문제를 당시 만연했던 민족주의적 사고 그리고 이와 나란히 진행되던 관료주의라는, 우리가 익히 알고 있는 머릿속 서랍에 분류해 넣었어요.

민족주의적 사고에서 유래했다는 사실은 지금까지도 영향을 미치고 있다. 왜냐하면 오늘날 독일 연방 의회 내무위원회에서 트랜스젠더 혐오 연설을 하고 계류 중인 법률의 개정을 저지하려고 총력을 기울이는 독일 대안당 의원 베아트릭스 폰 슈토르히 같은 사람이 있는 것이 우연은 아니기 때문이다. 이에 대해 페트라 바이첼은 다음과 같이 말한다.

WHO 지침이 독일에서 시행되면 두 가지 효과가 나타날 수 있습니다. 프랑스에서는 2009년에 국회가 트랜스섹슈얼리티에 붙어 있는 '정신 장애' 딱지를 뗐어요. 그 결과 일부 건강 보험에서 "아프지 않으면 지급하지 않는다"는 이유를 내세워 보험금 지급을 거절했어요. 그걸 되찾기 위해 처절하게 싸워야 했습니다. 만일 성전환을 목적으로 하는 보험금에 대한 지급 요구가 사회보장법 제5권[1]에 문자 그대로 정확히 삽입되지 않으면 독일에서도 비용 부담을 거부하는 건강 보험이 생길 수 있어요.

성과 일치하지 않는다는 신념.

[1] 건강 보험과 관련한 모든 것이 규정되어 있는 사회 보장 법전.

이런 건 비용을 최소화하고 이윤을 극대화하는 것을 목표로 하는 자본주의가 사람들에게 주어야 할 보험금 지급을 거절하기 위해 법률 개선을 핑곗거리로 이용하는 경우다. 녹색당이 요구한 사회보장법 제5권의 수정은 트랜스 개인이 성전환 비용을 신청할 수 있는 조건도 개선할 것이다.

지금까지는 어떻게 하고 있느냐면, 다중 인격 장애[I]나 그 밖에 이른바 동반 질환이 없다는 것, 다시 말해 다른 질병이 없다는 것을 심리 치료사에게 증명해야 해요. 이건 의사가 봐도 필요하지 않은 건데 건강 보험에서 요구하는 강제 치료예요. 이렇게 해야만 건강 보험에서 성전환을 보험금 지급 대상으로 인정해줘요.[II] WHO 지침을 실행에 옮긴다면 저 요구 조건을 삭제해야 해요. 그러지 않으면 논리적으로 모순이니까요.

논리적으로 정신병이 아닌 것은 정신병으로 취급할 수 없다. 이는 일상의 다른 분야에도 영향을 미친다.

예를 들어 생명 보험에 가입하면 다음과 같은 질문을 받죠. "정신

I 트라우마와 스트레스와 관련된 장애.

II 2011년까지는 성전환 수술도 '강제 불임', 즉 '영구 불임'의 단서를 달아야 승인되었다. 민법에 그렇게 규정되어 있었다. 1981~2011년에 독일에서 약 1만 명의 트랜스젠더들이 강제 불임 수술을 받았다.

질환을 앓고 있습니까?" 이제는 양심의 가책 없이 "아니요"라고 대답할 수 있게 됩니다.

법, 법과 연관된 관료주의, 그리고 관료주의가 유발하는 재정적 비용[I]을 본다면 독일에서는 트랜스 개인을 위해 개선할 것이 아직도 많다. 일례로 아일랜드에서는 신원 변화에 대한 심리 평가가 '모두를 위한 결혼' 제도 도입과 함께 2015년에 폐지되었다. 유럽에서 자신의 성별을 스스로 결정해 주민 등록부에서 바꿀 수 있는 나라는 8개국[II]이다. 반면에 독일에서는 연방 내무부(CDU/CSU)가 "악용의 문이 열릴 것"이라며 우려하고 있다.[III]

또 다른 매우 중요한 문제는 간성인 아기, 다시 말해 양성의 특성을 두드러지게 타고난 아기를 어떻게 해야 하는가이다. 독일에서는 일반적으로 수술을 한다.

급성으로 건강을 위협하는 것이 아닌데도 유아에게 실시하는 간성인 수술은 금지해야 합니다. '급성'이라는 말이 중요한데, 부모들이 금세 설득당하는 경우가 많아서예요. 성선(性腺), 다시 말해 난소와

I 소견서 발급 비용과 재판 비용은 당사자가 부담해야 하는데 금세 몇천 유로에 육박한다.

II 아일랜드, 몰타, 포르투갈, 룩셈부르크, 프랑스, 벨기에, 덴마크, 스웨덴.

III 테러리스트가 여자라고 속이고 국내에 잠입할 수 있다는 얘기인데 말도 안 되는 소리다!

고환 둘 다 있는 경우 아이가 암에 걸릴 수 있다는 말들을 해요. 그런데 이를 증명하는 연구가 단 한 건도 없어요. 사춘기 이전의 아이가 그로 인해 암에 걸렸다는 자료 역시 하나도 없어요. 부모에게 이유 없이 불안감을 심어주면 부모는 그런 수술에 동의하게 되죠. 성별을 바꾸는 수술은 이른바 왜소 음경일 때, 즉 길이가 1센티미터 이하인 음경일 때 그것을 질로 바꿉니다. 그럼 갑자기 성별이 달라져요. 이건 강제로 하는 거죠. 아이의 내면에 무엇이 있는지 모르잖아요.

페트라 바이첼에 따르면 이것으로 끝이 아니다. 수술로 생성된 질인 신생 질이 아이의 성장과 함께 자라서 어느 때인가 기능할 수 있으려면 그 조직이 수년에 걸쳐 확장되어야 하는데 이게 매우 고통스러운 일이다. 생식기를 대상으로 한 다른 수술에도 위험이 도사리고 있어서 평생 후유증이 생길 수 있다.

수술 조직은 잘 자라지 않아요. 따라서 어린아이에게 수술 조직을 남기는 건 가능한 한 피해야 해요. 아이가 다 자란 뒤 청소년기에 수술을 하면 위험이 훨씬 줄어들고 아이도 자신이 수술을 원하는지를 결정할 수 있어요. 아이의 성은 생식기에 있지 않아요. 가장 중요한 생식 기관은 두 귀 사이에, 즉 의식 속에 있습니다.[I]

성 정체성은 타인이 동전 던지기로 정할 수 있는 것이 아니다. 동전의

I   하와이 대학의 해부학 및 생식 생물학 교수 밀턴 다이아몬드의 말.

앞면과 뒷면 외에, 곧 여성과 남성 외에 더 많은 선택지가 있는 세계에서는 특이나 그렇다. 그렇기 때문에 트랜스 아동과 청소년이 주민 등록부상의 성별 기록을 언제부터 자발적으로 바꿀 수 있는지, 언제부터 호르몬 치료를 시작할 수 있고 어느 시점에 성전환 수술을 할 수 있는지 등은 정치적 문제다. 뮌헨 대학병원 아동청소년정신과 과장인 알렉산더 코르테는 이 분야의 감정인으로 활동하고 있다. 연방 내무위원회 전문가로서 그가 발표하는 권고안에는 아무도 반박하지 못한다(위원회에서 유일한 의사다). 수많은 매체에 퍼져 있는 '대대적인 트랜스 열풍'에 대한 경고는 코르테로부터 나왔다. 그는 '트랜스'가 마치 유행 액세서리인 것처럼 또는 다른 문제로 생긴 상처를 덮는 힙한 반창고인 것처럼 다루어진다고 말한다. 트랜스 아동과 청소년의 수가 증가하는 이유를 그는 그렇게 설명한다.[I]

코르테 씨 같은 사람은 청소년 대상의 수술이 완전히 무책임한 것인 양, 청소년들이 그저 혼란스러워하고 불안해하는 양 말합니다. 하지만 그건 사실이 아니에요. 외적인 커밍아웃과 내적인 커밍아웃 간

I 코르테가 젊은 트랜스 남성(여성에서 남성으로 성전환을 한 사람)들에게 초점을 맞춘 것은 우연이 아니다. 그의 눈에 이들은, 의학의 역사가 보여주듯이, 특히 가부장적 감독의 보호를 받아야 하는 어린 소녀들이다. 코르테는 사회의 압력과 그에 따른 여성에 대한 기대를 감당하지 못한 '젊은 여성들'이 남자가 되려 한다고 말한다. 이들은 훗날 자신의 결정을 후회할 것이라고 했다. 2020년 연방 내무위원회에서 이들이 자신의 결정을 어떤 식으로 후회하겠느냐고 질문하자 그는 대답하지 못했다.

에는 대개 5년의 기간이 있어요. 요즘 사람들은 소셜 네트워크 덕분에 더 똑똑하고 커밍아웃도 일찍 합니다. 이건 우리에게 주어진 더 나은 지식을 통해 이루어진 발전이지요. 이런 발전을 코르테 씨는 마치 우리가 사회적으로 감염된 것처럼 묘사하고 있어요.

코르테의 입장은 독일에서 자기 결정법(Selbstbestimmungsgesetz)[I]을 비판하고 기존 트랜스섹슈얼법의 존속을 희망하는 사람들이 높이 평가하는 입장이다. 또한 많은 노력에도 불구하고 지금까지 아동과 청소년 대상의 성전환 수술 가이드라인이 없는 데에는 이런 입장이 한몫하고 있다. 하지만 그런 가이드라인이 없으면 의사들은 정치적·종교적 이해 집단으로부터 고소당할 것을 두려워해야 한다. 바이첼에 따르면 보수 우익과 미국에 뿌리를 둔 복음주의교회 연합이 어느덧 유럽에 대표부를 두고 영향력을 행사하려 한다.

미국이라고 해서 상황이 나아 보이지는 않는다. 2020년 미국 연방대법원이 게이, 레즈비언, 양성애자, 트랜스젠더의 권리는 1964년 민권법의 보호를 받으므로 직장에서 이들을 차별해서는 안 된다고 결정했지만, 대부분의 주에서 지금까지 이들을 위한 보호책이 직장 내에 없다는 기사를 읽으면 끔찍하다. 그 밖에도 이 주제 속에는 주로 보수 매체에서 걸핏

I   [역주] 자기 결정법은 기존의 트랜스젠더법(트랜스섹슈얼법)을 대신할 법이다. 트랜스젠더법에서는 성별과 이름의 정정을 원하는 사람이 의사 두 명의 감정서를 발부받아 법원에 제출해야 한다. 하지만 자기 결정법에서는 그럴 필요 없이 어느 때고 본인의 의지로 성별과 이름을 바꿀 수 있다.

하면 들먹이는 화장실 문제도 있다. 미국 대법원의 결정은 모든 트랜스 여성이 여자 화장실을 이용해도 된다는 뜻일까? 모든 트랜스 남성이 남자 화장실을 써도 된다는 뜻일까? 이 화장실 논쟁은 왜 전 세계 수많은 시스사람들에게 그토록 민감한 주제가 되었을까? 마치 그곳에서 하염없이 서로의 성기만 쳐다보고 있을 것처럼?!

누군가로부터 무엇을 빼앗고 싶은 사람은 없다. 중요한 건 왼쪽 문이든 오른쪽 문이든 하나를 골라서 지나가야 하는 사람에게 자신의 이름이 적힌 문을 선택할 수 있게 허용해야 한다는 것이다.

트랜스 남성과 트랜스 여성의 권리를 문제 삼는 퇴행적인 사람들 중에 내가 특히 미심쩍어하는 사람들이 있다. 그들은 위장복을 입고 남부군 깃발과 자동 소총을 들고 여자 화장실을 지키고 싶어 하는 동성애 혐오적인 트럼프 지지자들 이미지가 결코 아니며, 여타 삶의 자세에서는 나와 겹치는 부분이 많기 때문이다. 지금 내가 말하는 사람은 터프(TERF)[I]라고 불리는 페미니스트들이다. 이들은 '여성성'의 개념이 '애매'해질 수 있다는 핑계로 트랜스 개인의 권리를 인정하지 않는다. 가장 유명한 사례가 해리포터의 저자 J. K. 롤링과 여자 테니스 선수 마르티나 나브라틸로바다. TERF는 여자도 페니스를 가질 수 있고 남자도 외음부를 가질 수 있다는 사실을 문제 삼는다. 그들은 트랜스 남성을 여성의 몸과 여성이라는 존재에 등을 돌리는 결정을 내린 배신자로 본다. 이들의 눈엔 트랜스 여성도 격전 끝에 쟁취한 페미니즘 영역을 부당하게 차지하려는 남자

I 터프(TERF : Trans-Exclusionary Radical Feminists) : 트랜스젠더를 배제하는 급진적 페미니스트.

들이다. 여기서 페미니즘 영역이란 여성들이 지난 수년간 힘들여 정복한 현실의 물리적 공간과 포럼이나 논쟁의 장을 모두 포함하는 안전한 공간을 말한다. 이런 공간이 존재하는 것은 성폭력의 희생자가 여성인 경우가 더 많기 때문이다.[I] 누가 이 안전지대로 들어올 수 있는가? 누가 페미니즘 투쟁을 이끌 수 있는가?

펠리치아 에베르트와 지벨 시크는 팟캐스트 《다른 상황에서는》의 첫 회차에서, 왜 이런 문제들이 비교적 작은 집단인 소수자의 권리와만 연관되는 것이 아니라 그 영역을 넓혀 민주주의와도 정치적으로 크게 연관되는지를 설명한다. 트랜스 혐오는 우익 정당과 극우 정당과 영향력 있는 TERF 조직이 공통으로 지닌 입장으로, 셋이 서로 정치적 동맹을 맺는 연결 고리가 될 수 있다. 이런 입장은 정보가 없거나 잘못된 정보를 가진 보수적인 사람들을 비옥한 토양으로 삼아, 더 많은 교차점들을 빠르게 날조할 수 있다.[220]

따라서 위에서 제기한 질문에 대한 답은 명확하다. 트랜스 여성은 여성이며 여성의 권리는 인간의 권리다. 이건 협상의 대상이 아니다. 트랜스 남성과 그들의 권리에 대해서도 같은 말을 할 수 있다. 보호의 필요성이라는 문제에서도 트랜스 정체성을 가진 사람은 공간을 누릴 권리가 있다. 페미니즘이 아니면 누가 이 공간을 만들겠는가?!

I 전 세계적으로 특히 트랜스 여성이 폭력의 피해자가 될 위험이 크다.

맺는말

연구의 끝은 모든 걸 마무리했다는 만족감이 들 때가 아니라 변경할 수 없는 마감일이 닥쳤을 때다. 책 제목을 '시스남성 외의 모든 이에게 맞지 않는 세상 탐험'으로 했다면 더 나았을지도 모르겠다. 그러나 독자는 알 것이다. 서적 판매라는 것이 어떤 것인지를. 책 제목에 '탐험'이라는 말을 넣었더라면 다음과 같은 내용을 분명히 드러내주었을 것이다. 책의 주제가 너무 광범위해서 여기저기 중요한 퍼즐 조각을 모아놓기는 했는데, 전체 그림은 보는 사람의 머릿속에서 완성되어야 한다는 것을 말이다. 이제 그 숙제를 독자 여러분에게 맡기고 나는 물러나겠다![1]

---

[1] 내가 왜 갑자기 독자 여러분에게 개인적으로 부탁을 하는지 의아해하는 분이 있을지도 모른다. 이 대목까지 여러분은 몸을 뒤로 젖히고 느긋하게 책을 읽었을 것이다. 그러나 거북하더라도 여러분이 이 캠페인에 참여해야 하는 부분이 이제부터 시작된다!

뭔가 빠졌다는 느낌이 들어도 걱정하지 마시라. 그런 건 오래 찾지 않아도 된다. 곳곳에 널려 있으니까. 하지만 이 이상의 분량은 이 책 속에 넣을 수 없었다. 나는 지난 2년간 내 메일함에 차고 넘쳤던 모든 구글 알리미를 조촐한 의식을 치르며 삭제할 것이다. 그리고 다음 날 아침 오랜만에 가부장적 디자인이 섞이지 않은 하루를 첫 커피를 마시며 열 것이다. 이건 동일한 알리미를 다시 설정하기 전에 잠시 내가 꿀 꿈이다.

"뭐가 문젠데? 그렇다면 여자들이 직접 안장과 신발을 만들면 되겠네." 자전거 안장과 축구화를 주제로 쓸 때 내 남사친이 말했다. "그건 인류 발전의 역사야. 뭔가 맞지 않으면 인간(man)이 맞게 만들면 되는 거야." 그가 당연한 투로 말해 나는 잠시 동요했다. 인류 역사에서 '인간'(man)이 종종 '남자'(man)가 되는 이유가 여자 때문인 것 같았다. 당황한 나는 아주 짧은 순간 아무 말도 하지 않았다. 세상이 우리 여자들에게 맞지 않는 것이 정말 우리 여자들 탓일까? 우리 여자들이 게으르고 무능했을까?

앞에서 말했듯이, 그 순간은 짧았다. 대답은 "아니요!"였다. 캐럴라인 크리아도 페레스는 자신의 책 『보이지 않는 여자들』에서 수많은 연구와 통계와 수치를 이용해 이런 불공정의 원인이 사실적 지식 부족에 있다는 것을 보여준다. 여기에서 가부장적인 무지의 힘이 탄생해 우리 사회에 영향을 미친다. 이는 구조적 문제다. 시스남성 외의 모든 사람이 무언가를 스스로 자신을 디자인하는 대신 오래도록 부당함을 감내해서 생긴 문제가 아니란 말이다.

그럼에도 불구하고 내가 지난 1년 6개월간 이 문제를 놓고 함께 이야기를 나눈 많은 남자들은 가부장제가 실은 공허한 말에 불과할 뿐 문제의 본질이 아니며 문제는 여성, 여성의 직업 선택, 여성의 인생 계획, 생물학, 정치, 철학, 종교, 자본주의 등등이라고 했다. "흥미롭군. 해결책은 늘 공교롭게도 남자는 책임이 없다고 착각하는 곳에 있는 것 같아." 이 말 외에 내가 무슨 말을 더 하겠는가.

네덜란드 인류학자 카럴 반 스하이크에게 가부장제는 현실의 문제이지만 일반적인 문제는 아니다. 그는 가부장제가 인류 발전의 역사에 나타난 변칙이며, 호모 사피엔스의 등장 이후 기간 중 불과 1~3퍼센트에 불과하다고 말한다.[221] 따라서 통계적으로 보면 우리는 운이 없는 것이다! 이런 추악한 비상사태의 원인으로 그는 자본주의를 든다(구체적으로 자본주의라는 용어를 사용하지는 않았지만 "재산을 축적하고 독점할 수 있는 새로운 가능성"이라는 표현이 이미 그것을 가리킨다). 자신의 능력으로 권력을 쥔 여성들이 전 세계적으로 증가하고 있다는 사실을 토대로 그는 머잖아 가부장제가 끝날 거라고 예언한다.[I] 근사하지 않은가?!

시스남성의 우세함의 시효가 머잖아 끝나고 그와 더불어 가부장적 설계 역시 더 나은 것으로 대체될지도 모른다. 인류 역사의 0.1퍼센트가 지난 뒤에는 지금 시스남성이 아닌 사람들의 삶을 힘들게 만든 모든 것이 그저 어렴풋한 기억으로만 남아 있을 거라고 믿고 싶다. 그러나 지금 내 구글 알리미가 예언하는 미래는 그것이 아니라, 우리를 수십 년 후퇴

I 이것은 DAX(독일 주가 지수: 가장 중요한 30개 주가 지수의 평균값)에 상장된 대기업 임원들에게 여성 할당제를 도입하면 우리 자신의 삶도 어떻게든 나아질 거라고 믿는 것과 같다. 이 낙수 효과가 아무리 매혹적으로 들려도 어느 집단의 정점에 여성이 존재한다는 것만으로는 아무것도 개선되지 않는다.

시킨 전염병과 관련된 것이다. 몇 년 전 다른 나라에서 에볼라와 사스가 그랬듯이, 코로나는 우리 사회에서 가부장제에 내재한 한계를 드러냈다. 학교와 어린이집이 문을 닫은 후 보육을 떠맡은 쪽은 여성이다. 여성이 과학에서 내놓은 연구 성과는 30퍼센트 이상 감소한 반면, 2020년 남자 동료들은 연구를 진척하기 위해 더 많은 시간을 들여 집중함으로써 동료 평가에 필요한 논문을 최대 50퍼센트 더 많이 제출했다.[222] 이는 개인의 인생에도 직접 영향을 주지만 일반 대중의 삶에도 중요한 결과를 가져온다. 왜냐하면 여성, 트랜스젠더, 간성, 논바이너리들 중 일부는 남자들과 다른 주제를 연구하고 돌봄 노동의 분배와 가치 평가와 보수 같은 연구 분야에 더 자주 관심을 갖기 때문이다. 우리가 수백 년 동안 메우려고 노력한 연구와 디자인의 역사적 블랙홀에 또 다른 공백이 생기고 있다. 우리가 모두 예방 접종을 받고 경제가 회복되면 팬데믹의 영향이 사라질 거라고 믿는 것은 순진한 생각이다. 페미니즘의 엄청난 노력이 없으면 우리는 직장에서, 그리고 인간관계와 가정에서의 역할 모델과 관련해 오래도록 그 영향에서 벗어나지 못할 것이다.

이렇게 부정적인 말로 끝내지 말라는 충고를 들었다. 해피엔드가 필요하고 최소한 희망적인 결말이 있어야 한다고. 나는 사물과 구조의 설계에 변화의 물결이 들이쳤다는 걸 부정하지 않겠다. 여성과 유색인과 그 밖에 소외된 사람들이 그 어느 때보다 많이 공적 영역과 의사 결정자의 위치에 있으며 사회 변화의 가능성도 느껴진다. 하지만 이렇게 되기 위해서는 대포처럼 유리 천장을 뚫고 올라가는 사람들만 필요한 게 아니다. 이들은 불리한 여건을 이겨내고 성공에 이른 개인들이다. 개별적으로 뛰어난 업적을 이루었지만 환경의 장애물은 혼자 극복하기 힘들다. 내 생각에, 우리에게 필요한 것은 높은 담장을 오를 때처럼 밑에서 받쳐주고 밀어주는 시스템이다. 지식과 경험을 가지고 자신의 행동으로 아래를 살피는 사람들의 영구적이고 구조적인 발판이다. 그렇지 않으면 우리는 매번 이 책에서 가부장적인 라인 댄스라고 묘사한 것만 경험하게 된다. 한 걸음 전진하고 두 걸음 후퇴한다.

이것을 막는 것도 독자 여러분의 몫이다. 나는 여러분이 이 책을 읽고 가부장적 설계의 존재를 깨닫기 바란다. 가부장제는 그 모습 그대로 부적절한 것이라는 걸 인식하기 바란다. 우리 모두가 소변기, 축구화, 약품, 법안 같은 자체적인 해결책을 설계할 수는 없다. 그럴 필요도 없다. 내가 내 주변을 상대로 그렇게 하듯이, 여러분도 자신의 권리가 허락하는 한 주변 사람들을 이런 문제로 괴롭히고 가부장제를 애먹이기를 바란다. 그건 스스로 그렇게 할 수 없는 모든 사람들을 우리가 책임지고 있기 때문이기도 하다. 상황은 달라질 수 있다. 일부 공사 구간은 다른 곳보다 훨씬 쉽게 조성할 수 있다.

첫 장에 나오는 언어를 예로 들자. 내 아이가 며칠 전 잠을 청하다 단박에 다음과 같은 문장을 만들었다. "아기들은 정말 최고의 예술가들(Künstler:innen)이야." 다섯 살 아이가 이젠 '사이 I'를 넣어가며 제 마음대로 단어를 만들고 있다. 그것도 자연스럽고 우아하게. 내 성격과는 거리가 한참 멀다. 여기에서 나는 희망을 본다. 여러분도 그렇지 않을까?!

미주

1   Caroline Criado-Perez, *Unsichtbare Frauen: Wie eine von Daten beherrschte Welt die Hälfte der Bevölkerung ignoriert* (Ü: Stephanie Singh; btb, München 2020).

2   Soraya Chemaly, *Speak out!: Die Kraft weiblicher Wut* (Ü: Kirsten Risselmann u. Kirsten Schröder; Suhrkamp Verlag, Berlin 2020).

3   Audre Lorde, »The Uses of Anger«, *Women's Studies Quarterly*, 1981, (https://academicworks. cuny.edu/wsq/509; abgerufen am 2. Februar 2019).

4   David Graeber, *Bürokratie. Die Utopie der Regeln* (Ü: Hans Freundl u. Henning Dedekind, Goldmann Verlag, München 2017).

5   Katy Steinmetz, »She Coined the Term ›Intersectionality‹ Over 30 Years Ago. Here's What It Means to Her Today«, *Time*, 20. Feburar 2020, (https://time.com/5786710/kimberle-crenshaw- intersectionality; abgerufen am 3. August 2020).

6   Ernest Hemingway, *Tod am Nachmittag* (Ü: Annemarie Horschitz-Horst; Rowohlt, Hamburg 1999).

7   Lisa Irmen and Nadja Roßberg, »Gender Markedness of Language: The Impact of Grammatical and Nonlinguistic Information on the Mental Representation of Person Information«, *SAGE journals, Journal of Language and Social*

Psychology, 23, 1. September 2004, 272–307,

(https://doi.org/ 10.1177/0261927X04266810; abgerufen am 6. Juni 2019).

8   Dagmar Stahlberg und Sabine Sczesny, »Effekte des generischen Maskulinums und alternativer Sprachformen auf den gedanklichen Einbezug von Frauen«, *Psychologische Rundschau*, 52, 2001, 131–40,

(https://doi.org/10.1026//0033-3042.52.3.131; abgerufen am 19. Oktober 2020).

9   Luise F. Pusch, »Totale Feminisierung: Überlegungen zum umfassenden Feminimum«, *Women in German Yearbook*, Vol. 4, 1–14 (University of Nebraska Press, Lincoln NE 1988).

10   Anna Katharina Mangold, »Mitgemeint«, *Verfassungsblog*, 2020,

(https://verfassungsblog.de/mitgemeint; abgerufen am 17. Oktober 2020).

11   Christopher F. Schuetze, »Can a Bill Have a Gender? Feminine Wording Exposes a Rift«, *The New York Times*, 15. Oktober 2020,

(https://www.nytimes.com/2020/10/15/world/europe/germany-gender-bill-language. html; abgerufen am 17. Oktober 2020).

12   Nele Pollatschek, »Gendern macht die Diskriminierung nur noch schlimmer«, *Der Tagespiegel*, 30. August 2020,

(https://www.tagesspiegel.de/kultur/deutschland-ist-besessen-von-genitalien-gendern-macht-die-diskriminierung-nur-noch-schlimmer/26140402.html; abgerufen am 17. Oktober 2020).

13   Youki Terada, »50 Years of Children Drawing Scientists«, *Edutopia*, 22. Mai 2019,

(https://www.edutopia.org/article/50-years-children-drawing-scientists; abgerufen am 5. August 2020).

14   »Women, underrepresented minorities, blacks, and Hispanics in S&E and all occupations: 2017«, National Center for Science and Engineering Statistics, *National Science Foundation*,

(https://ncses.nsf.gov/pubs/nsb20201/u-s-s-e-workforce#figureCtr874; abgerufen am 18. Dezember 2020).

15   Stav Atir and Melissa J. Ferguson, »How Gender Determines the Way We

Speak about Professionals«, *PNAS, Proceedings of the National Academy of Sciences*, Vol. 115.28, 10. Juli 2018, 7278–83, (https://doi.org/10.1073/pnas.1805284115, abgerufen am 28. August 2020).

16   Mirjam Schmuck, »Movierung weiblicher Familiennamen im Frühneuhochdeutschen und ihre heutigen Reflexe«, J. Gutenberg-Universität, FB 05, Deutsches Institut, 2017.

17   Margaret W. Rossiter, »The Matthew Matilda Effect in Science«, *SAGE journals, Social Studies of Science*, Vol. 23.2, 1. Mai 1993, 325–41, (https://doi.org/10.1177/030631293023002004; abgerufen am 28. April 2020).

18   Viktoria Morasch, »Botanischer Sexismus: #allmaletreesaretrash«, *taz*, 27. Juni 2020,
(https://taz.de/!5692824/; abgerufen am 29. Juni 2020).

19   Leslie Weisman, *Discrimination by Design: A Feminist Critique of the Man-Made Environment* (University of Illinois Press, Champaign 1994).

20   »Mobilität in Deutschland–Publikationen zur Erhebungswelle 2017«, Publikationen MiD 2017,
(http://www.mobilitaet-in-deutschland.de/publikationen2017.html; abgerufen am 5. Februar 2020).

21   Marie Gilow, »›It's Work, Physically and Logistically‹: Analyzing the Daily Mobility of Employed Mothers as Domestic Mobility Work«, *ScienceDirect, Journal of Transport Geography*, Vol. 85, Mai 2020,
(https://doi.org/10.1016/j.jtrangeo.2020.102693; abgerufen am 11. Oktober 2020).

22   Thomas Urban, »Pontevedra: So funktioniert eine Stadt ohne Autos«, *Süddeutsche Zeitung*, 21. Dezember 2018,
(https://www.sueddeutsche.de/wirtschaft/pontevedra-fussgaenger-autos-1.4259542; abgerufen am 6. Februar 2020).

23   Bettina Möllring, »Toiletten und Urinale für Frauen und Männer«, 2003, 176, (https://opus4.kobv.de/opus4-udk/frontdoor/deliver/index/docId/8/file/moellring_bettina.pdf; abgerufen am 19. Dezember 2019).

24   »Ensuring Women's Access to Safe Toilets Is ›Moral‹ Imperative, Says Ban

Marking World Day«, *UN News*, 2014,

(https://news.un.org/en/story/2014/11/484042-ensuring-womens-access-safe-toilets-moral-imperative-says-ban-marking-world-day; abgerufen am 21. August 2020).

25 Apoorva Jadhav, Abigail Weitzman, and Emily Smith-Greenaway, »Household Sanitation Facilities and Women's Risk of Non-Partner Sexual Violence in India«, *BMC Public Health*, Vol. 16.1, 8. November 2016, 1139, (https://doi.org/10.1186/s12889-016-3797-z; abgerufen am 14. Juli 2020).

26 United States, Water Aid, »Girl Strong«,

(https://www.wateraid.org/us/girlstrong; abgerufen am 21. August 2020).

27 Marcus Golling, »Denkmäler sind eine überlebte Form«, Neckar-Chronik, 8. Juli 2020,

(https://www.neckar-chronik.de/Nachrichten/Denkmaeler-sind-eine-ueberlebte-Form-463638.html; abgerufen am 10. Juli 2020).

28 Alix Spiegel, »World With No Fear«, NPR, *Invisibilia*, 15. Januar 2015,

(https://www.npr.org/2015/01/16/377517810/world-with-no-fear; abgerufen am 19. Juli 2020).

29 Stephen J. Dubner, »The Cost of Fearing Strangers«, *Freakonomics*, 6. Januar 2009,

(https://freakonomics.com/2009/01/06/the-cost-of-fearing-strangers/; abgerufen am 18. Juli 2020).

30 Christopher Beam, »How Many Children Go Missing Every Year?«, *Slate Magazine*, 2007,

(https://slate.com/news-and-politics/2007/01/how-many-children-go-missing-every-year.html; abgerufen am 18. Juli 2020).

31 dpa, »Statistik des Bundeskriminalamts: 11.000 Menschen in Deutschland werden vermisst«, *Schweriner Volkszeitung*,

(https://www.svz.de/deutschland-welt/politik/11-000-Menschen-in-Deutschland-werden-vermisst-id22066037.html; abgerufen am 19. Juli 2020).

32 »Sexueller Missbrauch von Kindern (Deutschland)«, *Wikipedia*, 2020,

(https://de.wikipedia.org/w/index.php?title=Sexueller_Missbrauch_von_Kindern_(Deutschland)&oldid=201908121; abgerufen am 19. Juli 2020).

33 Caroline Fetscher, »Erst betäubt und dann vermutlich erstickt: Warum tut eine Mutter ihren Kindern so etwas an?«, *Der Tagesspiegel*, 5. September 2020, (https://amp.tagesspiegel.de/gesellschaft/panorama/erst-betaeubt-und-dann-vermutlich-erstickt-warum-tut-eine-mutter-ihren-kindern-so-etwas-an; abgerufen am 7. September 2020).

34 UN Women, »Families in a Changing World: Progress of the World's Women 2019–2020«, 2019, (https://www.unwomen.org/-/media/headquarters/attachments/sections/library/publications/2019/progress-of-the-worlds-women-2019-2020-en.pdf; abgerufen am 16. April 2020).

35 Corinna Emundts, »Gewalt in Beziehungen: ›Die Zahlen sind schockierend‹«, *tagesschau.de*, Stand: 10. November 2020, (https://www.tagesschau.de/inland/beziehungsgewalt-bka-statistik-101.html; abgerufen am 19. November 2020).

36 Carla Ebert, Sayli Javadekar und Janina Steinert, »The Impact of COVID-19 on Violence against Women and Children in Germany«, *Google Docs*, 2020, (https://drive.google.com/file/d/19Wqpby9nwMNjdgO4_FCqqlfYyLJmBn7y/view?usp=sharing&usp=embed_facebook; abgerufen am 19. November 2020).

37 Luise Strothmann, »Kinderbücher, die vor Fremden warnen: Schmeißt diese Bücher weg!«, *taz*, 14. März 2019, (https://taz.de/!5576212/; abgerufen am 18. Juli 2020).

38 Adrian Daub und Laura Goode, »Episode 6: Sarah Marshall + Michael Hobbes of You're Wrong About«, *The Feminist Present*, (https://www.stitcher.com/s?eid=76151331; abgerufen am 19. Juli 2020).

39 Look Around You, »Finally, a Computer for Women – Petticoat 5, (https://www.youtube.com/watch?v=z0fJNDOHYp4; abgerufen am 24. August 2020).

40 Bridget Brennan, *Why She Buys: The New Strategy for Reaching the World's*

Most Powerful Consumers (Crown, New York 2009). 35 f.

41   Virginia Woolf, *Ein Zimmer für sich allein* (Ü: Antje Rávik Strubel: Kampa Verlag, Zürich 2019).

42   Kathrin Ehrberger, *Cross-Dressing Appliances Reveals Design's Gender Bias*, TEDxStockholmSalon,

      (https://www.youtube.com/watch?v=AYv9sQBntyg; abgerufen am 10. Januar 2020).

43   Cynthia Cockburn, Die Herrschaftsmaschine: Geschlechterverhältnisse und technisches Know-How (Argument Verlag, Hamburg 1988).

44   Nationaler Pakt für Frauen in MINT-Berufen, »MINT-Datentool | Komm, Mach MINT«,

      (https://www.komm-mach-mint.de/service/mint-datentool; abgerufen am 13. Oktober 2020).

45   Commodore SX-64 TV Ad 1984, 2011,

      (https://www.youtube.com/watch?v=5PygDf6E94o; abgerufen am 2. Oktober 2020).

46   Allan Fisher and Jane Margolis, »Unlocking the Clubhouse: The Carnegie Mellon Experience«, *ACM SIGCSE Bulletin*, Vol. 34, 2. Juni 2002, 79–83, (https://doi.org/10.1145/543812.543836; abgerufen am 1. Oktober 2020).

47   HackerRank, »HackerRank Data Reveals Gender Gap for Learning to Code Is Shrinking; Hiring Managers Can Accelerate Change«, *Cision, PR Newswire*, 1. März 2018,

      (https://www.prnewswire.com/news-releases/hackerrank-data-reveals-gender-gap-for-learning-to-code-is-shrinking-hiring-managers-can-accelerate-change-300606537.html; abgerufen am 2. Oktober 2020).

48   Mar Hicks and William Aspray, *Programmed Inequality: How Britain Discarded Women Technologists and Lost Its Edge in Computing*, 1. ed. (The MIT Press, Cambridge, Massachusetts 2017).

49   Kristen Lucas and John L. Sherry, »Sex Differences in Video Game Play: A Communication-Based Explanation«, *SAGE journals, Communication Research*, 31.5, 1. Oktober 2004, 499–523, (https://doi.org/10.1177/0093650204267930; abgerufen am 5.Oktober 2020).

50   Tracey Lien, »No Girls Allowed«, *Polygon*, 2. Dezember 2013,
      (https://www.polygon.com/features/2013/12/2/5143856/no-girls-allowed;
      abgerufen am 6. Oktober 2020).

51   Maddie Myers, »The Cost Of Being A Woman Who Covers Video Games«,
      Kotaku, 3. Januar 2020,
      (https://kotaku.com/the-cost-of-being-a-woman-who-covers-video-games-1840793836;
      abgerufen am 15. Januar 2020).

52   Sarah T. Roberts, *Behind the Screen: Content Moderation in the Shadows of
      Social Media* (Yale University Press, New Haven, CT 2019). 93 f.

53   Lacey-Jade Christie, »Instagram Censored One of These Photos but Not the
      Other. We Must Ask Why«, *The Guardian*, 19. Oktober 2020,
      (https://www.theguardian.com/technology/2020/oct/20/instagram-censored-one-
      of-these-photos-but-not-the-other-we-must-ask-why; abgerufen am 22. Oktober
      2020).

54   Sören Wheeler et al., Radiolab »Post No Evil«, *WNYC Studios*,
      (https://www.wnycstudios.org/podcasts/radiolab/articles/post-no-evil; abgerufen am
      6. Oktober 2020).

55   Linda Misitzis, »Two Times a Lady – Escape From the Lab«, *This American
      Life*, 16. August 2019,
      (https://www.thisamericanlife.org/681/transcript; abgerufen am 28. August 2020).

56   Debra Herbenick et al., »Prevalence and Characteristics of Vibrator Use by
      Women in the United States: Results from a Nationally Representative Study.«,
      The Journal of Sexual Medicine, 1. Juli 2009,
      (https://doi.org/10.1111/j.1743-6109.2009.01318.x; abgerufen am 21. Juni 2019).

57   Carsten Orwat, »Diskriminierungsrisiken durch Verwendung von Algorithm
      en«, *Antidiskriminierungsstelle des Bundes*, 2019, 204,
      (https://www.antidiskriminierungsstelle.de/SharedDocs/Downloads/DE/
      publikationen/Expertisen/studie_diskriminierungsrisiken_durch_verwendung_
      von_algorithmen.pdf?__blob=publicationFile&v=5; abgerufen am 6. November
      2020).

58 Ayanna Howard, »Should Robots Have a Gender or Ethnicity? One Roboticist Says No.«, *Marketplace*, 15. Oktober 2020,

(https://www.marketplace.org/shows/marketplace-tech/should-robots-have-gender-or-ethnicity-one-roboticist-says-no-ayanna-howard-sex-race-robots; abgerufen am 28. Oktober 2020).

59 Jieyu Zhao et al., »Men Also Like Shopping: Reducing Gender Bias Amplification Using Corpus-Level Constraints«, in *Proceedings of the 2017 Conference on Empirical Methods in Natural Language Processing*, September 2017, 2979–89,

(https://doi.org/10.18653/v1/D17-1323; abgerufen am 8. Oktober 2020).

60 Carsten Schwemmer et al., »Diagnosing Gender Bias in Image Recognition Systems«, *SAGE journals, Socius: Sociological Research for a Dynamic World*, 11. November 2020,

(https://doi.org/10.1177/2378023120967171; abgerufen am 25. November 2020).

61 *Kölner Treff – TALK am Dienstag*: Samantha Cristoforetti, *ARD* Mediathek, 19. Mai 2020,

(https://www.daserste.de/unterhaltung/talk/talk-am-dienstag/videos/koelner-treff-video-Samantha-Cristoforetti-100.html; abgerufen am 2. Dezember 2020).

62 Boris Kingma and Wouter van Marken Lichtenbelt, »Energy Consumption in Buildings and Female Thermal Demand«, *Nature Climate Change*, 5.12, 3. August 2015, 1054–56,

(https://doi.org/10.1038/nclimate2741; abgerufen am 29. Juni 2020).

63 William Goetzler et al., »Energy Savings Potential and RD&D Opportunities for Commercial Building HVAC Systems«, OSTI.GOV, U.S. Department of Energy, 1. Dezember 2017,

(https://doi.org/10.2172/1419622; abgerufen am 29. Juni 2020).

64 Frank-Thomas Wenzel, »Energieverbrauch durch Klimaanlagen«, *Frankfurter Rundschau*, 15. September 2016,

(https://www.fr.de/panorama/energieverbrauch-durch-klimaanlagen-11103044.html; abgerufen am 16. Oktober 2020).

65   The Future of Cooling, *IEA*, 2018,

(https://www.iea.org; abgerufen am 29. Juni 2020).

66   Richard de Dear, »Adaptive Comfort Applications in Australia and Impacts on Building Energy Consumption«, 8. Januar 2007,

(http://citeseerx.ist.psu.edu/viewdoc/download?doi=10.1.1.579.8110&rep=rep1&type=pdf; abgerufen am 29. Juni 2020).

67   Sami Karjalainen, »Gender Differences in Thermal Comfort and Use of Thermostats in Everyday Thermal Environments«, *ScienceDirect, Building and Environment*, Vol. 42.4, April 2007, 1594–1603,

(https://doi.org/10.1016/j.buildenv.2006.01.009; abgerufen am 25. Juni 2020).

68   Nadine M. Dunk and Jack P. Callaghan, »Gender-Based Differences in Postural Responses to Seated Exposures«, *Clinical Biomechanics*, Vol. 20.10, 1. Dezember 2005, 1101–10,

(https://doi.org/10.1016/j.clinbiomech.2005.07.004; abgerufen am 22. Juni 2020).

69   Sangbok Lee, Myoung Hwan Park, and Byung Yong Jeong, »Gender differences in public office workers' satisfaction, subjective symptoms and musculoskeletal complaints in workplace and office environments«, *International Journal of Occupational Safety and Ergonomics*, Vol. 24.2, 2018, 165–70,

(https://doi.org/10.1080/10803548.2016.1272959; abgerufen am 29. Juni 2020).

70   Christina Bodin Danielsson und Töres Theorell, »Office Employees' Perception of Workspace Contribution: A Gender and Office Design Perspective«, *SAGE journals, Environment and Behavior*, Vol. 51.9–10, 4. April 2018, 995–1026,

(https://doi.org/10.1177/0013916518759146; abgerufen am 29. Juni 2020).

71   ebda.

72   Hugh Morris, »Why Do Airlines Have Such Large Gender Pay Gaps? And Whose Is the Biggest?«, *The Telegraph*, 4. Mai 2018,

(https://www.telegraph.co.uk/travel/news/airline-gender-pay-gaps-female-pilots/; abgerufen am 27. November 2020).

73   Rachel N. Weber, »Manufacturing Gender in Commercial and Military Cockpit Design«, *Science, Technology, & Human Values*, Vol. 22.2, 1997,

235–53,

(https://www.jstor.org/stable/689692; abgerufen am 27. Juni 2020).

74   Majid Motamedzade and Abbas Moghimbeigi, »Musculoskeletal Disorders among Female Carpet Weavers in Iran«, *Ergonomics*, Vol. 55.2, 17. August 2011, 229–36,

(https://doi.org/10.1080/00140139.2011.582539; abgerufen am 30. Juni 2020).

75   Patrick G Dempsey, Raymond W McGorry, and Niall V O'Brien, »The Effects of Work Height, Workpiece Orientation, Gender, and Screwdriver Type on Productivity and Wrist Deviation«, *ScienceDirect, International Journal of Industrial Ergonomics*, Vol. 33.4, 4. April 2004, 339–46,

(https://doi.org/10.1016/j.ergon.2003.10.006; abgerufen am 14. Juni 2020).

76   Caroline Criado-Perez, »The Deadly Truth about a World Built for Men—from Stab Vests to Car Crashes«, *The Guardian*, 23. Februar 2019,

(https://www.theguardian.com/lifeandstyle/2019/feb/23/truth-world-built-for-men-car-crashes; abgerufen am 9. Januar 2020).

77   Dana Cronin, »Farm Tools Were Designed For Men. That's A Problem For The Increasing Number Of Female Farmers.«, *Kosu*, 11. November 2020,

(https://www.kosu.org/post/farm-tools-were-designed-men-thats-problem-increasing-number-female-farmers; abgerufen am 14. November 2020).

78   CBS Television, 1954 Automobile Accident & Safety Research at Cornell University Hugh Dehaven 53884

(https://www.youtube.com/watch?v=qAh-ScgRMOc&feature=emb_title; abgerufen am 10. Oktober 2020).

79   Ralph Nader, *Unsafe at Any Speed: The Designed-in Dangers of the American Automobile* (Grossman Publishers, New York 1965).

80   Augustine J. Kposowa and Kevin D. Breault, »Motor Vehicle Deaths among Men: Marital Status, Gender and Social Integration«, *International Journal of Men's Health*, Vol. 8.2, 2009, 129–42,

(https://doi.org/10.3149/jmh.0802.129; abgerufen am 11. Oktober 2020).

81   Dipan Bose, ScD Segui-Gomez Maria, and Jeff R. Crandall, »Vulnerability

of Female Drivers Involved in Motor Vehicle Crashes: An Analysis of US Population at Risk«, *American Journal of Public Health*, Vol. 101.12, 28. April 2011, 2368–73,

(https://doi.org/10.2105/AJPH.2011.300275; abgerufen am 10. Oktober 2020).

82 Beatriz González-Iglesias, José Antonio Gómez-Fraguela und Ma Ángeles Luengo-Martín, »Driving Anger and Traffic Violations: Gender Differences«, *ScienceDirect, Transportation Research Part F: Traffic Psychology and Behaviour*, Vol. 15.4, 4. Juli 2012, 404–12,

(https://doi.org/10.1016/j.trf.2012.03.002; abgerufen am 11. Oktober 2020).

83 Bose, Segui-Gomez und Crandall, siehe Nr. 81.

84 C. J. Kahane, »Injury Vulnerability and Effectiveness of Occupant Protection Technologies for Older Occupants and Women«, National Highway Traffic Safety Administration, 2013,

(https://crashstats.nhtsa.dot.gov/Api/Public/ViewPublication/811766; abgerufen am 11. Oktober 2020).

85 L. W. Schneider et al., »Development of Anthropometrically Based Design Specifications for an Advanced Adult Anthropomorphic Dummy Family. Final Report«, University of Michigan Transportation Research Institute, 1983,

(http://mreed.umtri.umich.edu/mreed/downloads/anthro/amvo/AMVOvol1.pdf; abgerufen am 11. Oktober 2020).

86 »Inclusive Crash Test Dummies: Analyzing Reference Models«, Gendered Innovations in Science, Health & Medicine, Engineering, and Environment, (http://genderedinnovations.stanford.edu/case-studies/crash.html#tabs-2; abgerufen am 11. Oktober 2020).

87 »Gender equality for crash test dummies, too«, 24. Januar 2013, (https://sciencenordic.com/cars-and-traffic-crash-test-dummies-forskningno/gender-equality-for-crash-test-dummies-too/1381623; abgerufen am 11. Oktober 2020).

88 Jason Forman et al., »Automobile Injury Trends in the Contemporary Fleet:

Belted Occupants in Frontal Collisions«, *Traffic Injury Prevention*, Vol. 20.6, 8. Juli 2019, 607–12,

(https://doi.org/10.1080/15389588.2019.1630825; abgerufen am 11. Oktober 2020).

89 »Gender equality for crash test dummies, too«, siehe Nr. 87.

90 Hannah Dines, »I Had a Huge Swelling«: Why My Life as a Female Cyclist Led to Vulva Surgery«, *The Guardian*, 26. März 2019,

(https://www.theguardian.com/lifeandstyle/2019/mar/26/hannah-dines-saddle-research-pain-swelling-female-cyclists; abgerufen am 6. Mai 2020).

91 Sarah N. Partin et al., »The Bar Sinister: Does Handlebar Level Damage the Pelvic Floor in Female Cyclists?«, *The Journal of Sexual Medicine*, Vol. 9.5, 1. Mai 2012, 1367–73,

(https://doi.org/10.1111/ j.1743-6109.2012.02680.x; abgerufen am 2. Juli 2020).

92 »Tiefer Lenker ist schuld: Radfahren macht Frauen lustlos«, *Bild-Zeitung*, 18. Mai 2012

(https://www.bild.de/ratgeber/gesundheit/radfahrer/sex-unlust-frauen-durch-tief-gestellten-fahrradlenker-24207894.bild.html; abgerufen am 4. Juli 2020).

93 Sarah Shephard, *Kicking Off: How Women in Sport Are Changing the Game* (Bloomsbury Publishing, London 2016).

94 »Women's Leadership Can Help Grow the Snowsports Industry«, *SIA Snowsports Industries America*, 2017,

(https://snowsports.org/womens-leadership-can-help-grow-the-snow-sports-industry/; abgerufen am 16. Juni 2020).

95 Avery Trufelman, »Pockets: Articles of Interest #3«, *99% Invisible*, 10. Februar 2018,

(https://99percentinvisible.org/episode/pockets-articles-of-interest-3/; abgerufen am 5 Juli 2020).

96 Mike Featherstone, »The Body in Consumer Culture«, *Theory, Culture & Society*, 30. Juni 2016,

(https://doi.org/10.1177/026327648200100203; abgerufen am 14. Juni 2020).

97 Jenny Stevens, »The Shewee Revolution: How 2020 Has Changed Urination«,

The Guardian, 3. September 2020,

(https://amp.theguardian.com/lifeandstyle/2020/sep/03/shewee-women-urinate-standing-up-revolution?__twitter_impression=true&s=09; abgerufen am 4. September 2020).

98   Maya Oppenheim, »»Female NHS Staff at Risk Due to Not Being Able to ›Access Protective Gear Correctly Sized for Women‹«, *The Independent*, 21. April 2020,

(https://www.independent.co.uk/news/uk/home-news/coronavirus-ppe-women-wrong-size-doctors-nurses-uk-cases-a9476766.html; abgerufen am 23. April 2020).

99   TUC, »Personal Protective Equipment and Women—Guidance for workplace representatives on ensuring it is a safe fit«,

(https://www.tuc.org.uk/sites/default/files/PPEandwomenguidance.pdf; abgerufen am 24. April 2020).

100   ebda.

101   Nick Hopkins, »Breast Reduction for PC in ›Armour Agony‹«, *The Guardian*, 20. Mai 1999,

(https://www.theguardian.com/uk/1999/may/20/nickhopkins; abgerufen am 14. Oktober 2020).

102   Aida Ponce Del Castillo, »Personal Protective Equipment: Getting the Right Fit for Women«, *HesaMag*, 12.special report 25/34 (2015), 34–37,

(https://www.researchgate.net/publication/301300194_Personal_protective_equipment_getting_the_right_fit_for_women; abgerufen am 24. April 2020).

103   Kirian Langseth-Schmidt, »Anthropometric Fit Evaluation of Structural Firefighters' Protective Pants: A Gender Comparison Study« (unpublished, Colorado State University, Fort Collins 2013),

(https://mountainscholar.org/handle/10217/88567; abgerufen am 9. Oktober 2020).

104   Larissa Schmitz, »Polizeiuniformen«, WDR, 2020,

(https://www1.wdr.de/radio/wdr5/sendungen/neugier-genuegt/feature-polizeiuniformen-100.html; abgerufen am 23. April 2020).

105   Richard Sandomir, »Sports Business; Was Sports Bra Celebration Spontaneous?«,

The New York Times, 18. Juli 1999,

(https://www.nytimes.com/1999/07/18/sports/sports-business-was-sports-bra-celebration-spontaneous.html; abgerufen am 25. September 2020).

106 »How the Sports Bra Changed History«, *Outside Online*, 2017,

(https://www.outsideonline.com/2198921/xx-factor-how-sports-bra-changed-history; abgerufen am 20. März 2020).

107 Kirsten Witte and Michaela Rose, »100 Jahre Frauensport« (Deutscher Olympischer Sportbund 2010),

(https://cdn.dosb.de/user_upload/www.dosb.de/Newsletter/Infodienst_Frauen_ und_Gleichstellung/100_Jahre_Frauensport_de.pdf; abgerufen am 14. Oktober 2020).

108 Joanna Scurr et al., »The Influence of the Breast on Sport and Exercise Participation in School Girls in the United Kingdom«, *Journal of Adolescent Health*, Vol. 58.2, 2016, 167–73,

(https://doi.org/10.1016/j.jadohealth.2015.10.005; abgerufen am 10. Oktober 2020).

109 Kat Jungnickel, *Bikes and Bloomers: Victorian Women Inventors and Their Extraordinary Cycle Wear* (MIT Press, Cambridge MA 2020).

110 Jens Kamm, »Radfahrende Frauen waren mit dem Makel der Anstößigkeit behaftet«, *Marktspiegel*, 5. September 2013,

(https://www.marktspiegel-verlag.de/burgdorf/lokales/radfahrende-frauen-waren-mit-dem-makel-der-anstoessigkeit-behaftet-d34937.html; abgerufen am 2. Juli 2020).

111 »Robert Habeck und Annalena Baerbock, Grüne Selbstdarsteller«, *Der Spiegel*, 26. Juni 2020,

(https://www.spiegel.de/politik/deutschland/robert-habeck-und-annalena-baerbock-gruene-selbstdarsteller-a-f9d640ed-d842-486a-902e-0913b1eb0173; abgerufen am 28. Juli 2020).

112 Grace Back, »Power Suits Are Having A Major Moment«, *Marie Claire*, 28. September 2020,

(https://www.marieclaire.com.au/power-suit; abgerufen am 29. Juli 2020).

113 »How New Women of Congress Also Send a Message With Fashion«, *Time*, 6.

Februar 2019,

(https://time.com/5520372/2019-state-of-the-union-fashion/; abgerufen am 30. Juli 2020).

114 Sven Beckert and Sarah Fee, *Cloth That Changed the World: The Art and Fashion of Indian Chintz* (Yale University Press, New Haven CT 2020).

115 Valeriya Safronova, »Lawyer in Rape Trial Links Thong With Consent, and Ireland Erupts«, *The New York Times*, 15. November 2018,

(https://www.nytimes.com/2018/11/15/world/europe/ireland-underwear-rape-case-protest.html; abgerufen am 23. September 2020).

116 Bellinda Kontominas COURTS, »Rape of Woman in Skinny Jeans ›Not Possible‹«, *The Sydney Morning Herald*, 1. Mai 2010,

(https://www.smh.com.au/national/nsw/rape-of-woman-in-skinny-jeans-not-possible-20100430-tzai.html; abgerufen am 24. September 2020).

117 Megan Twohey, »A Question That Almost Went Unasked«, *The New York Times*, 14. Februar 2020,

(https://www.nytimes.com/2020/02/14/podcasts/daily-newsletter-weinstein-trial-coronavirus.html; abgerufen am 23. September 2020).

118 »MPA: Briefing Paper 04/2010«, Mayor's Office for Policing and Crime (MOPC),

(http://policeauthority.org/metropolitan/publications/briefings/2010/1004/index.html; abgerufen am 24. September 2020).

119 Julie Bindel, »Blame the Rapist, Not the Victim«, *The Guardian*, 19. Februar 2010,

(https://www.theguardian.com/lifeandstyle/2010/feb/19/blame-the-rapist; abgerufen am 24. September 2020).

120 »Go Where Women Are Insight on Engaging Women and Girls in Sport and Exercise«, *Sport England*, 2016,

(https://sportengland-production-files.s3.eu-west-2.amazonaws.com/s3fs-public/insight_go-where-women-are.pdf; abgerufen am 9. September 2020).

121 Martin Einsiedler, »Alarmierender Bewegungsmangel bei Kindern in

Deutschland«, *Der Tagesspiegel*, 1. November 2020,

(https://www.tagesspiegel.de/sport/sind-die-digitalen-medien-schuld-alarmierender-bewegungsmangel-bei-kindern-in-deutschland/26578864.html; abgerufen am 1. November 2020).

122 Kaitlin Graff, Sarah K. Murnen, and Linda Smolak, »Too Sexualized to Be Taken Seriously? Perceptions of a Girl in Childlike vs. Sexualizing Clothing«, *Sex Roles*, Vol. 66.11, 13. März 2012, 764–75,

(https://doi.org/10.1007/s11199-012-0145-3; abgerufen am 9. September 2020).

123 Lucy Allen, »Jeanne de Montbaston–Penis Trees Against the Misogynists?«, *Jeanne de Montbaston*, 2013,

(https://readingmedievalbooks.wordpress.com/2013/10/13/jeanne-de-montbaston-penis-trees-against-the-misogynists/; abgerufen am 23. Oktober 2020).

124 Jörg Doll und Lars-Eric Petersen, »Rituale in der ZDF-Kultursendung ›Das Literarische Quartett‹: Eine quantitative Analyse der Kritikerinteraktionen und Bücherbewertungen«, *Medienpsychologie*, Vol. 10.1 1998, 26–39,

(https://www.researchgate.net/profile/Lars-Eric_Petersen/publication/262673275_Rituale_in_der_ZDF-Kultursendung_Das_Literarische_Quartett_Eine_quantitative_Analyse_der_Kritikerinteraktionen_und_Bucherbewertungen/links/0c9605385e64636a0d000000.pdf; abgerufen am 12. November 2020).

125 »Präsenz von Schriftstellerinnen – ›Literaturgeschichte pluraler erzählen‹«, Katharina Herrmann im Gespräch mit Jan Drees, *Deutschlandfunk Kultur – Büchermarkt*, 4. Oktober 2017,

(https://www.deutschlandfunk.de/praesenz-von-schriftstellerinnen-literaturgeschichte.700.de.html?dram:article_id=397480; abgerufen am 26. Oktober 2020).

126 Tobias Lehmkuhl, »Kitschalarm, Stufe: Rot«, *Süddeutsche Zeitung*, 9. Oktober 2020,

(https://www.sueddeutsche.de/kultur/louise-glueck-literaturnobelpreis-dichterin-1.5058912; abgerufen am 13. November 2020).

127 Holly Williams, »Why Do Women Write under Men's Names?«, *BBC culture*,

14. September 2020,

(https://www.bbc.com/culture/article/20200911-why-do-women-write-under-mens-names; abgerufen am 26. Oktober 2020).

128 Simon Sahner, »Entgegnung auf Sigrid Löffler–Warum Blogger die Literaturkritik bereichern«, *Deutschlandfunk Kultur – Lesart*, 20. Juli 2020, (https://www.deutschlandfunkkultur.de/entgegnung-auf-sigrid-loeffler-warum-blogger-die.1270.de.html?dram:article_id=480868; abgerufen am 12. November 2020).

129 Pauline Harmange, *Ich hasse Männer* (Ü: Nicola Denis; Rowohlt, Hamburg 2020).

130 Christina Dongowski, »Abkehr vom Mann – Pauline Harmanges ›Ich hasse Männer‹«, *54books*, 2020,

(https://www.54books.de/abkehr-vom-mann-pauline-harmanges-moi-les-hommes-je-les-deteste/; abgerufen am 11. November 2020).

131 Alain de Botton, *How To Think More About Sex* (Pan Macmillan, London 2020). 107 ff.

132 John Berger, *Sehen: Das Bild der Welt in der Bilderwelt* (Ü: Axel Schenck,S. Fischer Verlag, Frankfurt a.M. 2016).

133 Amanda Hess, »What We Learned from the Arizona Diamondbacks Sorority Selfie Scandal«, *Slate Magazine*, 2015.

(https://slate.com/human-interest/2015/10/arizona-state-sorority-girls-takeselfies-at-a-diamondbacks-game.html; abgerufen am 30. Oktober 2020).

134 Priscilla Frank, »Selfie Stick Aerobics Is A Fun & Subtle Way To Promote Body Positivity«, *The Huffington Post*, 14. Oktober 2015 (https://www.huffpost.com/entry/selfie-stick-aerobics_n_561d71a2e4b050c6c4a341d0; abgerufen am 30. Oktober 2020).

135 Rebekka Endler, »Am Gesetz vorbei: Fotos unterm Rock«, *Deutschlandfunk Nova*, 22. Juni 2018.

(https://www.deutschlandfunknova.de/beitrag/upskirting-in-deutschland-be-iweiterverbreitung-verboten; abgerufen am 1. November 2020).

136 France Gall, »Les Sucettes« (1966),

(https://www.youtube.com/watch?v=q-iysdFu_TQ; abgerufen am 10. Juni 2020).

137   Institut National de l'Audiovisuel-Ina.fr, »Serge Gainsbourg et France Gall«, *Ina.fr*, 16. April 1967,

      (http://www.ina.fr/video/I05042423; abgerufen am 10. Juni 2020).

138   Luís A. Nunes Amaral et al., »Long-Term Patterns of Gender Imbalance in an Industry without Ability or Level of Interest Differences«, *PLOS ONE*, 15.4, 1. April 2020,

      (https://doi.org/10.1371/journal.pone.0229662; abgerufen am 1. November 2020).

139   Jeanne Joe Perrone, »Gender Inequality in Film Infographic for 2018«, *New York Film Academy Blog* 2018,

      (https://www.nyfa.edu/film-school-blog/gender-inequality-in-film-infographic-updated-in-2018/; abgerufen am 1. November 2020).

140   Virginia Woolf. 117 f., siehe Nr. 41.

141   »Berlinale: Im Bechdel-Test Durchgefallen« *Deutschlandradio Kultur*, Berlinale-blog, 2015,

      (https://web.archive.org/web/20150716185433/http://blogs.
      deutschlandradiokultur.de/berlinale2014/2014/02/15/berlinale-im-bechdel-test-durchgefallen/; abgerufen am 2. November 2020).

142   Elisabeth Prommer und Christine Linke, »Audiovisuelle Diversität? Geschlechterdarstellungen in Film Und Fernsehen in Deutschland«, Universität Rostock, 2017,

      (https://www.imf.uni-rostock.de/storages/uni-rostock/Alle_PHF/IMF/Forschung/
      Medienforschung/Audiovisuelle_Diversitaet/Broschuere_din_a4_audiovisuelle_
      Diversitaet_v06072017_V3.pdf; abgerufen am 3. November 2020).

143   Skadi Loist, »Gendered Media Industries. Argumente für eine geschlechtergerechte und diverse Filmindustrie« in *Navigationen- Zeitschrift für Medien- und Kulturwissenschaften*, Jg. 18 (2018), Nr. 2, 135-158, (https://doi.org/10.25969/mediarep/3541; abgerufen am 2. November 2020).

144   Elisabeth Prommer und Bettina Schoeller Boujou, »Sechster Regie-Diversitätsbericht des BVR für das Jahr 2018« (Bundesverband Regie e.V. 2020),

(https://www.regieverband.de/fileadmin/user_upload/BVR_6_ Diversitaetsbericht_2018-online.pdf; abgerufem am 3. November 2020).

145   Pary El-Qalqili und Bine Pilavci, »Kritik an Arte-Wettbewerb«, Offener Brief, 2020,

(https://bfs-filmeditor.de/fileadmin/dateien_b/pdf_b/magazin/ARTE_Offener_ Brief_12.11..pdf; abgerufen am 12. November 2020).

146   Charlotte Burns and Julia Halperin, »Female Artists Represent Just 2 Percent of the Market. Here's Why—and How That Can Change« *Art Agency, Partners*, 19. September 2019,

(https://www.artagencypartners.com/women-study-market/; abgerufen am 2. November 2020).

147   Charlotte Burns, Julia Halperin und Julia Vennitti, »Museum Acquisitions of Work by Women Peaked a Decade Ago—and Have Stalled Since«, *Art Agency, Partners,* 19. September 2019,

(https://www.artagencypartners.com/women-study-museums/; abgerufen am 2. November 2020).

148   ebda.

149   Leonie Bossemeyer, »Warum das Frauenproblem bei Wikipedia so tief sitzt«, *Der Spiegel*, 12. Dezember 2018,

(https://www.spiegel.de/kultur/gesellschaft/wikipedia-hat-ein-frauenproblem- klischees-von-weiblichkeit-a-1231017.html; abgerufen am 2. November 2020).

150   Claudia Wagner et al., »It's a Man's Wikipedia? Assessing Gender Inequality in an Online Encyclopedia«, 2015, 10,

(https://www.aaai.org/ocs/index.php/ICWSM/ICWSM15/paper/viewFile/10585/10528; abgerufen am 2. November 2020).

151   Caroline Schwarz, »It's a man's world: Wie weibliche Editorinnen von der Wikipedia verdrängt werden«, *netzpolitik.org*, 14. Dezember 2018, (https://netzpolitik.org/2018/its-a-mans-world-wie-weibliche-editorinnen-von- der-wikipedia-verdraengt-werden/; abgerufen am 2. November 2020).

152   WikiMedia, »Community Insights/2018 Report/Contributors–Meta«, 2018,

(https://meta.wikimedia.org/wiki/Community_Insights/2018_Report/Contributors; abgerufen am 2. November 2020).

153 »Dark Archives‹ Explores The Use Of Human Skin In Bookbinding«, NPR, 2020, (https://www.npr.org/2020/10/21/925832512/dark-archives-explores-the-use-of-human-skin-in-bookbinding; abgerufen am 22. Oktober 2020).

154 Beth Arky, »Why Many Autistic Girls Are Overlooked«, Child Mind Institute, (https://childmind.org/article/autistic-girls-overlooked-undiagnosed-autism/; abgerufen am 21. November 2020).

155 Elisabeth R. Finch, »I Confronted the Doctor Who Missed My Cancer«, *ELLE*, 5. Januar 2016, (https://www.elle.com/life-love/a32907/i-confronted-the-doctor-who-missed-my-cancer/; abgerufen am 17. November 2020).

156 Bo Gregers Winkel et al., »Gender Differences in Sudden Cardiac Death in the Young – A Nationwide Study«, *BMC Cardiovascular Disorders*, 17, 2017, (https://www.ncbi.nlm.nih.gov/pmc/articles/PMC5219679/pdf/12872_2016_Article_446.pdf; 20. November 2020).

157 V. Vaccarino et al., »Sex-Based Differences in Early Mortality after Myocardial Infarction. National Registry of Myocardial Infarction 2 Participants«, *The New England Journal of Medicine*, 22. Juli 1999, (https://doi.org/10.1056/NEJM199907223410401; 20. November 2020).

158 Lichtman Judith H. et al., »Symptom Recognition and Healthcare Experiences of Young Women With Acute Myocardial Infarction«, *Circulation: Cardiovascular Quality and Outcomes*, Vol. 8, 24. Februar 2015, 31–38, (https://doi.org/10.1161/CIRCOUTCOMES.114.001612; 20. November 2020).

159 E. J. Bartley und R. B. Fillingim, »Sex differences in pain: a brief review of clinical and experimental findings«, *BJA: British Journal of Anaesthesia*, Vol. 111.1, Juli 2013, 52–58, (https://doi.org/10.1093/bja/aet127; abgerufen am 17. Dezember 2020).

160 Anne Maria Möller-Leimkühler, »Männer erleben Depressionen anders«,

Ärzte Zeitung, 2018,

(https://www.aerztezeitung.de/Medizin/Maenner-erleben-Depressionen-anders-225524.html; abgerufen am 20. November 2020).

161 Brad N. Greenwood, Seth Carnahan und Laura Huang, »Patient–Physician Gender Concordance and Increased Mortality among Female Heart Attack Patients«, *PNAS, Proceedings of the National Academy of Sciences*, 21. August 2018,

(https://doi.org/10.1073/pnas.1800097115; abgerufen am 19. November 2020).

162 Mareike Nieberding, »Was Frauen krank macht«, *SZ Magazin*, 23. Mai 2019, (https://sz-magazin.sueddeutsche.de/frauen/frauen-gesundheit-medizin-87304; abgerufen am 8. Januar 2020).

163 Deutscher Ärztinnenbund e. V., »Geschlechterperspektiven in der Medizin«, 3. Dezember 2016,

(https://www.aerztinnenbund.de/downloads/4/rztin%2003.2016.pdf; abgerufen am 8. Januar 2020).

164 Mareike Nieberding, siehe Nr. 162.

165 Rosa Bartel, »Endometriose–im Gespräch mit Prof. Dr. Sylvia Mechsner« *AMBOSS* Podcast, 8. September 2020,

(https://blog.amboss.com/de/podcast-endometriose-im-gespräch-mit-prof.-dr.-sylvia-mechsner; abgerufen am 19. November 2020).

166 Endometriose Vereinigung Deutschland e. V., »Was Ist Endometriose?«, 2020, (https://www.endometriose-vereinigung.de/was-ist-endometriose.html; abgerufen am 18. November 2020).

167 Katrin Simonsen, »Endometriose-Expertin: Chronische Schmerzen kann ma n nicht wegoperieren«, *Mitteldeutscher Rundfunk*, 2020, (https://www.mdr.de/nachrichten/ratgeber/gesundheit/interview-endometriose-mechsner-charite-100.html; abgerufen am 19. November 2020).

168 Interview mit Prof. Dr. med. Sylvia Mechsner, *esanum*, 5. April 2019, (https://www.youtube.com/watch?v=1cIIaLh3Xps; abgerufen am 19. November 2020).

169 Anna Wilken, *In der Regel bin ich stark: Endometriose: Warum wir unsere*

Unterleibsschmerzen ernst nehmen müssen. (Eden Books, Berlin 2019).

170   vfa. Die forschenden Pharma-Unternehmen, Positionspapier: »Berücksichtigung von Frauen und Männern bei der Arzneimittelforschung«, 2020. (https://www.vfa.de/de/suche?search=Positionspapier+Berücksichtigung+von+Frauen &searchbutton=search; abgerufen am 20. November 2020).

171   M. R. Buchanan et al., »The Sex-Related Differences in Aspirin Pharmacokinetics in Rabbits and Man and Its Relationship to Antiplatelet Effects«, *Thrombosis Research*, Vol. 29.2, Januar 1983, 125–39, (https://doi.org/10.1016/0049-3848(83)90134-2; abgerufen am 20. November 2020).

172   Robert N. Hughes, »Sex Does Matter: Comments on the Prevalence of Male-Only Investigations of Drug Effects on Rodent Behaviour«, *Behavioural Pharmacology*, Vol. 18.7, November 2007, 583–589, (https://doi.org/10.1097/FBP.0b013e3282eff0e8; abgerufen am 20. November 2020).

173   Michael Lange, »Tierversuche–Gleichberechtigung im Mäusekäfig«, *Deutsc hlandfunk*, 31. März 2019, (https://www.deutschlandfunk.de/tierversuche-gleichberechtigung-im-maeusekaefig.676.de.html?dram:article_id=450196; abgerufen am 20. November 2020).

174   #GenderDataGap: »Warum die Welt für Männer berechnet ist«, *STRG_F,* 5. Mai 2020, (https://www.youtube.com/watch?v=DXDaNDtoQao; abgerufen am 12. Mai 2020).

175   Saif S. Rathore, Yongfei Wang, and Harlan M. Krumholz, »Sex-Based Differences in the Effect of Digoxin for the Treatment of Heart Failure«, *The New England Journal of Medicine*, 31. Oktober 2002, (https://doi.org/10.1056/NEJMoa021266; abgerufen am 19. November 2020).

176   Kirkwood F. Adams et al., »Relationship of Serum Digoxin Concentration to Mortality and Morbidity in Women in the Digitalis Investigation Group Trial«, *ScienceDirect, Journal of the American College of Cardiology*, Vol. 46.3, August 2005, 497–504, (https://doi.org/10.1016/.jacc.2005.02.091; abgerufen am 20. November 2020).

177   Mareike Nieberding, siehe Nr. 162.

178   R. Sadik, H. Abrahamsson, and P.-O. Stotzer, »Gender Differences in Gut Transit Shown with a Newly Developed Radiological Procedure«, *Taylor & Francis Online, Scandinavian Journal of Gastroenterology*, 38.1, 2003, 36–42,

         (https://doi.org/10.1080/00365520310000410; abgerufen am 21. November 2020).

179   Jocelyn Kaiser, »Gender in the Pharmacy: Does It Matter?«, *Science*, Vol. 308.5728, 10. Juni 2005, 1572,

         (https://doi.org/10.1126/science.308.5728.1572; abgerufen am 21. November 2020).

180   Pfizer, Coronavirus COVID-19 Vaccine Update: Latest Developments,

         (https://www.pfizer.com/science/coronavirus/vaccine; abgerufen am 21. November 2020).

181   Maya Dusenbery, »Is Medicine's Gender Bias Killing Young Women?«, *Pacific Standard*, 7. Februar 2018,

         (https://psmag.com/social-justice/is-medicines-gender-bias-killing-young-women; abgerufen am 19. November 2020).

182   S. T. Ngo, F. J. Steyn und P. A. McCombe, »Review: Gender Differences in Autoimmune Disease«, *ScienceDirect, Frontiers in Neuroendocrinology*, Vol. 35.3, August 2014, 347–69,

         (https://doi.org/ 10.1016/j.yfrne.2014.04.004; abgerufen am 22. November 2020).

183   Clara Hellner, »Gendermedizin: Männer sind halt keine Patientinnen«, *Die Zeit*, 25. Februar 2019,

         (https://www.zeit.de/wissen/gesundheit/2019-02/gendermedizin-gesundheit-aerzte-patient-medikamente-maenner-frauen-gleichberechtigung/komplettansicht; abgerufen am 8. Januar 2020).

184   »Erectile Dysfunction Statistics 2020: How Common Is ED?«, *SingleCare, The Checkup*, August 2020,

         (https://www.singlecare.com/blog/news/erectile-dysfunction-statistics/; abgerufen am 21. November 2020).

185   Leonore Tiefer and Leeat Granek, »Psychology's Feminist Voices Oral History

Project«, *Psychology's Feminist Voices*, 2005,

(https://feministvoices.com/assets/Feminist-Presence/Tiefer/leonoretieferoralhistory.
pdf, abgerufen am 23. Mai 2020).

186 Sarah Boseley, »FDA Approval of ›Female Viagra‹ Leaves Bitter Taste for
Critics«, *The Guardian*, 19. August 2015,

(https://www.theguardian.com/science/2015/aug/19/fda-approval-female-viagra-
critics-addyi-us-licence; abgerufen am 21. November 2020).

187 Christine Loytved, *Qualitätsbericht 2018 Außerklinische Geburtshilfe
in Deutschland*, Hrsg.: Gesellschaft für Qualität in der außerklinischen
Geburtshilfe e. V. (QUAG e.v.) 2019,

(https://www.quag.de/downloads/QUAG_bericht2018.pdf; abgerufen am 29. August
2020).

188 WHO Statement on Caesarean Section Rates, World Health Organization, 2015,
(https://apps.who.int/iris/bitstream/handle/10665/161442/WHO_RHR_15.02_
eng.pdf?sequence=1; angerufen am 20. August 2020).

189 »30,5% der Krankenhausentbindungen per Kaiserschnitt im Jahr 2017« Stati-
stisches Bundesamt, 2018,

(https://www.destatis.de/DE/Presse/Pressemitteilungen/2018/09/PD18_349_231.
html; abgerufen am 20. August 2020).

190 Andrea Gillessen, »Was kosten ein Kaiserschnitt?« Techniker Krankenkasse,
2015,

(https://www.tk.de/resource/blob/2042906/12bff42bb11eef7ede98833f0f0530c8/
masterthesis—was-kostet-uns-der-kaiserschnitt--von-dr--andrea-gillessen-data.
pdf; abgerufen am 22. August 2020). 57 ff. und 106.

191 Michael Goodman et al., »The Sexual, Psychological, and Body Image Health
of Women Undergoing Elective Vulvovaginal Plastic/Cosmetic Procedures: A
Pilot Study«, *SAGE journals, The American Journal of Cosmetic Surgery*, Vol.
28.4, 1. Dezember 2011, 219–26,

(https://doi.org/10.1177/074880681102800404; abgerufen am 19. September 2020).

192 Anna-Katharina Meßmer, *Überschüssiges Gewebe: Intimchirurgie zwischen*

Ästhetisierung und Medikalisierung, Geschlecht und Gesellschaft (Serie Geschlecht und Gesellschaft, Band 68), (Springer VS, Heidelberg 2017), (https://doi.org/10.1007/978-3-658-17054-7; abgerufen am 19. September 2020).

193 Kelly M. Hoffman et al., »Racial Bias in Pain Assessment and Treatment Recommendations, and False Beliefs about Biological Differences between Blacks and Whites«, *PNAS Proceedings of the National Academy of Sciences*, April 2016, (https://doi.org/10.1073/pnas.1516047113; abgerufen am 12. Juni 2020).

194 *State of Babies Yearbook 2020*, (https://stateofbabies.org/; abgerufen am 12. Juni 2020).

195 Lisa Hinton, »Saving Lives, Improving Mothers' Care«, *Saving Lives*, 2019, (https://www.npeu.ox.ac.uk/downloads/files/mbrrace-uk/reports/ MBRRACEUK-%20Maternal%20Report%202019%20-%20Lay%20Summary%20 v1.0.pdf; abgerufen am 12. Juni 2020).

196 Malone Mukwende et al., *Mind the Gap: A Handbook of Clinical Signs on Black and Brown Skin*, St George's University of London, (https://www.blackandbrownskin.co.uk/mindthegap; abgerufen am 21. Dezember 2020).

197 LaShyra ›Lash‹ Nolen auf Twitter: »I'm always amazed by how medical textbooks will drop a: ›Black people are more likely to develop...‹ ›African-Americans have the highest rates of...‹ With no mention whatsoever of the systemic factors that contribute to the disparate outcomes we observe.«, (https://twitter.com/lashnolen/status/1229144875779538946; abgerufen am 9. März 2020).

198 Thomas Frank and Brenda Medina, »TSA Agents Say They're Not Discriminating Against Black Women, But Their Body Scanners Might Be«, *ProPublica*, 2019, (https://www.propublica.org/article/tsa-not-discriminating-against-black-women-but-their-body-scanners-might-be; abgerufen am 11. Februar 2020).

199 Tashara Jones, »Heidi Klum Says She Was Called ›a White Woman‹ for

Defending ›AGT‹«, *Page Six*, 6. Februar 2020,
(https://pagesix.com/2020/02/06/heidi-klum-says-she-was-called-a-white-woman-for-defending-agt/; abgerufen am 7. Februar 2020).

200   machine gun Kele auf Twitter: »It is upsetting to a lot of white people to be referred to as ›white‹ because they're used to just being referred to as ›people‹ it is everybody else who gets the prefix that others their personhood. white privilege is moving through a racialised world in an unracialised body.«,
(https://twitter.com/kelechnekoff/status/1225719126771077120; abgerufen am 7. Februar 2020).

201   »Bo Derek Really Doesn't Want to Talk About Cornrows«, *New York, The Cut*,
(https://www.thecut.com/2015/07/bo-derek-doesnt-want-to-talk-about-cornrows.html; abgerufen am 11. Februar 2020).

202   Lupita Nyong'o auf Twitter: »Disappointed that @GraziaUK edited out & smoothed my hair to fit a more Eurocentric notion of what beautiful hair looks like. #dtmh«,
(https://twitter.com/lupita_nyongo/status/928815665862942720; abgerufen am 11. Februar 2020).

203   Jorie Goins, »Changing Ballet's Perception Means Embracing Black Bodies«, *The Clyde Fitch Report*, 9. Juni 2017,
(https://www.clydefitchreport.com/2017/06/black-ballet/; abgerufen am 3. Dezember 2020).

204   Elisa von Hof, »Ballerina wirft Berliner Staatsballett Diskriminierung vor: Für Schwanensee war sie nicht weiß genug« *Der Spiegel*, 20. November 2020,
(https://www.spiegel.de/kultur/ballerina-wirft-berliner-staatsballett-diskriminierung-vor-fuer-schwanensee-war-sie-nicht-weiss-genug
-a-00000000-0002-0001-0000-000174103668; abgerufen am 3. Dezember 2020)

205   »Not-So-Life-Changing Magic Of Self-Help-Books«; Interview mit der Autorin Kristen Meinzer, *NPR Code Switch*,
(https://www.npr.org/sections/codeswitch/2020/01/30/399853447/boyz-n-the-hood-has-one-of-the-best-takes-on-gentrification-youll-ever-see; abgerufen am 7.

Februar 2020).

206   machine gun Kele auf Twitter, siehe Nr. 200.

207   Lennard J. Davis, *The Disability Studies Reader*, 4. Ed. (Routledge, New York 2013).

208   »Anteil barrierefreier und nicht barrierefreier Bahnhöfe in Deutschland, Stand: Juni 2020«, *Statista*,
(https://de.statista.com/statistik/daten/studie/39308/umfrage/barrierefreie-bahnhoefe-in-deutschland/; abgerufen am 6. November 2020).

209   jp54, »Warum gibt es keinen barrierefreien Bahnhof in meiner Stadt?«, *bargteheideaktuell*, 14. Januar 2019,
(https://www.bargteheideaktuell.de/aktuell/54281/warum-gibt-es-keinen-barrierefreien-bahnhof-in-meiner-stadt/; abgerufen am 6. November 2020)

210   Debora Antmann, »Schland ist ÖPNV-Barrieren-Vollkatastrophe!«, *Missy Magazine*, 4. Februar 2020,
(https://missy-magazine.de/blog/2020/02/04/schland-ist-oepnv-barrieren-vollkatastrophe/; abgerufen am 6. November 2020)

211   Haben Girma, TIME 100 Talks, 14. August 2020,
(https://www.youtube.com/watch?v=l9mzxBIO6bs; abgerufen am 6. November 2020)

212   Haben Girma, »Why I Work to Remove Access Barriers for Students with Disabilities« *TEDxBaltimore*, 28. Feburar 2014,
(https://www.youtube.com/watch?v=Mvoj-ku8zk0; abgerufen am 6. November 2020).

213   Melissa Blake, »Why Joe Biden's Promise to Support the Disability Community Is So Important to People Like Me«, *Health.Com*, 13. November 2020,
(https://www.health.com/mind-body/joe-biden-acceptance-speech-disability-community; abgerufen am 15. November 2020).

214   Melissa Blake, »Disabled, Shunned and Silenced in Trump's America«, *The New York Times*, 15. Februar 2017,
(https://www.nytimes.com/2017/02/15/opinion/disabled-shunned-and-silenced-

in-trumps-america.html; abgerufen am 15. November 2020).

215 Gendergerechte Sprache und Barrierefreiheit, *Barrierefreiheit-Schulung und Projekt-Begleitung,* 2018,

(https://www.netz-barrierefrei.de/wordpress/barrierefreies-internet/barrierefreie-redaktion/texte/gender-gerechte-sprache-und-barrierefreiheit/; abgerufen am 6. November 2020)

216 Lennard J. Davis, siehe Nr. 207.

217 Ruth Hechtl, »Über Inter*Kinder und Jugendliche Forschungsdesiderate und Möglichkeiten sozialer Arbeit«, *Soziales Kapital*, 21, 2019,

(http://www.soziales-kapital.at/index.php/sozialeskapital/article/viewFile/623/1095.pdf; abgerufen am 6. November 2020).

218 Irwan Martua Hidayana, »On Gender Diversity in Indonesia«, *The Conversation*, 15. September 2018,

(http://theconversation.com/on-gender-diversity-in-indonesia-101087; abgerufen am 6. November 2020)

219 Marisa Iati, »Conversion Therapy Center Founder Who Sought to Turn LGBTQ Christians Straight Says He's Gay, Rejects ›Cycle of Self Shame‹«, Washington Post, 6. September 2019,

(https://www.washingtonpost.com/religion/2019/09/03/conversion-therapy-center-founder-who-sought-turn-lgbtq-christians-straight-now-says-hes-gay-rejects-cycle-shame/; abgerufen am 6. November 2020).

220 Sibel Schick und Felicia Ewert, »Unter anderen Umständen – Folge 1: Das Selbstbestimmungsgesetz«, *Neues Deutschland (nd)*, 18. November 2020,

(https://www.neues-deutschland.de/artikel/1144412.ndpodcast-unter-anderen-umstaenden-folge-das-selbstbestimmungsgesetz.html; abgerufen am 23. November 2020).

221 Rafaela von Bredow, »Ende der Männerherrschaft– Das Patriarchat ist eine Anomalie in der Menschheitsgeschichte«, *Der Spiegel*, 20. November 2020,

(https://www.spiegel.de/wissenschaft/mensch/das-patriarchat-ist-eine-anomalie-in-der-menschheitsgeschichte-a-00000000-0002-0001-0000-000174103658;

abgerufen am 24. November 2020).

222 Caroline Kitchener, »Women Academics Seem to Be Submitting Fewer Papers during Coronavirus« *The Lily*, 24. April 2020, (https://www.thelily.com/women-academics-seem-to-be-submitting-fewer-papers-during-coronavirus-never-seen-anything-like-it-says-one-editor/; abgerufen am 1. Mai 2020)